LES FRONTIÈRES MARITIMES EN AFRIQUE

Collection « Inter-National »

dirigée par Denis Rolland, Joëlle Chassin
Françoise Dekowski et Marie-Hélène Touzalin

Cette collection a pour vocation de présenter les études les plus récentes sur les institutions, les politiques publiques et les forces politiques et culturelles à l'œuvre aujourd'hui. Au croisement des disciplines juridiques, des sciences politiques, des relations internationales, de l'histoire et de l'anthropologie, elle se propose, dans une perspective pluridisciplinaire, d'éclairer les enjeux de la scène mondiale et européenne.

Dernières parutions

Darío Varela FERNANDEZ, *Charles Lesca (1887-1949) au service de l'hispanisme, du fascisme et de la collaboration*, 2024.
Hervé BAUDU, *Les routes maritimes arctiques. Enjeux économiques et géopolitiques*, édition enrichie, 2024.
Nadji RAHMANIA (dir.), *La Roumanie dans l'Espace Schengen : réalité ou utopie ?*, 2024.
Bernard MOMMER, *Ressources naturelles et mondialisation : le pétrole et le Venezuela*, 2023.
Frans KRAJCBERG et Claude MOLLARD, *Le cri de la terre. De manifeste en manifeste,* 2023.
Odile DANIEL-TRAVAILLARD, *Mémoire d'Albanie. De la dictature stalinienne à la transition démocratique*, 2023.
Michel ROZE, *Dictionnaire raisonné de l'Europe. 200 mots-clés pour comprendre l'Europe*, 2023.
Edison FERREIRA DE MACÊDO, *Éducation et précarité. Les accompagnant(e)s scolaires des élèves handicapés. Brésil et France*, 2023.
Emmanuel PETOUD, *Le Lyon-Turin ferroviaire et l'aménagement du territoire : la consultation publique France-Italie*, 2023.
Barthélemy DESPRAIRIES, *Les drones aériens dans la guerre russo-ukrainienne. Missions, limites et enseignements (février-juillet 2022)*, 2023.
Cyrielle GUILBAUD, *La Lituanie et l'OSCE. Garantir la sécurité régionale et s'adapter aux menaces*, 2023.
Philippe MARCHESIN, Diana BANGOURA, *Afrique – Russie. Les raisons d'une comparaison*, 2023.
Catherine DURANDIN, *Ma Roumanie communiste*, 2023.
Regina Coeli MACHADO E SILVA, Maria DANTAS-WHITNEY, Angeles CLEMENTE, Alba Lucy GUERRERO, Diana MILSTEIN (dir.), *Ethnographie collaborative avec enfants et adolescents en Amérique latine. (Re)invention et re(découverte),* 2023.

Georges Labrecque

LES FRONTIÈRES MARITIMES EN AFRIQUE

L'Harmattan

Du même auteur, chez L'Harmattan

Les cours d'eau internationaux. Étude jurisprudentielle, 2019, 328 p.
Géopolitique. Comprendre les enjeux territoriaux interétatiques, 2018, 441 p.
Archéologie de la pensée sexiste. Du Moyen Age au XXIe siècle, 2017, 477 p.
Archéologie de la pensée sexiste. L'Antiquité, 2016, 366 p.
Les différends territoriaux en Amérique latine, 2011, 315 p.
Les différends territoriaux en Europe, 2009, 350 p.
Les différends internationaux en Asie, 2007, 306 p.
Les différends territoriaux en Afrique, 2005, 482 p.
Les frontières maritimes internationales, 2e édition, 2004, 531 p.

Du même auteur, chez d'autres éditeurs

Le recours à la force contre les États, 2019, 304 p.
International Law of the Sea, 2015, 612 p.
À qui l'Arctique ? Droit international des frontières maritimes, 2012, 679 p.
La force et le droit. Jurisprudence de la Cour internationale de Justice, 2008, 646 p.
L'Affaire du golfe du Maine, 1995, 247 p.

5-7, rue de l'École-Polytechnique, 75005 Paris

http://www.editions-harmattan.fr

ISBN : 978-2-336-45123-7
EAN : 9782336451237

ABRÉVIATIONS PRINCIPALES

AAfrDI	Annuaire africain de droit international
ACDI	Annuaire canadien de droit international
ADM	Annuaire du droit de la mer
ADMO	Annuaire de droit maritime et océanique
AFDI	Annuaire français de droit international
AfrJIL	African Journal of International and Comparative Law
AJIL	American Journal of International Law
BSB	Boundary and Security Bulletin
CIJ	Cour internationale de Justice
CLCS	Commission on the Limits of the Continental Shelf
CLPC	Commission des limites du plateau continental
CNUDM	Convention des Nations Unies sur le droit de la mer
CPA	Cour permanente d'arbitrage
CPJI	Cour permanente de Justice internationale
CUP	Cambridge University Press
CWRJIL	Case Western Reserve Journal of International Law
CYIL	Canadian Yearbook of International Law
EJIL	The European Journal of International Law
GJ	Geographical Journal
GJICL	Georgia Journal of International and Comparative Law
GYIL	German Yearbook of International Law
HYBIL	Hague Yearbook of International Law
HILJ	Harvard International Law Journal
IBRU	International Boundary Research Unit
IBS	International Boundary Study
ICLQ	International and Comparative Law Quarterly
IFRI	Institut français des relations internationales
IJFMR	International Journal for Multidisciplinary Research
IJMCL	International Journal of Marine and Coastal Law
ILM	International Legal Materials
ILR	International Law Reports
JDI	Journal de droit international

LGDI	Librairie générale de droit et de jurisprudence
LS	Limits in the Seas
LJIL	Leiden Journal of International Law
MDJILT	Maryland Journal of International Law & Trade
MSMZMD	Maritime Space : Maritime Zones and Maritime Delimitation
MP	Marine Policy
MPEPIL	Max Planck Institute for Comparative Public Law and International Law
NILR	Netherlands International Law Review
ODIL	Ocean Development and International Law
OGLTR	Oil and Gas Law and Tax Review
ONU	Organisation des Nations Unies
OUA	Organisation de l'Unité africaine
OUP	Oxford University Press
PG	Political Geography
PUF	Presses universitaires de France
RADIC	Revue africaine de droit international et comparé
RCADI	Recueil des cours de l'Académie de droit international
RGDIP	Revue générale de droit international public
RQDI	Revue québécoise de droit international
RSA	Recueil des sentences arbitrales
RTNU	Recueil des traités des Nations Unies
SDN	Société des Nations
UA	Union africaine
UNTS	United Nations Treaty Series
USDS	United States Department of State

SOMMAIRE

INTRODUCTION GÉNÉRALE

L'Afrique a des côtes peu découpées qui sont baignées, dans l'océan Atlantique et l'océan Indien, par de vastes espaces maritimes où l'on trouve des plateaux continentaux élargis qui sont ou seront éventuellement délimités. Les deux autres espaces maritimes, la Méditerranée et la mer Rouge, sont des mers semi-fermées qui sont des lieux de passage verrouillés par des détroits stratégiques (*figure 1*). Les ressources halieutiques et pétrolières de ce continent sont importantes et d'autant plus précieuses que l'économie y est fragile et en lutte contre de nombreuses difficultés liées à l'exploitation de la mer : migrations clandestines, pêche illégale, changements climatiques, hausse du niveau des mers, pollution, immobilisation et arraisonnement de navires étrangers, piraterie, terrorisme.

Trente-sept des cinquante-quatre États africains sont côtiers, y compris quelques-uns qui sont archipélagiques, et c'est sans compter de nombreuses îles sous la souveraineté d'États européens. Les pays sans façade maritime et ceux dits géographiquement désavantagés sont intéressés, eux aussi, aux espaces maritimes dans la mesure où la Convention des Nations Unies sur le droit de la mer (la CNUDM) leur reconnaît non seulement un droit de transit à la mer et depuis la mer à travers les territoires des États qui les enclavent mais aussi, à certaines conditions, un droit aux ressources biologiques dans les zones économiques exclusives (les ZÉE) des États côtiers de la même région ou sous-région.

Ces ZÉE (jusqu'à 200 milles marins des côtes), ainsi que les mers territoriales (12), les zones contiguës (24) et les plateaux continentaux (350 et même plus), sont délimités ou à délimiter entre les États côtiers qui ont des côtes adjacentes ou des côtes opposées. Dans les cas les plus nombreux, les côtes y sont adjacentes, et les frontières maritimes se trouvent alors en aval des frontières terrestres ou fluviales. Et il va sans dire que si ces dernières sont disputées, les frontières maritimes seront d'autant plus difficiles à délimiter.

Figure 1. Les frontières maritimes en Afrique

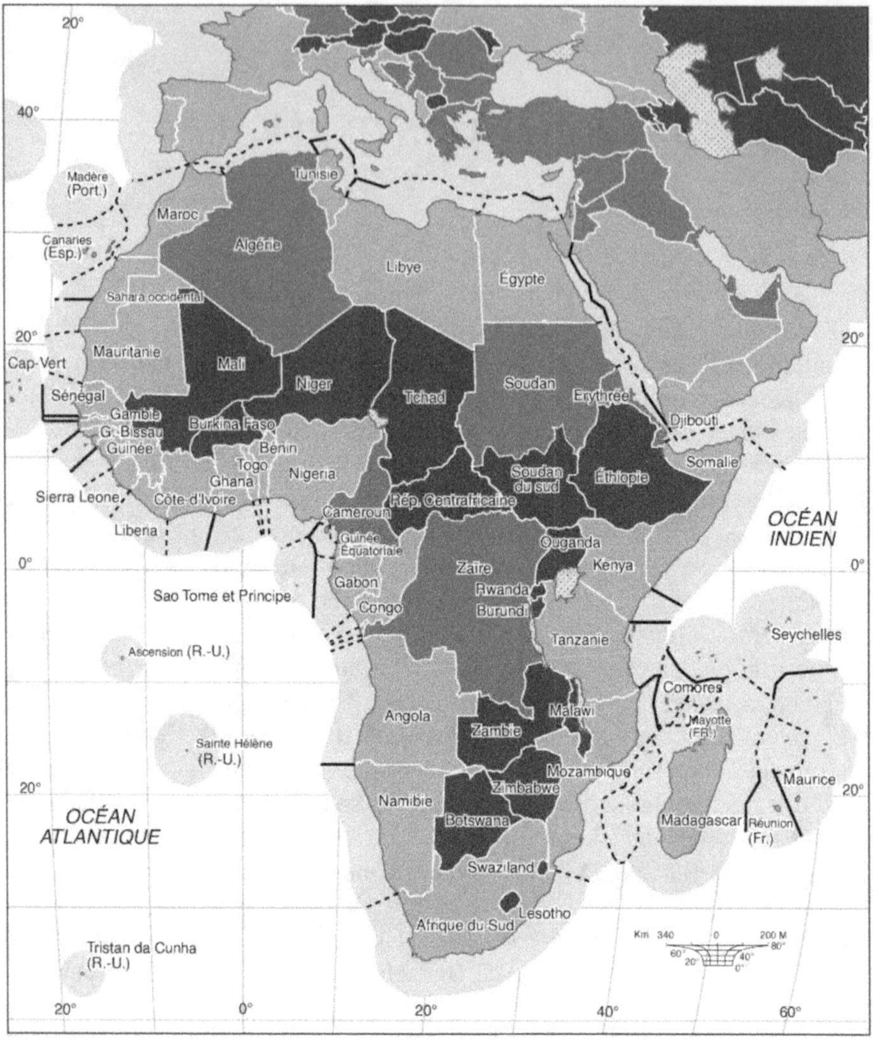

État sans littoral	Haute mer
État géographiquement désavantagé	Frontière virtuelle
État côtier	Frontière du plateau continental
Eaux intérieures	Frontière multifonctionnelle
ZEE (actuelle ou virtuelle)	

Source : Labrecque, Georges (2005) *Les différends territoriaux en Afrique*, p. 9.

Des frontières terrestres héritées mais réaffirmées

L'histoire politique de l'Afrique est en bonne partie celle de ses frontières, d'abord ses frontières terrestres tracées dans des chancelleries, sans réelle connaissance du territoire, par les représentants des puissances coloniales de l'époque – Grande-Bretagne, France, Espagne, Portugal, Allemagne, Belgique, Italie, empire Ottoman – au lendemain de l'Acte de Berlin de 1885 conclu notamment afin de « régler, dans un esprit de bonne entente mutuelle, les conditions les plus favorables au développement du commerce et de la civilisation dans certaines régions de l'Afrique, et assurer à tous les peuples les avantages de la libre navigation (...) ; désireux, d'autre part, de prévenir les malentendus et les contestations que pourraient soulever à l'avenir les prises de possession nouvelles sur les côtes de l'Afrique, et préoccupés, en même temps, des moyens d'accroître le bien-être moral et matériel des populations indigènes » (préambule). Cet instrument énonce deux conditions sous lesquelles une puissance est fondée à acquérir la souveraineté territoriale : elle est tenue d'assurer « l'existence d'une autorité suffisante pour faire respecter les droits acquis et, le cas échéant, la liberté du commerce et du transit » (art. 35) ; de plus, la prise de possession d'un territoire sur les côtes du continent africain doit être notifiée aux autres puissances pour qu'elles puissent faire valoir, s'il en est, leurs réclamations respectives (art. 34)[1].

Entre l'adoption de l'Acte de Berlin et le début de la Première Guerre mondiale, les puissances européennes concluent entre elles de très nombreux accords de nature territoriale et frontalière, notamment les suivants : en 1886, la convention France/Portugal concernant la délimitation de leurs possessions en Afrique occidentale ; en 1898, le traité France/Grande-Bretagne au sujet de la délimitation frontalière entre leurs possessions à l'est du Niger ; en 1900, la convention Espagne/France concernant la délimitation sur les côtes du Sahara et du Golfe de Guinée ; en 1908, l'accord Allemagne/France portant sur les frontières entre le Congo français et le Cameroun ; en 1912, le traité de Fez Maroc/France pour l'organisation du protectorat français dans l'Empire chérifien ; l'année suivante, l'accord frontalier Allemagne/Grande-Bretagne entre le Nigeria et le Cameroun, de Yola à la mer.

Au lendemain de la Première Guerre mondiale, est adopté le Traité de paix de Versailles du 28 juin 1919, lequel est constitué, dans sa première partie, du Pacte de la Société des Nations qui prévoit : « Les principes suivants s'appliquent aux colonies et territoires qui, à la suite de la guerre, ont cessé d'être sous la souveraineté des États qui les gouvernaient précédemment et qui sont habités par des peuples non encore capables de se diriger eux-mêmes dans les conditions particulièrement difficiles du monde

[1] Acte général de la conférence de Berlin pour régler la liberté du commerce dans les bassins du Congo et du Niger ainsi que les occupations nouvelles de territoires sur la côte occidentale d'Afrique.

moderne. Le bien-être et le développement de ces peuples forment une mission sacrée de civilisation, et il convient d'incorporer dans le présent pacte des garanties pour l'accomplissement de cette mission », ce texte affirmant aussi que la meilleure façon de réaliser ce principe est de « confier la tutelle de ces peuples aux nations développées qui, en raison de leurs ressources, de leur expérience ou de leur position géographique, sont le mieux à même d'assumer cette responsabilité et qui consentent à l'accepter » (art. 22, par. 1 et 2). Après la Seconde Guerre mondiale, la Charte des Nations Unies, adoptée le 26 juin 1945, affirme que « (l)es Membres de l'Organisation s'abstiennent, dans leurs relations internationales, de recourir à la menace ou à l'emploi de la force, soit contre l'intégrité territoriale ou l'indépendance politique de tout État, soit de toute autre manière incompatible avec les buts des Nations Unies » (art. 2, par. 4).

Le 6 février 1946, est constituée la Cour internationale de Justice (la C.I.J.), laquelle décide, dans un avis consultatif de 1950, que l'Union sud-africaine (l'Afrique du Sud actuelle) « continue à être soumise aux obligations internationales » énoncées dans le Pacte de 1919, qu'elle n'a pas compétence, seule, pour déterminer et modifier le statut international du Territoire du Sud-Ouest africain (la Namibie actuelle), et que cette compétence « appartient à l'Union sud-africaine agissant avec le consentement des Nations Unies[2] ». Suivront, en 1955 et 1956, deux autres avis consultatifs concernant cette affaire, puis un troisième en 1971 dans lequel la Cour dira que la présence continue de l'Afrique du Sud en Namibie est illégale, qu'elle « a l'obligation de retirer immédiatement son administration (...) et de cesser ainsi d'occuper le territoire », et que les États Membres des Nations Unies « ont l'obligation de reconnaître l'illégalité » de cette présence[3]. Quelques années plus tard, en 1975, la C.I.J. rendra un autre avis consultatif dans l'affaire du *Sahara occidental,* la Cour disant notamment qu'au moment de la colonisation, ce territoire « était habité par des populations qui, bien que nomades, étaient socialement et politiquement organisées en tribus sous l'autorité de chefs compétents pour les représenter » et que l'Espagne « n'a pas agi comme un État qui établirait sa souveraineté sur une *terra nullius* »[4].

Outre les tribunaux, et concernant plus spécifiquement les frontières, les Nations Unies ont mené des activités importantes au cours des années 1960, quand plusieurs pays africains obtiennent leur indépendance politique. On s'est alors demandé si ces nouveaux États allaient conserver, après avoir

[2] *Statut international du Sud-Ouest africain,* C.I.J. Recueil 1950, p. 143-144. Les arrêts, avis consultatifs et ordonnances de la C.I.J. sont disponibles sur le site : https://www.icj-cij.org/fr/affaires.

[3] *Conséquences juridiques pour les États de la présence continue de l'Afrique du Sud en Namibie (Sud-Ouest africain) nonobstant la résolution 276 (1970) du Conseil de sécurité,* C.I.J. Recueil 1971, p. 58, par. 133.

[4] C.I.J. Recueil 1975, p. 39, par. 81.

acquis leur souveraineté territoriale, les frontières héritées des puissances coloniales.

D'ailleurs, l'un des objectifs déclarés dans la Charte de l'Organisation de l'Unité africaine (25 mai 1963 à Addis-Abeba) est le « (r)espect de la souveraineté et de l'intégrité territoriale de chaque État et de son droit inaliénable à une existence indépendante » (art. 3, par. 3). Ce principe sera réaffirmé l'année suivante dans une résolution portant sur les Litiges entre États africains au sujet des frontières et adoptée lors de la conférence des chefs d'État et de gouvernement, tenue au Caire (17 au 21 juillet 1964) : « Considérant que les problèmes frontaliers sont un facteur grave et permanent de désaccord, consciente de l'existence d'agissements d'origine extra-africaine visant à diviser les États africains, considérant en outre que les frontières des États africains, au jour de leur indépendance, constituent une réalité tangible, (…) reconnaissant l'impérieuse nécessité de régler, par des moyens pacifiques, et dans un cadre purement africain, tous les différends entre États africains, [la conférence] déclare solennellement que tous les États membres s'engagent à respecter les frontières existant au moment où ils ont accédé à l'indépendance » (préambule et par. 2). Cette résolution, qui vise principalement à empêcher les conflits territoriaux et frontaliers, n'est pas sans évoquer le sérieux différend qui éclatait, l'année précédente, entre le Maroc et l'Algérie.

Le principe de l'intangibilité des frontières – appelé par les juristes l'*uti possidetis juris* –, a été appliqué par les tribunaux, notamment dans l'affaire *Burkina Faso/Mali*, décidée en 1986 par la C.I.J., laquelle affirme que le but évident de ce principe « est d'éviter que l'indépendance et la stabilité des nouveaux États ne soient mises en danger par des luttes fratricides nées de la contestation des frontières à la suite du retrait de la puissance administrante », d'autant que ce *statu quo* territorial « apparaît souvent comme une solution de sagesse visant à préserver les acquis des peuples qui ont lutté pour leur indépendance et à éviter la rupture d'un équilibre qui ferait perdre au continent africain le bénéfice de tant de sacrifices »[5].

L'*uti possidetis* est non seulement reconnu par les tribunaux mais aussi par le droit conventionnel, notamment par la Convention de Vienne de 1969 sur le droit des traités, qui prévoit : « Un changement fondamental de circonstances ne peut pas être invoqué comme motif pour mettre fin à un traité ou pour s'en retirer s'il s'agit d'un traité établissant une frontière » (art. 62, par. 2, al. a).

Il faut rappeler par ailleurs que le principe a été très généralement respecté par les États africains, sauf en de rares exceptions, nous dit un spécialiste des frontières terrestres[6] – l'indépendance de l'Érythrée selon l'ancienne ligne coloniale italo-abyssinienne et l'indépendance du Soudan du Sud –, ce qui ne veut pas dire que les États africains n'ont pas eu de

---

[5] Arrêt, C.I.J. Recueil 1986, p. 566-567, par. 25.

[6] Foucher, Michel (2014) *Frontières d'Afrique. Pour en finir avec un mythe*, p. 10.

conflits frontaliers, ce même auteur affirmant que pour la seule période allant de la fin des années 1950 à celle des années 1990, la moitié de ces États ont été impliqués dans des différends frontaliers[7], alors que moins du quart de ces frontières sont dûment démarquées sur le terrain – cette absence de démarcation contribuant, bien sûr, à l'exacerbation des conflits.

Le principe du respect de l'intangibilité des frontières sera réitéré dans l'Acte constitutif de l'Union africaine, adopté à Lomé (11 juillet 2000), lequel mentionne notamment, en son préambule : « Conscients du fait que le fléau des conflits en Afrique constitue un obstacle majeur au développement socio-économique du continent, et de la nécessité de promouvoir la paix, la sécurité et la stabilité, comme condition préalable à la mise en œuvre de notre agenda dans le domaine du développement et de l'intégration... », l'Acte affirmant que l'Union « fonctionne conformément aux principes suivants : (a) Égalité souveraine et interdépendance de tous les États membres de l'Union ; (b) Respect des frontières existant au moment de l'accession à l'indépendance... » (art. 4).

Signalons aussi d'autres documents importants de l'Organisation de l'Unité africaine et de l'Union africaine : la Résolution sur la paix et la sécurité en Afrique à travers le règlement négocié des conflits frontaliers en Afrique, adoptée à Addis-Abeba (21-26 juillet 1986) ; le Traité instituant la Communauté économique africaine, adopté à Abuja (3 juin 1991) ; les Déclarations sur le Programme frontière de l'Union africaine (7 juin 2007, 25 mars 2010 et 17 mai 2012) ; la Convention de l'Union africaine sur la coopération transfrontalière (Convention de Niamey), adoptée à Malabo (27 juin 2014) et dont l'un des objectifs est de « faciliter la délimitation, la démarcation et la réaffirmation des frontières inter-États » (art. 2, par. 3) et de « faciliter le règlement pacifique des différends frontaliers » (art. 2, par 4) ; enfin, la Charte africaine sur la sûreté et la sécurité maritimes et le développement en Afrique, adoptée à Lomé (15 octobre 2016).

Revenons brièvement aux années 1963 (Charte de l'OUA) et 1964 (résolution 16 du Caire), qui marquent des étapes importantes dans l'histoire des frontières en Afrique. C'est aussi au cours de cette période qu'on assiste à un grand mouvement de décolonisation, en commençant par celle des pays francophones, dans la mouvance d'activités diplomatiques aux Nations Unies avec l'adoption de résolutions de portée générale, notamment la 1514 (XV) du 14 décembre 1960 consacrée à la Déclaration sur l'octroi de l'indépendance aux pays et aux peuples coloniaux, de même que d'autres résolutions de portée spécifique, par exemple la résolution 1608 (XV) du 21 avril 1961 concernant l'Avenir du Territoire sous tutelle du Cameroun sous administration du Royaume-Uni.

---

[7] *Idem*, p. 45.

En aval des frontières terrestres, les frontières maritimes

Bien sûr, l'importance accordée alors à l'intégrité territoriale et au respect des frontières ne concerne que les frontières terrestres, puisque la CNUDM, qui visera la question des délimitations maritimes, ne sera adoptée qu'en 1982 et entrée en vigueur qu'en 1994. Pourtant, déjà en 1960, la France pour le Sénégal et le Portugal pour la Guinée portugaise (l'actuelle Guinée-Bissau) concluent, par échange de notes, un accord de délimitation maritime au-delà de la mer territoriale, le premier en Afrique et le sixième au monde, accord qui sera examiné dans l'affaire *Guinée-Bissau/Sénégal* par un Tribunal d'arbitrage décidant en 1989 – mais non sans une forte dissidence – que le principe de l'*uti possidetis* s'applique aussi aux frontières maritimes ; puis, en 1991, la C.I.J. rejette une demande en nullité de la sentence. Enfin, en 1993, les deux États négocient un accord concernant l'exploitation conjointe des ressources biologiques et minérales de la mer.

Les tribunaux jouent en effet un rôle important en matière délimitation maritime, et l'on estime que sur les 24 frontières actuellement délimitées à travers le monde par voie juridictionnelle et au-delà de la mer territoriale de 12 milles marins[8], les pays d'Afrique à eux seuls en dénombrent 9 (C.I.J., dans les affaires *Libye/Tunisie* en 1982, *Libye/Malte* en 1985, *Cameroun c. Nigeria* en 2002 et *Somalie c. Kenya* en 2021 ; tribunaux d'arbitrage, outre le cas *Guinée-Bissau/Sénégal* ci-dessus mentionné, dans les affaires *Guinée/Guinée-Bissau* en 1985 et *Érythrée/Yémen* en 1999 ; Tribunal international du droit de la mer (le T.I.D.M.) dans les affaires *Ghana/Côte d'Ivoire* en 2017 et *Maurice/Maldives* en 2023 ; et c'est sans compter l'affaire *Gabon/Guinée équatoriale*, introduite devant la C.I.J. par compromis des Parties en novembre 2016, qui était encore pendante en décembre 2023.

Le droit international de la délimitation maritime est en effet un droit très largement jurisprudentiel dans la mesure où le droit conventionnel – principalement la CNUDM – ne dit que peu de chose sur la délimitation comme telle, puisque la seule méthode qui y est prévue est celle de l'équidistance, et encore ne concerne-t-elle que la mer territoriale à défaut « de titres historiques ou d'autres circonstances spéciales[9] ». Aussi, les tribunaux, de même que la pratique des États, ont élaboré d'autres méthodes dans l'application de la norme fondamentale afin d'aboutir à une délimitation équitable, compte tenu des circonstances pertinentes.

---

[8] Nous excluons les affaires qui avaient pour seul objet la délimitation de la mer territoriale : (2009-2017) *In the matter of an arbitration under the arbitration agreement between the Government of the Republic of Croatia and the Government of the Republic of Slovenia* ; (1971-1977) *Affaire concernant un litige entre la République argentine et la République du Chili relatif au canal de Beagle* ; (1931-1933) *Délimitation des eaux territoriales entre l'île de Castellorizo et les Côtes d'Anatolie (Italie/Turquie)* ; (1908-1909) *Affaire des Grisbadarna. Délimitation d'une certaine partie de la frontière maritime entre la Norvège et la Suède.*

[9] Convention sur le droit de la mer, art. 15.

La terre domine la mer

La formule « la terre domine la mer », souvent utilisée par les tribunaux internationaux et les plaideurs, signifie précisément que c'est grâce à sa souveraineté territoriale sur son territoire terrestre qu'un État côtier peut se prévaloir des droits reconnus par la CNUDM en exerçant ses juridictions sur ses diverses zones maritimes. D'ailleurs, dans l'une des toutes premières affaires entendues par la C.I.J. – *Royaume-Uni c. Norvège* –, les juges affirmaient déjà, dans leur arrêt de 1951, que « c'est la terre qui confère à l'État riverain un droit sur les eaux qui baignent ses côtes[10] ».

Plus tard, dans les affaires de la *Mer du Nord* de 1969, c'est-à-dire avant même l'adoption de la CNUDM en 1982, la C.I.J. reprendra la notion selon laquelle la mer a été *territorialisée* et elle affirmera que « le droit de l'État riverain sur son plateau continental a pour fondement la souveraineté qu'il exerce sur le territoire dont ce plateau continental est le prolongement naturel sous la mer. (...) De cette notion de rattachement découle l'idée (...) que les droits de l'État riverain existent *ipso facto* et *ab initio*...[11] »

Par ailleurs, la CNUDM contient des dispositions très nettes qui montrent le lien entre ces deux espaces, par exemple au sujet de la mer territoriale « 1. La souveraineté de l'État côtier s'étend, au-delà de son territoire et de ses eaux intérieures et, dans le cas d'un État archipel, de ses eaux archipélagiques, à une zone de mer adjacente désignée sous le nom de mer territoriale. 2. Cette souveraineté s'étend à l'espace aérien au-dessus de la mer territoriale, ainsi qu'au fond de cette mer et à son sous-sol » (art. 2).

Ce lien terre-mer est encore plus évident dans la disposition suivante : « Le plateau continental d'un État côtier comprend les fonds marins et leur sous-sol au-delà de sa mer territoriale sur toute l'étendue du prolongement naturel du territoire terrestre de cet État jusqu'au rebord externe de la marge continentale, ou jusqu'à 200 milles marins des lignes de base à partir desquelles est mesurée la largeur de la mer territoriale, lorsque le rebord externe de la marge continentale se trouve à une distance inférieure » (art. 76, par. 1). Bien sûr, de nombreux États africains baignés par les océans Atlantique et Indien sont directement intéressés par cette disposition qui leur reconnaît des droits à un plateau continental élargi, ces droits ayant d'ailleurs été affirmés par trois décisions récentes de tribunaux internationaux : *Maurice/Maldives, Ghana/Côte d'Ivoire* et *Somalie c. Kenya.*

Avant la délimitation, l'exercice de la souveraineté territoriale

La délimitation doit être envisagée lorsque deux États côtiers qui ont des côtes adjacentes ou opposées se retrouvent avec des zones maritimes de chevauchement en conséquence d'actes unilatéraux posés en vertu de leur

---

[10] *Pêcheries*, arrêt, C.I.J. Recueil 1951, par. 2.

[11] *Plateau continental de la mer du Nord,* arrêts, C.I.J. Recueil 1969, par. 39.

souveraineté territoriale, y compris sur des îles comme dans l'affaire *Gabon/Guinée équatoriale,* introduite devant la C.I.J. le 5mars 2021. Lorsque les côtes sont adjacentes, une frontière terrestre contestée vient compliquer la délimitation maritime elle-même, comme dans l'affaire *Cameroun c. Nigeria* dans laquelle la C.I.J., était priée, dans une même instance, d'établir la souveraineté territoriale sur la presqu'île de Bakassi, et de délimiter à la fois la frontière lacustre dans le lac Tchad, la frontière terrestre et la frontière maritime.

Il peut arriver aussi que les juges procèdent en deux étapes, comme dans l'arbitrage *Érythrée/Yémen*, alors que le tribunal d'arbitrage avait d'abord à décider de la souveraineté territoriale (sentence du 9 octobre 1998) sur des îles disputées par les Parties, en situation de côtes opposées – souveraineté qui avait, bien sûr, un effet direct sur la frontière à tracer par la suite (sentence du 17 décembre 1999).

Division de l'ouvrage

Le droit international de la délimitation maritime (*chapitre 1*) s'intéresse d'abord à la souveraineté territoriale, qui peut être définie comme l'exercice exclusif, sur un territoire, de la totalité des pouvoirs étatiques (législatifs, exécutifs et judiciaires). Cette souveraineté, qui constitue un préalable à la délimitation, s'acquiert selon divers modes devant être distingués, notamment la découverte, l'occupation, la prescription, la cession, l'adjudication, la contiguïté géographique et l'autodétermination. Par ailleurs, il y a lieu de distinguer entre cette souveraineté et ce qu'on peut appeler les compétences territoriales limitées, souvent invoquées dans l'histoire coloniale de l'Afrique et tout particulièrement la zone d'influence, le protectorat, le mandat, la tutelle, le condominium, la cession de bases stratégique, le territoire international et la servitude. Quant aux zones maritimes soumises à la délimitation (eaux intérieures, eaux archipélagiques, mer territoriale, zone contiguë, zone économique exclusive et plateau continental), elles doivent être elles-mêmes distinguées puisque les règles juridiques applicables à leur délimitation (conventions, coutume, principes généraux de droit, décisions des tribunaux et doctrine) ne sont pas nécessairement identiques. Enfin, dans l'application de la norme fondamentale en matière de délimitation maritime, on constate que les tribunaux, de même que la pratique des États, ont élaboré d'autres méthodes que celle de l'équidistance stricte ou médiane (équidistance modifiée, perpendiculaire à la direction générale des côtes, ligne géométrique ou astronomique, ligne du thalweg et autres), compte tenu des circonstances pertinentes (notamment géographiques, mais aussi, dans une moindre mesure, les circonstances économiques, géomorphologiques, navigationnelles, environnementales, historiques, géopolitiques et celles dites relatives à conduite des parties).

Les autres chapitres de l'ouvrage sont consacrés à l'application du droit dans la délimitation des frontières maritimes en mer Méditerranée (*chapitre 2*), dans l'océan Atlantique (*chapitre 3*), dans l'océan Indien (*chapitre 4*) et en mer Rouge (*chapitre 5*), chacun de ces espaces maritimes différant non seulement par la géographie mais aussi par d'autres caractéristiques telles que la proportion des frontières maritimes délimitées, l'ancienneté de ces frontières, leur mode de résolution selon qu'elles ont été délimitées par accord bilatéral ou par voie juridictionnelle, la distinction frontières interrégionales/intrarégionales, les proportions côtes adjacentes/côtes opposées et frontières unifonctionnelles/multifonctionnelles, l'étendue des droits au plateau continental en-deçà/au-delà de 200 milles marins, les frontières assorties ou non d'une zone d'exploration et d'exploitation conjointe.

Les frontières délimitées dans la mer semi-fermée qu'est la Méditerranée (*chapitre 2*) ne concernent, dans trois cas sur cinq, que le seul plateau continental. Relativement anciennes, quelques-unes d'entre elles sont inter-régionales – notamment Tunisie/Italie, 1971 – et toutes ne visent, il va sans dire, que le seul plateau continental en-deçà de 200 milles marins. Jusqu'à maintenant, la Tunisie et la Libye, en Méditerranée centrale, ont été les plus impliquées en matière de délimitation, tant entre côtes opposées qu'entre côtes adjacentes : la Tunisie avec l'Italie, la Libye et l'Algérie ; la Libye avec la Tunisie, Malte et la Turquie. Quant à l'Égypte, elle a délimité ses frontières avec Chypre et la Grèce. Toutes ces frontières ont été délimitées par accords bilatéraux, à l'exception des frontières Libye/Tunisie et Libye/Malte qui l'ont été par la C.I.J.

C'est en Atlantique (*chapitre 3*) qu'on trouve le plus grand nombre de frontières, tant les virtuelles que celles délimitées, ces dernières étant principalement au large des côtes de l'Afrique de l'Ouest et dans le golfe de Guinée. La plupart de ces frontières sont entre côtes adjacentes, mais elles sont opposées là où sont présentes des formations archipélagiques ou insulaires, notamment le Cap-Vert, Sao tomé et Principe, les Canaries et Madère. La plupart des États côtiers étant baignés par de très larges espaces maritimes, leurs frontières maritimes sont ou seront prolongées au-delà de 200 milles marins lorsque la Commission des limites du plateau continental aura formulé ses recommandations à la suite des nombreuses soumissions, individuelles ou conjointes. Le Sénégal a délimité ses frontières maritimes avec trois États (Guinée-Bissau, Gambie et Cap-Vert) ; la Guinée équatoriale en a fait autant avec Sao Tomé et Principe, le Nigeria et le Gabon ; deux frontières ont été délimitées par Sao Tomé et Principe (avec la Guinée équatoriale et le Gabon) ; de même, le Cap-Vert a conclu deux accords (avec le Sénégal et la Mauritanie) ; deux délimitations du Nigeria (avec la Guinée équatoriale et le Cameroun) ; deux de la Mauritanie (avec le Maroc et le Cap-Vert) ; deux de la Gambie (avec le Sénégal) ; les États suivants n'ont délimité qu'une seule de leurs frontières : le Maroc (avec la Mauritanie) ; la

Guinée (avec la Guinée-Bissau) ; le Ghana (avec la Côte d'Ivoire), l'Angola (avec la Namibie).

Dans l'océan Indien (*chapitre 4*), et compte tenu des nombreuses formations archipélagiques et insulaires dans le sud-ouest, y compris celles sous souveraineté territoriale étrangère – en l'occurrence la France –, ce sont les côtes opposées qui prédominent et commandent naturellement une ligne d'équidistance stricte. Les plateaux continentaux élargis sont nombreux et certains ont d'ailleurs fait l'objet de deux délimitations importantes établies par voie juridictionnelle – les affaires *Somalie c. Kenya* et *Maurice/Maldives.* Les frontières maritimes délimitées, relativement récentes, sont principalement celles des Seychelles, qui a déjà conclu quatre accords (avec la France, la Tanzanie, Maurice et les Comores). La France aussi a été active en signant des traités avec trois États (les Seychelles, Maurice et Madagascar). La Tanzanie, outre son accord avec le Kenya, a délimité ses frontières avec le Mozambique et les Seychelles. De même, Maurice, outre sa délimitation avec les Maldives, s'est entendue avec la France et les Seychelles. Le Mozambique a conclu avec la Tanzanie et les Comores. Quant à Madagascar, sa seule frontière délimitée est avec la France.

La mer Rouge (*chapitre 5*), est, comme la Méditerranée, une mer semi-fermée et verrouillée par deux passage stratégiques – le canal de Suez et le Bab-el-Mandeb –, elle ne baigne que quelques États riverains et possède donc très peu de frontières maritimes : en effet, deux seulement, interrégionales, sont délimitées, la première, au terme de deux sentences arbitrales qui décident d'abord de la souveraineté territoriale sur des formations insulaires disputées par l'Érythrée et le Yémen, la deuxième traçant la frontière entre les deux États selon une ligne médiane appropriée entre des côtes opposées. La seconde frontière a fait l'objet d'un accord conclu entre l'Égypte et l'Arabie saoudite. Mentionnons par ailleurs un accord entre le Soudan et l'Arabie saoudite portant sur l'instauration d'une zone d'exploitation conjointe.

CHAPITRE 1

Le droit international de la délimitation maritime

Dans l'une des premières causes de délimitation maritime entendues par la Cour internationale de Justice (C.I.J.) – l'arrêt *Canada/États-Unis* de 1984 –, la norme fondamentale en la matière, appliquée par la suite dans d'autres affaires, était énoncée comme suit :

> Aucune délimitation maritime entre États dont les côtes sont adjacentes ou se font face ne peut être effectuée unilatéralement par l'un de ces États. Cette délimitation doit être recherchée et réalisée au moyen d'un accord faisant suite à une négociation menée de bonne foi et dans l'intention réelle d'aboutir à un résultat positif. Au cas où, néanmoins, un tel accord ne serait pas réalisable, la délimitation doit être effectuée en recourant à une instance tierce dotée de la compétence nécessaire pour ce faire.
>
> Dans le premier cas comme dans le second, la délimitation doit être réalisée par l'application de critères équitables et par l'utilisation de méthodes pratiques aptes à assurer, compte tenu de la configuration géographique de la région et des autres circonstances pertinentes de l'espèce, un résultat équitable[12].

Nous nous inspirons de cet énoncé pour accorder une section à chacun des éléments constituant l'expression de la norme fondamentale : les sources du droit applicable à la délimitation (*section 1.3*), les circonstances pertinentes à la délimitation (*1.4*) et les méthodes équitables de délimitation (*1.5*). Mais il faut au préalable rappeler les modes juridiques de l'acquisition territoriale (*1.1*), qui fondent l'État côtier à exercer sa souveraineté ou ses juridictions exclusives sur certaines zones maritimes, lesquelles sont assujetties au processus de délimitation dans la mesure où elles se trouvent en situation de chevauchement par suite de l'exercice de la territorialisation des États côtiers voisins (*1.2*).

Plus spécifiquement, la souveraineté territoriale (*section 1.1*) peut, ou a pu, être acquise selon divers modes qu'il convient de distinguer : décision pontificale, mariage, succession *ab intestat* ou testamentaire, découverte,

[12] *Délimitation de la frontière maritime dans la région du golfe du Maine*, arrêt, C.I.J. Recueil 1984, par. 112.

occupation, prescription, cession, adjudication, conquête, accroissement naturel, continuité ou contiguïté, autodétermination et, enfin, *uti possidetis*. Par ailleurs, certaines compétences limitées, qui ne confèrent pas la souveraineté territoriale, ont été invoquées pour justifier divers droits d'usage sur un territoire : zone d'influence, zone d'intérêts spéciaux, protectorat, mandat, tutelle, condominium, cession à bail, cession de bases stratégiques, territoire international et servitude.

Les zones maritimes sous juridiction nationale (*section 1.2*) doivent être distinguées puisque les domaines de juridiction rattachés à chacune varient de l'une à l'autre et que les règles de délimitation ne sont pas toujours les mêmes : eaux intérieures, eaux archipélagiques, mer territoriale, zone contiguë, zone économique exclusive et plateau continental, tandis que la haute mer et la Zone internationale des fonds marins ne sont pas soumises à la juridiction de l'État côtier.

Après avoir évoqué les moyens pacifiques de règlement des différends, prévus dans la Charte des Nations Unies, de même que les sources du droit international, telles qu'elles sont mentionnées dans le Statut de la Cour internationale de Justice (*section 1.3*), nous distinguons ces sources en ce qu'elles concernent directement la délimitation maritime : principales conventions internationales et notamment Convention sur le droit de la mer, coutume, principes généraux de droit, jurisprudence et doctrine.

Puisque la seule méthode de délimitation prévue par cette convention – l'équidistance – peut être remplacée dès lors qu'on se trouve en présence de « circonstances spéciales », il convient de distinguer entre ces diverses circonstances pertinentes à la délimitation (*section 1.4*), telles qu'elles ont été considérées par la jurisprudence, la doctrine et la pratique des États, et bien que les facteurs d'ordre géographique prédominent sur tous les autres types : géomorphologie et géologie, navigation, biogéographie et environnement, histoire, économie, géopolitique et géostratégie, enfin, conduite des parties.

Outre l'équidistance, les tribunaux internationaux, de même que les États dans leurs accords bilatéraux, ont élaboré diverses méthodes de délimitation ou des combinaisons de méthodes (*section 1.5*), afin d'obtenir des résultats équitables, compte tenu de la diversité des situations géographiques particulières : équidistance stricte ou simplifiée, équidistance modifiée, perpendiculaire à la direction générale des côtes, ligne astronomique, ligne géométrique, prolongement de la frontière terrestre ou celui de la mer territoriale, enfin, ligne du thalweg ou du principal chenal navigable. En sus ou au lieu du tracé d'une ligne de délimitation, on peut établir une zone indivise de partage, une zone divise de partage, une zone en profondeur, une zone de tolérance, une zone d'exclusion ou une zone de protection.

1.1. Un préalable à la délimitation : la souveraineté territoriale

Il est difficile d'imaginer la conclusion d'un accord de délimitation maritime entre le Maroc et le Sahara occidental tant et aussi longtemps que la question de la souveraineté sur ce territoire – occupé par le Maroc depuis 1976 à la suite de la décolonisation espagnole[13] – n'aura pas été réglée au préalable[14]. Il en est de même des frontières maritimes hypothétiques entre un Sahara occidental indépendant et les îles espagnoles des Canaries, ou d'une frontière Mauritanie/Sahara occidental, à moins que ce dernier puisse bénéficier de la question parfois controversée d'un *uti possidetis* maritime. Le cas de la Palestine soulève des questions similaires dans la mesure où sa délimitation avec l'Égypte et Israël ne pourra être effectuée avant qu'elle n'obtienne clairement son autodétermination externe, à supposer même que cela se produise un jour[15]. De même, la frontière maritime entre deux États dont les côtes sont adjacentes ne pourra être que difficilement délimitée s'il subsiste un litige quant au tracé de leur frontière terrestre à proximité des côtes – par exemple entre le Maroc et l'Algérie[16] ou l'Égypte et le Soudan[17] –, *a fortiori* lorsque d'importantes superficies territoriales, de part et d'autre de cette frontière, sont disputées entre ces États. Quand un tribunal a prononcé sur l'illégalité d'une occupation ou d'une annexion, par exemple dans l'avis consultatif du 25 février 2019 de la Cour internationale de Justice (la C.I.J.) relatif à Maurice[18], la délimitation maritime de ce petit État insulaire avec les Maldives a pu enfin être réalisée à la faveur de l'arrêt du Tribunal international du droit de la mer (le T.I.D.M.) du 28 avril 2023[19].

Bien sûr, tout État cherche à exercer sa souveraineté territoriale, y compris, le cas échéant, sur des poussières d'îles et de rochers, parfois dénuées d'importance économique ou même stratégique par elles-mêmes, mais souvent disputées par deux, trois, quatre, voire cinq autres États, là où la délimitation devient pratiquement inextricable. Dans des situations plus simples, quand la souveraineté territoriale est revendiquée par deux États seulement sur quelques îles bien identifiées et bien définies – tant par leur

[13] Labrecque, Georges (1984) *Conditions d'existence et reconnaissance internationale d'un nouvel État : le cas de la République arabe sahraouie démocratique.*

[14] Smith, Jeffrey (2019) International Law and Western Sahara's Maritime Area, *ODIL*, vol. 50, issues 2-3, p. 117-140.

[15] Par ailleurs, la bande de Gaza, soumise à un blocus maritime, n'a droit, selon Israël, qu'à une zone de pêche de 6 à 15 milles marins depuis avril 2019. Voir Pironet, Olivier (2019) À Gaza, un peuple en cage, *Le Monde diplomatique*, septembre, p. 1 et 20-21.

[16] International Mapping (2023) *Sovereign Limits. Atlas of International Maritime Boundaries* : https://sovereignlimits.com/boundaries/algeria-morocco-land.

[17] *Idem* : https://sovereignlimits.com/boundaries/egypt-sudan-land.

[18] *Effets juridiques de la séparation de l'archipel des Chagos de Maurice en 1965*, avis consultatif, C.I.J. Recueil 2019.

[19] *Différend relatif à la délimitation de la frontière maritime entre Maurice et les Maldives dans l'océan Indien*, arrêt, T.I.D.M. Recueil 2023, affaire numéro 28.

statut juridique que par leur nature géographique –, les parties ou une juridiction saisie peuvent procéder en deux étapes, en réglant d'abord la question de la souveraineté, puis ensuite celle de la délimitation. Parfois aussi, ces deux questions peuvent être réglées en une seule étape, l'une des parties pouvant faire une concession en abandonnant à l'autre partie sa revendication sur une île, moyennant une délimitation avantageuse pour la première.

Quand on observe une carte récente du monde politique, et plus particulièrement les océans et les mers, on peut être étonné de constater que dans de multiples cas, des îles sises à proximité relative des côtes de certains États sont pourtant sous la souveraineté territoriale d'autres États bien plus éloignés, par exemple l'île française de Mayotte entre le Madagascar et le Mozambique, ou l'îlot espagnol au Persil à quelques centaines de mètres du Maroc.

Ainsi, l'exercice de la souveraineté territoriale constitue, en quelque sorte, un préalable à l'exercice de juridictions sur des zones maritimes, et le règlement des litiges relatifs à cette souveraineté est en effet en amont du règlement d'une délimitation maritime. Pourtant, dans certains cas, deux parties ne se priveront pas d'une délimitation pour le seul motif qu'une île, quelque part, est disputée par elles, et choisiront plutôt de laisser inachevée cette frontière à proximité de l'île contestée.

Le tribunal international, dans les litiges les plus complexes, peut être appelé à examiner les deux questions (souveraineté territoriale *et* délimitation maritime) dans une même affaire, auquel cas il lui arrive de procéder en deux étapes en rendant deux décisions, par exemple dans l'affaire *Érythrée/Yémen*[20], mais il tranche habituellement ces questions en une seule étape, à moins, bien sûr, qu'il ait à décider d'abord des exceptions préliminaires du défendeur et qu'il se dise compétent pour trancher ensuite sur le fond. Par ailleurs, les deux questions peuvent être tranchées en une seule étape comme dans l'affaire *Cameroun c. Nigeria*[21], décidée par la C.I.J. en octobre 2002, et l'affaire *Gabon/Guinée équatoriale*[22], introduite en mars 2021 devant ce même tribunal et encore pendante en décembre 2023.

Que le territoire soit défini comme « l'espace légalement attribué à l'État[23] » ou comme « la limite matérielle de l'action effective des gouvernants[24] », ou encore « la sphère de compétence spatiale de l'État, le

[20] *Award of the Arbitral Tribunal in the first stage of the proceedings between Eritrea and Yemen (Territorial Sovereignty and Scope of the Dispute)*, décision du 9 octobre 1998, R.S.A., vol. 22 ; *Award of the Arbitral Tribunal in the Second Stage (Maritime Delimitation)*, sentence du 17 décembre 1999, R.S.A., vol. 22.

[21] *Frontière terrestre et maritime entre le Cameroun et le Nigéria (Guinée équatoriale intervenant)*, arrêt, C.I.J. Recueil 2002.

[22] *Délimitation terrestre et maritime et souveraineté sur des îles.*

[23] Thierry, Hubert et *al.* (1986) *Droit international public*, 5e édition, p. 249.

[24] Duguit, cité par Rousseau, Charles (1967) *Droit international public*, p. 139.

cadre de validité de l'ordre étatique[25] », le territoire revêt pour le juriste la plus grande importance puisqu'il constitue l'une des conditions mêmes de l'existence de cet État et, par la suite, de sa reconnaissance internationale, le cas échéant, les frontières étant les limites mêmes de ce territoire. Quand le territoire acquis est baigné par la mer, ce sont également les zones maritimes sous juridiction nationale qui accroissent à l'État, et, à l'inverse, si un territoire côtier est perdu, la mer aussi est perdue : c'est ce qui arriva à l'Éthiopie quand elle perdit l'Érythrée en 1993[26].

Toute limite à l'exercice de la souveraineté territoriale ne se présume pas, mais une disposition conventionnelle entre les parties peut la prévoir, qui doit cependant être interprétée restrictivement. Hormis la limite conventionnelle à l'exercice de la souveraineté, le droit coutumier interdit que le territoire de l'État soit utilisé à des fins illégales, comme la C.I.J. le disait déjà dans son premier arrêt, en 1949, dans l'affaire du *Détroit de Corfou*, en décidant que le mouillage d'un champ de mines en eaux albanaises « n'a pu échapper à la connaissance du Gouvernement albanais », cette connaissance entraînant des obligations qui sont fondées sur certains principes, « tels que des considérations élémentaires d'humanité, plus absolues encore en temps de paix qu'en temps de guerre, le principe de la liberté des communications maritimes et l'obligation, pour tout État, de ne pas laisser utiliser son territoire aux fins d'actes contraires aux droits d'autres États[27] ».

Encore faut-il que l'État côtier détienne véritablement la souveraineté. Il convient alors de distinguer entre les modes juridiques d'acquisition territoriale (*sous-section 1.1.1*) – lesquels confèrent la souveraineté –, et ce que le professeur Rousseau appelle les compétences territoriales limitées quand un État jouit de l'usage d'un territoire à certaines fins sans y exercer pour autant la souveraineté (*1.1.2*).

1.1.1. Les modes juridiques d'acquisition territoriale

Outre quelques ouvrages portant exclusivement ou principalement sur les modes juridiques d'acquisition du territoire[28], la plupart des publications de droit international public consacrent quelques pages, parfois un chapitre entier, à cette question[29]. À l'instar de la doctrine, la jurisprudence a eu de

[25] *Idem*, p. 140.

[26] International Mapping (2023) *op. cit.* : https://sovereignlimits.com/boundaries/eritrea-ethiopia-land.

[27] *Détroit de Corfou,* fond, arrêt, C.I.J. Recueil 1949, p. 22.

[28] Crawford, James (2007) *The Creation of States in International Law,* 2nd edition ; Jennings, R.Y. (1963) *The Acquisition of Territory in International Law.*

[29] Forteau, Mathias, Miron, Alina et Pellet, Alain (2022) *Droit international public,* 9e édition ; Shaw, Malcolm N. (2021) *International Law,* 9th edition ; Crawford, James (2019) *Brownlie's Principles of Public International Law,* 9th edition ; Brownlie, Ian (2008) *Principles of Public International Law,* 7th edition, p. 105-114.

nombreuses occasions pour l'examiner. À la lecture de l'une ou l'autre de ces sources du droit international[30], on observe assez rapidement que certains des modes s'inspirent directement du droit interne, notamment du droit privé, particulièrement l'occupation, la cession, la prescription et l'adjudication, encore que dans ce dernier cas, il existe des distinctions fondamentales – la règle du *stare decisis* n'existant pas dans les décisions des tribunaux internationaux, lesquelles ne sont pas susceptibles d'exécution forcée, encore qu'une partie peut se plaindre au Conseil de sécurité en cas de défaut de la partie adverse de donner suite à une décision[31], et la saisine demeurant souvent soumise à la souveraineté de l'État.

Évoquons d'abord très brièvement certains des modes juridiques originaires ou dérivés d'acquisition territoriale qui ne présentent plus aujourd'hui qu'un intérêt historique[32]. D'autres modes sont par ailleurs invoqués encore régulièrement, à tort ou à raison, dans la pratique diplomatique et devant les tribunaux internationaux – la découverte (*sous-section 1.1.1.1*), l'occupation (*1.1.1.2*), la prescription (*1.1.1.3*), la cession (*1.1.1.4*), l'adjudication (*1.1.1.5*), la conquête et l'annexion (1.1.1.6), la continuité et la contiguïté (*1.1.1.7*), l'autodétermination (*1.1.1.8*), enfin, l'*uti possidetis* (*1.1.1.9*), ces deux derniers moyens se présentant comme des modes de conservation plutôt que d'acquisition du territoire.

1.1.1.1. La découverte

On estime aujourd'hui que la découverte n'a jamais vraiment constitué, à elle seule, un titre conférant incontestablement la souveraineté territoriale, mais plutôt ce que les juristes anglo-saxons appellent un « *inchoate title* » – un commencement de titre à peine suffisant pour écarter un moment des prétentions concurrentes. La notion même de découverte, l'étendue spatiale qu'elle visait, la difficulté d'en faire la preuve, les imprécisions et même les erreurs de sa description géographique, le défaut d'assentiment de l'État bénéficiaire ou son acceptation tardive, tout cela contribuait à conférer un titre imparfait et à exacerber les rivalités.

Qui avait priorité de la découverte d'un territoire ? Le premier qui l'avait entrevu, cartographié, en avait fait un récit de voyage ? Ou bien le premier qui y était débarqué, l'avait survolé, l'avait sommairement exploré, y avait

---

[30] Statut de la Cour internationale de Justice, art. 38.

[31] Charte des Nations Unies, art. 94, par. 2.

[32] En 1493, Alexandre VI promulgue une bulle pontificale par laquelle le monde est divisé en deux parties, le Portugal ayant la priorité des découvertes à l'est, l'Espagne à l'ouest, ces deux puissances concluant l'année suivante le Traité de Tordesillas visant à repousser de 370 lieues à l'ouest la ligne qui passait d'abord à 100 lieues du Cap-Vert. Quant au mariage, il a pu être l'occasion d'un transfert de territoire, au Moyen Âge et à la Renaissance, entre les familles royales, par exemple la cession du territoire de Tanger, donné en 1662 par la reine Catherine du Portugal à Charles II. Autre exemple : la dévolution d'un territoire par succession ou par testament, le cas le plus extraordinaire étant probablement celui du legs du Congo entier à la Belgique que le roi Léopold II détenait à titre personnel.

planté une croix, comme geste de prise de possession symbolique, érigé un drapeau, construit un monument commémoratif ou édifié une fortification ? La découverte cédera le pas à l'occupation effective, ainsi que l'explique le professeur Rousseau : « Si les États ont admis le principe de l'occupation plutôt que celui de la priorité de la découverte, c'est (...) parce que l'occupation est quelque chose qui se voit, tandis que la découverte laisse peu de traces. Ici c'est la nécessité d'assurer la sécurité des relations internationales qui est le véritable fondement de l'institution[33] ».

1.1.1.2. L'occupation

Les règles relatives à la découverte comportant de sérieuses difficultés d'application et des problèmes de preuve, les principaux États de l'Europe, des États-Unis et de l'Empire ottoman signent, le 26 février 1885, l'Acte général de la Conférence de Berlin, aux fins notamment de « régler, dans un esprit de bonne entente mutuelle, les conditions les plus favorables au développement du commerce et de la civilisation dans certaines régions d'Afrique, et assurer à tous les peuples les avantages de la libre navigation... » (préambule). Cet instrument prévoit que deux conditions doivent être réalisées pour l'acquisition de la souveraineté territoriale : la puissance a l'obligation d'assurer « l'existence d'une autorité suffisante pour faire respecter les droits acquis et, le cas échéant, la liberté du commerce et du transit » (art. 35) ; à cette condition de fond s'ajoute une condition de forme selon laquelle la prise de possession d'un territoire sur les côtes du continent africain doit être notifiée aux autres puissances, afin qu'elles puissent faire valoir, le cas échéant, leurs réclamations respectives (art. 34).

Ces règles juridiques s'appliquent à une *terra nullius*, c'est-à-dire à un territoire sans maître, puisqu'on n'y trouve pas d'organisation politique et sociale suffisante, ainsi que la C.I.J. aura l'occasion de l'expliquer notamment dans son avis consultatif de 1975 dans une affaire relative au *Sahara occidental*, laquelle intéressait au premier chef le peuple sahraoui, de même que le Maroc et la Mauritanie, puissances occupantes de ce territoire après le retrait des troupes espagnoles : « En l'espèce, (...) au moment de la colonisation le Sahara occidental était habité par des populations qui, bien que nomades, étaient socialement et politiquement organisées en tribus et placées sous l'autorité de chefs compétents pour les représenter. (...) en colonisant le Sahara occidental, l'Espagne n'a pas agi comme un État qui établirait sa souveraineté sur une *terra nullius*[34] ».

Bien sûr, l'effectivité ne saurait être invoquée à l'encontre d'un titre valable, et ce n'est qu'à défaut de titre, que le tribunal aura à décider laquelle des Parties a établi la preuve d'une possession effective fondant la

---

[33] Rousseau, Charles (1977) *Droit international public*, vol. III (les compétences), p. 163.

[34] *Sahara occidental*, avis consultatif, C.I.J. Recueil 1975, par. 81.

souveraineté territoriale[35]. Cette question a été fort bien étudiée dans l'affaire *Burkina Faso/Mali*, alors que la Cour a eu l'occasion de distinguer comme suit entre le titre juridique et l'effectivité :

> Dans le cas où le fait correspond exactement au droit, où une administration effective s'ajoute à l'*uti possidetis juris*, l'effectivité n'intervient en réalité que pour confirmer l'exercice du droit né d'un titre juridique. Dans le cas où le fait ne correspond pas au droit, où le territoire objet du différend est administré effectivement par un État autre que celui qui possède le titre juridique, il y a lieu de préférer le titulaire du titre. Dans l'éventualité où l'effectivité ne coexiste avec aucun titre juridique, elle doit inévitablement être prise en considération. Il est enfin des cas où le titre juridique n'est pas de nature à faire apparaître de façon précise l'étendue territoriale sur laquelle il porte. Les effectivités peuvent alors jouer un rôle essentiel pour indiquer comment le titre est interprété dans la pratique[36].

1.1.1.3. La prescription

Ce mode d'acquisition territoriale, bien connu en droit interne en matière de propriété, a ceci en commun avec l'occupation que dans les deux cas, l'État qui veut s'en prévaloir doit exercer un contrôle effectif, mais la prescription se distingue de l'autre mode en ce qu'elle a pour objet un territoire qui n'est pas *terra nullius*, l'État pouvant alors fonder sa prétention en établissant la preuve que sa possession est publique, paisible, non interrompue, de longue durée et à titre de souverain. Bien sûr, la partie qui se prévaut de ce mode d'acquisition doit apporter la preuve que ces conditions ont été réalisées. Or, dans l'affaire *Botswana/Namibie*, la C.I.J. estime, dans son arrêt de 1999, que la Namibie « n'a pas prouvé avec le degré de précision et de certitude nécessaire que des actes d'autorité étatique susceptibles de fonder autrement l'acquisition d'un titre par prescription selon les conditions qu'elle a énoncées auraient été accomplis par ses prédécesseurs ou par elle-même sur l'île » disputée par les deux États[37].

Autre distinction entre l'occupation et la prescription, et puisque cette dernière consiste dans l'acquisition d'un territoire qui appartient déjà formellement à un autre État, la condition liée à la possession paisible est plus importante que dans le cas de l'occupation, et la prescription ne peut être établie que par la reconnaissance ou l'absence de protestation, laquelle peut se manifester sous diverses formes (objections par la voie diplomatique, déclarations devant les organisations internationales, recours à une instance juridictionnelle, application des lois nationales au territoire en litige).

---

[35] Distefano, G. (2002) *L'ordre international entre légalité et effectivité. Le titre juridique dans le contentieux territorial.* Voir aussi Kohen, M.-G. (2004) La relation titres/effectivités dans le contentieux territorial à la lumière de la jurisprudence récente, *RGDIP*, vol. 108, n° 4, p. 561-593.

[36] *Différend frontalier*, arrêt, C.I.J. Recueil 1986, par. 63.

[37] *Île de Kasikili/Sedudu*, arrêt, C.I.J. Recueil 1999, par. 94 et 99.

La possession doit être non interrompue, c'est-à-dire continue, y compris à la *date critique,* soit celle à laquelle la question de la souveraineté aura à être examinée par le tribunal. Par exemple, dans l'affaire de l'arbitrage *Égypte/Israël*[38] de 1988, cette date est celle de l'entrée en vigueur du mandat britannique en Palestine.

Une autre difficulté liée à la mise en œuvre de ce mode d'acquisition est la notion de possession de longue durée, le droit international conventionnel étant muet à cet égard, contrairement au droit interne, par exemple le Code civil du Québec qui prévoit une prescription de 10 ans pour les immeubles et 3 ans pour les meubles[39]. Quant à la jurisprudence internationale, on ne peut que constater la diversité des cas d'espèce. Dans l'affaire de l'*Île de Palmas*, l'arbitre Max Hubert dit que l'exercice de la souveraineté doit avoir déjà existé « assez longtemps pour assurer à toute Puissance (...) une possibilité raisonnable, d'après les conditions locales, de constater l'existence d'un état de choses contraire à ses droits réels ou prétendus[40] ».

1.1.1.4. La cession

L'histoire diplomatique des États fourmille d'exemples de territoires acquis par actes de cession (achat, échange ou même pour services rendus), instruments qui sont parfois joints à des traités de paix, mais qui peuvent aussi intervenir sur une base consensuelle – synallagmatique diraient les civilistes. Encore faut-il, dans tous les cas, que le cédant ait d'abord la souveraineté sur le territoire cédé, car ce serait autrement enfreindre la règle formulée par la maxime *non dat qui non habet* – qui existe également en droit interne[41]. Bien sûr, à l'instar du contrat en droit interne, le traité de cession lui-même doit être valide, comme tout autre type de traité, et conclu en conformité avec les règles édictées à Vienne dans la Convention sur le droit des traités (art. 46 à 53), à défaut de quoi sa nullité peut être prononcée, ou son annulation peut être demandée, selon qu'il s'agit, dans le premier cas, de nullité absolue (pour contrainte par menace ou usage de la force), dans le second, de nullité relative (dol, erreur de fait substantielle, corruption d'un représentant de l'État, défaut de compétence pour conclure le traité, excès de pouvoirs).

La preuve du défaut de validité incombant à la partie qui l'allègue, la Guinée-Bissau, dans l'affaire de la délimitation maritime *Guinée-Bissau c. Sénégal*, a tenté sans succès d'établir devant un tribunal d'arbitrage[42] que

---

[38] *Case concerning the location of boundary markers in Taba between Egypt and Israel,* sentence du 29 septembre 1988, R.S.A., vol. 20, p. 1-118.

[39] Code civil du Québec, art. 2917-2920.

[40] *Island of Palmas Case*, sentence du 4 avril 1928, R.S.A., vol. 2, p. 867.

[41] Le Code civil du Québec prévoit que la vente de la chose d'autrui peut être frappée de nullité (art. 1713-1715).

[42] *Délimitation de la frontière maritime Guinée-Bissau/Sénégal*, sentence du 31 juillet 1989, R.S.A., vol. 20, notamment les par. 51, 59 et 69 à 76.

l'accord franco-portugais de délimitation maritime de 1960 lui était inopposable pour causes d'inexistence et de nullité, notamment l'incompatibilité de l'accord avec des normes internationales du *jus cogens*, dont le droit des peuples à disposer d'eux-mêmes, alors que le processus de libération était déjà en cours lors de la conclusion de l'accord de 1960, ce qui restreignait donc le *jus tractatus* de l'État colonisateur, le demandeur ajoutant que l'accord constituait une aliénation de territoire et que, par ailleurs, le Portugal et la France, à titre de puissances coloniales, ne disposaient plus de la plénitude de la souveraineté nécessaire pour conclure. La Guinée-Bissau invoquait également la violation du droit interne (constitutionnel) portugais, étant donné que l'accord de 1960 avait été conclu sans le consentement de l'Assemblée nationale portugaise. Dans l'affaire *Libye/Tchad* de 1994, la Libye a également fait défaut de convaincre la C.I.J. que son manque d'expérience en tant que jeune État sur la scène internationale constituait une cause d'annulation du traité frontalier conclu avec la France en 1955[43].

La cession de territoires habités, qui n'a plus lieu, soulèverait aujourd'hui la question du droit des peuples à l'autodétermination.

1.1.1.5. L'adjudication

Appelé à trancher dans une affaire de souveraineté territoriale et/ou de délimitation maritime, le tribunal est souvent confronté à l'examen de l'un ou de plusieurs des modes d'acquisition territoriale, tels qu'ils sont distingués en doctrine. Bien sûr, rien n'empêche les parties, sauf à en faire la preuve, de soumettre plus d'un mode d'acquisition, y compris l'adjudication d'une affaire opposant précédemment ces mêmes parties. La décision d'un tribunal vient « cristalliser », en quelque sorte, un titre sur un territoire disputé.

1.1.1.6. La conquête et l'annexion

Depuis l'adoption de la Charte des Nations Unies, signée à San Francisco le 26 juin 1945 et entrée en vigueur le 24 octobre suivant, la conquête – entendons par voie militaire –, suivie ou non de l'annexion, ne constitue plus un mode juridique d'acquisition territoriale.

L'une des dispositions les plus pertinentes de la Charte est certes celle de l'article 2, par. 4, qui dispose : « Les Membres de l'Organisation s'abstiennent, dans leurs relations internationales, de recourir à la menace ou à l'emploi de la force, soit contre l'intégrité territoriale ou l'indépendance politique de tout État, soit de toute autre manière incompatible avec les buts des Nations Unies » – cette règle étant non seulement d'origine coutumière, mais aussi une règle fondamentale – *jus cogens*, défini comme « une norme

---

[43] *Différend territorial*, arrêt, C.I.J. Recueil 1994, par. 36.

impérative du droit international général (...) acceptée et reconnue par la communauté internationale des États dans son ensemble en tant que norme à laquelle aucune dérogation n'est permise et qui ne peut être modifiée que par une nouvelle norme du droit international général ayant le même caractère[44] ». Bien sûr, l'usage de la force est autorisé en légitime défense, conformément aux dispositions de l'article 51 de la Charte :

> Aucune disposition de la présente Charte ne porte atteinte au droit naturel de légitime défense, individuelle ou collective, dans le cas où un Membre des Nations Unies est l'objet d'une agression armée, jusqu'à ce que le Conseil de sécurité ait pris les mesures nécessaires pour maintenir la paix et la sécurité internationales. Les mesures prises par des Membres dans l'exercice de ce droit de légitime défense sont immédiatement portées à la connaissance du Conseil de sécurité et n'affectent en rien le pouvoir et le devoir qu'a le Conseil, en vertu de la présente Charte, d'agir à tout moment de la manière qu'il juge nécessaire pour maintenir ou rétablir la paix et la sécurité internationales.

L'article 2 a été interprété largement par la jurisprudence pour englober, outre l'intégrité du territoire (terrestre), celle de la mer territoriale et de l'espace aérien, de même que les « droits souverains » de l'État côtier sur son plateau continental. Outre l'article 2, une importante Déclaration affirme que l'acquisition territoriale « obtenue par la menace ou l'emploi de la force ne sera reconnue comme légale »[45].

Dans l'affaire *Cameroun c. Nigeria* de 2002, le requérant alléguait que le défendeur avait tenté de modifier par la force le tracé de la frontière en violant le principe fondamental du respect des frontières héritées de la colonisation *(uti possidetis juris)* et qu'il avait utilisé la force pour occuper militairement des parcelles du territoire camerounais[46]. Dans l'affaire *Congo c. Ouganda* de 2005, la Cour dira que le défendeur, en occupant une partie du territoire congolais et en soutenant activement (...) des forces irrégulières qui opéraient sur le territoire congolais, a violé le principe du non-recours à la force dans les relations internationales et le principe de non-intervention[47] ».

Dans d'autres affaires, où le requérant invoquait également une violation de l'article 2, la Cour ne s'est pas prononcée sur le fond pour avoir accueilli des exceptions préliminaires ou parce qu'un désistement est intervenu à la faveur d'un règlement des parties : affaires *Libye c. Royaume-Uni* et *États-Unis* de 2003 dans lesquelles il était demandé à la Cour de dire que les défendeurs étaient tenus de mettre fin et de renoncer immédiatement à « toute violation de la souveraineté, de l'intégrité territoriale et de

---

[44] Convention de Vienne sur le droit des traités, art. 53.

[45] Déclaration relative aux principes du droit international touchant les relations amicales et la coopération entre les États.

[46] Conclusions finales du Cameroun, lors de la procédure orale. Citées dans *Frontière terrestre et maritime entre le Cameroun et le Nigéria*, arrêt, C.I.J. Recueil 2002, par. 27.

[47] *Activités armées sur le territoire du Congo*, arrêt, C.I.J. Recueil 2005, dispositif, par. 345, alinéa 1.

l'indépendance politique de la Libye[48] » ; affaire *Congo c. Rwanda* de 2001, dans laquelle le demandeur a prié la Cour de dire que la RDC avait droit d'obtenir « le dédommagement de tous actes de pillages, destructions, massacres, déportations de biens et des personnes et autres méfaits qui sont imputables au Rwanda[49] ».

Les dispositions pertinentes de la Charte des Nations Unies ont inspiré ensuite la Résolution 2625 de l'Assemblée générale, adoptée le 4 novembre 1970, qui dispose : « Le territoire d'un État ne peut faire l'objet d'une occupation militaire résultant de l'emploi de la force contrairement aux dispositions de la Charte. Le territoire d'un État ne peut faire l'objet de l'acquisition par un autre État à la suite du recours à la menace ou à l'emploi de la force. Nulle acquisition territoriale obtenue par la menace ou l'emploi de la force ne sera reconnue comme légale...[50] ».

De même serait nul tout traité de cession territoriale conclu à la suite d'une guerre d'agression, cet instrument étant nul parce que contraire à la Convention sur le droit des traités, qui dispose : « Est nul tout traité dont la conclusion a été obtenue par la menace ou l'emploi de la force en violation des principes de droit international incorporés dans la Charte des Nations Unies » (art. 52).

1.1.1.7. La continuité et la contiguïté

Quelle proportion d'un espace géographique faut-il occuper pour acquérir la souveraineté territoriale sur un ensemble plus vaste ? Selon le principe dit de la continuité géographique, la souveraineté territoriale sur un territoire emporterait celle sur un territoire adjacent, par exemple celle sur une région côtière s'étendrait à l'hinterland. Par analogie, le principe de la contiguïté permettrait à un État côtier d'étendre sa souveraineté sur les îles les plus rapprochées de son territoire.

Dans l'affaire *Érythrée/Yémen*, décidée en 1998 dans sa première phase – celle de la souveraineté territoriale –, le tribunal d'arbitrage a émis des réserves sur cette notion tout en estimant qu'il existait une présomption selon laquelle une île à proximité d'une côte appartenait à l'État détenant la souveraineté sur cette côte : « Thus, the authorities speak of ''entity'' or ''natural unity'' in terms of a presumption or a probability and moreover couple it with proximity, contiguity, continuity, and such notions, well known in international law as not in themselves creative of title, but rather a possibility or presumption for extending to the area in question an existing

---

[48] *Questions d'interprétation et d'application de la convention de Montréal de 1971 résultant de l'incident aérien de Lockerbie*, ordonnance du 14 avril 1992, C.I.J. Recueil 2003, par. 7.

[49] *Activités armées sur le territoire du Congo*, désistement, C.I.J. Recueil 2001.

[50] Déclaration relative aux principes du droit international touchant les relations amicales et la coopération entre les États.

title already established in another, but proximate or contiguous, part of the same ''unity''[51] ».

1.1.1.8. L'autodétermination

Si plusieurs auteurs placent le droit à l'autodétermination dans la liste des modes juridiques d'acquisition du territoire, il serait peut-être mieux avisé de parler, dans ce cas, de conservation ou d'intégrité du territoire plutôt que d'acquisition, le territoire du nouvel État conservant les limites qui étaient les siennes avant la sécession ou le démembrement, par application du principe de l'*uti possidetis*, aussi bien maritime que terrestre. Si le démembrement partiel ou la sécession réduit le territoire de l'unité d'origine, rien n'empêche un nouvel État de s'unir à un autre, ce qui accroît d'autant leur étendue commune.

Les questions de l'autodétermination et de l'*uti possidetis* ont fait couler beaucoup d'encre, l'examen de la première se trouvant en amont de la seconde. Qu'est-ce qui constitue un peuple ? Le droit des peuples à l'autodétermination, tel qu'il est consacré par la Résolution 1514 des Nations Unies de 1960, peut-il être invoqué par un peuple qui n'est pas dans une situation coloniale ? Si les opinions des auteurs varient beaucoup sur ces questions – certains ne cachant pas leurs propres opinions politiques dans les débats publics –, les tribunaux internationaux ont été plus constants dans leurs décisions, depuis les avis consultatifs de la C.I.J. dans les affaires du *Sud-Ouest africain* et du *Sahara occidental*.

Dans l'avis consultatif relatif au *Sahara occidental*, la C.I.J. estime que les renseignements portés à sa connaissance « montrent l'existence, au moment de la colonisation espagnole, de liens juridiques d'allégeance entre le sultan du Maroc et certaines des tribus vivant sur le territoire du Sahara occidental », tandis que ces renseignements « n'établissent l'existence d'aucun lien de souveraineté territoriale entre le territoire du Sahara occidental d'une part, le Royaume du Maroc ou l'ensemble mauritanien d'autre part », la Cour n'ayant donc pas constaté l'existence de liens juridiques de nature à modifier l'application de la Résolution 1514 « quant à la décolonisation du Sahara occidental et en particulier l'application du principe d'autodétermination grâce à l'expression libre et authentique de la volonté des populations du territoire[52] ». De l'examen des diverses résolutions des Nations Unies relatives à la décolonisation[53], la Cour en vient

[51] *Award of the Arbitral Tribunal in the first stage of the proceedings between Eritrea and Yemen (Territorial Sovereignty and Scope of the Dispute)*, décision du 9 octobre 1998, R.S.A., vol. 22, par. 462.

[52] *Sahara occidental*, avis consultatif, C.I.J. Recueil 1975, par. 162.

[53] Résolution 2229 (XXI) par laquelle l'Espagne est invitée « à arrêter le plus tôt possible, en conformité avec les aspirations de la population autochtone (...) et en consultation avec les Gouvernements marocain et mauritanien et toute autre partie intéressée, les modalités de l'organisation d'un référendum qui sera tenu sous les auspices de l'Organisation des Nations Unies » ; Résolution 3162 (XXVIII) de 1973, par laquelle l'Assemblée générale déclare

à la conclusion que le droit à l'autodétermination, qui constitue un élément de base des questions qui lui sont adressées, laisse néanmoins à l'Assemblée générale « une certaine latitude quant aux formes et aux procédés selon lesquels ce droit doit être mis en oeuvre[54] ».

Dans son avis consultatif de 2004 relatif au *Mur israélien*, la C.I.J. rappelle l'adoption, le 24 octobre 1970, de la Résolution 2625 (XXV) des Nations Unies dans laquelle il est considéré que les États ont 'le devoir de s'abstenir de recourir à toute mesure de coercition qui priverait de leur droit à l'autodétermination (...) les peuples'. L'article 1er commun aux deux pactes de 1966[55] réaffirme ce droit des peuples à disposer d'eux-mêmes, obligation étant faite aux États parties de respecter ce droit. La Cour rappelle qu'elle a appliqué elle-même aux peuples non autonomes le principe de l'autodétermination dans les affaires de l'*Afrique du Sud en Namibie*[56] et du *Sahara occidental*[57].

1.1.1.9. L'uti possidetis

Cette notion est définie depuis longtemps par les tribunaux internationaux. Dans l'affaire *Guinée-Bissau c. Sénégal*, les deux Parties reconnaissaient le principe de l'*uti possidetis* et, à ce titre, le demandeur ne contestait pas le fait que les frontières terrestres avaient été délimitées par un instrument conclu en 1886 entre deux puissances coloniales de l'époque – le Portugal et la France[58]. La Guinée-Bissau affirmait par ailleurs que l'*uti possidetis* ne pouvait être appliqué à la délimitation des espaces maritimes et qu'il n'existait pas de cas où la question de la succession d'État avait été soulevée en matière de frontières maritimes. Le tribunal d'arbitrage rappela, au contraire, des cas de frontières asiatiques (Malaisie, Philippines et Brunei) qui illustrent sur leurs cartes des lignes remontant à l'époque coloniale et qui n'en sont pas moins considérées comme des limites maritimes.

Pourtant, dans une très forte opinion dissidente, l'un des arbitres dira que les dirigeants africains, en donnant droit de cité à l'*uti possidetis*, ne

---

déplorer que la mission de l'ONU n'ait pas pu encore se rendre dans le territoire, alors que le Maroc et la Mauritanie ont acquiescé à la tenue d'un référendum sous le contrôle de l'ONU, tout en soutenant, lors des résolutions adoptées de 1966 à 1973, que le Sahara occidental faisait partie de leur territoire et que, par ailleurs, l'Espagne ne respectait pas les recommandations de l'Assemblée générale ; Résolution 3292, qui a introduit une modification significative en invitant la puissance administrante « à surseoir au référendum » qu'elle a envisagé d'organiser au Sahara.

[54] *Sahara occidental*, avis consultatif, C.I.J. Recueil 1975, par. 71.

[55] Pacte international relatif aux droits économiques, sociaux et culturels ; Pacte international relatif aux droits civils et politiques.

[56] *Conséquences juridiques pour les États de la présence continue de l'Afrique du Sud en Namibie (Sud-Ouest africain) nonobstant la résolution 276 (1970) du Conseil de sécurité*, avis consultatif du 21 juin 1971, C.I.J. Recueil 1971, par. 52-53.

[57] Avis consultatif du 16 octobre 1975, C.I.J. Recueil 1975, par. 162.

[58] Convention de 1886 relative à la délimitation des possessions françaises et portugaises dans l'Afrique occidentale.

prenaient en considération que la question de l'intangibilité des frontières terrestres : « Seule la crainte des États africains nouvellement indépendants de voir cette situation potentiellement explosive faire éclater des États encore fragiles après les reflux coloniaux a poussé les dirigeants (...) "à ratifier" sagement, une seconde fois en quelque sorte, l'Acte général de la Conférence de Berlin (...). On n'avait jamais songé aux frontières maritimes, qui ne pouvaient intéresser qu'un horizon différent, le milieu aquatique, où par définition ces problèmes ethniques ne se posaient pas[59] ». Le 12 novembre 1991, un jugement de la C.I.J. rejettera la demande de la Guinée-Bissau visant à faire déclarer nulle la sentence[60].

1.1.2. Les compétences territoriales limitées

À défaut de pouvoir acquérir la souveraineté territoriale en agrandissant son territoire ou en obtenant un autre territoire, un État peut avoir néanmoins certains droits quant à l'usage de ces territoires et posséder sur ceux-ci ce qu'on a appelé des droits territoriaux mineurs ou une compétence territoriale limitée (selon la formule du professeur Rousseau)[61]. Tout inappropriée que soit l'analogie avec le droit privé interne, on a dit parfois que la souveraineté territoriale pouvait être comparée au droit de propriété (*usus, fructus* et *abusus*), tandis que la compétence territoriale limitée ressemblait à celle du locataire, de l'usufruitier ou de l'usager. Voyons donc tour à tour quelles sont ces compétences limitées : la zone d'influence (*sous-section 1.1.2.1*), le protectorat (*1.1.2.2*), le mandat (*1.1.2.3*), la tutelle (*1.1.2.4*), le condominium (*1.1.2.5*), la cession de bases stratégiques (*1.1.2.6*), le territoire international (*1.1.2.7*), enfin, la servitude (*1.1.2.8*).

1.1.2.1. La zone d'influence

Elle a été définie comme « un espace territorial sur lequel est reconnu à un État, ordinairement par un traité bilatéral, un titre particulier pour y établir son autorité et en acquérir la souveraineté, l'autre État devant s'abstenir de l'en empêcher ou d'y exercer une activité concurrente[62] ». L'État bénéficiaire, loin de détenir un titre de souveraineté territoriale sur la zone d'influence, « ne possède qu'un titre privilégié, appelé éventuellement à se préciser à l'avenir[63] ». La zone d'influence, souvent projetée sur un hinterland à partir d'un titre de souveraineté territoriale sur une région côtière, ne requiert donc pas d'effectivité de l'État bénéficiaire, et le titre privilégié qui y est attaché n'est pas opposable aux tiers.

---

[59] Opinion dissidente du juge Bedjaoui, par. 28.
[60] *Sentence arbitrale du 31 juillet 1989*, arrêt, C.I.J. Recueil 1991.
[61] Rousseau, Charles (1967) *op. cit.*, 140-144.
[62] Rousseau, Charles (1977) *op. cit.*, p. 199.
[63] *Idem*, p. 200.

Les sphères d'influence respectives entre deux puissances ont fait l'objet de nombreux accords, notamment en Afrique à la fin du XIXe siècle, et plus particulièrement entre la France et la Grande-Bretagne, par exemple leur Convention du 14 juin 1898 aux fins de délimiter leurs zones en Afrique occidentale à l'ouest et à l'est du fleuve Niger. La Grande-Bretagne et l'Allemagne avaient fait de même aux termes de leur Convention du 13 novembre 1893 pour la délimitation dans le golfe de Guinée.

1.1.2.2. Le protectorat

On a qualifié ainsi le régime juridique convenu habituellement entre deux États, un État protecteur, qui assure la défense, la représentation et les responsabilités internationales d'un État protégé, qui n'en conserve pas moins son chef d'État et toutes ses institutions, y compris sa législation et son système judiciaire.

Généralement, il s'agissait d'un régime établi par accord bilatéral, tels ceux convenus entre la France et la Tunisie, de 1881 à 1956, et le Maroc, de 1912 à 1956. Dans ce dernier cas, le protectorat avait été institué par le Traité de Fez du 30 mars 1912, qui ne conférait pas à la France l'acquisition de ce territoire, ainsi que l'a établi par la suite la jurisprudence française, notamment la Cour de Cassation, en 1949, en affirmant que le Maroc était « un État souverain placé sous le protectorat de la France[64] ». Par ailleurs, le protectorat français ne couvrait pas la totalité du territoire marocain, puisque la France, en échange de son implantation au Maroc, avait dû consentir préalablement des concessions à d'autres puissances, notamment à l'Espagne, qui se voyait octroyer des zones d'influence (Ceuta, Melilla, Ifni) par la conclusion d'un accord secret – la Convention du 3 octobre 1904 –, sans compter que Tanger était sous administration internationale.

Notons enfin que la jurisprudence internationale, par exemple la C.I.J. dans l'affaire *Cameroun c. Nigeria* de 2002, a eu l'occasion d'affirmer que les traités de protection ne comportent pas comme tels de cession et ne confèrent donc pas l'acquisition territoriale[65].

1.1.2.3. Le mandat

Cette compétence territoriale limitée, qui n'a rien à voir avec l'institution de droit privé[66], avait été instituée par la Société des Nations, au lendemain de la Première Guerre mondiale, aux fins de confier à des puissances le soin d'administrer les territoires des États vaincus. La puissance mandataire avait non seulement des droits mais aussi des devoirs, notamment celui de respecter l'intégrité du territoire sous mandat et de s'abstenir de toute annexion ou de toute cession. Le Pacte de la Société des Nations, intégré

---

[64] Cass. Civ., 7 décembre 1949, D., 1950.V.173.

[65] *Frontière terrestre et maritime entre le Cameroun et le Nigéria*, arrêt, C.I.J. Recueil 2002.

[66] Code civil du Québec, art. 2130-2185.

dans le Traité de Versailles en 1919, stipule les règles relatives au mandat international pour porter secours aux « peuples non encore capables de se diriger eux-mêmes dans les conditions particulièrement difficiles du monde moderne » et dont le bien-être et le développement « forment une mission sacrée de civilisation » (art. 22).

La C.I.J. aura une première occasion d'examiner ces règles dans un premier avis consultatif demandé par l'Assemblée générale des Nations Unies et concernant le *Statut international du Sud-Ouest africain* (ancien territoire occupé par l'Allemagne et Namibie actuelle), la Cour affirmant, dans son avis de 1950, que le mandat ne comporte – pas plus que le traité de protection – ni cession ni transfert de souveraineté territoriale[67]. Deux autres avis consultatifs seront donnés par la C.I.J., respectivement en 1955 et en 1956, sur des questions plus spécifiques relatives à l'administration de ce territoire[68], puis deux affaires contentieuses, similaires, sont ensuite introduites au sujet de ce même Sud-Ouest africain (*Éthiopie c. Afrique du Sud* ; *Liberia c. Afrique du Sud*), mais la C.I.J., après avoir rejeté les exceptions préliminaires de l'Afrique du Sud, rejette la demande, sur le fond, des deux requérants[69].

Enfin, dans un autre avis rendu en 1971, la C.I.J. déclarera illégale la présence continue de l'*Afrique du Sud en Namibie* malgré une résolution expresse du Conseil de sécurité lui interdisant cette occupation. La Cour dit aussi, dans le dispositif, que l'Afrique du Sud « a l'obligation de retirer immédiatement son administration de la Namibie et de cesser ainsi d'occuper le territoire », que les États Membres des Nations Unies « ont l'obligation de reconnaître l'illégalité » de cette présence[70].

1.1.2.4. La tutelle

Institution similaire à celle du mandat et inspirée par les mêmes considérations, la tutelle a été confiée par la Charte des Nations Unies, à la fin de la Deuxième Guerre mondiale, à certaines puissances sur des territoires appartenant auparavant à des États vaincus. Dans l'affaire *Cameroun c. Royaume-Uni*, portée devant la C.I.J. en 1963, la demande était

---

[67] À la question suivante soumise à la Cour, celle-ci répondit par la négative et que seul le Conseil de la S.D.N. avait compétence : ' L'Union sud-africaine a-t-elle compétence pour modifier le statut international du Territoire du Sud-Ouest africain ou, dans le cas d'une réponse négative, qui a compétence pour déterminer et modifier le statut international du territoire ?'' (*Statut international du Sud-Ouest africain*, avis consultatif, C.I.J. Recueil 1950, p. 129).

[68] *Sud-Ouest africain - Procédure de vote*, avis consultatif du 7 juin 1955 ; *Admissibilité de l'audition de pétitionnaires par le Comité du Sud-Ouest africain (1955-1956)*, avis consultatif du 1er juin 1956.

[69] *Sud-Ouest africain*, arrêt, C.I.J. Recueil 1966.

[70] *Conséquences juridiques pour les États de la présence continue de l'Afrique du Sud en Namibie (Sud-Ouest africain) nonobstant la résolution 276 (1970) du Conseil de sécurité*, avis consultatif, C.I.J. Recueil 1971, par. 133.

analogue à celles du Liberia et de l'Éthiopie contre l'Afrique du Sud, sauf que dans le premier cas, les obligations dont on reprochait l'inexécution ne provenaient plus d'un mandat mais d'une tutelle. Contrairement au cas précédent, la Cour ne s'est pas prononcée sur le fond, puisqu'elle a accueilli les exceptions préliminaires du Royaume-Uni et que les circonstances depuis l'introduction de la demande avaient rendu toute décision sans objet. Ainsi, la Cour a été dispensée de devoir expliquer les règles juridiques relatives à la tutelle sur cet ancien territoire allemand, notamment les dispositions de la Charte des Nations Unies prévoyant la succession aux mandats[71].

1.1.2.5. Le condominium

Le condominium peut être défini comme « l'exercice conjoint, sur pied d'égalité, par deux ou plusieurs États de l'autorité politique et judiciaire sur un territoire déterminé, ainsi soustrait à tout exercice exclusif de compétence étatique », l'auteur ajoutant que le condominium « se définit précisément par l'indivision territoriale qu'il institue[72] ». Puisque chacun des États ne peut exercer une compétence exclusive sur un territoire indivis, on ne saurait parler de souveraineté territoriale au sens strict, pas plus qu'on ne saurait parler, en droit privé, de propriété individuelle sur les espaces communs d'une copropriété[73]. Il est vrai que le condominium, sous sa forme coloniale, a eu pour objet de limiter l'ambition territoriale de certaines puissances antagonistes et de geler pour un temps leurs revendications.

Peut-on assimiler à des condominiums certains espaces maritimes, tels que la haute mer, la Zone internationale des fonds marins (ce patrimoine commun de l'humanité), l'espace extra-atmosphérique ou même la présence de gisements d'hydrocarbures ? Cela nous paraît être une interprétation trop large et indue de l'expression, mais la suggestion, en tout cas, a été faite, sous la rubrique *res communis*, que l'auteur insère, avec les précautions d'usage, dans la liste des modes d'acquisition territoriale[74]. Rarissimes aujourd'hui, d'importants et de longs condominiums, notamment l'anglo-égyptien de 1899-1956 sur le Soudan, ont subsisté dans le passé.

1.1.2.6. La cession de bases stratégiques

Posons la question d'emblée : qu'adviendra-t-il du statut juridique de la base militaire américaine de Diego Garcia en territoire britannique depuis l'avis consultatif du 25 février 2019 de la C.I.J. selon lequel « le processus de décolonisation de Maurice n'a pas été validement mené à bien lorsque ce pays a accédé à l'indépendance en 1968 à la suite de la séparation de l'archipel des Chagos » et que, conséquemment, « le Royaume-Uni est tenu,

---

[71] *Cameroun septentrional*, arrêt, C.I.J. Recueil 1963.
[72] Rousseau, Charles (1977) *op. cit.*, p. 22.
[73] Code civil du Québec, art. 1012-1109.
[74] Aust, Anthony (2010) *Handbook of International Law*, 2nd edition, p. 40.

dans les plus brefs délais, de mettre fin à son administration de l'archipel des Chagos »[75] ? Le continent africain abrite ou a abrité d'autres bases stratégiques (américaines, françaises, chinoises et autres), notamment à Djibouti, à Dakar et à Alger ; et c'est sans compter les lieux de passage hautement stratégiques que sont Gibraltar et Suez[76].

D'un point de vue juridique, la cession de bases stratégiques doit être distinguée de l'occupation en temps de paix, et est différente *a fortiori* de l'occupation en temps de guerre, car cette cession a pour objet de permettre le stationnement de forces étrangères sur une parcelle territoriale demeurant sous la souveraineté de l'État de séjour qui accorde à l'État bénéficiaire l'usage de certaines facilités logistiques pour un temps qui doit être limité. Par conséquent, il ne s'agit pas d'un partage de la compétence territoriale entre ces deux États.

1.1.2.7. Le territoire international

Le professeur Rousseau est d'avis que cette expression a deux acceptions différentes. Selon l'une d'elles, l'État continue de détenir un titre exclusif de souveraineté, le régime n'étant international que dans la mesure où la compétence de cet État « cesse d'être discrétionnaire pour devenir internationalement réglementée, voire limitée, par l'effet d'une convention multilatérale à laquelle cet État est partie[77] » (par exemple le régime institué pour le bassin conventionnel du Congo[78] en 1885). Selon l'autre acception, le territoire internationalisé est soustrait à toute compétence étatique exclusive et soumis à un régime d'administration directe exercé par une autorité internationale (par exemple la zone de Tanger de 1924 à 1956).

1.1.2.8. La servitude

Elle peut être définie, en droit privé interne[79], comme un « droit réel fondé sur un accord entre deux ou plusieurs États par lequel le territoire d'un des États est assujetti à l'usage permanent d'un autre État pour un but spécifié[80] ». On a dit aussi de la servitude qu'elle constituait « une restriction à l'indépendance d'un État déterminé[81] ». Elle a été interprétée comme la concession expresse d'un droit souverain par la Cour permanente d'arbitrage, dans sa sentence du 7 septembre 1910, dans l'*Affaire anglo-américaine des pêcheries de l'Atlantique,* dans laquelle la Cour avait à

---

[75] *Effets juridiques de la séparation de l'archipel des Chagos de Maurice en 1965*, avis consultatif, C.I.J. Recueil 2019, par. 183.
[76] Paglia, Morgan (2020) *Les bases de la puissance. Enjeux géopolitiques et stratégiques des bases militaires avancées*, Focus stratégique, n° 97, *IFRI*, 40 p.
[77] Rousseau, Charles (1977) *op. cit.*, p. 414.
[78] Acte général de la conférence de Berlin du 26 février 1985.
[79] Code civil du Québec, art. 1177-1194.
[80] Définition de Helen Reid, citée par Rousseau, Charles (1977) *op. cit.*, p. 45.
[81] Rousseau, Charles (1967) *op. cit.*, p. 143.

déterminer la nature et la portée des droits de pêche concédés, dans un ancien traité[82], par la Grande-Bretagne aux États-Unis dans les eaux de Terre-Neuve – la Cour ayant décidé que ce traité n'avait pas établi formellement une servitude internationale mais plutôt une simple obligation[83].

Il est intéressant d'observer que le nouveau droit de la mer, dans la Convention de 1982, prévoit expressément que les États enclavés – très nombreux en Afrique – ont non seulement un droit de transit sur le territoire qui les enclave, de même qu'un droit d'accès à la mer, mais aussi un droit à des quotas de pêche dans les zones économiques exclusives des États côtiers se trouvant dans la même région ou sous-région maritime[84].

1.2. Les zones maritimes soumises à la délimitation

Il va sans dire qu'un État côtier ne peut faire valoir que les seuls droits souverains et juridictions exclusives expressément reconnus par le droit de la mer, notamment la Convention sur le droit de la mer de 1982.

L'État jouissant de la souveraineté territoriale (*section 1.1*) n'hésite pas exercer des recours contre ceux qui pratiquent illégalement des activités (pêche, pollution et autres) dans ses zones sous juridiction nationale, notamment dans sa zone économique exclusive, en s'adressant aux tribunaux internationaux, tout particulièrement le T.I.D.M.[85] à la suite d'immobilisations de navires et/ou d'arrestations des équipages, par exemple dans les affaires : *Suisse c. Nigeria*[86], *Argentine c. Ghana*[87], *Panama c. Guinée-Bissau*[88], *Saint-Vincent- et-Grenadines v. Guinée-Bissau*[89], *Saint-Vincent- et-Grenadines v. Guinée*[90], *Seychelles c. France*[91], et notamment *Îles Marshall/Guinée équatoriale*[92] introduite en avril 2023.

Les zones maritimes que tout État côtier est fondé à établir sous sa souveraineté ou ses juridictions exclusives peuvent elles-mêmes être soumises à une délimitation par voie bilatérale ou juridictionnelle si l'exercice des droits qui y sont reconnus produit des zones de

[82] Traité du 20 octobre 1818.
[83] *The North Atlantic Coast Fisheries Case*, sentence du 7 septembre 1910, R.S.A., vol. 11.
[84] Convention sur le droit de la mer, art. 69 et 125.
[85] Kittichaisaree, Kriangsak (2021) *The International Tribunal for the Law of the Sea*, OUP, Oxford, 240 p.
[86] *Affaire du navire « San Pedro Pio »*, mesures conservatoires, ordonnance du 6 juillet 2019, affaire n° 27.
[87] *Affaire de l'« ARA Libertad »*, mesures conservatoires, ordonnance du 15 décembre 2012, affaire n° 20.
[88] *Affaire du navire « Virginia G »*, arrêt du 14 avril 2014, affaire n° 19.
[89] *Affaire du « Juno Trader »*, arrêt du 18 décembre 2004, affaire n° 13.
[90] *Affaire du Navire « Saiga »*, arrêt du 1er juillet 1999, affaire n° 2.
[91] *Affaire du « Monte Confurco »*, arrêt du 18 décembre 2000, affaire n° 6.
[92] *Affaire du navire « Heroic Idun »*, ordonnance du 27 avril 2023, affaire n° 32.

chevauchement entre deux États dont les côtes sont opposées ou adjacentes[93]. Avant d'examiner les diverses méthodes de délimitation (*1.5*) de ces zones de chevauchement, il faut d'abord distinguer chacune de ces zones maritimes (*figure 2*), d'abord parce que les droits y rattachés ne sont pas les mêmes, mais aussi parce que les règles de délimitation peuvent différer. Ainsi, les diverses zones maritimes sont non seulement l'objet même de la délimitation maritime – elles sont, en quelque sorte, l'assiette même à délimiter, selon une terminologie de droit privé interne. On a d'ailleurs fait observer que la nature ou le régime de chacune de ces zones était « particulièrement pertinent dans l'optique du processus de négociation et l'établissement de la frontière maritime[94] ». Nous examinerons donc, tour à tour, les eaux intérieures (*1.2.1*), les eaux archipélagiques (*1.2.2*), la mer territoriale (*1.2.3*), la zone contiguë (*1.2.4*), la zone économique exclusive (*1.2.5*) et le plateau continental (*1.2.6*).

Dans la majorité des cas, les limites extérieures des zones sous juridiction nationale (lignes de dévolution ou de territorialisation) sont établies unilatéralement et précèdent la délimitation de la frontière qui, elle, est établie par un processus qui ne peut être que bilatéral ou juridictionnel (judiciaire ou arbitral). Les zones de chevauchement sont omniprésentes à travers le monde, notamment dans les mers semi-fermées[95], puisque tous les États côtiers de la planète réclament l'une ou l'autre des zones maritimes sous juridiction nationale, sauf de rares exceptions.

Puisque les limites extérieures de chacune de ces zones sont mesurées et établies à partir du littoral, il faut, avant d'examiner successivement les types de juridiction dont elles font l'objet, déterminer les eaux intérieures (*1.2.1*) et observer les configurations de la côte, en distinguant, dans un premier temps, les situations géographiques suivantes : les eaux baignant une côte découpée (*sous-section 1.2.1.1*), les eaux baignant une côte bordée d'îles (*1.2.1.2*), une baie (*1.2.1.3*), une baie historique (*1.2.1.4*), l'embouchure d'un fleuve (*1.2.1.5*), les eaux deltaïques (*1.2.1.6*), les récifs (*1.2.1.7*), enfin les constructions artificielles (*1.2.1.8*).

[93] Ces zones de chevauchement existent presque toujours entre côtes adjacentes, tandis qu'entre côtes opposées, on trouve un chevauchement des mers territoriales entre côtes éloignées de moins de 24 milles marins, un chevauchement des zones contiguës entre côtes à moins de 48 milles, encore un chevauchement des ZÉE et des plateaux continentaux entre côtes à moins de 400 milles marins. Dans le cas de plateaux continentaux étendus, on peut même trouver des zones de chevauchement entre côtes à plus de 400 milles.

[94] Nations Unies (2001) *Manuel sur la délimitation des frontières maritimes*, p. 8.

[95] Cette notion de mers semi-fermées est définie dans la Convention sur le droit de la mer (art. 122) et il y est prévu que les États riverains de ces mers « devraient coopérer entre eux » (art. 123).

Figure 2. Les zones maritimes sous juridiction nationale

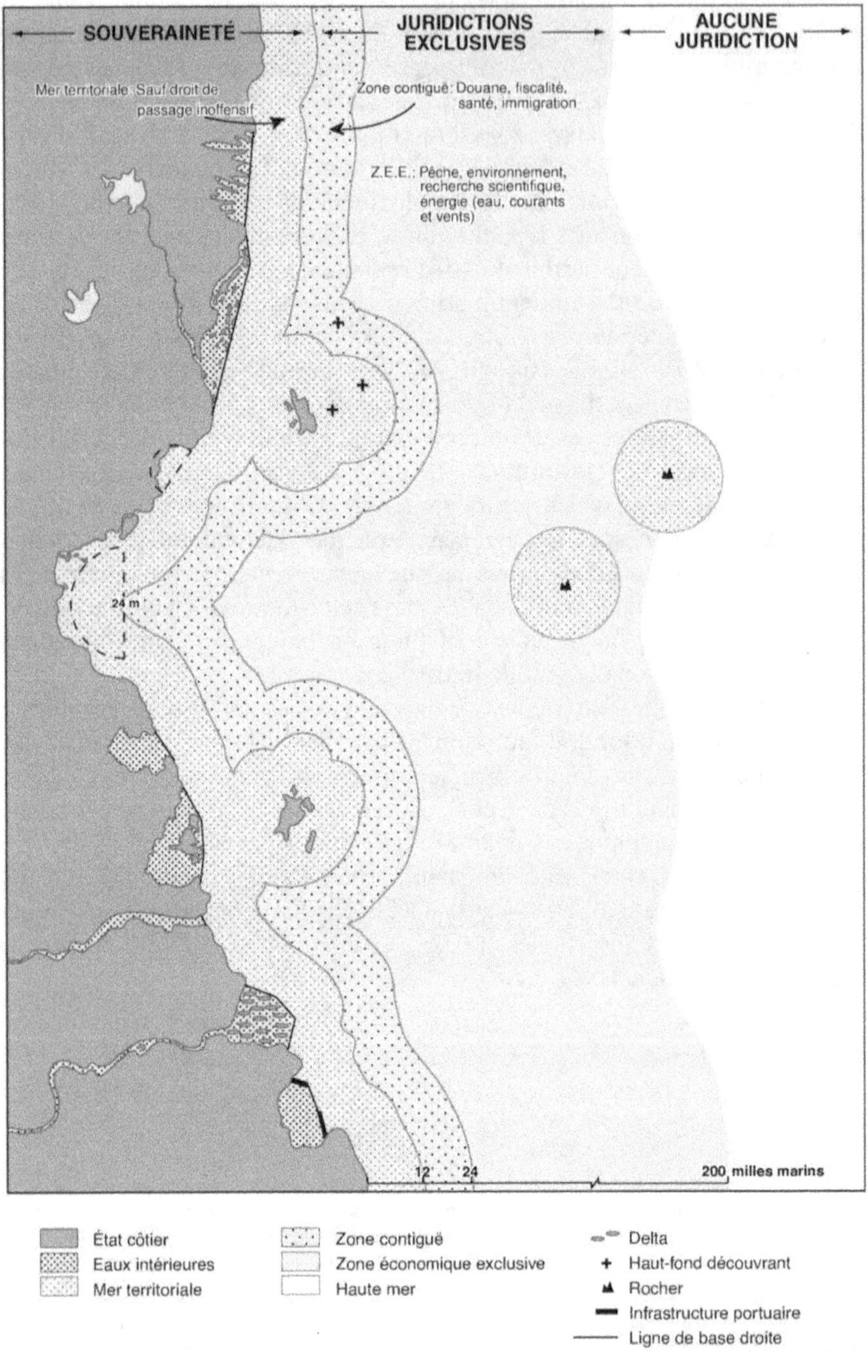

Source : Labrecque, Georges (1993) *C.G.Q.*, vol. 37, n° 101, p. 186.

À défaut de la présence de l'une de ces particularités, on doit appliquer la règle générale selon laquelle « la ligne de base normale (...) est la laisse de basse mer le long de la côte telle qu'elle est indiquée sur les cartes marines à grande échelle reconnues officiellement par l'État côtier[96] ».

La géographie étant ce qu'elle est, la règle générale – « la ligne de base normale (...) est la laisse de basse mer » – devient, en réalité, une règle d'exception, puisque l'État côtier a tendance à faire valoir l'une des particularités susmentionnées, auquel cas il « peut en fonction des différentes situations [[97]], établir les lignes de base [[98]] selon une ou plusieurs des méthodes prévues dans les articles précédents » (art. 14).

Les limites extérieures des zones sous juridiction nationale sont alors calculées à partir de lignes de base droites en deçà desquelles les eaux sont considérées comme intérieures (art. 8, par.1) et, par conséquent, assujetties à la souveraineté de l'État au même titre que les lacs et cours d'eau se trouvant sur son territoire (art. 2, par. 1)[99].

En outre, le tracé de ces lignes de base droites permet à l'État côtier[100] de gagner des espaces maritimes parfois considérables, notamment dans le cas des archipels comme le Cap-Vert et Sao Tomé et Principe, mais l'exercice illégal et abusif de cet acte unilatéral vient compliquer nécessairement le processus bilatéral de délimitation des frontières[101], surtout lorsque les côtes sont opposées plutôt qu'adjacentes, et tout particulièrement quand l'un seul des deux États côtiers entend se prévaloir de ces droites.

---

[96] Convention sur le droit de la mer, art. 5. Les règles relatives aux lignes de base dans cette convention reprennent substantiellement celles qu'on trouvait déjà dans la Convention sur la mer territoriale et la zone contiguë. Bien avant, la Convention anglo-française sur la pêche de 1839 constitue le premier traité qui mentionne l'usage de lignes de base, mais il s'agissait exclusivement de lignes de base normales, soit la laisse des basses eaux.

[97] Parce que le système de lignes de base droites, même lorsqu'il est correctement utilisé, a pour effet de circonscrire comme eaux intérieures des superficies importantes d'espaces maritimes, on fait souvent valoir qu'il doit s'appliquer « in limited geographical circumstances » : USDS (1992) *United States Responses to Excessive National Maritime Claims*, n° 112, *LS*, p. 22.

[98] Elles sont très largement utilisées dans la pratique des États, certaines étant contestées. Voir notamment Scovazzi, T. *et al.*, eds. (1989) *Atlas of the Straight Baselines*. Voir aussi Sohn, Louis B. (1993) Baseline Considerations, p. 153-161, *In* Charney, J.I. *et al.*, eds., *International Maritime Boundaries*, vol. 1.

[99] Notons cependant que dans certains cas, le droit de passage inoffensif est pourtant garanti aux termes de l'art. 8, par. 2.

[100] Aux États-Unis, la Cour Suprême a décidé que le choix d'établir des lignes de base droites en vertu de la Convention sur la mer territoriale et la zone contiguë de 1958 relève du gouvernement central : *United States v. California*, 381 U.S. 139, 167-169 (1965) ; *Louisiana Boundary Case,* 394 U.S. 11, 36-38 (1969) ; *Alabama and Mississippi Boundary Case*, 470 U.S. 93, 99 (1985).

[101] Prescott, Victor and Schofield, Clive (2005) *The Maritime Political Boundaries of the World*, 2nd edition, p. 143-144.

1.2.1. Les eaux intérieures

La Convention sur le droit de la mer prévoit des règles générales mais aussi des règles spécifiques à divers types de configurations géographiques qu'il faut donc analyser brièvement tour à tour. D'ailleurs, dans les cas où deux États partagent des côtes adjacentes, il peut arriver qu'une partie de la frontière maritime sépare les eaux intérieures en-deçà des lignes de base droites. À l'inverse, ces lignes de base droites ne sont pas nécessairement utilisées comme points de base pour la délimitation maritime[102].

1.2.1.1. Eaux baignant une côte découpée

Ainsi qualifiée mais sans plus de précision[103], la côte « profondément échancrée et découpée » peut être comprise dans un sens absolu ou relatif. Dans un sens absolu, une échancrure longue de quatre milles marins ne devrait pas être qualifiée de profonde si elle se trouve sur le rivage d'un État continental occupant une grande superficie terrestre, tandis qu'une pareille échancrure sur une île d'une longueur de huit milles est certes profonde.

La côte peut faire l'objet de lignes de base droites, mais sous certaines conditions : des « points appropriés » doivent être choisis, ce qui exclut les hauts-fonds découvrants, « à moins que des phares ou des installations similaires émergées en permanence n'y aient été construits ou que le tracé de telles lignes de base droites n'ait fait l'objet d'une reconnaissance internationale générale» ; en outre, ces lignes ne doivent être tirées « de manière telle que la mer territoriale d'un autre État se trouve coupée de la haute mer ou d'une zone économique exclusive » ; enfin, ces tracés ne doivent pas « s'écarter sensiblement de la direction générale de la côte et les étendues de mer situées en deçà doivent être suffisamment liées au domaine terrestre pour être soumises au régime des eaux intérieures ». Par ailleurs, il peut être tenu compte « des intérêts économiques propres à la région considérée dont la réalité et l'importance sont manifestement attestées par un long usage[104] ». Ces intérêts ne peuvent être invoqués que si l'une ou l'autre des conditions est réalisée : échancrures ou chapelet d'îles. Faut-il un laps de temps minimal pour l'application de cette disposition ? On a exprimé l'opinion que l'expression « long usage » ne devait pas être imputée en nombre de siècles[105].

---

[102] Nations Unies (2001) *op. cit.*, p. 3.

[103] Des critères d'ordre géographique ont été proposés dans les brochures suivantes : Roach, J. Ashley and Smith, Robert W. (2000) Straight Baselines : The Need for a Universally Applied Norm, *ODIL*, vol. 31, issue 1, p. 47 ; USDS (1987) *Developing Standard Guidelines for Evaluating Straight Baselines*, *LS*, n° 106, 34 p.

[104] Convention sur le droit de la mer, art. 7, par. 5.

[105] Nations Unies (1989) *op. cit.*, p. 25.

1.2.1.2. Eaux baignant une côte bordée d'un chapelet d'îles

Des lignes de base droites peuvent alors y être tracées aux mêmes conditions que dans le cas des côtes échancrées et découpées, outre le fait que le chapelet d'îles doit se trouver « à proximité immédiate » de la côte[106]. Les notions de chapelet d'îles et de proximité immédiate n'étant pas définies dans la Convention sur le droit de la mer, on peut les interpréter dans un sens absolu ou relatif[107].

1.2.1.3. Baie

La baie est définie juridiquement[108] comme étant « une échancrure bien marquée dont la pénétration dans les terres par rapport à sa largeur à l'ouverture est telle que les eaux qu'elle renferme sont cernées par la côte et qu'elle constitue plus qu'une simple inflexion de la côte » (art. 10, par. 2). La Convention sur le droit de la mer précise que l'échancrure doit être importante à ce point qu'on puisse tracer, à l'intérieur de la baie, un demi-cercle dont le diamètre est constitué de la droite imaginaire tirée en travers de l'entrée entre les laisses de basse mer. En outre, la baie ne peut être fermée que si la distance entre les laisses est d'au plus 24 milles marins[109] ou si, dans le cas où les îles se trouvent dans l'axe de la ligne de fermeture, la longueur du diamètre ne dépasse pas ce maximum quand on calcule la somme des longueurs des droites entre ces îles. Dans le cas où la distance entre les laisses de basse mer est supérieure au maximum prévu, une ligne de base droite de 24 milles peut cependant être tracée à l'intérieur de la baie et sans qu'il soit tenu compte des points d'entrée naturels (art. 10, par 3,4 et 5). La Convention stipule que les dispositions relatives à ce type de configurations géographiques ne concernent que les baies dont un seul État est riverain (art. 10, par. 1).

1.2.1.4. Baie historique

Il est mentionné dans la Convention sur le droit de la mer que les dispositions relatives aux baies ne s'appliquent pas aux baies dites « historiques » (art. 10, par. 6). Elle ne donne par ailleurs ni définition juridique de ces dernières ni critère d'ordre géographique qui permettrait, sous certaines conditions, de les fermer par une ligne de base droite. Le concept de baie historique s'inscrit dans une expression plus large encore, celle des eaux historiques, qui peuvent être alors celles d'un archipel, d'un estuaire, d'un détroit, d'un fjord, d'un canal. Par ailleurs, une baie historique

---

[106] Convention sur le droit de la mer, art. 7, par. 1.

[107] Guillaume, Gilbert (2019) Îles, rochers et hauts-fonds découvrants en droit de la mer, *AFDI*, vol. 65, p. 513-526.

[108] Consulter à ce sujet Westerman, G.S. (1987) *The Juridical Bay.*

[109] Cette distance correspond au double de la largeur de la mer territoriale.

peut être ainsi qualifiée, même si les atlas lui assignent un autre vocable (par exemple, le golfe de Gabès).

Trois conditions, cumulatives, sont nécessaires : l'État qui veut se prévaloir de ce statut exceptionnel doit pouvoir faire la preuve qu'il exerce sur les eaux de la baie une souveraineté effective par l'application de lois et de règlements concernant divers champs d'activités ; cette souveraineté, exprimée clairement, ouvertement et exclusivement, l'a été de façon continue, pacifique et prolongée ; enfin, elle fait l'objet, de la part des États tiers et notamment des voisins, d'une reconnaissance expresse, ou, du moins, tacite par tolérance ou absence de protestation. Si le golfe de Gabès en Tunisie peut être considéré comme historique, d'autres voient leur statut contesté parce que les trois conditions ne sont pas réalisées : par exemple, le golfe de Syrte au large de la Libye.

1.2.1.5. Embouchure d'un fleuve

La ligne de base droite est tracée « à travers l'embouchure du fleuve entre les points limites de la laisse de basse mer sur les rives », mais cette ligne ne peut être utilisée que si le fleuve « se jette dans la mer sans former d'estuaire » (art. 9). La présence d'un estuaire, si faible soit-il, empêcherait-il l'établissement d'une ligne de base droite ? Peut-on procéder par analogie avec la disposition relative aux baies et reporter en amont de l'estuaire le tracé d'une ligne ? Pourtant, la règle n'édicte pas de longueur maximale dans ce tracé. Cette règle est moins restrictive que celle consacrée aux baies puisqu'elle ne requiert pas qu'un seul État soit impliqué. Une ligne droite pourrait donc être tracée pour fermer un fleuve-frontière entre deux États.

1.2.1.6. Eaux deltaïques

Plusieurs segments peuvent être tracés s'ils sont établis à partir de points appropriés le long de la laisse de basse mer la plus avancée, et à la condition que la côte soit « extrêmement instable en raison de la présence d'un delta et d'autres caractéristiques naturelles » (art. 7, par. 2). Un delta peut être qualifié d'extrêmement instable, bien qu'il n'accuse ni progression ni régression. D'ailleurs, la règle prévoit en outre que « même en cas de recul ultérieur de la laisse de basse mer, ces lignes de base droites restent en vigueur tant qu'elles n'ont pas été modifiées par l'État côtier... » (*ibidem*). On peut penser ici aux deltas du Nil et du Niger.

1.2.1.7. Récifs

« Lorsqu'il s'agit de parties insulaires d'une formation atollienne ou d'îles bordées de récifs frangeants » (art. 6), la ligne de base est la laisse de basse mer sur le récif, côté large.

1.2.1.8. Constructions artificielles

« [L]es installations permanentes faisant partie intégrante d'un système portuaire qui s'avancent le plus vers le large sont considérées comme faisant partie de la côte » (art. 11), encore que leur longueur relativement réduite ait très peu d'effet sur les limites extérieures des zones sous juridiction nationale. Par contre, lors de la délimitation d'une frontière entre États qui ont des côtes adjacentes, l'effet peut être non négligeable.

Servant par ailleurs d'appui au tracé d'une ligne de base droite[110], ces constructions englobent alors des eaux intérieures, ce qui peut être important d'un point de vue stratégique. Mais les installations « situées au large des côtes et les îles artificielles ne sont pas considérées comme des installations portuaires permanentes » (art. 11). Cette dernière disposition vise notamment les rades. Pourtant, lorsque ces dernières « servent habituellement au chargement, au déchargement et au mouillage des navires » (art. 12), elles sont considérées comme faisant partie de la mer territoriale, qu'elles soient situées partiellement ou entièrement à l'extérieur de sa limite extérieure.

Notons ici que les îles artificielles, installations et ouvrages peuvent être entourés d'une zone de sécurité d'une largeur maximale de 500 mètres. Par ailleurs, ces constructions artificielles n'ont pas le statut d'îles et n'ont donc pas de mer territoriale qui leur soit propre. De plus, leur présence est sans incidence sur la délimitation de la mer territoriale, de la zone économique exclusive et du plateau continental (art. 60, par 5 et 8).

1.2.2. Les eaux archipélagiques

L'État archipel est défini comme étant « constitué entièrement par un ou plusieurs archipels et éventuellement d'autres îles » (art. 46 *a*), ce qui interdit donc à tout État continental d'établir des lignes de base archipélagiques.

Quant à l'archipel, il est défini comme « un ensemble d'îles, y compris des parties d'îles, les eaux attenantes et les autres éléments naturels qui ont les uns avec les autres des rapports si étroits qu'ils forment intrinsèquement un tout géographique, économique et politique, ou qui sont historiquement considérés comme tels" (art. 46 *b*). L'île[111] est définie juridiquement comme « une étendue de terre entourée d'eau qui reste découverte à marée haute », laquelle génère, comme tout territoire terrestre, une mer territoriale, une zone contiguë, une zone économique exclusive et un plateau continental, à moins qu'elle ne soit constituée de « rochers qui ne se prêtent pas à l'habitation

---

[110] Bien que l'utilisation d'une ligne ne soit pas prévue explicitement, la règle pourrait s'inférer des dispositions de l'article 50, relatives aux lignes de fermeture établies en conformité avec l'article.

[111] Consulter à ce sujet Dipla, H. (1984) *Le régime juridique des îles dans le droit international de la mer ;* de même que Jayewardene, H.W. (1990) *The Regime of Islands in International Law.*

humaine ou à une vie économique propre », auxquels cas ils ne génèrent qu'une mer territoriale (art. 121).

C'est à partir des lignes de base archipélagiques droites que l'État établit les limites extérieures des zones qui se retrouvent sous sa souveraineté ou sa juridiction exclusive (art. 48). Comme ces lignes génèrent des espaces maritimes importants et sans commune mesure avec la superficie terrestre des îles, elles ne peuvent être tracées que si trois conditions sont cumulativement réalisées : la longueur de chacune des lignes, entre les points extrêmes des îles les plus éloignées et des récifs découvrants de l'archipel, ne doit pas dépasser 100 milles marins[112] ; le rapport de la superficie des eaux à celle des terres doit être compris entre 1 à 1 et 9 à 1 (art. 47, par. 1) ; le tracé des lignes « ne doit pas s'écarter sensiblement du contour général de l'archipel » (art. 47, par. 3).

Ce tracé est soumis à d'autres conditions accessoires : les lignes ne peuvent être tirées vers ou depuis des hauts-fonds découvrants, « à moins que des phares ou des installations similaires émergées en permanence n'y aient été construits ou que le haut-fond ne soit situé, entièrement ou en partie, à une distance de l'île la plus proche ne dépassant pas la largeur de la mer territoriale » ; ces lignes ne doivent avoir pour effet de couper la mer territoriale d'un autre État de la haute mer ou de sa zone économique exclusive ; dans le cas où « une partie des eaux archipélagiques d'un État archipel est située entre deux portions du territoire d'un État limitrophe », les droits et intérêts traditionnels de celui-là subsistent et doivent être respectés (art. 47, par. 4-6).

Plusieurs États africains, dans l'océan Atlantique et dans l'océan Indien, revendiquent le statut d'État archipélagique : l'archipel du Cap-Vert, Sao Tomé et Principe, les Comores, les Maldives, de même que les Seychelles qui satisfont aux conditions s'il est fait abstraction d'îles trop éloignées. Par contre, Maurice ne peut tracer de lignes, car la superficie totale de ses eaux dépasse de neuf fois celle de ses terres.

L'État archipel exerce sa souveraineté sur ses eaux archipélagiques, « quelle que soit leur profondeur ou leur éloignement de la côte », et cette souveraineté s'étend, comme dans le cas de la mer territoriale, à l'espace aérien surjacent ainsi qu'au fond des eaux et au sous-sol (art. 49, par. 1 et 2). Pourtant, le principe connaît deux exceptions principales. À la différence du droit de passage inoffensif dans la mer territoriale, les navires et aéronefs jouissent d'un droit de passage archipélagique, entendu comme « l'exercice sans entrave (...) à seule fin d'un transit continu et rapide » (art. 53, par. 3). Ce régime, semblable à celui du droit de passage en transit dans les détroits, doit donc être distingué du droit de passage inoffensif, puisqu'il ne peut être suspendu par l'État côtier et que, de surcroît, les sous-marins étrangers ne sont pas tenus de naviguer en surface et d'arborer leur pavillon. Cette

---

112 Une disposition exceptionnelle prévoit néanmoins que 3 % d'entre elles peuvent avoir une longueur maximale de 125 milles (art. 47, par. 2).

dernière disposition ne vise que les zones où l'État archipélagique a désigné des voies de circulation, lesquelles « doivent suivre tous les chenaux servant normalement à la navigation, étant entendu qu'il n'est pas nécessaire d'établir entre un point d'entrée et un point de sortie donnés plusieurs voies de commodité comparable » (art. 53, par. 4). Ailleurs, dans les eaux archipélagiques, c'est le droit de passage inoffensif qui s'applique (art. 52, par. 1).

1.2.3. La mer territoriale

Parce qu'elle constitue la zone maritime la plus rapprochée des côtes, la mer territoriale a souvent une valeur stratégique et traditionnellement très importante. D'ailleurs, chacun des 152 États côtiers de la planète, à l'exception peut-être de la Bosnie-Herzégovine et du Monténégro, s'est prévalu des dispositions de la Convention sur le droit de la mer en adoptant une mer territoriale. La très grande majorité de ces États ont fixé à 12 milles marins leurs limites extérieures, en conformité avec la disposition de l'article 3 ou même avant 1982.

Au début des années 2010, on ne dénombrait que onze États qui avaient établi ces limites à une distance différente de 12 milles, laquelle était moindre dans trois cas[113], mais supérieure dans huit cas[114], ce qui constituait autant d'actes unilatéraux non conformes à la Convention, ce qui venait compliquer par ailleurs le processus de délimitation.

La largeur de la mer territoriale se trouve accrue lorsque des hauts-fonds découvrants sont en deçà de la limite extérieure des 12 milles, puisque c'est la laisse de basse mer sur ces hauts-fonds qui peut servir au calcul[115]. Par ailleurs, pour estimer si ces hauts-fonds se trouvent ou non en-deçà de la limite de 12 milles, il ne devrait pas être tenu compte de la ligne de fermeture d'une baie.

La souveraineté de l'État côtier, reconnue au-delà de son territoire et de ses eaux intérieures, s'étend non seulement à la mer territoriale, mais aussi au fond de cette mer et à son sous-sol, de même qu'à l'espace aérien surjacent (art. 2, par. 1 et 2). Pourtant cette souveraineté n'est pas absolue, puisque l'État doit céder à tous les autres un « droit de passage inoffensif », qui doit être, de surcroît, « continu et rapide », ce qui n'interdit pas par ailleurs l'arrêt et le mouillage, « mais seulement s'ils constituent des

---

[113] 3 milles pour la Jordanie, 6 milles pour la Grèce et la Turquie en mer Égée. Si l'on examine les diverses situations en détail, l'on peut observer que certains États adoptent la limite de 12 milles pour l'ensemble de leurs côtes, tout en prévoyant des cas d'exceptions dans certains secteurs (notamment des détroits ou des îles) où la limite traditionnelle a été conservée : ainsi, plusieurs îles sous la souveraineté du Royaume-Uni, de l'Australie ou de la Papouasie-Nouvelle-Guinée, de même que certains détroits du Japon.

[114] 30 milles pour le Togo ; 200 milles pour El Salvador, le Pérou, le Bénin, la Somalie, le Liberia (à 12 depuis 2013) et l'Équateur (à 12 depuis 2012).

[115] Convention sur le droit de la mer, art. 13, par. 2.

incidents ordinaires de navigation ou s'imposent par suite d'un cas de force majeure ou de détresse » (art. 18). Le droit de passage peut être soumis à des voies de circulation désignées par l'État et assorties de dispositifs de séparation du trafic (art. 22). Une condition supplémentaire est imposée aux sous-marins et autres submersibles, qui sont « tenus de naviguer en surface et d'arborer leur pavillon » (art. 20), de même qu'aux navires à propulsion nucléaire ainsi qu'à ceux transportant des substances radioactives ou « intrinsèquement dangereuses ou nocives », lesquels doivent être munis des documents prévus par les accords internationaux[116] pour ces types de navires (art. 23). Pourtant, l'État côtier peut suspendre temporairement l'exercice de ce droit de passage, dans le but d'assurer sa sécurité (art. 23), dérogation qui n'est pas permise dans les détroits internationaux (art. 25, par. 3).

Des dispositions spéciales sont prévues pour les États riverains de détroits internationaux, notamment leur droit, quand le requiert la sécurité des navires, de désigner des voies de circulation et de prescrire des dispositifs de séparation du trafic, mais ils ne doivent pas entraver le passage en transit, lequel ne peut être suspendu (art. 41 et 44).

1.2.4. La zone contiguë

L'État côtier peut établir une zone adjacente à sa mer territoriale, la zone dite contiguë[117], laquelle ne peut s'étendre au-delà de 24 milles marins des lignes de base.

L'État côtier peut, dans cette zone, exercer « le contrôle nécessaire » en vue de prévenir et de réprimer les infractions à ses lois et règlements en matière de douane, de fiscalité, de santé et d'immigration, commises sur son territoire ou dans sa mer territoriale (art. 33, par. 1). De plus, l'État côtier peut procéder à l'enlèvement d'objets archéologiques et historiques découverts au fond de la mer, dans la zone contiguë, mais sans préjudice des droits des propriétaires identifiables (art. 303). Dans plupart des cas, ses limites extérieures ont été fixées à la largeur maximale, tandis que certains États, notamment la Gambie et le Soudan, ont choisi une largeur moindre.

1.2.5. La zone économique exclusive

Appelée aussi zone des 200 milles quand la situation géographique le permet, la zone économique exclusive (la ZÉE) prend le nom de zone de pêche quand l'État côtier n'entend exercer ses compétences exclusives que dans cette seule activité. L'État côtier exerce dans sa ZÉE une juridiction exclusive dans divers domaines : exploitation des ressources biologiques et

---

[116] Voir Espaliu Berdud, Carlos (2006) *Le passage inoffensif des navires de guerre étrangers dans la mer territoriale.*

[117] Nations Unies (1995) *Le droit de la mer. Évolution récente de la pratique des États.*

non biologiques, recherche scientifique, installation d'îles artificielles, production d'énergie à partir de l'eau, des courants et des vents, protection du milieu marin (art. 56).

Des 152 États côtiers de la planète, 127, au début des années 2010, avaient établi une ZÉE[118], tandis que 15 seulement s'en tenaient à une zone de pêche. Par ailleurs, 11 États avaient proclamé à la fois l'une et l'autre[119], alors que 20 États n'avaient ni l'une ni l'autre[120]. La majorité des ZÉE ont été établies à la limite maximale, soit 200 milles marins, mais certaines ont été mentionnées comme étant limitées à des coordonnées géographiques[121] ou à une ligne de délimitation avec un État voisin[122]. Les zones de pêche ont été, dans la plupart des cas, établies à 200 milles marins, ou bien à une distance moindre[123] ou encore selon des coordonnées géographiques[124].

Aussi, revient-il à l'État côtier de favoriser « une exploitation optimale des ressources biologiques » et de fixer « le volume admissible des captures », tout en tenant compte des « données scientifiques les plus fiables » dont il dispose, afin d'éviter que le maintien des ressources « ne soit compromis par une surexploitation ». À cet égard, les informations scientifiques disponibles et les statistiques relatives aux captures, « sont diffusées et échangées régulièrement » par l'intermédiaire des organisations internationales compétentes, sous-régionales, régionales ou mondiales (art. 61 et 62, par. 1). La Convention sur le droit de la mer prévoit aussi que l'État côtier doit déterminer sa « capacité d'exploitation » et que si cette dernière est inférieure à l'ensemble du volume admissible des captures, il autorise d'autres pays, tout particulièrement les États sans littoral ou géographiquement désavantagés de la même région ou sous-région, à exploiter « le reliquat du volume admissible » selon une part appropriée.

La participation des autres pays, convenue par voie d'accord, ne peut être exigée des États côtiers « dont l'économie est très lourdement tributaire de l'exploitation des ressources biologiques de leur zone économique exclusive », et elle doit être arrêtée en tenant compte de certaines circonstances : la nécessité d'éviter tous les abus préjudiciables aux communautés de pêcheurs ou à l'industrie de la pêche des États côtiers ; les besoins alimentaires de la population des États bénéficiaires ; l'effort déjà consenti à d'autres États. Par ailleurs, les États développés sans littoral ou géographiquement désavantagés

---

[118] Les 25 États sans ZÉE incluaient chacun des 6 États ayant établi une mer territoriale de 200 milles marins.

[119] Belgique, Croatie, Danemark, Finlande, Irlande, Libye, Norvège, Espagne, Tunisie, Royaume-Uni, Tanzanie.

[120] Ces 20 États incluaient chacun des 6 États ayant établi une mer territoriale de 200 milles marins.

[121] Belgique, Estonie, Allemagne, Liban, Pays-Bas.

[122] Finlande, Géorgie, Iran, Lettonie, Lituanie, Libye, Pologne, Suède, Tunisie.

[123] Algérie, 32 et 52 milles ; Malte, 25.

[124] Croatie, Finlande, Espagne, Libye.

n'ont un droit de participation que dans les zones maritimes des États qui sont, eux aussi, développés (art. 62, 69, 70 et 71).

Certaines dispositions sont consacrées à diverses catégories de ressources biologiques : grands migrateurs, mammifères marins, espèces anadromes et catadromes (art. 64 à 67), sédentaires.

Dans sa zone économique exclusive, l'État côtier n'a pas que des droits, mais aussi des obligations, notamment celles d'assurer à tous les autres, aussi bien sans littoral que côtiers, les libertés de navigation et de survol, de même que la faculté d'installer des câbles sous-marins, des oléoducs et des gazoducs (art. 58).

1.2.6. Le plateau continental

Contrairement au critère exclusif de distance établi pour les limites extérieures de la mer territoriale, de la zone contiguë, de la zone de pêche et de la ZÉE, les limites du plateau continental, qui varient beaucoup dans la pratique des États (art. 77, par. 1 et 4), sont établies juridiquement selon divers facteurs : distance, bien sûr, mais aussi bathymétrie, géomorphologie et sédimentologie (*figure 3*). Ces différentes méthodes répondent à la diversité des situations géographiques à travers le monde, puisque, dans certaines régions, le plateau continental géographique est peu important, tandis qu'il est très développé ailleurs.

L'État côtier « exerce des droits souverains » sur son plateau continental en matière d'exploration et d'exploitation des ressources naturelles, celles-ci incluant les organismes vivants qui appartiennent aux espèces sédentaires (art. 77, par. 1 et 4), lesquelles sont définies comme étant « les organismes qui, au stade où ils peuvent être pêchés, sont soit immobiles sur le fond ou au-dessous du fond, soit incapables de se déplacer autrement qu'en restant constamment en contact avec le fond ou le sous-sol » (art. 68 et 77, par. 4). Ces droits sont non seulement exclusifs mais aussi « indépendants de l'occupation effective ou fictive, aussi bien que de toute proclamation expresse » (art. 77, par. 2 et 3).

Le plateau de l'État est désormais défini comme l'ensemble des « fonds marins et leur sous-sol au-delà de sa mer territoriale, sur toute l'étendue du prolongement naturel du territoire terrestre de cet État jusqu'au rebord externe de la marge continentale, ou jusqu'à 200 milles marins des lignes de base à partir desquelles est mesurée la largeur de la mer territoriale, lorsque le rebord externe de la marge continentale se trouve à une distance inférieure » (art. 76, par. 1) (hypothèse 1). La marge est constituée des fonds marins qui correspondent au plateau, au talus et au glacis, ainsi que leur sous-sol (art. 76, par. 3).

Si le rebord externe de la marge est à plus de 200 milles marins, l'État côtier a la faculté de choisir, parmi diverses méthodes de calcul, celle qui l'avantage. Ainsi, peut-il établir ce rebord selon une ligne tracée « par référence aux points fixes extrêmes où l'épaisseur des roches sédimentaires est égale au centième au moins de la distance entre le point considéré et le pied du talus » (art. 76, par. 4*a*) (hypothèse 2). La ligne peut aussi être établie « par référence à des points fixes situés à 60 milles marins au plus du pied du talus continental » (*ibidem*) (hypothèse 3). Dans ces deux derniers cas, qui sont des variantes de la formule dite irlandaise, la Convention crée une présomption selon laquelle le pied « coïncide avec la rupture de pente la plus marquée à la base du talus » (art. 76, par. 4*b)*. Par ailleurs, les lignes tracées dans les deux derniers cas doivent se trouver soit à une distance n'excédant pas 350 milles marins (hypothèse 4), soit 100 milles marins de l'isobathe de 2 500 mètres (hypothèse 5). S'il se trouve par ailleurs une dorsale sous-marine, la limite extérieure ne peut être établie à plus de 350 milles (hypothèse 6), mais est sans effet la présence de hauts-fonds, qu'ils se présentent sous forme de plateaux, seuils, crêtes, bancs ou éperons (art. 76, par. 5 et 6).

Dans tous les cas où la limite extérieure se trouve à plus de 200 milles marins[125], la ligne ne peut être constituée de droites excédant 60 milles marins, et le tracé de cette limite doit être communiqué, dans les 10 ans de la ratification de la Convention sur le droit de la mer[126], à la CLPC (art. 76, par. 8) – organisme créé en vertu de l'annexe II –, laquelle a le pouvoir d'adresser aux États côtiers des recommandations (*ibidem*) relatives à ces limites, recommandations qui sont « définitives et de caractère obligatoire » dans la mesure où l'État a fait appel à la CLPC. Bien que très peu d'États aient pu jusqu'à maintenant établir avec précision ces limites, la majorité d'entre eux ont fait connaître la méthode qu'ils privilégiaient.

En contrepartie des droits reconnus à l'État concernant l'exploration et l'exploitation de son plateau continental, certaines obligations sont stipulées, notamment celle d'acquitter, en nature ou en espèces, des contributions au titre de l'exploitation des ressources non biologiques au-delà de 200 milles marins, à partir de la sixième année de production d'un site donné[127]. Est dispensé de telles contributions tout État en développement qui est importateur net d'un minéral extrait de son plateau continental, mais pour ce minéral seulement (art. 87, par. 3). Les contributions sont versées à l'Autorité, « qui les répartit entre les États Parties selon des critères de partage équitables, compte tenu des intérêts et besoins des États en développement, en particulier des États en développement les moins avancés ou sans littoral » (art. 82, par. 4).

---

[125] Kunoy, Bjorn (2022) The Delimitation of Outer Continental Shelf Areas : A Critical Analysis of Courts' and Tribunals' Heterogeneous Approaches, *ACDI*, vol. 59, p. 200-232 ; Macnab, Ron (2008) Submarine Elevations and Ridges : Wild Cards in the Poker Game of UNCLOS Article 76, *ODIL*, vol. 39, n° 2, p. 223-234 ; Macnab, Ron (2004) The Case for Transparency in the Delimitation of the Outer Continental Shelf in Accordance with UNCLOS Article 76, *ODIL*, vol. 35, n° 1, p. 1-17.

[126] Kunoy, Bjorn (2010) Disputed Areas and the 10-Year Time Frame : A Legal Lacuna ?, *ODIL*, vol. 41, issue 1, p. 112-130.

[127] Le taux de contribution, fixé, la sixième année, à 1 % de la valeur ou du volume de la production, augmente ensuite d'un point de pourcentage par année jusqu'à la douzième année (Convention sur le droit de la mer, art. 82, par. 2).

Figure 3. Le plateau continental sous juridiction nationale

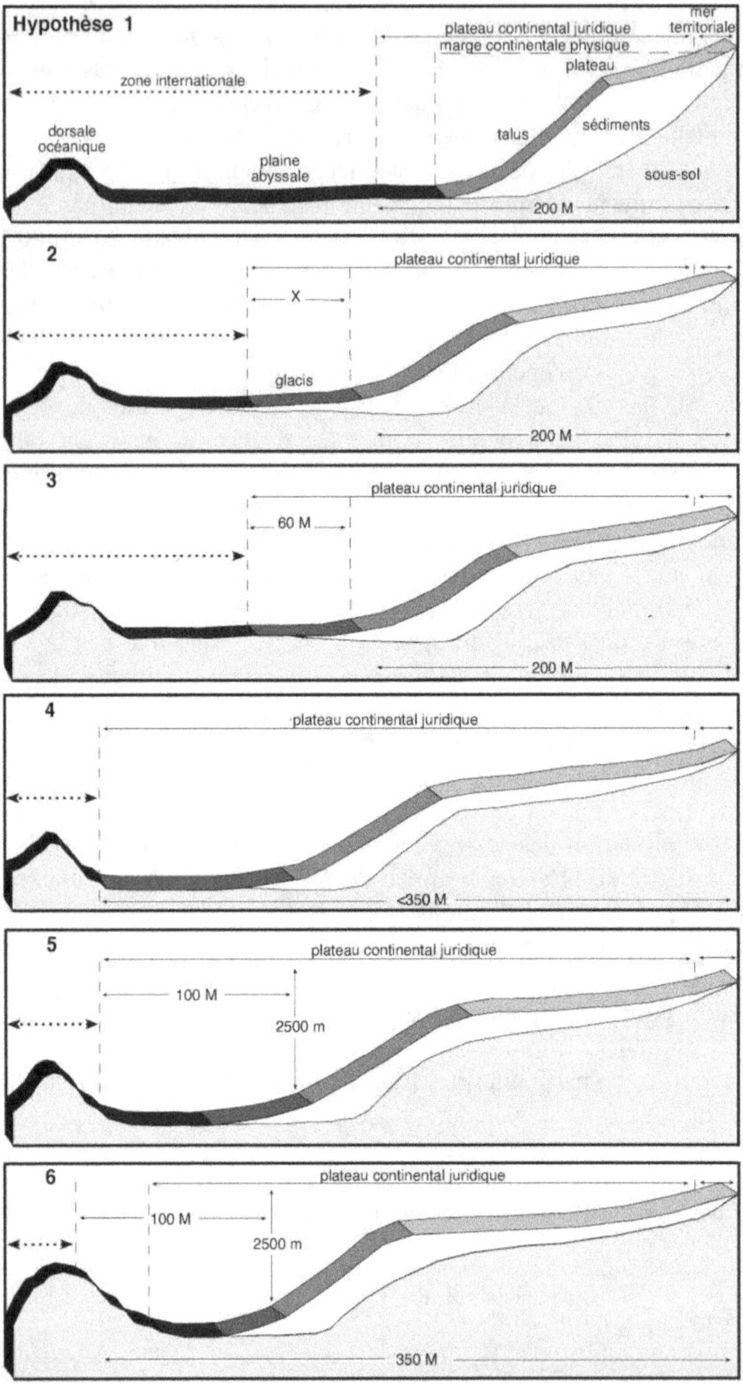

Source : D'après Couper, A.D. (1983) *Le grand atlas de la mer.*

Les règles concernant les limites extérieures « ne préjuge[nt] pas de la question de la délimitation du plateau continental entre États dont les côtes sont adjacentes ou se font face » (art. 76, par. 10) et, « dans le cas où il existe un différend terrestre ou maritime, la Commission n'examine pas la demande présentée par un État partie à ce différend et ne se prononce pas sur cette demande[128] ». Il faut ajouter par ailleurs que la Commission peut être autorisée expressément par les Parties au différend, nonobstant cette disposition.

Si la Commission n'est pas autorisée, il ne reste plus aux parties qu'à choisir entre la négociation d'une solution, le recours à un tribunal international et le défaut d'émettre des permis d'exploration dans la zone contestée.

Assez curieusement, un nombre important d'États côtiers n'ont pas exprimé de revendications relatives à leur plateau continental. En effet, 117 seulement sur 152 ont fait connaître leur préférence quant aux limites extérieures de leur plateau. Il est vrai, disions-nous, que la juridiction de l'État est indépendante de toute proclamation expresse. Toujours est-il que la plupart des États ayant exprimé leur choix ont fait valoir les critères combinés marge continentale/200 milles marins (ils sont au nombre de 81), tandis que 3 seulement ont retenu exclusivement le critère marge continentale[129], 4 celui de 200 milles[130], 8 ont référé à une ligne de délimitation[131], et 2 à des coordonnées géographiques[132]. Plus significativement encore, plusieurs États ont renoncé aux possibilités offertes par la Convention sur le droit de la mer de 1982 et ont choisi d'établir les limites extérieures selon les critères de la Convention sur le plateau continental de 1958 : en effet, 2 États ont retenu le critère exploitabilité et 12 autres les critères combinés profondeur 200 mètres/exploitabilité[133].

Parmi les 35 États qui n'ont pas déclaré leur préférence, on peut noter les États parties à une décision en matière de délimitation maritime (notamment l'Érythrée, la Libye et la Tunisie), leur plateau étant alors limité, bien sûr, par la ligne que le tribunal a tracée. On trouve aussi dans cette liste des États riverains d'une mer semi-fermée que leur situation géographique elle-même limite quant à l'étendue d'un plateau, de même que des États qui ont peu ou prou de façade maritime, ainsi que de petits États insulaires ou archipélagiques et même des États ayant déclaré avoir un plateau continental mais n'ayant pas spécifié ses limites.

Que les limites aient été déclarées ou non, il est évident que les zones de chevauchement de plateaux continentaux sont fort nombreuses, plus

---

[128] Règlement intérieur de la Commission des limites du plateau continental, annexe I, al. 5*a*).

[129] Bangladesh, Nicaragua, Syrie.

[130] Cambodge, Équateur, Madagascar, Pérou.

[131] Algérie, Belgique, Bulgarie, Croatie, Lituanie, Géorgie, Iran, Slovénie.

[132] Estonie, Koweït.

[133] Danemark, Finlande, Allemagne, Grèce, Chypre, Italie, Malte, Maroc, Pays-Bas, Soudan, Suède, Venezuela.

nombreuses encore que celles des ZÉE, puisque les limites des plateaux peuvent être établies à des distances supérieures aux 200 milles marins. Il faudra pourtant attendre encore longtemps avant d'avoir un tableau précis et complet des diverses situations à travers le monde, le temps que la CLPC ait achevé sa très lourde tâche à la lumière des expertises scientifiques menées conjointement ou individuellement par les principaux intéressés. Selon un tableau publié par les Nations Unies et mis à jour en date du 30 octobre 2023, 93 soumissions, individuelles ou conjointes, avaient été présentées à la Commission, dont 34 ont déjà fait l'objet de recommandations[134].

Toujours est-il que les tribunaux internationaux ont déjà été saisis de quelques affaires de délimitation au-delà des limites des plateaux continentaux, notamment l'affaire *Ghana/Côte d'Ivoire*, tranchée par le T.I.D.M. le 23 septembre 2017[135], l'affaire *Somalie c. Kenya*, dans laquelle la C.I.J. a rendu son arrêt le 12 octobre 2021[136], et l'affaire *Maurice/Maldives*, décidée par le T.I.D.M. le 28 avril 2023[137].

1.3. Les règles juridiques applicables à la délimitation maritime

Puisque la territorialisation des zones maritimes (*section 1.2*) a très souvent pour effet de créer, entre deux États, certains chevauchements, la délimitation de ces zones (eaux intérieures dans certains cas, mer territoriale, zone contiguë, zone économique exclusive, plateau continental) – doit être envisagée et effectuée en conformité avec les règles juridiques applicables[138].

L'énoncé de la norme fondamentale rappelle implicitement les moyens de règlement pacifique des différends, tels qu'ils sont énumérés à l'article 33 de la Charte des Nations Unies, de même que cet énoncé évoque les sources du droit international, ainsi qu'on les trouve à l'article 38 du Statut de la Cour internationale de Justice. Nous adopterons la démarche de la Cour dans l'affaire *Canada/États-Unis* en examinant d'abord le droit applicable spécifiquement à la délimitation maritime, mais non sans avoir au préalable

---

[134] https://www.un.org/Depts/los/clcs_new/commission_submissions.htm.

[135] *Différend relatif à la délimitation de la frontière maritime entre le Ghana et la Côte d'Ivoire dans l'océan Atlantique,* arrêt, T.I.D.M. Recueil 2017, affaire numéro 23.

[136] *Délimitation maritime dans l'océan Indien,* arrêt, C.I.J. Recueil 2021.

[137] *Différend relatif à la délimitation de la frontière maritime entre Maurice et les Maldives dans l'océan Indien*, arrêt, T.I.D.M. Recueil 2023, affaire numéro 28.

[138] Emre Acikgonul, Yunus and Lucas, Edward R. (2020) Developments in Maritime Delimitation Law over the Last Decade : Emerging Principles in Modern Case Law, *ACDI*, vol. 57, p. 156-222.Voir aussi Yee, Sienho (2023) Between the ''Standard Methodology'' *in* Delimitation Dispute Settlement and the UNCLOS : Some 40th Anniversary Reflections, *CJIL*, vol. 22, issue 1, p.1-9.

mentionné les règles générales prévues aux articles 33 et 38. La Charte des Nations Unies se lit comme suit à l'article 33 :

> 1. Les parties à tout différend dont la prolongation est susceptible de menacer le maintien de la paix et de la sécurité internationales doivent en rechercher la solution, avant tout, par voie de négociation, d'enquête, de médiation, de conciliation, d'arbitrage, de règlement judiciaire, de recours aux organismes ou accords régionaux, ou par d'autres moyens pacifiques de leur choix.
>
> 2. Le Conseil de sécurité, s'il le juge nécessaire, invite les parties à régler leur différend par de tels moyens.

La négociation, nommée en tout premier lieu, « est à la base de toutes relations internationales[139] », ainsi que l'a rappelé la C.I.J. dans ses arrêts *Mer du Nord* de 1969, et elle est fondée sur la bonne foi des deux parties, qui sont reconnues comme égales dans l'exercice de leur souveraineté. Si, en dépit de telle négociation, les parties sont incapables d'en arriver à un accord, il leur est loisible de recourir à une tierce partie (notamment un tribunal d'arbitrage ou une instance judiciaire) pour la solution de leur différend. En matière de délimitation maritime, on peut observer que la majorité des frontières établies dans le monde jusqu'à ce jour l'ont été par voie d'accord bilatéral, constituant ainsi une riche pratique des États[140] – ce qui témoigne de l'importance accordée par la Charte à la négociation. Une partie peut aussi souhaiter que le règlement d'un litige le soit par une organisation régionale : par exemple, c'était le choix exprimé par le Belize dans son différend frontalier avec le Guatemala, mais le secrétaire de l'Organisation des États américains (OÉA) recommanda lui-même que l'affaire fût renvoyée devant la C.I.J.[141], l'affaire étant encore pendante au 1er décembre 20223[142].

Quant au Statut de la Cour internationale de Justice, il énumère à l'article 38 les sources du droit international :

La Cour, dont la mission est de régler conformément au droit international les différends qui lui sont soumis, applique :

> - les conventions internationales, soit générales, soit spéciales, établissant des règles expressément reconnues par les États en litige ;
>
> - la coutume internationale comme preuve d'une pratique générale acceptée comme étant le droit ;
>
> - les principes généraux de droit reconnus par les nations civilisées ;
>
> - sous réserve de la disposition de l'Article 59, les décisions judiciaires et la doctrine des publicistes les plus qualifiés des différentes nations, comme moyen auxiliaire de détermination des règles de droit.

---

[139] *Plateau continental de la mer du Nord*, arrêts, C.I.J. Recueil 1969, p. 3.
[140] Voir notamment United Nations (2023) *Maritime Space : Maritime Zones and Maritime Delimitation.*
[141] (2010) Chronique des faits internationaux, *RGDIP*, vol. 114, n° 1, p. 161-162.
[142] *Revendication territoriale, insulaire et maritime du Guatemala.*

On ne saurait trouver, dans cet article 38, de hiérarchie systématique entre les catégories de sources énumérées, sauf qu'il est fait mention de la doctrine et des décisions judiciaires comme étant un moyen auxiliaire de détermination du droit[143], en conséquence de quoi on peut raisonnablement présumer que les autres sources ont une plus grande importance. Pourtant, force est de constater que le droit international de la délimitation maritime est un droit largement jurisprudentiel, compte tenu de la grande généralité des quelques règles conventionnelles prévues dans ce domaine, et quoique l'article 59 puisse laisser croire le contraire puisque « (l)a décision de la Cour n'est obligatoire que pour les Parties en litige et dans le cas qui a été décidé ».

Chacune de ces sources doit être distinguée brièvement : conventions internationales (*sous-section 1.3.1*), coutume (*1.3.2*), principes généraux de droit (*1.3.3*), jurisprudence (*1.3.4*), doctrine (*1.3.5*). Il convient pourtant de mentionner d'emblée que ces sources sont souvent associées dans un même cas. Ainsi une frontière établie partiellement par voie juridictionnelle est souvent prolongée ou mise en œuvre par accord bilatéral subséquent des parties, par exemple quand elles ont convenu par un accord bilatéral[144], le 10 novembre 1986, de se conformer à l'arrêt de la C.I.J. dans l'affaire *Libye/Malte.*

1.3.1. Les principales conventions internationales

À la suite des deux instruments adoptés en 1958 (Convention sur la mer territoriale et la mer contiguë[145] et Convention sur le plateau continental[146]), est signée en 1982 la Convention sur le droit de la mer[147], laquelle entrera en vigueur en 1994. Cet instrument contient des règles générales quant à la zone économique exclusive et le plateau continental, des règles spécifiques eu égard à la mer territoriale, cependant qu'il est muet quant à la zone contiguë. Les règles générales sont énoncées aux articles 74 et 83 : « La délimitation de la zone économique exclusive [et du plateau continental] entre États dont les côtes sont adjacentes ou se font face est effectuée par voie d'accord conformément au droit international tel qu'il est visé à l'article 38 du Statut de la Cour internationale de Justice, afin d'aboutir à une solution équitable ».

---

[143] On a fait remarquer que la distinction entre la jurisprudence et la doctrine n'était pas très importante dans la mesure où les juges sont nommés parmi les praticiens et les universitaires les plus éminents (Thirlway, Hugh, 2006, The Sources of International Law, p. 129, *In* Evans, Malcolm D., ed., *International Law*, 2nd edition).

[144] Agreement between the Great Socialist People's Lybian Arab Jamahariya and the Republic of Malta implementing Article III of the Special Agreement and the Judgment of the International Court of Justice.

[145] Nations Unies (1966) *RTNU*, vol. 516.

[146] *Idem*, vol. 499.

[147] Disponible sur le site des Nations Unies : https://www.un.org/depts/los/convention_agreements/texts/unclos/unclos_e.pdf.

La règle spécifique de l'article 15, applicable à la délimitation de la mer territoriale, combine équidistance et circonstances spéciales et se lit comme suit :

> Lorsque les côtes de deux États sont adjacentes ou se font face, ni l'un ni l'autre de ces États n'est en droit, sauf accord contraire entre eux, d'étendre sa mer territoriale au-delà de la ligne médiane dont tous les points sont équidistants des points les plus proches des lignes de base à partir desquelles est mesurée la largeur de la mer territoriale de chacun des deux États. Cette disposition ne s'applique cependant pas dans le cas où, en raison de l'existence de titres historiques ou d'autres circonstances spéciales, il est nécessaire de délimiter autrement la mer territoriale des deux États.

1.3.2. La coutume

Elle est généralement définie par la doctrine comme étant constituée nécessairement de deux éléments sans lesquels on ne saurait en faire valoir l'existence : la répétition d'un usage constant aussi bien dans le temps que dans l'espace (l'élément de fait) ; la croyance, expresse ou tacite, par l'ensemble des sujets de droit, que cet usage répond à une nécessité juridique, ce que les juristes appellent l'*opinio juris* (l'élément psychologique).

La coutume est souvent codifiée dans le droit conventionnel, par exemple la notion de ZÉE, qu'on trouve dans la nouvelle Convention sur le droit de la mer. Ce concept pourrait être opposé à un État non partie à cet instrument juridique, non pas, bien sûr, en tant que règle conventionnelle mais à titre de règle coutumière.

Par ailleurs, toutes les règles conventionnelles ne sont pas nécessairement coutumières, et la méthode de l'équidistance prévue dans la Convention sur le plateau continental de 1958 n'a pas le caractère obligatoire d'une règle coutumière[148], comme le dit la C.I.J. dans l'affaire *Libye/Malte* de 1985, quand elle affirme que si elle n'a aucun doute sur l'importance de la pratique des États en matière de délimitation, « cette pratique ne suffit pas à prouver l'existence d'une règle prescrivant le recours à l'équidistance ou à toute autre méthode tenue pour obligatoire[149] ». La doctrine arrive aux mêmes conclusions, un commentateur disant, par exemple, que les accords de délimitation prévoyant l'équidistance sont insuffisants, « malgré les lignes de force qu'ils dessinent[150] », à construire un régime coutumier de la délimitation, étant donné la singularité de chaque cas, le choix de cette méthode par libre volonté des États et par absence d'*opinio juris*, enfin, le fait que cette méthode n'est pas toujours utilisée malgré sa prééminence.

---

148 *Délimitation du plateau continental entre le Royaume-Uni de Grande-Bretagne et d'Irlande du Nord et la République française*, décision du 30 juin 1977, R.S.A., vol. 18, p. 3-413.

149 *Plateau continental (Libye/Malte)*, arrêt, C.I.J. Recueil 1985, par. 44.

150 Lucchini, Laurent et Voelckel, Michel (1996) *op. cit.*, p. 175-176.

Rappelons aussi que la nouvelle Convention sur le droit de la mer n'a pas retenu la méthode de l'équidistance pour la délimitation du plateau continental et de la ZÉE. Par ailleurs, les tribunaux internationaux estiment que les règles de délimitation prévues aux articles 74 et 83 sont d'origine coutumière[151]. Il est donc nécessaire de se demander s'il existe une coutume – cet accord tacite de volontés – en cas d'absence de dispositions conventionnelles ou d'inapplication de celles-ci.

Une coutume peut naître d'actes unilatéraux s'ils sont réitérés et s'ils ne suscitent aucune opposition de la part des États. Autrement, la seule volonté de l'un d'eux ne saurait constituer une source de droit international.

1.3.3. Les principes généraux de droit

Ces principes, qui ne sont pas énumérés dans le Statut, peuvent être définis par ailleurs comme des principes communs aux systèmes de droit interne des différents États et faciles à transposer dans l'ordre international, par exemple la bonne foi, les droits acquis, la continuité et l'indépendance de l'État, la réparation due par suite de dommages. Ces principes étant reconnus, ils font partie intégrante du droit positif et ne doivent pas être confondus avec le droit naturel.

En matière de délimitation du plateau continental, la notion de prolongement naturel a été souvent plaidée, à tort ou à raison, comme un principe de droit, notamment dans les affaires de la *Mer du Nord*, la C.I.J. disant : « Ce n'est pas vraiment ou pas seulement parce qu'elles sont proches de son territoire que des zones sous-marines relèvent d'un État riverain. Elles en sont proches certes, mais cela ne suffit pas pour conférer un titre – pas plus que la simple proximité ne constitue en soi un titre au domaine terrestre (...). En réalité le titre que le droit international attribue *ipso jure* à l'État riverain sur son plateau continental procède de ce que les zones sous-marines en cause peuvent être considérées comme faisant véritablement partie du territoire sur lequel l'État riverain exerce déjà son autorité[152] ».

Pourtant, l'importance attribuée à ce principe dans les affaires précédentes sera atténuée dans l'affaire *Libye/Tunisie,* la Cour disant alors que si on avait attribué, dans l'arrêt précédent, un certain rôle à la notion de prolongement naturel dans la délimitation de zones de plateau, c'était que la situation géographique s'y prêtait : « Mais, alors que l'idée de prolongement naturel du territoire terrestre définissait, en termes généraux, l'objet physique ou l'assise des droits de l'État côtier, elle ne serait pas forcément suffisante ni même appropriée en elle-même pour préciser l'étendue exacte des droits d'un État par rapport à ceux d'un État voisin[153] ». La Cour arrive aussi à la

---

[151] Elferink, Alex G. Oude et Rothwell, Donald R. (2001) *op. cit.*, p. 345, *In* Elferink, Alex G. Oude and Rothwell, Donald R., eds., *op. cit.*

[152] *Plateau continental de la mer du Nord*, arrêts, C.I.J. Recueil 1969, par. 43.

[153] *Plateau continental (Libye/Tunisie)*, arrêt, C.I.J. Recueil 1982, par. 44.

conclusion que la notion de prolongement naturel est inapplicable comme principe sans pour autant l'exclure comme circonstance pertinente[168].

Quant à l'équité, elle peut être définie comme « l'application des principes de la justice à une espèce donnée[154] ». Elle est visée par l'article 38, *in fine*, qui prévoit que la Cour a la faculté, « si les Parties sont d'accord, de statuer *ex aequo et bono* ». L'équité est alors un moyen de corriger l'application trop stricte de la règle de droit, d'en compléter le contenu, ou bien de l'écarter tout simplement[155]. Puisque la Convention sur le droit de la mer dispose que la délimitation de la ZÉE et du plateau continental doit « aboutir à une solution équitable » (art. 74 et 83), il faut s'interroger sur le contenu de cette expression – et la jurisprudence, y compris celle précédant l'instrument de 1982, est précieuse à cet égard.

L'équité ne doit être prise en considération que « telle qu'elle s'exprime dans son aspect *infra legem,* c'est-à-dire cette forme d'équité qui constitue une méthode d'interprétation du droit et en est l'une des qualités[156] », ainsi que la C.I.J. l'a affirmé en 1986 dans une affaire de frontière terrestre (*Burkina Faso/Mali*). Dans l'affaire *Libye/Tunisie* de 1982, la C.I.J. dit que la Cour « doit appliquer les principes équitables comme partie intégrante du droit international et peser soigneusement les diverses considérations qu'elle juge pertinentes, de manière à aboutir à un résultat équitable[157] ».

1.3.4. Les décisions des tribunaux

L'article 38 du Statut de la Cour internationale de Justice mentionne les décisions judiciaires comme étant des sources auxiliaires – cette disposition générale ne visant pas exclusivement la C.I.J. mais couvrant toutes les instances juridictionnelles (tribunaux d'arbitrage et T.I.D.M.), probablement aussi certains tribunaux de droit interne[158]). Il est vrai que le rôle du juge est d'interpréter la règle de droit, de la dire, et non de la créer. Pourtant, le droit de la délimitation maritime est un droit largement jurisprudentiel – un commentateur ayant affirmé récemment que la jurisprudence dans ce domaine était « créatrice de droit » et qu'on assistait dans ce domaine à

---

[154] Rousseau, Charles (1967) *Droit international public*, p. 89.

[155] Pour une étude doctrinale de la notion d'équité en matière de délimitation maritime, voir notamment : Meledje, Djedjro (1996) L'équité dans les délimitations marines, *ERM*, n° 10, p. 162-189 ; Miyoshi, Masahiro (2002) Considerations of Equity in Maritime Boundary Cases Before the International Court of Justice, p. 1087-1101, *In* Ando, Nisuke *et al.*, eds., *Liber Amicorum Judge Shigeru Oda*, vol. 2 ; Schachter, Oscar (2002) Linking Equity and Law in Maritime Delimitation, p. 1163-1168, vol. 2, *In* Ando, Nisuke *et al.*, eds., *op. cit.*

[156] *Différend frontalier*, arrêt, C.I.J. Recueil 1986, par. 29.

[157] *Plateau continental (Libye/Tunisie)*, arrêt, C.I.J. Recueil 1982, par. 71.

[158] *Award of the Tribunal in the Second Phase of the Arbitration between Newfoundland and Labrador and Nova Scotia,* 2002, *I.L.R.*, vol. 128, p. 425.

« l'accomplissement par le juge d'une fonction qui déborde sensiblement celle qui lui est normalement dévolue[159] ».

Outre l'article 38 du Statut, la Convention sur le droit de la mer prévoit, dans sa Partie XV, divers modes de règlement juridictionnels des différends et dispose qu'un choix de la procédure est offert devant l'un ou l'autre des tribunaux suivants (art. 287) : C.I.J., T.I.D.M. constitué conformément à l'annexe VI, tribunal arbitral (annexe VII), tribunal arbitral spécial (annexe VIII, pour une ou plusieurs des catégories de différends qui y sont spécifiés).

Encore faut-il que le tribunal soit saisi, les deux parties devant y consentir, ce qui évoque une fois de plus l'importance de la négociation comme moyen pacifique de règlement des conflits[160], ce qui rappelle aussi que le recours juridictionnel « n'est qu'un succédané au règlement direct et amiable de ces conflits entre les parties[161] ». En d'autres termes, nous dit le droit de la délimitation maritime, négociez un règlement, à défaut de quoi les tribunaux pourront être saisis qui sauront pallier à la généralité des règles conventionnelles en s'inspirant non seulement de leurs propres précédents mais aussi de la riche pratique des États dans le choix d'une méthode de délimitation appropriée.

Importantes, certes, les décisions judiciaires le sont d'autant plus que le droit conventionnel est plutôt vague et qu'elles sont relativement peu nombreuses. Bien sûr, elles ne sont pas à l'abri de la critique, et même si l'évolution de la jurisprudence a donné « clarté et visibilité pour les plaideurs éventuels », il s'agit d'une œuvre inachevée marquée par « une certaine volatilité normative[162] ». On pourrait certes faire la litanie des critiques : « ... une jurisprudence largement imprévisible, émanant de juges et d'arbitres qui feignent de s'appuyer sur des principes de droit mais qui, faute de règles substantielles suffisamment précises tirées du droit international général, sont souvent réduits en fait à statuer en opportunité[163] ». Et encore : « ... les tribunaux internationaux ont hésité des années avant de fixer un processus clair et des règles satisfaisantes[164] », ou bien : « ... a very high degree of generality and abstraction[165] ».

Il est vrai aussi que le droit international est un droit sans gendarme et que l'exécution de la décision contre un État récalcitrant ne saurait être forcée, contrairement à la procédure prévue dans la plupart des systèmes de

---

[159] Lucchini, Laurent (2006) *op.cit.*, p. 8. Voir aussi Meese, Richard (1998) Délimitations maritimes : règlement juridictionnel et conciliation internationale, *ADM*, vol. 3.

[160] Charte des Nations Unies, art. 33.

[161] *Trafic ferroviaire entre la Lituanie et la Pologne*, C.P.J.I., avis consultatif du 15 octobre 1931, série A/B n° 42, p. 116. Les arrêts, avis consultatifs et ordonnances de la C.P.J.I. sont disponibles sur le site : https://www.icj-cij.org/fr/cpji.

[162] Lucchini, Laurent (2006) *op.cit.*, p. 8 p. 10-11.

[163] Combacau, Jean et Sur, Serge (2004) *Droit international public*, 6e édition, p. 421.

[164] Lucchini, Laurent (2006) *op. cit.*, p. 1.

[165] Churchill, R.R. (2004) The Role of the International Court of Justice in Maritime Boundary Delimitation, p. 125-142, *In* Elferink, Alex G. Oude and Rothwell, Donald R., eds., *Oceans Management in the 21st Century : Institutional Frameworks and Responses.*

droit interne. Par ailleurs, la Charte des Nations Unies prévoit que le Conseil de sécurité peut être saisi lorsqu'une partie fait défaut de se conformer à une décision de la Cour[166]. Il faut ajouter que dans la plupart des cas de délimitation maritime portés devant un tribunal par compromis des parties, il est avéré que la décision a été respectée, y compris par les grandes puissances et même par les parties qui n'ont pas eu gain de cause[167].

Au cours des ans, les tribunaux internationaux – notamment la C.I.J.[168] – ont été de plus en plus sollicités, notamment par les États africains, en matière de souveraineté territoriale et/ou de délimitation maritime, et c'est sans compter certains litiges qui ont été réglés par d'autres voies – la médiation et la conciliation – modes de règlement qui s'apparentent, à certains égards, au recours juridictionnel, même s'ils doivent être soigneusement distingués, notamment parce qu'ils n'ont pas de force obligatoire.

1.3.5. La doctrine

Considérée comme une source auxiliaire, « la doctrine des publicistes les plus qualifiés » n'est pas une œuvre de création du droit positif ; mais elle en favorise l'élaboration par un travail d'analyse et de systématisation. Si les auteurs ont parfois tendance à émettre des opinions qui favorisent la position du pays auquel ils appartiennent, leurs critiques et leurs commentaires n'en demeurent pas moins importants pour la compréhension des règles conventionnelles et des coutumes, ainsi que pour la portée des décisions rendues par les tribunaux. Dégagés du travail judiciaire, les auteurs sont en mesure de mener des études approfondies sur des sujets particuliers.

1.4. Les circonstances pertinentes à la délimitation

Si les tribunaux n'arrivent pas toujours à la conclusion qu'il existe, dans une affaire donnée, des circonstances spéciales (ou pertinentes) justifiant de corriger une ligne d'équidistance tracée à titre provisoire, ils n'hésitent pas à

---

[166] « 1. Chaque Membre des Nations Unies s'engage à se conformer à la décision de la Cour internationale de Justice dans tout litige auquel il est partie. 2. Si une partie à un litige ne satisfait pas aux obligations qui lui incombent en vertu d'un arrêt rendu par la Cour, l'autre partie peut recourir au Conseil de sécurité et celui-ci, s'il le juge nécessaire, peut faire des recommandations ou décider des mesures à prendre pour faire exécuter l'arrêt » (art. 94).

[167] Phan, Hao Duy (2019) International Courts and State Compliance: An Investigation of the Law of the Sea Cases, *ODIL*, vol. 50, n°, 1, p. 70-90 ; Paulson, Colter (2004) Compliance with Final Judgments of the International Court of Justice since 1987, *AJIL*, vol. 98, n° 3, p. 434-461.

[168] Stoica, Victor (2021) *Remedies before the International Court of Justice: A Systemic Analysis.*

procéder à un tel ajustement dans les cas contraires – comme dans la décision *Somalie c. Kenya*[169] rendue en 2021 par la C.I.J.

Les tribunaux se demandent donc s'il existe des circonstances pertinentes à la délimitation des frontières maritimes : la configuration et la longueur des côtes respectives, les activités traditionnelles en matière de pêche et de chasse, les besoins économiques des communautés côtières, la présence de glace dans la zone à délimiter, les gisements d'hydrocarbures, connus ou présumés, les questions stratégiques, etc., la conduite des parties, l'existence de limites *de facto*, etc. Si la jurisprudence et la doctrine ont examiné avec force détails ces facteurs de délimitation, la pratique des États dans les accords bilatéraux est très laconique sur cette question – les accords mentionnant assez peu souvent ces facteurs, encore qu'ils soient parfois invoqués en préambule dans des énoncés plutôt généraux.

La Convention sur le droit de la mer prévoit que la méthode de l'équidistance est remplacée dès lors que l'on se trouve en présence de « circonstances spéciales » (art. 15). Leur étude est donc fondamentale puisqu'elle permet au juge de conserver comme frontière la ligne d'équidistance tracée provisoirement dans les cas où de tels facteurs ne sont pas présents dans l'affaire, tandis que dans les cas contraires, le juge ajustera ou déplacera la ligne d'équidistance, compte tenu de ces facteurs, et afin d'en arriver à un résultat équitable. Mais il n'y a pas là de règle mathématique, et sur cette question, « le juge se garde d'être trop disert[170] », a-t-on fait observer à bon droit.

Plus généralement, la délimitation d'une frontière doit être réalisée par l'application de critères équitables, « compte tenu de la configuration géographique de la région et des autres circonstances pertinentes de l'espèce[171] ». On a fait d'ailleurs remarquer que dans la pratique des États, les circonstances d'ordre géographique étaient, dans la plupart des cas, les éléments principaux pris en compte, tandis que les autres facteurs (historiques, économiques, politiques, stratégiques, etc.) « sont normalement utilisés pour préciser une ligne tracée précédemment sur la base de considérations géographiques[172] ».

Avant d'examiner tour à tour les divers types de facteurs pertinents à la délimitation, tels qu'on les retrouve dans la jurisprudence internationale[173] et

---

[169] Voir la section 4.10.

[170] Lucchini, Laurent (2006) La Délimitation des Frontières maritimes dans la Jurisprudence Internationale : Vue d'Ensemble, p. 1-18, *In* Lagoni, Rainer et Vignes, Daniel, éds., *Maritime Delimitation*, p. 8.

[171] *Délimitation de la frontière maritime dans la région du golfe du Maine*, arrêt, C.I.J. Recueil 1984, par. 112.

[172] Nations Unies (2001) *op. cit.*, p. 24.

[173] Ces divers types de facteurs sont également invoqués dans la jurisprudence interne, par exemple, dans l'affaire *Mississippi v. Louisiana*, les deux Parties ont fait valoir des arguments géomorphologiques et économiques : *Consultant's Report on the Mississippi/Louisiana CEIP Delimitation Line.* Mentionné dans Charney, J.I. (1989) The Delimitation of Ocean

dans la pratique des États, il convient d'établir une double distinction entre, d'une part, ces facteurs et le contexte dans lequel ils sont évoqués, et, d'autre part, l'approche différente selon que la délimitation est opérée par voie d'accord bilatéral ou par recours juridictionnel[174].

S'agissant de la première distinction, il suffira de mentionner ici que l'une des motivations principales des États dans la négociation d'un accord de délimitation – les ressources – n'implique pas nécessairement que celles-ci (leur existence prouvée ou présumée, leur importance et leur emplacement) soient une considération influant sur le tracé de la ligne de délimitation.

Quant à la seconde distinction, les considérations permettant de déboucher sur un accord peuvent être totalement étrangères à l'objet même de la délimitation (par exemple des accommodements de bon voisinage ou des intérêts liés à la navigation), d'autant que les négociations ayant précédé l'accord sont habituellement tenues dans le secret, tandis que le tribunal doit s'en tenir aux règles, ainsi que l'a rappelé la C.I.J., dans l'affaire *Libye/Malte* de 1985, quand elle dit, au sujet de la liste non limitative des circonstances à considérer, que « seules pourront intervenir celles qui se rapportent à l'institution du plateau continental[175] ».

Les divers types de facteurs ont été invoqués par les plaideurs avec un succès inégal. Par exemple, dans l'affaire *Libye/Tunisie* de 1982, la Cour a considéré la direction générale des côtes, les caractéristiques géomorphologiques du plateau continental, la position de la frontière terrestre, de même que certaines limites maritimes reconnues tacitement par les Parties.

Après l'adoption de la Convention sur le droit de la mer de 1982, la C.I.J. demeure tout aussi occupée. Dans l'affaire *Libye/Malte* de 1985, on a examiné notamment la question de la proportionnalité entre les longueurs des côtes respectives des Parties. Dans l'arbitrage *Guinée/Guinée Bissau* de 1985, le tribunal d'arbitrage a examiné la question de savoir si une ligne prévue dans un ancien traité colonial pouvait constituer une frontière maritime. Dans l'arbitrage *Érythrée/Yémen* de 1999, le tribunal a confirmé, nonobstant toute délimitation formelle, l'existence d'un régime traditionnel de pêche donnant aux nationaux de ces deux États un libre accès à l'ensemble de la région. Dans l'affaire *Cameroun c. Nigeria* de 2002, la Cour a examiné la question de savoir si la présence de concessions pétrolières et l'existence de puits de pétrole constituaient une circonstance pertinente susceptible de justifier l'ajustement d'une ligne d'équidistance.

On le voit, les facteurs sont nombreux et variés, mais ils ne sont pas tous juridiquement pertinents, et ceux qui le sont peuvent l'être à des degrés

---

Boundaries, p. 41 et note 135, *In* Dallmeyer, D.G. and De Vorsey, L., eds., *Rights to Oceanic Resources : Deciding and Drawing Maritime Boundaries.*

[174] Lucchini, Laurent et Voelckel, Michel (1996) *Droit de la Mer*, tome 2, vol. 1 : *La délimitation*, p. 158-160.

[175] *Plateau continental (Libye/Malte)*, arrêt, C.I.J. Recueil 1985, par. 48 *in fine*.

divers[176]. Par exemple, ces facteurs n'ont pas la même pertinence selon que la zone à délimiter concerne exclusivement le plateau continental, ou à la fois le plateau continental et la ZÉE. Dans le premier cas, on ne saurait douter de la pertinence des facteurs géomorphologiques et géologiques, tandis que dans le second cas, il serait approprié de les « mettre en balance » avec d'autres circonstances qui concernent la colonne d'eau, notamment les ressources halieutiques. Par ailleurs, seraient dénués de pertinence des facteurs intéressant exclusivement la mer territoriale, de même que des activités continuant d'être assujetties au régime de la haute mer.

S'« il n'y a pas de limites juridiques aux considérations que les États peuvent examiner » (géographiques, géomorphologiques, environnementales, historiques, économiques, géopolitiques et autres), force est de constater d'emblée, à l'instar de certains auteurs[177], que les facteurs d'ordre strictement géographique ont eu, plus que tous les autres, la faveur de la jurisprudence, à un point tel que les tribunaux répètent que « le droit ne doit pas refaire la géographie[178] » et que l'importance de celle-ci est « cardinale ».

Si l'importance des facteurs d'ordre géographique (*section 1.4.1*) prime, à tort ou à raison, sur tous les autres types, ceux-ci, loin d'être exclus *a priori*, sont régulièrement examinés dans la jurisprudence et la doctrine : la géomorphologie et la géologie (*1.4.2*), la navigation (*1.4.3*), la biogéographie et l'environnement (*1.4.4*), l'histoire (*1.4.5*), l'économie (*1.4.6*), la géopolitique et la géostratégie (*1.4.7*), enfin, la conduite des parties (*1.4.8*).

1.4.1. La géographie

Distinguons par ailleurs, parmi les facteurs d'ordre géographique, les sous-catégories suivantes : le contexte régional (*1.4.1.1*), la masse continentale (*1.4.1.2*), la frontière terrestre (*1.4.1.3*), les côtes (*1.4.1.4*), enfin la présence d'îles (*1.4.1.5*).

---

[176] Evans, Malcolm D. (1991) Maritime Delimitation and expanding categories of relevant circumstances, *ICLQ*, vol. 40, n° 1, p. 1-33.

[177] Voir notamment Forteau, Mathias et Thouvenin, Jean-Marc, dir. (2017) *Traité de droit international de la mer*, p. 581-582 ; Rosenne, Shabtai (1996) Geography in International Maritime Boundary-Making, *PG*, vol. 15, n°s 3-4, p. 389-396 ; Thamsborg, M. (1995) In Search of an Objective Approach to the Identification of Certain Geographical Parameters (Jan Mayen Case), *NJIL*, vol. 64, p. 647-681 ; Weil, Prosper (1993) Geographic Considerations in Maritime Delimitation, p. 115-130, *In* Charney, J.I. et *al.*, eds., *op. cit.*, vol. 1 ; Smith, Robert W. (1989) Geographic Considerations in Maritime Boundary Delimitations, *In* Dallmeyer, D.G. and De Vorsey, L., eds., *op. cit.*; Evans, Malcolm (1989) *Relevant Circumstances and Maritime Delimitation ;* Smith, Robert W. (1982) A Geographical Primer to Maritime Boundary-Making, *ODIL*, vol. 12, n° 1, p. 1-22.

[178] Labrecque, Georges (2009) Le droit ne doit pas refaire la géographie, p. 269-281, *In* Patrick Forest, dir. *Géographie du droit*.

1.4.1.1. Le contexte régional

La délimitation d'une frontière maritime s'inscrit nécessairement dans un cadre régional donné, et les tribunaux ont l'habitude de rechercher quelle est la zone pertinente de délimitation et quelles sont les côtes pertinentes de délimitation, ce qui leur permet notamment de vérifier si la frontière envisagée est conforme au critère de la proportionnalité – cet outil de travail, à la fois qualitatif et quantitatif, dans la quête d'une solution équitable[179]. Dans l'affaire *Guinée/Guinée-Bissau* de 1985, le Tribunal estimera qu'une délimitation équitable « ne peut ignorer les autres délimitations déjà effectuées ou à effectuer dans la région[180] ». Dans l'affaire *Libye/Tunisie* de 1982, la C.I.J. dira : « De toute évidence, dans cette recherche, la première étape – qui est aussi l'étape essentielle – consiste à définir avec plus de précision la zone en litige entre les Parties et la région à prendre en considération aux fins de la délimitation[181] ».

D'ailleurs, un État tiers a la faculté de présenter devant la C.I.J. une requête en intervention lorsque ses droits risquent d'être affectés par une décision[182]. Par exemple, la Guinée équatoriale a eu l'autorisation d'intervenir dans l'affaire *Cameroun c. Nigeria*[183], décidée en 2002. Existe-t-il des modèles régionaux ? On a répondu par la négative[184], encore qu'on puisse relever, dans certaines régions, une méthode de délimitation privilégiée, par exemple la ligne astronomique (méridien, parallèle ou azimut) en Afrique.

1.4.1.2. La masse continentale

La notion de prolongement naturel de la masse continentale a été invoquée sans succès par la Libye dans l'affaire *Libye/Tunisie* de 1982, cette dernière faisant valoir comme suit que « (l)e prolongement naturel du territoire terrestre d'un État dans et sous la mer, qui établit son titre *ipso jure* au plateau continental attenant, est déterminé par toute la structure physique de la masse terrestre indiquée principalement par la géologie. (...) La direction du prolongement naturel est déterminée par le rapport général, géologique et géographique, entre le plateau continental et la masse terrestre

---

[179] Ida, Ryuichi (2002) The Role of Proportionality in Maritime Delimitation Revisited : The Origin and Meaning of the Principle from the Early Decisions of the Court, p. 1037- 1053, *In* Ando, Nisuke *et al.*, eds., *Liber Amicorum Judge Shigeru Oda*, vol. 2.

[180] *Délimitation de la frontière maritime entre la Guinée et la Guinée-Bissau*, sentence du 14 février 1985, R.S.A., vol. 19, par. 93.

[181] *Plateau continental (Libye/Tunisie)*, arrêt, C.I.J. Recueil 1982, par. 72.

[182] Statut de la Cour internationale de Justice, art. 62 ; Règlement de la Cour internationale de Justice, art. 81.

[183] *Frontière terrestre et maritime entre le Cameroun et le Nigéria*, ordonnance du 21 octobre 1999.

[184] Weil, Prosper (1993) Geographic Considerations in Maritime Delimitation, p. 129-130, *In* Charney, J.I. *et al.*, eds. *op. cit.*, vol. 1.

continentale, et non par la direction occasionnelle ou accidentelle d'une section particulière du littoral[185] ».

1.4.1.3. La frontière terrestre

Parce que le point initial de la frontière maritime coïncide très souvent avec le point terminal de la frontière terrestre, il va sans dire que celle-ci a déjà une importance à ce seul titre. Ajoutons que la contestation même d'une frontière terrestre rend problématique sinon impossible la délimitation de la frontière maritime. C'est le cas notamment de la frontière terrestre Égypte/Soudan qui rend impossible le tracé de la frontière maritime entre ces deux États, aussi longtemps que persistera le litige concernant la souveraineté sur le triangle de Halayeb. Par ailleurs, dans l'affaire *Cameroun c. Nigeria*, les Parties ont demandé à la C.I.J. de décider de la souveraineté sur la péninsule de Bakassi, laquelle avait nécessairement un impact sur le point de départ de la frontière maritime.

Autrement, la frontière terrestre internationale peut constituer non seulement un facteur pertinent de délimitation, mais aussi une méthode de délimitation en tant que son prolongement en mer selon la même direction ou une direction similaire. L'application de la méthode ne pose pas trop de difficultés quand l'ensemble ou la majeure partie d'une frontière terrestre correspond à une ligne astronomique, mais des difficultés d'interprétation surgissent quand cette frontière terrestre est constituée de segments orientés différemment.

1.4.1.4. Les côtes

Puisque la frontière – tant celle tracée par voie d'accord bilatéral que celle par voie juridictionnelle – doit passer nécessairement quelque part entre les côtes respectives de deux États maritimes voisins, on conçoit aisément que ces côtes constituent, avec les îles, une circonstance géographique de la plus haute importance[186]. Ce que les tribunaux appellent parfois la géographie côtière peut être examiné sous divers aspects : direction générale, relation d'opposition ou d'adjacence, configuration (concavité ou convexité), longueur.

Lorsque la méthode de délimitation utilisée est la perpendiculaire, il va sans dire que cette droite suppose que soit préalablement établie la direction générale des côtes, laquelle implique une difficulté particulière – celle de savoir si cette direction doit être envisagée à une échelle macro- ou micro-géographique, ainsi que l'a expliqué le tribunal d'arbitrage dans l'affaire *Guinée/Guinée-Bissau* de 1985. La notion de direction générale des côtes avait été estimée auparavant dans l'affaire *Libye/Tunisie* de 1982.

---

[185] *Plateau continental (Libye/Tunisie)*, arrêt, C.I.J. Recueil 1982, par. 15.

[186] Voir notamment Ishii, Yurika (2020) Relevant Coasts and Relevant Area in the Maritime Delimitation of the EEZ and Continental Shelf, *ODIL*, vol. 51, issue 4, p. 307-329.

La relation entre les côtes, selon qu'elles se trouvent en situation d'opposition ou d'adjacence, constitue un autre aspect des côtes en tant que circonstances pertinentes à la délimitation. Puisque les règles de délimitation de la zone économique exclusive et du plateau continental sont identiques « entre États dont les côtes sont adjacentes ou se font face », on peut alors se demander pourquoi la Convention sur le droit de la mer, à l'instar des instruments de 1958, mentionne l'une et l'autre de ces situations géographiques (adjacence et opposition). Dans l'affaire *Libye/Tunisie* de 1982, la C.I.J. a fait observer que la côte tunisienne suit, à l'ouest de Ras Ajdir, la même direction que la côte libyenne pour ensuite s'orienter *grosso modo* du sud-ouest au nord-est, de sorte que le changement radical d'orientation de cette côte semble modifier la relation existant entre la Libye et la Tunisie qui, États limitrophes au départ, tendraient à devenir des États se faisant face.

Quant à la configuration générale des côtes, la question a été examinée notamment dans les affaires *Guinée/Guinée-Bissau*, *Cameroun c. Nigeria* et *Ghana/Côte d'Ivoire*. La longueur des côtes a une double importance, car non seulement constitue-t-elle une circonstance géographique pertinente à la délimitation, mais elle donne en outre l'opportunité d'estimer, une fois cette délimitation effectuée, le résultat équitable de celle-ci puisqu'elle constitue un élément essentiel des tests de proportionnalité. Quant aux côtes, elles sont mesurées suivant la laisse de basse mer ou, si la situation géographique le permet, selon des lignes de base droites.

1.4.1.5. Les îles

Entre les côtes respectives de deux États se trouvent très souvent des îles, des rochers et/ou des hauts-fonds découvrants, qui viennent compliquer le processus de délimitation, notamment quand ces formations sont, comme on dit, « du mauvais côté » d'une ligne d'équidistance. La jurisprudence et la pratique des États fourmillent d'exemples où il s'agissait de se demander si leur présence devait avoir un effet entier, partiel ou nul. La doctrine elle-même a consacré de nombreuses études aux îles[187].

Les îles sont si souvent omniprésentes dans le processus de délimitation qu'il vaut peut-être mieux éviter d'en faire une catégorie à part parmi les facteurs d'ordre géographique en les examinant plutôt dans les sections consacrées respectivement à chacun des types de facteurs, de même que lors de l'examen de la méthode de délimitation que constitue l'équidistance modifiée.

---

[187] Voir notamment Rothwell, Donald R. (2022) *Islands and International Law* ; Guillaume, Gilbert (2019) Îles, rochers et hauts-fonds découvrants en droit de la mer, *AFDI*, vol. 65, p. 513-526 ; Anderson, David (2017) Some Aspects of the Regime of Islands in the Law of the Sea, *IJMCL*, vol. 32, issue 2, p. 316-331.

1.4.2. La géomorphologie et la géologie

Quelques temps forts, si l'on peut dire, paraissent marquer l'importance relative des facteurs géophysiques – entendus dans un sens large qui englobe la géomorphologie, la géologie, la bathymétrie et la présence de thalwegs, de fosses sous-marines et d'interruptions de plateaux continentaux. Ces facteurs géophysiques ne concernent pas seulement la délimitation mais aussi les limites extérieures de la marge continentale après recommandation de la Commission des limites du plateau continental (CLPC)[188] dans les cas où les États intéressés prétendent que leurs limites se trouvent à plus de 200 milles.

Si l'on a pu dire que l'affaire *Libye/Malte* de 1985 avait sonné le glas de ce type de facteurs – le plateau continental perdant son importance au profit de celui de la distance –, ces facteurs seront très probablement rediscutés et incontestablement pertinents pour les délimitations de frontières des plateaux continentaux élargis.

Dans l'affaire *Libye/Tunisie* de 1982, la Cour rejeta en effet ce type d'arguments en affirmant que la notion de prolongement naturel n'est utile aux fins d'une délimitation que dans la mesure où l'une des caractéristiques invoquées constituerait une rupture telle qu'elle devrait être considérée comme la limite de deux plateaux continentaux distincts, la Cour estimant par ailleurs que la caractéristique la plus significative – le sillon tripolitain – ne peut être prise en considération puisque cette vallée sous-marine ne présente de relief très accusé que dans une zone située au-delà de la région à considérer aux fins de la délimitation.

1.4.3. La navigation

Intimement liées aux facteurs de sécurité – on peut penser aux menaces induites par le terrorisme –, les circonstances relatives à la navigation sont mentionnées, ou, à tout le moins, présumées dans plusieurs accords de délimitation conclus notamment par des États baignés par des zones maritimes stratégiquement importantes. Ainsi, dans certains cas, l'accord prévoit explicitement que l'équidistance a été ajustée pour tenir compte de la navigation, en particulier pour la délimitation de la mer territoriale et « même si le passage des navires est garanti, en principe, par le droit de passage inoffensif des deux côtés de la ligne de délimitation », ainsi qu'on l'a fait justement remarquer[189]. Ainsi, pour la mer territoriale, les intérêts liés à la navigation pourraient avoir dans certains contextes une considération « cardinale »[190], tandis qu'on pourrait difficilement concevoir la pertinence

---

188 Voir la sous-section *1.2.6* consacrée au plateau continental.

189 Nations Unies (2001) *op. cit.*, p. 36.

190 Antunes, Nuno M. (2003) *Towards the Conceptualization of Maritime Delimitation. Legal and Technical Aspects of a Political Process*, p. 319-321.

de ces intérêts pour la délimitation du plateau continental puisqu'il n'y a pas de lien entre le plateau et la navigation[191].

Dans l'affaire *Guinée/Guinée-Bissau* de 1985, ces facteurs – même si cela n'est pas mentionné expressément[192] – ont été pris en compte pour le tracé du premier segment de la frontière maritime, lequel suit le thalweg d'un cours d'eau, soit « la passe des Pilotes jusqu'à l'embouchure du Cajet[193] », si bien que la frontière n'entrave pas le libre accès de la Guinée-Bissau au chenal Orango que la revendication de la Guinée obstruait.

L'affaire *Érythrée/Yémen*, décidée en deux étapes (1998 pour la souveraineté territoriale sur certaines îles et 1999 pour la délimitation maritime) offre un exemple fort intéressant montrant que les intérêts de la communauté internationale en matière de navigation peuvent être considérés comme un tout, outre les intérêts des seules parties. Le tribunal d'arbitrage rejeta la méthode de délimitation de l'enclave proposée par l'une des parties et insista sur l'importance d'une méthode simple – en l'occurrence l'équidistance – dans le voisinage immédiat d'une voie de navigation majeure[194], soit l'approche du détroit de Bab-el-Mandeb, d'autant que les parties elles-mêmes avaient reconnu leurs responsabilités quant à la sécurité dans une région du monde particulièrement sensible. Nonobstant la délimitation, le tribunal entérina le régime traditionnel de pêche garantissant aux deux parties un libre accès à l'ensemble de la zone et précisa : « There must be free access to and from the islands concerned – including unimpeded passage through waters in which, by virtue of its sovereignty over the islands, Yemen is entitled to exclude all third Parties ...[195] ».

Les facteurs liés à la navigation sont, bien sûr, particulièrement importants dans les détroits internationaux. Ces facteurs seront très probablement examinés dans les délimitations éventuelles Djibouti/Érythrée et Djibouti/Yémen, à proximité du détroit Bal-el-Mandeb, de même que celle entre le Maroc et l'Espagne, près du détroit de Gibraltar.

1.4.4. La biogéographie et l'environnement

On peut observer que l'importance de l'environnement semble émerger de la jurisprudence récente, y compris en matière de délimitation terrestre (et fluviale), comme dans l'arrêt rendu par la C.I.J. en 1999 dans l'affaire

---

[191] Evans, Malcolm D. (1989) *op. cit.*, p. 183.

[192] Kwiatkowska, Barbara (1993) *op. cit.*, p. 99, *In* Charney, J.I. *et al.*, eds. (1993-2002) *op. cit.*, vol. 1.

[193] *Délimitation de la frontière maritime entre la Guinée et la Guinée-Bissau*, sentence du 14 février 1985, R.S.A., vol. 19, par. 111 (a). Voir la section *1.5*, consacrée aux méthodes de délimitation.

[194] *Eritrea-Yemen Arbitration. Award of the Arbitral Tribunal in the Second Stage (Maritime Delimitation)*, sentence du 17décembre 1999, R.S.A., vol. 22, par.128.

[195] *Idem*, par. 107.

Botswana/Namibie[196], laquelle a donné lieu à des opinions individuelles et dissidentes particulièrement stimulantes.

1.4.5. L'histoire

Parmi les circonstances susceptibles d'écarter l'adoption d'une ligne d'équidistance ou d'en justifier un ajustement, les facteurs d'ordre historique paraissent constituer une catégorie à part dans la mesure où la règle prévue par la Convention sur le droit de la mer de 1982 pour la délimitation de la mer territoriale dispose que la méthode de la médiane ne s'applique pas « dans le cas où en raison de l'existence de titres historiques ou d'autres circonstances spéciales, il est nécessaire de délimiter autrement la mer territoriale des deux États[197] », alors que dans la Convention sur la mer territoriale et la zone contiguë de 1958, aucune mention n'est faite de ces titres historiques[198]. Rien, dans l'instrument de 1982, n'est dit de ce genre de circonstances[199], et la question se pose alors de savoir si les facteurs d'ordre historique peuvent néanmoins être invoqués dans des zones se trouvant au-delà de la mer territoriale.

Il faut mentionner que ces titres[200], en tant que circonstances spéciales, ne se distinguent pas aisément des autres catégories de facteurs, notamment ceux d'ordre économique, de telle sorte que l'on pourrait classer les droits traditionnels de pêche dans la catégorie économique aussi bien que dans l'historique. Il faut rappeler également que les limites extérieures des baies ou des eaux dites historiques peuvent être considérées comme des questions relevant des lignes de base droites à partir desquelles sont calculées, le cas échéant, les limites des autres zones sous juridiction nationale. La Convention sur le droit de la mer prévoit d'ailleurs que dans le tracé de ces droites, « il peut être tenu compte, pour l'établissement de certaines lignes de base, des intérêts économiques propres à la région considérée dont la réalité et l'importance sont manifestées par un long usage » – disposition qui servira d'argument, à tort ou à raison, dans plusieurs affaires, y compris des affaires de délimitation. Cet instrument prévoit aussi que les dispositions relatives aux lignes de fermeture des baies ne s'appliquent pas aux baies dites historiques, mais la Convention ne donne ni définition ni critère permettant de les identifier.

Les facteurs d'ordre historique évoquent diverses situations où des activités sont consolidées dans le temps (régime de pêche traditionnelle,

---

[196] *Île de Kasikili/Sedudu*, arrêt, C.I.J. Recueil 1999.

[197] Convention sur le droit de la mer, art. 15.

[198] Convention sur la mer territoriale et la zone contiguë, art. 6.

[199] Convention sur le droit de la mer, art. 74 et 83.

[200] On a insisté sur la distinction entre titres historiques et droits historiques – les premiers ne pouvant être l'objet d'une délimitation puisqu'il n'existe pas de chevauchements de titres : Antunes, Nuno M. (2003) *op. cit.*, p. 321.

entretien d'un chenal de navigation, octrois d'exploration et d'exploitation pétrolières, exercice de diverses juridictions jusqu'à une certaine ligne, etc.). Des dispositions sont souvent détaillées concernant la protection des pêches traditionnelles dans l'ensemble de la zone délimitée ou dans une partie seulement de cette zone, mais il semble assez peu probable qu'un ajustement important à la ligne d'équidistance ait été consenti sur la base exclusive de ces considérations, et l'on peut en dire autant de la jurisprudence. Par ailleurs, la confirmation d'un régime traditionnel de pêches, loin de nuire au processus de délimitation, peut en faciliter la négociation.

Dans l'arrêt *Libye/Tunisie* de 1982, la Cour a retenu, comme premier segment de la frontière, une ligne orientée à 26 degrés, tracée en 1913 par l'Italie aux fins de la pêche aux éponges, laquelle « acquit le caractère d'une sorte de *modus vivendi* tacite[201] », la Cour ajoutant par ailleurs que les éléments d'un tel *modus vivendi*, « reposant uniquement sur le silence ou l'absence de protestation (...) ne suffisent pas à prouver l'existence d'une limite maritime reconnue entre les deux Parties[202] ». La Cour estime néanmoins que dans le présent cas cette ligne, utilisée ensuite pour l'octroi de permis d'hydrocarbures, « qui a été observée tacitement pendant des années et qui coïncide en outre avec la perpendiculaire à la côte au point frontière appliquée dans le passé comme limite maritime *de facto*, paraît être à la Cour d'une grande importance pour la délimitation[203] ». Aussi, dit-elle, les titres historiques doivent être respectés et préservés.

La Cour a rejeté par ailleurs une ligne proposée par la Libye, adoptée dans sa législation interne en 1955 aux fins de l'exploration et de l'exploitation des hydrocarbures et orientée franc nord, de même qu'elle n'a accordé aucune valeur à une ligne de la Tunisie orientée à 45 degrés et prévue dans une loi concernant la protection de ses pêcheries, cette ligne étant inopposable à la Libye « même à titre de simple ébauche de frontière maritime entre les deux États[204] ».

Dans l'affaire *Érythrée/Yémen*, le tribunal décida, dans une première phase, de la souveraineté territoriale sur certaines îles disputées en disant que leur usage et leur possession doivent être appréciés dans l'histoire relativement récente : « In the end neither Party has been able to persuade the Tribunal that the history of the matter reveals the juridical existence of an historic title, or of historic titles, of such long-established, continuous and definitive lineage to these particular islands, islets and rocks as would be a sufficient basis for the Tribunal's decision[205] ». Ce dernier dit aussi que la souveraineté attribuée sur les îles à l'une ou à l'autre des Parties « is not

---

201 *Plateau continental (Libye/Tunisie)*, arrêt, C.I.J. Recueil 1982, par. 93.

202 *Idem*, par. 95.

203 *Idem*, par. 96.

204 *Idem*, par. 90.

205 *Eritrea-Yemen Arbitration. Award of the Arbitral Tribunal in the First Stage (Territorial Sovereignty and Scope of the Dispute)*, sentence du 9 octobre 1998, R.S.A., vol. 22, par. 449.

inamical to, but rather entails, the perpetuation of the traditional fishing regime in the region[206] ».

Par ailleurs, les activités traditionnelles peuvent être invoquées, avec ou sans succès, par l'une ou l'autre des parties en tant que conduite ou pratique ultérieure à un traité. Par exemple, dans une affaire qui concernait la souveraineté territoriale sur une île et la frontière dans un cours d'eau, la C.I.J. a estimé, dans son arrêt *Botswana/Namibie* de 1999, que « l'utilisation ouverte et paisible, pendant des années » d'une île par les membres d'une tribu « n'est pas constitutive d'une ''pratique ultérieurement suivie dans l'application du traité''[207] ».

Au risque de généraliser à outrance, on pourrait être tenté d'affirmer que toute frontière maritime entre États à côtes adjacentes répond, en quelque sorte, à des facteurs historiques dans la mesure où son point initial coïncide, dans la très grande majorité des cas, avec le point terminal de la frontière terrestre. Or, celle-ci s'inscrit dans les vicissitudes de l'histoire, et parfois dans une histoire sanglante. Quand le point terminal de la frontière terrestre se trouve dans le thalweg d'un cours d'eau qui se déplace avec le temps (affaire *Guinée/Guinée-Bissau*), la frontière elle-même se déplace, tandis qu'elle demeure dans l'ancien lit si la migration du cours d'eau se produit brusquement, par exemple à la suite d'un séisme.

Quant aux affaires où des lignes en mer ont été invoquées par les parties, les tribunaux ont été réticents à leur attribuer les effets juridiques d'une frontière maritime. Par exemple, dans l'affaire *Guinée/Guinée-Bissau* de 1985, le tribunal d'arbitrage en arriva à la conclusion que la ligne établie par le traité franco-portugais de 1886[208] ne pouvait constituer une frontière maritime comme telle, puisque son objet était de diviser les possessions territoriales en Afrique de l'Ouest. Ainsi le tribunal n'eut pas à examiner la question de savoir si l'*uti possidetis* – bien connu en matière de délimitation terrestre – s'appliquait également aux frontières maritimes[209]. Le tribunal retint néanmoins pour une portion de la frontière (jusqu'à 12 milles de l'île d'Alcatraz) la ligne de 1886 en estimant qu'elle pouvait constituer une circonstance pertinente dans la mesure où cette ligne *de facto* n'avait été chevauchée, jusqu'en 1958, ni par la France ni par le Portugal.

Dans une autre affaire où la Guinée-Bissau était de nouveau impliquée (*Guinée-Bissau c. Sénégal*), la question de l'*uti possidetis* maritime sera posée autrement puisque le tribunal d'arbitrage dira, dans sa sentence de

---

206 *Idem*, par. 526.

207 La C.I.J. cite ici la Convention sur le droit des traités, art. 31, par. 3, al. *b). Île de Kasikili/Sedudu*, arrêt, C.I.J. Recueil 1999, par. 75.

208 Convention relative à la délimitation des possessions françaises et portugaises dans l'Afrique occidentale.

209 *Délimitation de la frontière maritime entre la Guinée et la Guinée-Bissau*, sentence du 14 février 1985, R.S.A., vol. 19, par. 85.

1989, que l'échange de notes, en 1960, entre le Portugal et la France[210] a bel et bien établi la frontière maritime entre les deux nouveaux États africains (mer territoriale, zone contiguë et plateau continental), sauf que la zone économique exclusive – notion juridique inconnue en 1960 – n'a pas été délimitée par cet instrument. La Guinée-Bissau, qui demandera ensuite la nullité de la sentence, n'aura pas plus de succès devant la C.I.J. qui rejette en 1991 sa demande[211].

1.4.6. L'économie

L'accès aux ressources est une considération fondamentale, et souvent la plus importante, dans la négociation d'un accord de délimitation ou, à défaut, dans le recours juridictionnel.

Ces ressources, de même que leur situation géographique, sont-elles pour autant une circonstance pertinente à la délimitation et susceptible de justifier l'ajustement d'une ligne d'équidistance ? La richesse ou la pauvreté relative d'un État constitue-t-elle un facteur pertinent ? Disons d'emblée que ces deux questions doivent être distinguées et qu'elles apportent des réponses différentes. Si la jurisprudence a répondu assez uniformément par la négative à la seconde question, elle paraît divisée quant à la première, tandis que la pratique des États – telle qu'elle est reflétée dans les accords de délimitation – révèle dans plusieurs cas que les facteurs économiques constituent non seulement la motivation essentielle[212] et le leitmotif de la négociation et de la conclusion des accords de délimitation mais aussi une prise en compte pour un ajustement de la ligne d'équidistance.

Dans son arrêt *Libye/Tunisie* de 1982, la C.I.J. a décidé que les considérations économiques constituent des « facteurs quasiment extrinsèques, puisque variables et pouvant à tout moment faire pencher la balance d'un côté ou de l'autre de façon imprévisible, selon les heurs ou malheurs des pays en cause[213] ». Aussi, la Cour a-t-elle rejeté l'argumentation de la Tunisie selon laquelle on devait tenir compte de sa pauvreté relative – la Cour précisant qu'un pays pauvre aujourd'hui peut devenir prospère demain à la faveur de la découverte d'une nouvelle ressource économique. Par ailleurs, elle estime que la présence d'un puits de pétrole dans la zone où doit être effectuée la délimitation constitue un élément à considérer.

Dans l'affaire *Libye/Malte* de 1985, la C.I.J. rejettera les arguments de Malte qui invoquait notamment l'absence de ressources énergétiques, l'étendue limitée de ses activités de pêche et ses besoins de pays insulaire en

---

210 Échange de notes entre la France et le Portugal concernant la frontière maritime entre le Sénégal et la Guinée portugaise.
211 *Délimitation maritime entre la Guinée-Bissau et le Sénégal*, arrêt, C.I.J. Recueil 1991.
212 Nations Unies (2001) *op. cit.*, p. 34-38.
213 *Plateau continental (Libye/Tunisie)*, arrêt, C.I.J. Recueil 1982, par. 107.

voie de développement – la Cour estimant que « [d]e telles considérations sont tout à fait étrangères à l'intention qui sous-tend les règles applicables du droit international[214] ».

Dans l'affaire *Guinée/Guinée-Bissau*, le Tribunal d'arbitrage a observé que les deux Parties étaient des États en développement confrontés à de graves difficultés économiques, chacun aspirant légitimement à tirer de ses ressources de justes profits au bénéfice de son peuple. Le Tribunal dit néanmoins ne pas pouvoir fonder une délimitation sur l'évaluation de données changeantes en fonction de facteurs parfois aléatoires. Tout en souhaitant une coopération des Parties en vue de leur développement, le Tribunal estime qu'il n'a pas le pouvoir de compenser les inégalités économiques des États en modifiant une délimitation fondée à son avis sur des considérations objectives. De même, les juges n'ont pas accordé, dans l'affaire *Érythrée/Yémen*, une importance telle aux facteurs économiques qu'elle devrait suggérer une délimitation particulière. ».

La C.I.J. a décidé que les concessions et les puits de pétrole, dans l'affaire *Cameroun c. Nigeria* de 2002, « ne peuvent être pris en compte que s'ils reposent sur un accord exprès ou tacite entre les parties[215] » – le président de la Cour tenant par ailleurs à faire observer que la frontière respecte, pour sa majeure partie, l'emplacement des installations pétrolières existantes[216].

1.4.7. La géopolitique et la géostratégie

Dans l'affaire *Guinée/Guinée-Bissau*, les Parties ont invoqué une circonstance liée à la sécurité dont le tribunal d'arbitrage dit qu'elle « n'est pas sans intérêt, bien qu'il convienne de souligner que ni la zone économique exclusive ni le plateau continental ne sont des zones de souveraineté », le tribunal ajoutant par ailleurs qu'il « a tenu à ce que chaque État contrôle les territoires maritimes situés en face de ses côtes et dans leur voisinage », afin de ne pas compromettre son droit au développement et à la sécurité[217]. La C.I.J. adopte une approche similaire quand elle fait observer d'abord, dans l'arrêt *Libye/Malte*, qu'aucune des Parties n'a soulevé « la question de savoir si le droit attribue actuellement des compétences particulières sur son plateau continental dans le domaine de la défense, y compris pour l'implantation d'ouvrages militaires », la Cour ajoutant que la limite adoptée par elle « ne sera proche de la côte de l'une ou l'autre Partie

[214] *Plateau continental (Libye/Malte)*, arrêt, C.I.J. Recueil 1985, par. 50.
[215] *Frontière terrestre et maritime entre le Cameroun et le Nigéria*, arrêt, C.I.J. Recueil 2002, par. 304.
[216] *Idem*, Déclaration du Président de la Cour, par. 9.
[217] *Délimitation de la frontière maritime entre la Guinée et la Guinée-Bissau*, sentence du 14 février 1985, R.S.A., vol. 19, par. 124.

au point que les questions de sécurité entrent particulièrement en ligne de compte en l'espèce[218] ».

Dans l'affaire *Libye/Malte*, Malte a établi une distinction – jugée non pertinente par la Cour – entre l'État insulaire et l'île dépendante politiquement d'un État continental, en disant que le droit international attribue dans la délimitation un effet qui varie suivant leur taille, leur situation géographique, leur population et leur économie.

Dans la pratique des États, certains accords de délimitation laissent présumer que des considérations relatives à la sécurité – réelle ou perçue – ont certes été déterminantes dans les négociations et peut-être aussi dans la délimitation elle-même. La sécurité a pu jouer un rôle dans l'accord de délimitation Gambie/Sénégal car les deux frontières[219] paraissent coïncider respectivement avec des parallèles de latitude, mais une carte à très grande échelle ferait voir que la ligne méridionale, à proximité du littoral, s'écarte du parallèle pour emprunter, du point terminal de la frontière terrestre, une direction sud-ouest puis nord-ouest pour éviter de passer trop près des côtes de la Gambie[220].

1.4.8. La conduite des parties

Ce qu'il est convenu d'appeler la conduite des parties peut constituer en certains cas une circonstance pertinente à la délimitation des frontières – circonstance invoquée dans certaines affaires africaines avec peu ou prou de succès, notamment en matière de pratique pétrolière.

Ainsi, dans l'affaire *Libye/Malte* de 1985, Malte n'a pas su convaincre la C.I.J. que la méthode de délimitation par une ligne médiane était d'une grande pertinence, Malte affirmant que des concessionnaires étaient dispensés de procéder à des forages au-delà de la limite nord de certaines concessions octroyées par la Libye. Dans l'affaire *Botswana/Namibie* de 1999, la C.I.J. a décidé que l'utilisation paisible d'une île par les membres d'une tribu, pendant de longues années, ne constituait pas une pratique ultérieurement suivie dans l'application d'un traité.

Dans l'affaire *Cameroun c. Nigeria* de 2002, la C.I.J. a été appelée à examiner la valeur juridique de la conduite des Parties concernant la souveraineté territoriale de la péninsule de Bakassi. Plus récemment, dans l'affaire *Ghana/Côte d'Ivoire* de 2017, le T.I.D.M. a décidé de ne pas ajuster la ligne d'équidistance tracée provisoirement puisqu'il n'existait aucune circonstance pertinente – configuration des côtes, emplacement des ressources pétrolières, conduite des Parties – justifiant un tel ajustement.

---

[218] *Plateau continental (Libye/Malte)*, arrêt, C.I.J. Recueil 1985, par. 51.

[219] *Frontières maritimes : Gambie/Sénégal.*

[220] Prescott, J.R.V. (1985) *The Maritime Political Boundaries of the World*, p. 324.

1.5. LES MÉTHODES ÉQUITABLES DE DÉLIMITATION

Le droit conventionnel en matière de délimitation maritime constitue un presque vide juridique dans la mesure où la seule méthode prévue est celle de l'équidistance, et encore ne concerne-t-elle que la mer territoriale à défaut « de titres historiques ou d'autres circonstances spéciales[221] ». Par ailleurs, d'autres sources du droit international – décisions des tribunaux internationaux et doctrine – ont contribué largement, ainsi que la pratique des États, à l'élaboration de diverses méthodes, et même de combinaisons de méthodes[222], qui entendent répondre aux particularités des situations géographiques (*section 1.4*)[223] et qui répondent à l'objectif de poursuivre des résultats équitables, bien que des accords bilatéraux puisent être inspirés par les seules considérations politiques. Il faut rappeler aussi que le règlement relatif à la souveraineté territoriale (*1.1*)[224] – par exemple l'emplacement de la frontière terrestre à l'embouchure d'un cours d'eau, la souveraineté sur des îles, etc. – constitue dans la grande majorité des cas un préalable au tracé d'une ligne de délimitation, plusieurs exemples étant cités chez certains auteurs[225].

Si les circonstances géographiques prédominent nettement sur les autres types de circonstances pertinentes à la délimitation, de même la méthode de l'équidistance a eu jusqu'à maintenant, et de très loin, la faveur de la jurisprudence et de la pratique des États. Bien sûr, il faut éviter une correlation entre les deux, de sorte qu'il serait erroné de penser que la circonstance géographique favorise l'équidistance, notamment quand les côtes sont opposées plutôt qu'adjacentes, tandis qu'une méthode autre assurerait un résultat équitable dans les cas où prévalent des circonstances non géographiques.

La jurisprudence et la pratique des États – l'une s'inspirant de l'autre de toute évidence – offrent un très riche éventail de méthodes, disions-nous, certaines frontières étant même constituées de diverses méthodes. Ajoutons que les parties elles-mêmes proposent au tribunal la ligne, et même parfois une ligne alternative – le tribunal pouvant rejeter chacune de ces lignes ou en retenir une. Dans certains cas, il n'est pas demandé au tribunal de tracer la frontière mais seulement d'indiquer aux parties quels sont les principes et critères devant les inspirer pour qu'elles procèdent ensuite elles-mêmes à la délimitation.

---

[221] Convention sur le droit de la mer, art. 15 : http://www.un.org/french/law/los/unclos/closindx.htm.

[222] Prescott, Victor and Schofield, Clive (2005) *op. cit.*, 2nd edition ; Nations Unies (2001) *Manuel sur la délimitation des frontières maritimes ;* Legault, L. and Hankey, B. (1993) Method, Oppositeness and Adjacency, and Proportionality, p. 206-214, *In* Charney, J.I. *et al.* eds. (1993) *op. cit.*, vol. 1.

[223] Les circonstances pertinentes à la délimitation.

[224] Un préalable à la délimitation : la souveraineté territoriale.

[225] Voir notamment Anderson, David (1993) The Legal Regime of Maritime Boundary Agreements, p. 63-67, *In* Charney, J.I. *et al.*, eds. (1993) *op. cit.*, vol. 1.

Les frontières-lignes expriment une approche traditionnelle et leur utilité première est de départager avec précision les espaces maritimes à l'égard desquels les états voisins exercent leur juridiction. Distinguons entre l'équidistance stricte ou simplifiée (*sous-section 1.5.1*), l'équidistance modifiée (*1.5.2*), la perpendiculaire à la direction générale des côtes (*1.5.3*), la ligne astronomique (*1.5.4*), la ligne géométrique (*1.5.5*), le prolongement de la frontière terrestre ou celui de la mer territoriale (*1.5.6*), la ligne du thalweg ou du principal chenal navigable (*1.5.7*) et, à défaut ou en sus d'une délimitation formelle, la frontière-zone (*1.5.8*).

1.5.1. L'équidistance stricte ou simplifiée

La ligne tracée selon l'équidistance est établie strictement si elle « s'opère par application du principe de l'équidistance des points les plus proches des lignes de base à partir desquelles est mesurée la largeur de la mer territoriale de chacun de ces états[226] ». Cette ligne est dite d'équidistance si elle est tracée entre des côtes qui sont adjacentes, et qualifiée de médiane si celles-ci se font face.

Seule méthode qui ait été consacrée par le droit conventionnel[227], elle a été utilisée dans la pratique des États dans un très grand nombre de cas et souvent par les tribunaux, mais elle ne constitue pas pour autant une règle coutumière. Dans l'affaire *Libye/Malte*, la C.I.J. dit ne pouvoir admettre que la méthode de l'équidistance, même comme étape provisoire de délimitation, « doive forcément être utilisée[228] ». D'ailleurs, les tribunaux n'ont retenu la méthode de l'équidistance que dans quelques cas seulement. Dans *Libye/Malte*, la Cour n'a pas jugé pertinents des arguments fondés sur la géologie et la géomorphologie, puisque dans ce cas elle a dit que le droit applicable se fondait « sur le principe d'adjacence mesurée par la distance[229] ». La Cour a ensuite ajusté la médiane stricte pour tenir compte d'une circonstance géographique importante, soit la très grande disparité dans les longueurs des côtes respectives des deux États.

Dans l'affaire *Érythrée/Yémen*, le tribunal d'arbitrage, dans sa sentence de 1998, a également tracé une médiane, sauf que celle-ci fait abstraction de certaines formations insulaires parce qu'elles sont inhospitalières ou éloignées de la côte. Il a aussi rejeté des arguments fondés sur l'histoire et, plus particulièrement, des titres historiques, mais il a par ailleurs entériné, à la demande même des Parties, l'existence d'un régime traditionnel de pêche.

Dans l'affaire *Cameroun c. Nigeria*, la C.I.J. estime que si l'emplacement de puits de pétrole peut révéler un consensus des Parties quant à la répartition des domaines maritimes, les puits « ne sauraient en eux-mêmes

[226] Convention sur le plateau continental, art. 6.
[227] À la suite d'une recommandation de la Commission du droit international.
[228] *Plateau continental (Libye/Malte)*, arrêt, C.I.J. Recueil 1985, par. 43.
[229] *Idem,* par. 61.

être considérés comme des circonstances pertinentes[230] » susceptibles de justifier l'ajustement d'une ligne médiane (ou d'une équidistance) d'abord tracée à titre provisoire.

1.5.2. L'équidistance modifiée

La solution adoptée en pareils cas est alors plus drastique : il ne s'agit plus de simplifier la ligne, mais, après avoir envisagé une ligne d'équidistance stricte, l'ajuster ou la déplacer. Cette méthode de l'équidistance modifiée est fréquente, aussi bien dans la jurisprudence que dans la pratique des États, notamment quand on tient compte de la disproportion entre les longueurs des côtes respectives.

Généralement, une tendance paraît s'établir nettement dans la jurisprudence à l'effet que le tribunal tracera provisoirement, dans un premier temps, un ligne d'équidistance stricte, examinera ensuite, dans un second temps, la question de savoir si cette ligne aboutit à un résultat équitable, et, dans le cas contraire, le tribunal verra s'il existe des circonstances pertinentes ou spéciales, par exemple la disproportion dans les longueurs des côtes respectives, les configurations particulières du littoral, la présence de petites îles sises « du mauvais côté » de la médiane et ayant un effet disproportionné sur le tracé de la ligne, etc., auxquels cas il ajustera ou déplacera, dans un troisième temps, la ligne d'équidistance tracée provisoirement.

1.5.3. La perpendiculaire à la direction générale des côtes

Bien sûr, cette méthode ne peut être utilisée que dans les cas où les côtes respectives de deux États sont dans une situation d'adjacence plutôt que d'opposition.

Dans l'arbitrage *Guinée/Guinée-Bissau*[231], le tribunal expliquera que cette méthode peut être envisagée à une échelle macro- ou micro-géographique quand il s'agit d'établir la direction générale des côtes, les juges choisissant l'échelle macro-géographique, puisque la perpendiculaire s'appuie à une droite qui relie des points sur les côtes de deux États tiers : la pointe des Almadies au Sénégal et le cap Shilling en Sierra Leone.

Parfois la perpendiculaire a été retenue non seulement, ou peut-être même non principalement, pour ses vertus intrinsèques dans un cadre géographique particulier, mais aussi parce qu'elle constitue une limite *de facto* adoptée à d'autres fins. Ainsi, la C.I.J. a tracé, dans l'affaire *Libye/Tunisie*, le premier

---

[230] *Frontière terrestre et maritime entre le Cameroun et le Nigéria*, arrêt, C.I.J. Recueil 2002, par. 304.

[231] *Délimitation de la frontière maritime entre la Guinée et la Guinée-Bissau*, sentence du 14 février 1985, R.S.A., vol. 20, p. 119-213.

segment de la frontière selon un méridien qui a un angle de 26° et qui date d'une ligne *de facto* tracée par l'Italie et visant à repousser vers l'ouest les prétentions de la France en Tunisie. Cette ligne *de facto* observée tacitement pendant des années, dit la Cour, concrétise la manière dont les deux Parties ont octroyé des permis de recherche ou d'exploitation pétrolière.

Outre la difficulté que comporte le choix d'une échelle géographique, la méthode de la perpendiculaire suppose que la configuration du littoral soit telle qu'on puisse en rechercher la direction générale sans refaire la géographie, ce qui paraît exclure les cas de côtes fortement convexes ou concaves.

1.5.4. La ligne astronomique

Commune en matière terrestre, la ligne adoptée correspond alors à un parallèle, un méridien ou un azimut. Elle peut se rapprocher de l'équidistance ou de la perpendiculaire, ou bien s'en écarter considérablement. Un parallèle de latitude a été retenu dans l'accord Kenya/Tanzanie de juin 2009 concernant la ZÉE et le plateau continental au-delà des 12 milles marins[232].

Quant à la ligne d'azimut, elle paraît être arbitrairement choisie pour des raisons de commodité pratique, tout comme le méridien et le parallèle. Pourtant, cette ligne d'azimut peut coïncider avec la perpendiculaire à la direction générale des côtes, comme dans l'arbitrage *Guinée/Guinée-Bissau*. Outre cette affaire, la ligne astronomique a été proposée par l'une ou l'autre des parties, y compris par le Kenya dans l'affaire *Somalie c. Kenya*[233], ou même les deux, dans plusieurs affaires.

Ces lignes astronomiques possèdent un avantage indiscutable : elles sont très faciles à tracer, outre le fait qu'on ne peut imaginer de méthodes qui soient plus simples et de plus grande commodité pratique. Sont-elles pour autant équitables ? Tout dépend, bien sûr, du contexte géographique dans lequel elles s'inscrivent.

Cette méthode est assez fréquente dans la pratique des États et la jurisprudence en Afrique : outre les cas déjà mentionnés (Kenya/Tanzanie, arbitrage *Guinée/Guinée-Bissau* et arrêt *Somalie c. Kenya*), les deux frontières Gambie/Sénégal[234] sont tracées essentiellement selon la méthode du parallèle, de même que la frontière Maroc/Mauritanie[235]. La frontière

[232] Accord du 23 juin 2009 entre la République-Unie de Tanzanie et la République du Kenya sur la délimitation de la frontière maritime de la zone économique exclusive et du plateau continental.

[233] *Délimitation maritime dans l'océan Indien (Somalie c. Kenya)*.

[234] *Frontières maritimes : Gambie/Sénégal*.

[235] Convention relative au tracé de la frontière d'État établie entre la République islamique de Mauritanie et le Royaume du Maroc. L'existence même de cette frontière peut être contestée dans la mesure où il peut être affirmé que ces deux pays sont séparés par la République arabe sahraouie démocratique.

Guinée-Bissau/Sénégal – délimitée d'abord par accord entre la France et le Portugal en 1960[236] puis confirmée en 1989 par arbitrage[237] et en 1991 par la C.I.J.[238] – utilise la ligne d'azimut 240. La frontière *Libye/Tunisie*, délimitée aussi par la C.I.J.[239], comporte deux segments coïncidant avec des azimuts.

1.5.5. La ligne géométrique

Cette méthode consiste à tracer un arc de cercle, notamment quand une île se trouve « du mauvais côté » de la ligne d'équidistance. Cette méthode été retenue par certains tribunaux pour délimiter une partie de la frontière, de même que dans certains accords bilatéraux, tout particulièrement Italie/Tunisie en 1968[240]. La ligne suivant un arc de cercle a pour effet d'enclaver partiellement une formation insulaire, et ses rayons, d'une longueur de 3, 6, 12 ou 24 milles marins, correspondent aux largeurs extérieures reconnues à cette formation pour sa mer territoriale, sa zone contiguë ou sa zone de pêche. Une autre méthode, la bissectrice, a été parfois utilisée par les tribunaux pour délimiter une partie de la frontière, par exemple dans l'arrêt *Libye/Tunisie*.

1.5.6. La ligne prolongeant la frontière terrestre ou la mer territoriale

Le prolongement peut être réalisé suivant la même direction ou la direction générale de la ligne. Dans l'affaire *Libye/Tunisie*, le premier segment de la ligne soumise par la Libye était orienté franc nord et voulait rendre compte du prolongement dans cette direction de la masse terrestre du continent africain dans son ensemble. S'il est vrai que « le facteur de perpendicularité par rapport à la côte et la notion de prolongement de la direction générale de la frontière terrestre constituent, de l'avis de la Cour, des critères pertinents...[241] », elle rejette néanmoins l'argument libyen en disant que la notion de prolongement naturel n'est utile aux fins d'une délimitation que dans la mesure où l'une des caractéristiques invoquées marquerait une rupture telle qu'elle constituerait incontestablement la limite de deux prolongements naturels distincts.

---

[236] Échange de notes entre la France et le Portugal concernant la frontière maritime entre le Sénégal et la Guinée portugaise ; Management and cooperation agreement between the Government of the Republic of Senegal and the Government of the Republic of Guinea-Bissau.

[237] *Délimitation de la frontière maritime entre la Guinée et la Guinée-Bissau*, sentence du 14 février 1985, R.S.A., vol. 20, p. 119-213.

[238] *Sentence arbitrale du 31 juillet 1989*, arrêt, C.I.J. Recueil 1991.

[239] *Plateau continental*, arrêt, C.I.J. Recueil 1982.

[240] Accord entre le Gouvernement de la République tunisienne et le Gouvernement de la République italienne relatif à la délimitation du plateau continental entre les deux pays.

[241] *Plateau continental (Libye/Tunisie)*, arrêt, C.I.J. Recueil 1982, par. 120.

1.5.7. La ligne du thalweg ou du principal chenal navigable

Lorsque la frontière correspond à la ligne des plus grandes profondeurs, on dit qu'il s'agit de la ligne du thalweg, mais on peut adopter aussi une ligne s'y qui rapproche, celle du chenal navigable ou du principal chenal navigable. Cette méthode peut être appropriée pour diviser la mer territoriale entre États qui partagent des côtes adjacentes et qui ont pour frontière terrestre (ou plutôt fluviale) un cours d'eau dont le thalweg se prolonge à son embouchure. Toujours est-il que cette méthode a été abondamment discutée dans certaines affaires mais n'a pas eu encore la faveur de la jurisprudence, par exemple dans l'affaire *Libye/Tunisie* dans laquelle la Cour a ignoré la présence du sillon tripolitain.

Dans l'arbitrage *Guinée/Guinée-Bissau*, les juges ont tenu compte du thalweg. Dans l'affaire *Cameroun c. Nigeria*, la C.I.J. examine un vieux traité colonial et dit que l'« ancrage » terrestre de la frontière maritime se trouve à l'intersection de la ligne droite joignant Bakassi Point et King Point avec le milieu du chenal navigable de la rivière Akwayafé, selon l'Accord anglo-allemand du 11 mars 1913[242].

Dans l'arbitrage *Guinée/Guinée-Bissau*, un problème similaire confronta le tribunal d'arbitrage, qui, ayant observé la migration d'un cours d'eau à son embouchure, établit un point fixe (A) au large et précisa que la frontière s'étendrait dans la direction du thalweg : « Comme le thalweg du Cajet peut en pratique subir des déplacements au fil des ans, le tribunal a fait partir la délimitation des territoires maritimes de l'intersection de ce thalweg avec un méridien approprié, sans indiquer une latitude plus précise. (...) Sur la carte, il n'a pas fait dessiner un tracé définitif (...) mais il a fait indiquer en trait fin un tracé potentiel destiné à illustrer la continuité de la ligne de délimitation à tout moment sans correspondre forcément au tracé réel dans une période donnée[243] ».

Hormis ces quelques cas où la présence d'un thalweg n'a d'effet qu'à proximité des côtes, les caractères géomorphologiques – en l'occurrence des fosses tectoniques – ont inspiré le tracé de la ligne dans d'autres situations, certaines en-deçà, d'autres au-delà des 200 milles.

1.5.8. La frontière-zone

À défaut d'entente entre deux États sur l'adoption de la totalité ou d'une partie de la ligne de délimitation, ou s'ils conviennent de gérer et d'exploiter en commun un espace maritime – concurremment ou comme alternative à l'établissement de cette ligne –, ils peuvent instaurer une zone où il s'agit

---

[242] *Frontière terrestre et maritime entre le Cameroun et le Nigéria*, arrêt, C.I.J. Recueil 2002, par. 268.
[243] *Délimitation de la frontière maritime entre la Guinée et la Guinée-Bissau*, sentence du 14 février 1985, R.S.A., vol. 19, par. 129.

d'administrer les ressources halieutiques et/ou minérales. Cette solution, qui paraît plus conforme aux réalités du milieu marin et qui exprime l'évidence d'une interdépendance de plus en plus grande, serait fort appropriée dans les cas où la ligne de division envisagée a pour effet de « couper » des secteurs où abondent poissons et/ou hydrocarbures.

On peut distinguer entre divers types de zones : zone indivise de partage, solution retenue par le Nigeria et Sao-Tomé et Principe qui ont conclu le 21 février 2001, à défaut d'une délimitation maritime, un accord prévoyant une zone conjointe d'exploration et d'exploitation de leurs ressources marines[244] ; zone divise de partage, en parties égales ou inégales, que le Sénégal et la Guinée-Bissau, le 14 octobre 1993, ont négociée pour un accord de gestion conjointe, outre leur frontière maritime déjà délimitée[245], ou une solution qui s'y apparente quand les Parties, dans l'affaire *Érythrée/Yémen* de 1998/1999, ont demandé au tribunal d'arbitrage de confirmer l'existence d'un régime traditionnel de pêche donnant à chacune des deux Parties un libre accès à l'ensemble de la région[246] ; zone en profondeur, telle que celle conclue le 16 mai 1974 entre l'Arabie Saoudite et le Soudan pour l'exploitation en commun au-delà de l'isobathe des 1 000 mètres[247]; enfin, zone de tolérance, par exemple les accords du 17 décembre 1975 et du 9 juillet 1976 entre le Kenya et la Tanzanie[248], qui ont convenu de suspendre l'exécution de leurs réglementations respectives concernant la pêche de subsistance en mer territoriale.

1.6. CONCLUSION

Il semble bien, et cela est clair depuis au moins la sentence dans l'affaire de l'*Île de Palmas*, que l'occupation effective – celle qui permet à la puissance étatique de contrôler et de conserver le territoire à la « date critique » – constitue le mode privilégié d'acquisition territoriale, parmi tous ceux qui sont distingués par la doctrine, et cette occupation doit prédominer sur les revendications concurrentes, le cas échéant, fondées sur d'autres modes, tels que la découverte, la conquête, la continuité et la contiguïté. Le

[244] Treaty between the Federal Republic of Nigeria and the Democratic Republic of Sao Tome and Principe on the Joint Development of Petroleum and other Resources, in respect of Areas of the Exclusive Economic Zone of the Two States.

[245] Protocol to the Agreement of 14 October 1993, concerning the organization and operation of the Management and Cooperation Agency.

[246] *Award of the Arbitral Tribunal in the first stage of the proceedings between Eritrea and Yemen (Territorial Sovereignty and Scope of the Dispute)*, décision du 9 octobre 1998, R.S.A., vol. 22, p. 209-332 ; *Award of the Arbitral Tribunal in the Second Stage (Maritime Delimitation)*, décision du 17 décembre 1999, R.S.A., vol. 22.

[247] Agreement between Sudan and Saudi Arabia relating to the Joint Exploitation of the Natural Resources of the Sea-Bed and Sub-Soil of the Red Sea in the Common Zone.

[248] Échange de données constituant un accord entre la République du Kenya et la République-Unie de Tanzanie relatif à la délimitation des eaux territoriales.

rôle des tribunaux internationaux, fondamental en cas de litiges qui n'ont pu être réglés par les autres voies de règlement pacifique[249], vient confirmer et cristalliser le meilleur titre – celui de l'occupant effectif. Pourtant, force est de constater que cette approche traditionnelle ne saurait rendre compte des questions de souveraineté territoriale dans des zones inhospitalières et d'accès difficile.

Les zones maritimes sous juridiction nationale (eaux intérieures, eaux archipélagiques, mer territoriale, zone contiguë, zone économique exclusive et plateau continental) doivent être établies en conformité avec la Convention sur le droit de la mer, mais elles sont décidées unilatéralement par l'État côtier, qui peut même ne pas se prévaloir de ses droits. Aussi, peut-on parler, dans l'histoire récente, d'une territorialisation des espaces maritimes dont on ne sait pas très bien où et quand elle va s'arrêter.

Si l'on connaît le passé en matière de territorialisation des zones maritimes sous juridiction nationale, bien malin qui pourrait lire dans l'avenir en devinant ce qui va advenir non seulement des droits invoqués jusqu'ici, à tort ou à raison, comme historiques pour revendiquer des baies du même nom ou pour faire valoir la validité de certaines lignes de base droites, mais aussi des soumissions devant la CLPC.

Cet avenir incertain ne concerne pas que les limites de la marge continentale, mais aussi celles de la zone économique exclusive qui, dans le contexte d'une réduction dramatique des stocks, risquent d'être repoussées à plus de 200 milles. La mer territoriale elle-même, actuellement limitée à une largeur de 12 milles marins, ne risque-t-elle pas d'être élargie en contravention avec l'instrument de 1982, compte tenu des nouvelles menaces qui planent à l'horizon, notamment le terrorisme ? Bref, il n'est pas interdit de penser, compte tenu de la brève histoire de la territorialisation des espaces maritimes, que ce mouvement d'expansion, loin d'être arrêté, va se poursuivre au gré des besoins ou des égoïsmes nationaux. En tout cas, c'est ainsi que progresse le droit, car des actes unilatéraux, illégaux aujourd'hui, peuvent être répétés et donner naissance à une nouvelle coutume, cristallisée ensuite dans le droit conventionnel.

Là où l'État côtier n'a plus juridiction, c'est-à-dire au-delà même des zones sous juridiction nationale (la haute mer – ouverte à tous les États – et la Zone internationale des grands fonds marins – patrimoine commun de l'humanité), l'avenir est tout aussi incertain, car si ces espaces sont déjà réglementés par la Convention sur le droit de la mer et bien d'autres instruments, leurs usages sont à peine amorcés, notamment dans la Zone, où seulement quelques États y exercent des activités, alors que cet espace a été pensé en bonne partie pour les États en développement, notamment les États africains[250].

---

[249] Charte des Nations Unies, art. 33.

[250] Egede, Edwin (2009) African States and Participation in Deep Seabed Mining : Problems and Prospects, *IJMCL*, vol. 24, n° 4, p. 683-712.

Mais dans toutes les situations et toutes les régions, le règlement des différends relatifs à la souveraineté territoriale, notamment sur les îles, constitue une condition presque *sine qua non* à la délimitation maritime, encore que dans certains cas, les parties ont eu la sagesse de laisser en suspens un litige territorial mineur pour assurer la majeure partie de cette délimitation, ainsi que l'ont fait le Canada et les États-Unis dans le golfe du Maine (île Machias Seal) quand ils ont conclu un compromis en 1981 pour saisir la C.I.J.[251], de même que le Canada et le Danemark dans le détroit de Nares (île de Hans) aux termes de leur accord de délimitation de 1973[252], ou encore l'Iran et les Émirats arabes unis dans leur traité de 1974[253].

Les décisions des tribunaux, d'autant plus précieuses qu'elles sont peu nombreuses, ont reconnu expressément que « chaque cas est un *unicum* ». C'est là constater les difficultés de résoudre les conflits par l'application de règles normatives et générales à l'infinie variété des faits géographiques. D'ailleurs les juges ont fait remarquer à maintes reprises que le rôle du droit n'est pas de refaire la géographie – cette affirmation ayant été réitérée récemment dans l'affaire *Ghana/ Côte d'Ivoire* quand la Chambre spéciale du T.I.D.M., dans son arrêt de 2017, « souligne – tout en étant consciente que toute délimitation peut avoir pour effet dans une certaine mesure de refaire la nature – que la délimitation ne doit pas refaire entièrement la géographie ou rectifier les inégalités de la nature » (par. 409)[254].

Parmi tous les facteurs (géographiques, géomorphologiques, environnementaux, historiques, économiques, géopolitiques et, enfin, relatifs à la conduite des Parties), seuls ceux du premier type ont véritablement retenu l'attention des tribunaux en matière de délimitation des frontières maritimes. Les juges ont en effet insisté sur l'importance cardinale de la géographie, notamment de la géographie côtière. Il faut donc reconnaître que tout argument qui n'est pas de nature strictement géographique est susceptible d'être écarté comme étant non pertinent. Pourtant, les juges eux-mêmes ont précisé qu'ils ne doivent pas être rejetés *a priori*. Une certaine doctrine accorde d'ailleurs une place non négligeable aux arguments historiques et économiques, avec raison, croyons-nous.

Il faut pourtant conclure que les facteurs d'ordre strictement géographique sont de loin les plus importants, sinon les seuls: « Non geographic considerations, such as (...) economic use or dependence, play a subsidiary role in maritime boundary delimitation. Such considerations allow for minor

---

[251] *Délimitation de la frontière maritime dans la région du golfe du Maine*, arrêt, C.I.J. Recueil 1984.

[252] Accord entre le Gouvernement du Royaume du Danemark et le Gouvernement du Canada relatif à la délimitation du plateau continental entre le Groenland et le Canada.

[253] Offshore Boundary Agreement between Iran and Dubai.

[254] *Différend relatif à la délimitation de la frontière maritime entre le Ghana et la Côte d'Ivoire dans l'océan Atlantique*, arrêt du 23 septembre 2017, affaire n° 23.

variances from a line determined solely by reference to geographic factors only in exceptional situations[255] ».

Quant à la pratique des États, telle qu'elle est exprimée par les accords bilatéraux, qui sont de loin les principaux instruments de la délimitation maritime, le contenu de ces accords ne révèle que rarement les facteurs qui ont été tenus pour pertinents dans le processus de délimitation, et il est par conséquent difficile d'affirmer que les seules considérations qui ont guidé les Parties étaient d'ordre exclusivement géographique. On peut penser au contraire que ces accords, qui sont inspirés par l'opportunité politique, résultent de diverses considérations qui ne visent pas nécessairement un résultat équitable, contrairement à la mission des tribunaux.

Sauf l'équidistance, prévue expressément dans la Convention sur le droit de la mer pour la délimitation de la mer territoriale, aucune autre méthode n'est mentionnée dans cet instrument, lequel incite par ailleurs les États à s'entendre par voie bilatérale. Les accords de délimitation sont déjà très nombreux, qui retiennent diverses méthodes, et même parfois des méthodes combinées, la plus utilisée demeurant certes celle de l'équidistance. Quant aux tribunaux internationaux, à défaut de règles précises en droit conventionnel, ils ont su puiser dans leurs propres précédents et se sont inspiré de la riche pratique des États en élaborant diverses méthodes ou combinaisons de méthodes, cette diversité rendant compte des particularités géographiques de chaque cas d'espèce.

En cette ère de diminution dramatique des stocks halieutiques, la zone de protection est certes une solution fort appropriée et pourrait être envisagée comme solution dans les océans et les mers, même si elle ne satisfait pas les tenants de l'approche traditionnelle qui consiste à diviser les espaces maritimes selon des lignes bien précises. La notion de zone de protection a été examinée en 2015 par le tribunal constitué à la suite d'une procédure d'arbitrage instituée par le demandeur dans l'affaire *Maurice c. Royaume-Uni* au sujet de la « zone marine protégée » de l'archipel des Chagos[256].

Par ailleurs, il faut signaler que les 193 États membres de l'ONU ont adopté, le 19 juin 2023, un traité concernant la haute mer et visant notamment sa protection, la lutte contre la pollution chimique et les déchets plastiques, une meilleure gestion des stocks de poissons et la recherche de solutions visant le problème de la hausse des températures[257].

---

[255] Collins, E. and Rogoff, M. (1982) The International Law of Maritime Boundary Delimitation, *MLR*, vol. 34, p. 61-62.

[256] *Sentence arbitrale relative au différend entre Maurice et le Royaume-Uni de Grande-Bretagne et d'Irlande du Nord concernant l'aire marine protégée des Chagos*, sentence du 18 mars 2015, R.S.A., vol. 31, p. 359-606.

[257] Accord se rapportant à la Convention des Nations Unies sur le droit de la mer et portant sur la conservation et l'utilisation durable de la diversité biologique marine des zones ne relevant pas de la juridiction nationale.

CHAPITRE 2

La mer Méditerranée

La frontière Tunisie/Italie (*section 2.1*), conclue par accord bilatéral en août 1971, est la première frontière maritime impliquant un État africain en Méditerranée – cette mer interrégionale et semi-fermée dont la géographie elle-même restreint les États côtiers à une délimitation en-deçà des 200 milles marins. La Tunisie, qui se trouve au cœur de ces espaces maritimes (*figure 4*), poursuit la délimitation, en 1982, au terme d'une décision de la Cour internationale de Justice (C.I.J.) dans l'affaire *Libye/Tunisie* (*2.2*) ; puis interviendra un accord avec l'Algérie en février 2002 (*2.4*).

Entre-temps, et trois ans après sa décision dans l'affaire *Libye/Tunisie*, la C.I.J. rend un autre arrêt, en juin 1985, dans l'affaire *Libye/Malte (2.3)* après avoir rejeté une requête en intervention de l'Italie. En Méditerranée orientale, marquée par des problèmes d'application du droit international[258], l'Égypte signe deux accords de délimitation, l'un avec Chypre en février 2003 (*2.5*), l'autre avec la Grèce en août 2020 (*2.6*). Quelque temps auparavant, en novembre 2019, la Libye et la Turquie concluent un accord (*2.7*) – lequel fera l'objet de contestations de la part de certains États de la région.

2.1. Tunisie/Italie

L'accord de délimitation[259], conclu le 20 août 1971, n'a été ratifié que beaucoup plus tard, soit le 6 décembre 1978. La ligne est relativement longue puisqu'elle mesure 443 milles marins entre des côtes essentiellement opposées, et elle sépare, à l'ouest, la Tunisie et la Sardaigne, et, à l'est, la

---

[258] Voir Ros, Nathalie (2021) Le droit international de la mer à l'épreuve en Méditerranée orientale, *ADMO*, tome 39, Université de Nantes. Voir aussi, Marghélis, Aris (2021) Les délimitations maritimes Turquie – Gouvernement d'entente nationale Libyen et Grèce – Égypte dans leur contexte régional, *ADMO,* tome 39, Université de Nantes.

[259] Accord entre le Gouvernement de la République tunisienne et le Gouvernement de la République italienne relatif à la délimitation du plateau continental.

Tunisie et la Sicile. Les tripoints avec l'Algérie et Malte ne sont pas déterminés[260].

La frontière délimite le plateau continental exclusivement[261]. Elle est décrite, aux termes mêmes de l'accord, comme une médiane, sauf à proximité de l'île Pantelleria et de l'archipel Pelagie auxquels un demi-effet a été attribué par le tracé d'un arc de cercle dont le rayon est de 13 milles marins. On a accordé le même traitement à l'îlot Lampione jusqu'à concurrence de 12 milles, du côté de la Tunisie. Il est vrai qu'une ligne d'équidistance stricte, basée sur un plein effet attribué à ces îles, se serait trouvée à moins de 30 milles marins des côtes tunisiennes, au nord de Kerkennah[262]. La méthode des arcs de cercle avait été également adoptée trois ans plus tôt entre l'Italie et la Yougoslavie[263] le 8 janvier 1968, l'Iran et l'Arabie Saoudite[264] le 24 octobre 1968 et Qatar et Abu Dhabi[265] le 20 mars 1969.

À l'instar des accords conclus dans le golfe Persique, l'accord italo-tunisien prévoit une disposition relative à l'exploitation de gisements qui se trouveraient de part et d'autre de la ligne, auquel cas il est fait aux Parties obligation de se consulter.

2.2. Libye/Tunisie

Priée par la Libye et la Tunisie de leur indiquer les principes et règles applicables en matière de délimitation du plateau continental, la C.I.J. dispose d'abord, en 1981, d'une requête en intervention présentée par Malte et elle rend son jugement, l'année suivante, après avoir examiné les méthodes de délimitation proposées par les deux Parties (*figure 5*), lesquelles méthodes étaient fondées sur des facteurs d'ordre géomorphologique et géologique, non sans être appuyées par des arguments de nature historique et économique[266].

---

[260] International Mapping (2023) *op. cit.* : https://sovereignlimits.com/boundaries/italy-tunisia-maritime.

[261] Djaziri, Scheyma (2018) La délimitation des fonds marins entre la Tunisie et l'Italie : point de vue tunisien, *ADM*, tome 23, p. 93-116.

[262] Prescott, J.R.V. (1985) *op. cit.*, p. 175.

[263] Agreement between Italy and Yugoslavia concerning the Delimitation of the Continental Shelf between the two Countries in the Adriatic Sea.

[264] Agreement concerning the sovereignty over the islands of Al-Arabiyah and Farsi and the delimitation of the boundary line separating submarine areas between the Kingdom of Saudi Arabia and Iran.

[265] Agreement between Qatar and Abu Dhabi on the settlement of maritime boundaries and ownership of islands.

[266] Achour, Y.B. (1983) L'affaire du plateau continental tuniso-libyen, *JDI*, vol. 110, p. 247.

Figure 4. Les frontières maritimes en Méditerranée centrale

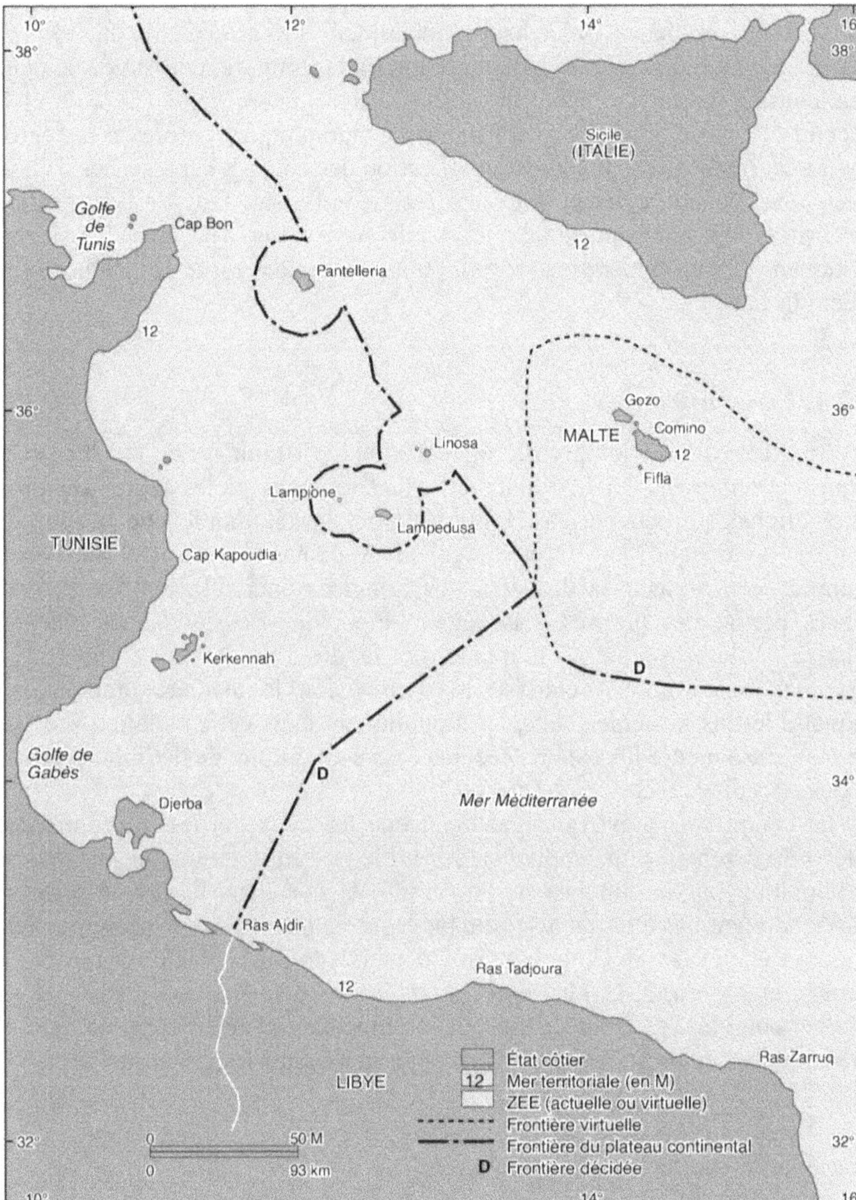

Source : Labrecque, Georges (2004) *Les frontières maritimes internationales*, p. 311.

Après avoir émis des considérations générales sur l'équité et sur l'opportunité de la méthode de l'équidistance, telle qu'elle a été examinée dans la jurisprudence précédente (notamment les affaires de la *Mer du Nord*[267]) la Cour procède à la délimitation de la frontière, constituée de deux segments, le premier coïncidant avec une ligne préexistante *de facto* et le second tenant compte des circonstances géographiques propres à la région (en l'occurrence un changement de direction des côtes et la présences d'îles). Dans une décision divisée, la Cour s'estime enfin satisfaite de l'application du critère de la proportionnalité, tandis que trois des juges dissidents critiquent les considérations de la majorité relatives à la méthode de l'équidistance.

2.2.1. Le compromis

Aux termes d'un compromis signé à Tunis le 10 juin 1977, la Libye et la Tunisie priaient la C.I.J. d'indiquer « les principes et les règles du droit international qui peuvent être appliqués pour la délimitation de la zone du plateau continental[268] ». Il était également demandé à la Cour de tenir compte, « en prenant sa décision, des principes équitables et des circonstances pertinentes propres à la région, ainsi que des tendances récentes admises à la troisième Conférence sur le droit de la mer » (art.1). Le Tribunal devait aussi « clarifier avec précision la manière pratique par laquelle lesdits principes et règles s'appliquent dans cette situation précise, de manière à mettre les experts des deux pays en mesure de délimiter lesdites zones sans difficultés aucunes » (*ibid*).

Le compromis prévoyait également que les deux Parties se réuniraient, sitôt l'arrêt rendu, pour appliquer ces principes en déterminant la ligne de délimitation par la conclusion d'un traité, et que dans le cas où elles ne parviendraient pas à un tel accord dans les trois mois, elles se présenteraient à nouveau devant la Cour pour lui demander « tous éclaircissements ou explications » (art. 3). Les deux États, qui n'étaient pas Parties à la Convention de 1958 sur le plateau continental, avaient convenu que la méthode de l'équidistance n'était pas appropriée dans les circonstances.

---

[267] *Plateau continental de la mer du Nord (République fédérale d'Allemagne/Danemark ; République fédérale d'Allemagne/ Pays-Bas),* arrêts, C.I.J. Recueil 1969, p. 3.

[268] *Plateau continental (Jamahiriya arabe libyenne/Tunisie),* arrêt, C.I.J. Recueil 1982. Article 1 du compromis, reproduit à la p. 21, par. 2. Ci-après cité Arrêt de 1982.

Figure 5. La frontière maritime Libye/Tunisie

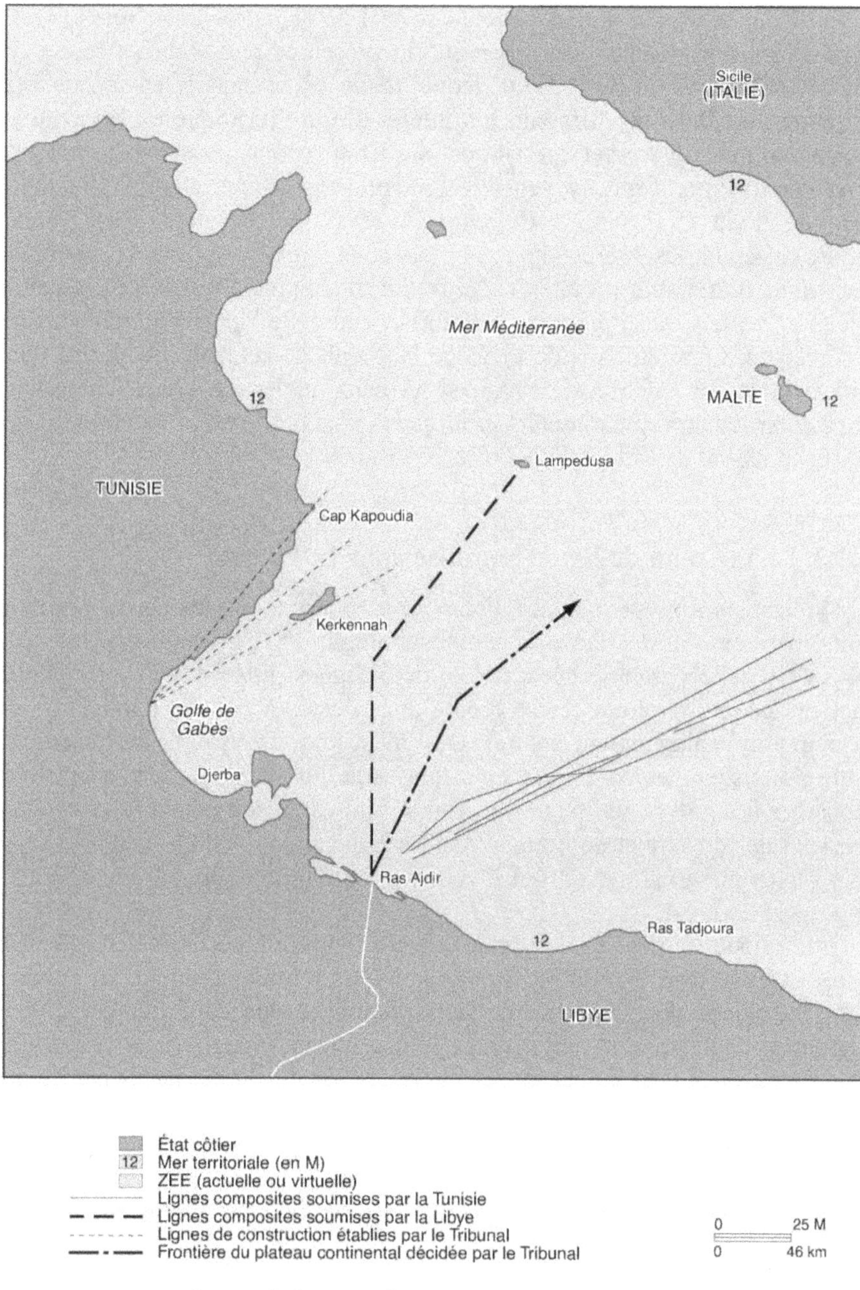

Source : Labrecque, Georges (2005) *Op. cit.*, p. 135.

2.2.2. La demande en intervention de Malte

La Cour rend son jugement le 24 février 1982, après avoir rejeté, le 14 avril 1981, une demande en intervention présentée par Malte et basée sur l'article 62 du Statut de la Cour, lequel dispose que dans le cas où un État « estime que, dans un différend, un intérêt d'ordre juridique est pour lui en cause », il peut s'adresser au Tribunal. La Cour reconnaît que Malte possède « un certain intérêt qui est sensiblement plus spécifique et plus direct que celui des États étrangers à cette région. Il reste que cet intérêt n'est pas par nature différent des intérêts d'autres États de la région[269] ». La Cour explique que Malte doit établir un intérêt d'ordre juridique pouvant être affecté par sa décision. Et la Cour d'ajouter : « Autoriser une telle "intervention" dans les circonstances particulières de l'espèce laisserait de surcroît les Parties dans l'incertitude sur le point de savoir si, et dans quelle mesure, elles doivent considérer leurs propres intérêts juridiques vis-à-vis de Malte comme faisant partie en réalité de l'objet de la présente instance[270] ».

2.2.3. Le faisceau de lignes soumises par la Tunisie

La Tunisie a proposé quatre lignes, très rapprochées, les deux premières étant inspirées par des facteurs géomorphologiques et géologiques, les deux autres par la géographie côtière. Les deux lignes qui sont fondées sur des facteurs géomorphologiques et géologiques reposent sur une application du principe du prolongement naturel. De l'avis de la Tunisie, le prolongement naturel tunisien s'étend d'ouest en est, « jusqu'aux zones comprises entre les isobathes des 250 et 300 mètres et, vers le sud-est, jusqu'à la zone constituée par les rides de Zira et de Zouara[271] ». La Tunisie poursuit en prétendant que le prolongement naturel de la Libye est orienté plutôt suivant une direction sud-ouest nord-est.

La Tunisie soutient en outre que « la configuration générale des côtes des deux États se trouve reflétée avec une fidélité remarquable par les courbes bathymétriques dans la zone de délimitation et que ce fait n'est que la traduction de la structure physique et géologique de la région[272] ». À ce sujet, elle observe que « le phénomène de reproduction des lignes de rivage par les lignes bathymétriques, de part et d'autre de la frontière, permet de reporter sur ces dernières avec précision le point représentant la frontière qui sépare les deux territoires sur la côte et de marquer ainsi la limite de leurs prolongements respectifs en suivant l'orientation naturelle du plateau

---

[269] Arrêt du 14 avril 1981. Requête de Malte à fin d'intervention, C.I.J. Recueil 1981, p. 19, par. 33.

[270] *Idem*, p. 20, par. 34.

[271] Conclusions du contre-mémoire de la Tunisie, reproduites à la p. 28 de l'Arrêt de 1982, par. 15.

[272] *Ibidem*

continental dans la zone frontière[273] ». La Tunisie note aussi la présence du sillon tripolitain, « véritable frontière naturelle sous-marine », défini par elle comme une vallée sous-marine à peu près parallèle à la côte libyenne et comprise entre les méridiens 13° et 15° de longitude Est[274], vallée qui prolonge le golfe de Gabès d'ouest en est pour s'enfoncer progressivement vers la mer Ionienne au-delà de l'escarpement de Malte-Misratah.

La première ligne tunisienne suit la ligne des crêtes constituée par les rides de Zira et de Zouara (de direction approximative ouest-est et suivant à peu près les parallèles de latitude 33° 20' et 33° 30' Nord), ainsi que « l'orientation générale des prolongements naturels des territoires des deux États vers la plaine abyssale de la mer Ionienne[275] ». La deuxième ligne constitue une version simplifiée de la première. La troisième est tracée « parallèlement à la bissectrice de l'angle formé par le littoral tuniso-libyen dans le golfe de Gabès[276] ». L'angle en question est formé par deux droites qui sont tracées respectivement du *ras* Mustapha (au cap Bon en Tunisie) et du *ras* Zarrouk en Libye, lesquelles se rencontrent tangentiellement au fond du golfe de Gabès[277]. La quatrième ligne est fondée sur le critère de la proportionnalité et elle est « déterminée d'après l'angle d'ouverture du littoral, à la hauteur de la frontière tuniso-libyenne, en proportion de la longueur des côtes concernées des deux États[278] », en l'occurrence deux tiers pour la Tunisie et un tiers pour la Libye.

2.2.4. Les facteurs géomorphologiques et géologiques de délimitation

Quant à la seule ligne proposée par la Libye, elle est constituée de deux segments, inspirés de critères différents : le premier segment, à proximité des côtes, est orienté franc nord et veut rendre compte du prolongement dans cette direction de la masse terrestre du continent africain dans son ensemble. L'argumentation libyenne se résume comme suit :

> 1) La notion du plateau continental comme prolongement naturel du territoire terrestre dans et sous la mer est le fondement de la notion juridique du plateau continental et un État a droit *ipso facto* et *ab initio* au plateau continental qui est le prolongement naturel de son territoire terrestre dans et sous la mer.
>
> 2) Le prolongement naturel du territoire terrestre d'un État dans et sous la mer, qui établit son titre *ipso jure* au plateau continental attenant, est déterminé par

[273] *Idem*, p. 56, par. 64.
[274] *Idem*, p. 41 ; p. 55-56, par. 32, 63 et 64.
[275] Conclusions du contre-mémoire de la Tunisie, reproduites à la p. 27 de l'Arrêt de 1982, par. 15.
[276] *Idem*, p. 28, par. 15.
[277] C'est ce qui appert de la figure 9.10 du mémoire de la Tunisie, p. 194.
[278] *Ibidem*.

toute la structure physique de la masse terrestre indiquée principalement par la géologie.

3) Si elles ne produisent pas de rupture dans l'unité fondamentale du plateau continental, les dorsales sous-marines sur le lit de la mer n'apportent aucun fondement scientifique à un principe juridique de délimitation, même si leur existence est établie [[279]].

5) La direction du prolongement naturel est déterminée par le rapport général, géologique et géographique, entre le plateau continental et la masse terrestre continentale, et non par la direction occasionnelle ou accidentelle d'une section particulière du littoral.

6) En l'espèce le plateau continental au large de la côte de l'Afrique du Nord est un prolongement vers le nord de la masse terrestre continentale et, dans cette situation particulière, la méthode appropriée de délimitation des zones de plateau continental relevant de chaque Partie consiste donc à suivre la direction de ce prolongement vers le nord à partir du point terminal de la frontière terrestre[280].

La thèse libyenne, qui repose sur une interprétation de la théorie de la tectonique des plaques, est résumée comme suit par la Cour :

(...) la région située devant cette côte, qui constitue le bloc pélagien, est le prolongement naturel vers le nord de la masse terrestre nord-africaine, dans la mesure où elle représente une marge continentale typique produite par les mouvements de plaques et les phénomènes de déchirement (...). La Libye soutient que le prolongement naturel de la Tunisie et de la Libye est en direction du nord parce que le mouvement de séparation des plaques continentales, qui pour l'essentiel était dans le sens nord-sud, a entraîné la création d'une marge continentale située au nord d'une côte orientée généralement d'est en ouest[281] .

La Cour poursuit ainsi, au sujet de la Libye :

Elle considère néanmoins que "la géographie appuie et confirme la géologie, laquelle établit que le prolongement naturel des masses terrestres dans et sous la mer est vers le nord". Les faits invoqués à l'appui de cette affirmation sont que le bassin pélagien, unité géologique et physiographique, est un élément de la plaque africaine ; que ce bassin présente une nette affinité avec la masse terrestre africaine et est une région différente de celle des montagnes de l'Atlas en Tunisie ; et que les données relatives au faciès géologique confirment le prolongement vers le nord de la masse terrestre nord-africaine et son affinité fondamentale avec le plateau. Il s'agit, en affirmant cette harmonie entre les indications de la géologie et celles de la géographie, de renforcer la thèse de la délimitation des zones de plateau continental par une ligne qui prolongerait la frontière terrestre et refléterait cette orientation générale vers le nord[282].

[279] Cette assertion constitue de toute évidence une réplique aux arguments tunisiens relatifs à la géomorphologie.

[280] Conclusions du contre-mémoire de la Libye, reproduites aux p. 29-32 de l'Arrêt de 1982, par. 15.

[281] *Idem*, p. 52, par. 57.

[282] *Idem*, p. 54, par. 62.

Ces arguments géomorphologiques et géologiques, la Cour les rejette, aussi bien ceux de la Libye que ceux de la Tunisie, en précisant que la notion de prolongement naturel n'est utile aux fins d'une délimitation que dans la mesure où l'une des caractéristiques invoquées « marquerait une rupture ou solution de continuité telle qu'elle constituerait indiscutablement la limite de deux plateaux continentaux ou prolongements naturels distincts[283] ». Pourtant, la Cour estime devoir préciser plus loin qu'elle n'exclut pas « que certaines configurations géomorphologiques du fond de la mer, ne constituant pas vraiment des interruptions du prolongement naturel d'une Partie par rapport au prolongement de l'autre, puissent néanmoins être retenues aux fins de la délimitation, comme circonstances pertinentes propres à la région[284] ». Or, estime la Cour, la caractéristique géomorphologique la plus significative, le sillon tripolitain, ne peut être retenue puisque « cette vallée sous-marine ne présente de relief réellement accusé que dans une zone située nettement plus à l'est que la région à considérer aux fins de la délimitation[285] », soit au-delà du *ras* Tadjoura.

2.2.5. L'inopposabilité des actes unilatéraux

Le premier segment de la ligne libyenne date d'une loi pétrolière de 1955. À la hauteur approximative du *ras* Yonga (34° 20'N), la ligne proposée par la Libye s'infléchit ensuite pour tenir compte de ce qu'elle estime être un changement significatif de direction des côtes tunisiennes dans le golfe de Gabès. La Cour rejette les motifs invoqués par la Libye, eu égard à sa loi pétrolière interne, en déclarant que les limites maritimes décrétées de façon unilatérale par un État sont sans effet juridique à l'égard des tiers qui n'y ont pas acquiescé[286]. La Cour rappelle à ce sujet un passage important de l'affaire des *Pêcheries* de 1951 dans laquelle le Royaume-Uni s'était opposé à la décision unilatérale du gouvernement norvégien de décréter des lignes de base droites le long de ses côtes à fjords et de considérer comme des eaux intérieures celles qui se retrouvaient en deçà de ces lignes : « La délimitation des espaces maritimes a toujours un aspect international : elle ne saurait dépendre de la seule volonté de l'État riverain telle qu'elle s'exprime dans son droit interne. S'il est vrai que l'acte de délimitation est nécessairement un acte unilatéral, parce que l'État riverain a seule qualité pour y procéder, en revanche la validité de la délimitation à l'égard des États tiers relève du droit international[287] ».

S'agissant de l'effet de cette loi pétrolière libyenne, la Cour a l'occasion de préciser que cet acte législatif interne n'a pas été considéré par la Tunisie

[283] *Idem*, p. 57, par. 66.
[284] *Idem*, p. 58, par. 68.
[285] *Idem*, p. 57, par. 66.
[286] *Idem*, p. 68-69, par. 91-92.
[287] Arrêt, C.I.J. Recueil 1951, p. 132. Cité à la p. 67, par. 87 de l'Arrêt de 1982.

comme étant une délimitation, et même si la Libye entend revendiquer des droits sur les ressources de son plateau, « le simple fait d'indiquer la ligne en question sur une carte n'est pas suffisant, même pour concrétiser sur le plan des relations internationales la revendication formelle d'une limite maritime ou d'une limite de plateau continental[288] ». Pour des raisons similaires au rejet par la Cour de la ligne libyenne de 1955, la ligne tunisienne appelée ZV (zénith vertical) 45° et relative aux pêcheries n'a pas été reconnue comme devant avoir des effets juridiques[289].

2.2.6. Les droits dits historiques

La Cour examine ensuite une argumentation de la Tunisie selon laquelle elle détiendrait des droits historiques dans une zone à l'intérieur de laquelle ses pêcheurs exerceraient depuis des siècles leurs activités, notamment par l'exploitation de bancs superficiels proches du rivage par installations fixes pour les espèces mobiles, de même que l'exploitation de bancs plus profonds pour les espèces sédentaires, en particulier les éponges. La Tunisie ajoute que ces activités continues ont fait l'objet de surveillance et de contrôle par les autorités tunisiennes en vertu de droits souverains reconnus ou du moins acceptés tacitement par des États tiers. La Tunisie affirme que la détermination de lignes de base droites en deçà desquelles les eaux sont intérieures est opposable à la Libye qui n'a pas protesté en temps utile.

Au sujet de ces prétentions, la Cour émet d'abord des considérations générales en rappelant que les titres historiques « doivent être respectés et préservés, ainsi qu'ils l'ont toujours été en vertu d'un long usage[290] ». La Cour ajoute par ailleurs que le projet de convention de la troisième Conférence sur le droit de la mer – la Convention de 1982 n'est pas encore adoptée – ne définit pas les notions d'eaux historiques et de baies historiques (et la Cour ne le fera pas non plus). Celle-ci, qui examine la question de ces droits historiques dans le contexte d'une délimitation à effectuer et compte tenu du concept de proportionnalité, déclare ne pas être convaincue par l'argument de la Tunisie affirmant que les eaux intérieures ne doivent pas être prises en considération, et elle ne se prononce pas sur la validité des lignes de base droites ni sur leur opposabilité à la Libye. La Cour cite à nouveau l'affaire des *Pêcheries* selon laquelle les droits revendiqués « ne doivent être retenus que dans la mesure où ils paraîtraient déterminants pour décider la seule question en litige[291] », à savoir la méthode appropriée pour obtenir une délimitation équitable. La Cour estime ainsi que l'obligation de déterminer la validité de ces droits historiques n'existerait que dans le seul

---

[288] Arrêt de 1982, p. 69, par. 92.
[289] *Idem*, p. 67, par. 88.
[290] *Idem*, p. 73, par. 100.
[291] C.I.J. Recueil 1951, p. 126. Cité à la p. 77, par. 105 de l'Arrêt de 1982.

cas où la méthode de délimitation provoquerait ou risquerait de provoquer un empiètement sur la zone de droits historiques.

2.2.7. Les facteurs économiques de délimitation

La Cour rejette également des arguments de type économique soumis surtout par la Tunisie invoquant sa pauvreté en ressources agricoles et minérales par rapport à la Libye et précisant que les ressources ichtyologiques de ses eaux historiques ne sont qu'un complément à son économie nationale. La Libye a contesté la pertinence de cet argument fondé sur la pénurie économique ; elle a soutenu par ailleurs que la présence ou l'absence d'hydrocarbures dans les puits forés devait être prise en considération dans l'opération de délimitation. Après avoir déclaré que « les circonstances pertinentes propres à la région ne sont pas restreintes aux données de la géographie et de la géomorphologie », la Cour précise qu'elle « devait tenir compte comme il convient (...) des diverses considérations économiques dont l'une ou l'autre des Parties a souligné la pertinence[292] ». Ainsi, au sujet de puits de pétrole dans une zone à délimiter, la Cour estime que « cette présence peut, selon les faits, représenter un élément à considérer dans le processus au cours duquel tous les facteurs pertinents sont soigneusement pesés pour aboutir à un résultat équitable[293] ».

Rappelant, dans son opinion dissidente, que « la géographie n'est pas équitable[294] », le juge Oda fait fort justement remarquer qu'aucun consensus, durant les travaux de la troisième Conférence sur le droit de la mer, n'a été établi, eu égard à la possibilité d'accorder des compensations aux pays enclavés ou géographiquement désavantagés dans l'exploitation des ressources minérales, comme cela a été le cas concernant les ressources halieutiques dans la zone économique des pays voisins.

2.2.8. Un précédent important

Rappelons ici très brièvement les affaires de la *Mer du Nord* – d'autant plus importantes pour la présente affaire qu'elles constituaient le seul précédent de la C.I.J. en matière de délimitation maritime – qui impliquaient l'ancienne R.F.A., les Pays-Bas et le Danemark, dont les côtes sont adjacentes, celles de l'Allemagne étant concaves et les côtes des deux autres étant convexes. Les juges eurent alors l'opportunité d'expliquer que les côtes concaves sont victimes d'iniquité, car la ligne de l'équidistance tend à infléchir les lignes de délimitation vers cette concavité, si bien que les lignes « se rencontrent inévitablement à une distance relativement faible de la

[292] Arrêt de 1982, p. 65, par. 81.
[293] *Idem*, p. 77-78, par. 107.
[294] *Idem*, p. 256, par. 159.

côte » ; tandis que celles qui sont tirées des côtes du Danemark et des Pays-Bas « s'écartent l'une de l'autre, de sorte que la zone de plateau continental devant cette côte tend à aller en s'élargissant[295] ». Comme les Parties n'avaient demandé à la Cour que les principes et règles applicables et qu'elles s'engageaient par la suite à délimiter les frontières par voie d'accord, la Cour énuméra les facteurs pertinents suivants sans tracer ces frontières :

> 1) la configuration générale des côtes des Parties et la présence de toute caractéristique spéciale ou inhabituelle ;
>
> 2) pour autant que cela soit connu ou facile à déterminer, la structure physique et géologique et les ressources naturelles des zones de plateau continental en cause [[296]] ;
>
> 3) le rapport raisonnable qu'une délimitation opérée conformément à des principes équitables devrait faire apparaître entre l'étendue des zones de plateau continental relevant de l'État riverain et la longueur de son littoral mesurée suivant la direction générale de celui-ci, compte tenu à cette fin des effets actuels ou éventuels de toute autre délimitation du plateau continental effectuée entre États limitrophes dans la même région[297].

2.2.9. La décision de la Cour

Ayant rejeté les arguments présentés par la Tunisie et la Libye, ayant noté l'opinion des Parties que l'équidistance n'était pas appropriée dans les circonstances, la Cour procède à la construction de sa ligne, constituée de deux segments, mais non sans avoir d'abord émis des considérations générales sur l'équité et sur les méthodes de délimitation. Au sujet de l'équité, la Cour s'exprime comme suit :

> L'équité en tant que notion juridique procède directement de l'idée de justice. La Cour, dont la tâche est par définition d'administrer la justice, ne saurait manquer d'en faire application. (...) On a souvent opposé l'équité aux règles rigides du droit positif, dont la rigueur doit être tempérée pour que justice soit rendue. (...) Il faut distinguer entre l'application de principes équitables et le fait de rendre justice *ex æquo et bono*, ce que la Cour ne peut faire que si les Parties en sont convenues[298].

Quant aux méthodes de délimitation, la Cour rappelle la décision, dans les affaires de la *Mer du Nord*, selon laquelle aucune règle obligatoire de droit coutumier n'impose l'équidistance comme méthode de délimitation du

---

[295] Arrêts de 1969, p. 17-18, par. 8.
[296] La Cour nota le concept de l'« unité de gisement » et elle mit les Parties en garde contre les inconvénients de procéder à une délimitation qui divise un gisement sans avoir prévu des mesures communes d'exploration et d'exploitation.
[297] Arrêts de 1969, p. 54, par. 101.
[298] Arrêt de 1982, p. 60, par. 71.

plateau continental, notamment quand les États sont limitrophes[299]. Les juges rappellent aussi l'arbitrage de 1977 concernant le *Plateau continental franco-britannique*, dans lequel diverses méthodes ont été utilisées[300]. La Cour ajoute que la pratique ultérieure des États, si elle atteste que cette méthode a été privilégiée dans un certain nombre de cas, montre par ailleurs que celle-ci a été écartée au profit d'autres méthodes. Le Tribunal rappelle aussi, à propos de la délimitation de la mer territoriale, que déjà en 1953 le comité d'experts de la Commission de droit international avait examiné des méthodes autres que celle de l'équidistance, dont la ligne de prolongement vers le large de la frontière terrestre, la perpendiculaire à la côte au point d'intersection de la frontière terrestre et la perpendiculaire à la ligne de direction générale de la côte[301]. S'agissant de la méthode de l'équidistance, la Cour fait sienne l'opinion émise dans les affaires de la *Mer du Nord* selon laquelle cette méthode « a l'avantage – peut-être aussi l'inconvénient –, de reproduire presque toutes les irrégularités des côtes prises comme bases » et qu'il est moins difficile d'y recourir lorsque les côtes sont opposées plutôt qu'adjacentes[302].

Le premier segment de la frontière tracée par la Cour forme avec le méridien un angle de 26° et il correspond approximativement à la perpendiculaire à la direction générale des côtes au point terminal de la frontière terrestre (*ras* Adjir)[303]. En fait, ce segment date d'une ligne *de facto* établie en 1913 par l'Italie, nouvelle puissance coloniale succédant aux droits de l'Empire ottoman, aux fins de « repousser » vers l'ouest les prétentions françaises en Tunisie exprimées selon la ligne ZV 45° et relative à la juridiction sur l'exploitation des éponges[304]. Cette ligne *de facto*, explique la Cour, « concrétise la manière » dont les deux États ont octroyé des permis de recherche ou d'exploitation pétrolière : « Cette ligne entre des concessions adjacentes, qui a été observée tacitement pendant des années et qui coïncide en outre à peu près avec la perpendiculaire à la côte au point frontière appliquée dans le passé comme limite maritime *de facto*, paraît être à la Cour d'une grande pertinence pour la délimitation[305] ».

La Cour estime par ailleurs que la ligne doit être réorientée à partir du point situé à 34°10'30"N – qui représente à son avis le point le plus occidental de la côte tunisienne entre les *ras* Adjir et Kapoudia –, étant donné l'existence de deux circonstances géographiques pertinentes : l'important changement de direction des côtes tunisiennes dans le golfe de Gabès, de même que la présence des îles Kerkennah. La Cour évalue la

[299] C.I.J. Recueil 1969, p. 46, par. 83 ; p. 53, par. 101. Évoqué aux p. 78-79, par. 109, de l'Arrêt de 1982.
[300] Arrêt de 1982, p. 79, par. 109.
[301] *Idem*, p. 84, par. 119. Évoqué à la p. 88, par. 126 de l'Arrêt de 1982.
[302] C.I.J. Recueil 1969, p. 36-37, par. 57. Évoqué à la p. 88, par. 126 de l'Arrêt de 1982.
[303] Arrêt de 1982, p. 83-84, par. 117.
[304] *Idem*, p. 70, 71 et 83, par. 93, 96 et 117.
[305] *Idem*, p. 71, par. 96.

nouvelle direction des côtes tunisiennes par le tracé d'une ligne droite reliant le point situé à 34°10'30"N et le *ras* Kapoudia. Elle décide par ailleurs d'attribuer un effet aux îles Kerkennah, compte tenu de leur étendue et de leur position : 11 milles seulement les séparent de la masse continentale par des eaux poissonneuses très peu profondes (4 mètres au plus, à l'exception de quelques fosses et chenaux) ; d'une superficie de 180 km^2, elles sont entourées d'îlots et de hauts-fonds formant une ceinture d'une largeur qui atteint 27 km et qui sont fréquentés depuis des temps immémoriaux par les pêcheurs[306]. La Cour tire donc du point désigné une seconde ligne longeant les îles et les hauts-fonds au large. La ligne ainsi orientée est inclinée à 62° et la Cour estime qu'il serait excessif d'attribuer à l'archipel un effet entier. Jugeant en conséquence qu'un demi effet serait, dans les circonstances, suffisant et approprié, et s'inspirant en cela de divers cas dans la pratique des États, la Cour tire la bissectrice de l'angle formé par les deux lignes – celle qui exprime la direction générale du littoral et celle qui longe l'archipel à l'est – le second segment de la ligne de délimitation étant parallèle à ladite bissectrice et formant avec le méridien un angle de 52°[307].

Soumettant enfin son opération de délimitation au critère de la proportionnalité, la Cour s'estime satisfaite des résultats qui indiquent un rapport de 40 à 60 à l'égard des zones de plateau continental attribuées respectivement à la Libye et la Tunisie, tandis que les longueurs de leurs façades maritimes – exprimées par des lignes droites selon la direction générale des côtes, du *ras* Kapoudia au *ras* Tadjoura – se trouvent dans un rapport de 34 à 66[308]. Bien sûr, la ligne de 152 milles marins[309] ne comporte pas de point terminal connu vers le nord-est, puisque sa longueur « dépendra de délimitations à convenir avec des États tiers[310] » – en l'occurrence L'Italie et Malte.

Cette frontière tracée par la Cour sera à nouveau disputée : invoquant une erreur matérielle – en l'occurrence la localisation cartographique du point le plus occidental de la côte tunisienne au fond du golfe de Gabès –, l'agent de la Tunisie dépose au greffe de la Cour, le 27 juillet 1984, une requête introductive d'instance par laquelle il demande la révision de l'arrêt du 24 février 1982. Décision sera rendue à l'unanimité le 10 décembre 1985, déclarant que la demande tunisienne « est sans objet et qu'il n'y a pas lieu à

[306] *Idem*, p. 88-89, par. 128.
[307] *Idem*, p. 89, par. 129.
[308] *Idem*, p. 91, par. 131.
[309] International Mapping (2023) *op. cit.* : https://sovereignlimits.com/boundaries/libya-tunisia-maritime.
[310] Arrêt de 1982, p. 94, par. 133, *in fine*.

statuer à son sujet[311] ». Enfin, les deux États concluent, le 8 août 1988, un accord[312] confirmant la décision de la Cour.

2.2.10. Les opinions dissidentes

Dans cette décision divisée (10 voix contre 3), notons les dissidences respectives des juges Oda et Evensen, qui vont tous deux critiquer la décision de la majorité des juges pour avoir rejeté, à leur avis sans plus de justification, la méthode de l'équidistance.

De l'avis du juge Oda, « il faut admettre que la géographie n'est pas équitable, que la nature ne peut être refaite et que la Cour n'a pas compétence pour anticiper ou mettre en œuvre une quelconque politique de justice sociale internationale allant au-delà des principes et règles du droit international en vigueur »[313]. À la fin d'une très longue opinion (120 pages), le juge Oda recommande la délimitation du plateau continental par une ligne d'équidistance tracée à partir de leurs côtes respectives mais ne tenant compte ni des hauts-fonds découvrants situés au large du rivage de chacune des Parties ni des îles Kerkennah.

Le juge Evensen rappelle d'abord l'importance et le respect qu'il voue à la C.P.J.I. et à la C.I.J. « dont l'existence même et le patient labeur ont donné au monde en tumulte de bonnes raisons d'espérer le règne de la justice et l'instauration de la paix grâce aux efforts consentis pour ériger un nouvel ordre international fondé sur la légalité, sans recours aux armes et sans sacrifice inutile en vies humaines[314] ». Rappelant aussi la pratique des États, scandinaves notamment, le juge suggère en outre la création d'une zone d'exploitation en commun des ressources minérales[315].

[311] *Demande en révision et en interprétation de l'Arrêt du 24 février 1982 en l'affaire du Plateau continental (Tunisie/Jamahiriya arabe libyenne) (Tunisie c. Jamahiriya arabe libyenne),* arrêt, C.I.J. Recueil 1985, p. 230, par. 69 C.

[312] Agreement between the Libyan Arab Socialist People's Jamahiriya and the Republic of Tunisia to Implement the Judgment of the International Court of Justice in the Tunisia/Libya Continental Shelf Case.

[313] Arrêt de 1982, opinion dissidente du juge Oda, par.159.

[314] *Idem*, opinion dissidente du juge Evensen, p. 278, par. 1.

[315] *Idem*, conclusions, p. 320-323.

Figure 6. La frontière maritime Libye/Malte

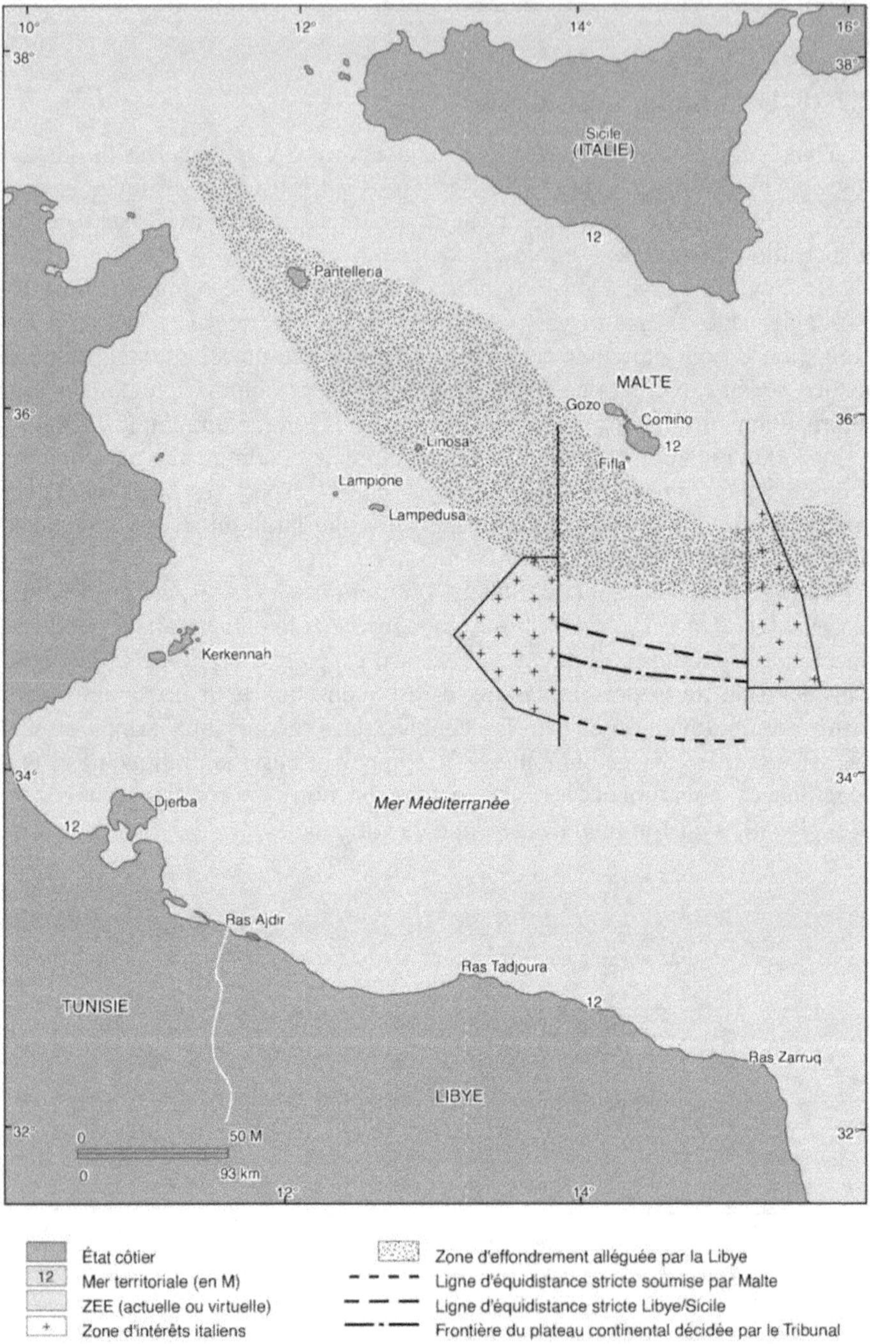

Source : *Idem*, p. 153.

2.3. Libye/Malte

La seconde affaire judiciaire de délimitation maritime, celle entre la Libye et Malte, ne concerne, comme dans le cas précédent entre la Tunisie et la Libye, que le plateau continental exclusivement et la frontière est partiellement délimitée[316], mais elle n'est plus entre deux États dont les côtes sont adjacentes et elle implique un État européen (*figure 6*). À l'instar du cas précédent, la C.I.J. décidera d'abord d'une requête en intervention de l'Italie et rendra sa décision, en 1985, par 14 voix contre 3. Si, contrairement à l'affaire précédente, les Parties n'indiquent pas spécifiquement, dans leur compromis, un choix de méthodes, la Cour a tôt fait de constater que la Libye plaide à nouveau des arguments de nature géomorphologique (prolongement physique de la masse africaine et présence d'une zone d'effondrement en Méditerranée), tandis que Malte privilégie la médiane entre côtes opposées. La Cour décidera finalement de cette dernière méthode, non sans avoir ajusté le tracé de cette ligne, compte tenu du concept de la proportionnalité plaidé par la Libye ou, plus précisément, de l'importante différence dans les longueurs respectives des côtes.

2.3.1. La mission de la Cour

Aux termes d'un compromis signé à La Valette le 23 mai 1976 entre la Libye et Malte, il était demandé à la C.I.J. d'indiquer aux Parties « les principes et les règles de droit international qui sont applicables à la délimitation de la zone du plateau continental (...) afin qu'elles puissent délimiter ces zones sans difficulté par la voie d'un accord[317] ».

La Cour constate que les Parties, contrairement à l'affaire précédente *Libye/Tunisie*, n'indiquent pas, dans leur compromis, un choix de méthodes de délimitation. Avant de rendre son arrêt, et à l'instar de sa décision dans l'affaire précédente, la Cour aura rejeté, le 21 mars 1984, par 11 voix contre 5, une requête en intervention présentée cette fois par l'Italie, tout en déclarant qu'elle « ne saurait entièrement écarter la question de l'intérêt juridique de l'Italie ainsi que d'autres États de la région méditerranéenne », et qu'il « conviendra d'en tenir compte[318] ». Dans son arrêt du 3 juin 1985 – le premier portant sur des côtes exclusivement opposées –, la Cour estime devoir d'abord rechercher l'intention des Parties par l'interprétation de ce compromis, car si elle doit exercer toute sa compétence, elle ne doit pas par ailleurs excéder cette compétence. Ainsi, observe-t-elle, Malte a exprimé le souhait que la limite soit tracée par la Cour, la Libye voulant seulement

---

[316] International Mapping (2023) *op. cit.* : https://sovereignlimits.com/boundaries/libya-malta-maritime.

[317] *Plateau continental (Jamahiriya arabe libyenne/Malte),* arrêt, C.I.J. Recueil 1985. Ci-après cité : Arrêt de 1985. Article 1 du compromis, reproduit au par. 2.

[318] Requête de l'Italie à fin d'intervention, C.I.J. Recueil 1984, p. 25, par. 41.

qu'elle se prononce sur les principes et règles applicables. Pour que les Parties puissent délimiter ces zones sans difficulté par voie d'accord, la Cour estime qu'elle doit nécessairement spécifier la ou les méthodes appropriées résultant d'une bonne application des règles et que les termes mêmes du compromis ne lui interdisent pas d'indiquer une ligne.

La Cour ne retiendra pas l'argumentation libyenne, basée sur le principe du prolongement naturel au sens physique, et elle tracera une ligne inspirée de la méthode de la médiane mais ajustée par translation vers le nord, compte tenu des circonstances tenues pour pertinentes. Avant d'en arriver à l'application de cette méthode, la Cour rappelle, bien sûr, le droit en matière de délimitation et l'importance d'un examen minutieux des circonstances pertinentes. À ce sujet elle cite un passage important de l'arrêt dans les affaires de la *Mer du Nord* : « En réalité il n'y a pas de limites juridiques aux considérations que les États peuvent examiner afin de s'assurer qu'ils vont appliquer des procédés équitables et c'est le plus souvent la balance entre toutes ces considérations qui créera l'équitable plutôt que l'adoption d'une seule considération en excluant toutes les autres. De tels problèmes d'équilibre entre diverses considérations varient naturellement selon les circonstances de l'espèce[319].

2.3.2. La conduite des Parties

Contrairement à l'affaire précédente, il n'a pas été fait état de ligne *de facto*, et l'historique du différend se résume à peu d'éléments. La Cour note d'ailleurs que ni Malte ni la Libye ne prétend que dans le présent cas, on voie "se dessiner sur la carte une limite séparant *de facto* les zones des concessions et permis en vigueur" et pouvant constituer un indice de "la ligne ou des lignes que les Parties elles-mêmes ont pu considérer ou traiter en pratique comme équitables", à l'instar de l'affaire *Libye/Tunisie*[320]. Pourtant Malte a prétendu que la Libye avait gardé le silence jusqu'en 1973, à la suite de l'information par Malte, en 1965, qu'elle entendait délimiter le plateau continental par une ligne médiane[321]. Malte a ainsi soutenu qu'on pouvait déceler dans le comportement de la Libye "soit la confirmation du caractère équitable de la position maltaise, soit la preuve d'un acquiescement libyen qui empêcherait, en droit comme en fait, d'en contester la validité[322]". Malte a aussi affirmé que des concessionnaires étaient dispensés de procéder à des forages au-delà de la limite nord de certaines concessions octroyées par la Libye, soit la médiane, ce qui confirme, selon Malte, la grande pertinence de cette méthode. La Cour « n'a cependant pas pu déceler d'un côté ou de l'autre un type de comportement suffisamment net pour constituer soit un

---

[319] Arrêts de 1969, p. 50, par. 93. Cités au par. 48 de l'Arrêt de 1985.
[320] Arrêt de 1982, p. 84, par. 117-118. Cités au par. 24 de l'Arrêt de 1985.
[321] Arrêt de 1985, p. 28-29, par. 24.
[322] *Idem*, p. 28, par. 24.

acquiescement soit une indication utile » susceptibles de déterminer sa décision[323].

2.3.3. L'argumentation de la Libye

La Libye, qui n'a pas signé la Convention de 1958 sur le plateau continental, a soutenu que la méthode de l'équidistance (ou médiane) n'est pas obligatoire et n'aboutirait pas à un résultat équitable dans les circonstances, qui sont d'abord géographiques : masse terrestre et son prolongement naturel, longueurs des côtes respectives des deux États et zone d'effondrement. À l'instar de la position qu'elle avait adoptée en 1982 dans l'affaire qui l'opposait à la Tunisie, la Libye soumet que "le prolongement naturel des territoires terrestres respectifs des Parties dans et sous la mer est la base du titre sur les zones de plateau continental qui relèvent de chacune desdites Parties[324]". Or la Libye prétend que ce principe fournit dans le cas d'espèce un critère de délimitation, étant donné la présence d'une discontinuité fondamentale qui sépare deux plateaux dans une zone sous-marine d'effondrement qui se trouve au sud et au sud-ouest des îles maltaises et où existent des fosses de plus de 1 000 mètres et suivant une direction générale nord-ouest sud-est. La Libye affirme en conséquence qu'il y aurait lieu d'établir, par voie de négociation, "une ligne à l'intérieur et selon la direction générale de la zone d'effondrement[325]".

La Cour rejette l'argument libyen en rappelant que « les deux institutions du plateau continental et de la zone économique exclusive sont liées dans le droit moderne » ; et elle précise que « le droit applicable au présent litige, c'est-à-dire à des prétentions portant sur des plateaux continentaux situés à moins de 200 milles des côtes des États en question, ne se fonde pas sur des critères géologiques ou géomorphologiques, mais sur un critère de distance de la côte, ou, pour reprendre l'expression traditionnelle d'adjacence, sur le principe d'adjacence mesurée par la distance[326] ». S'il est vrai, reconnaît la Cour, qu'une rupture de continuité peut constituer la limite de deux plateaux, elle estime par ailleurs que l'affaire de 1982 ne peut être invoquée ici puisqu'elle se légitimait par référence à une réglementation du titre lui-même « qui faisait à ces facteurs une place appartenant désormais au passé » quant aux fonds marins à moins de 200 milles des côtes[327].

La Cour ajoute que cet argument de la zone d'effondrement, outre qu'il soulève des difficultés juridiques insurmontables, implique un problème d'interprétation des preuves apportées par de très savants experts qui, d'un côté, affirment que la discontinuité fondamentale résulte de la présence

---

[323] *Idem*, p. 29, par. 25.
[324] Conclusions du mémoire de la Libye reproduites au par. 11, p. 18 de l'Arrêt de 1985.
[325] *Idem*, p. 19.
[326] *Idem*, p. 46, par. 61.
[327] *Idem*, p. 36, par. 40.

d'une limite de plaque tectonique, de l'autre côté soutiennent que cette limite "secondaire" de plaque ne repose que sur une hypothèse ne pouvant être confirmée ou infirmée par les données disponibles : « La Cour ne peut accepter l'idée que pour statuer en l'espèce, elle devrait d'abord trancher un désaccord entre des hommes de science réputés sur l'interprétation plus ou moins plausible de données apparemment incomplètes ; car un critère nécessitant un tel jugement ou une telle évaluation lors d'une instance judiciaire, voire au cours de négociations entre gouvernements, ne convient manifestement pas comme règle juridique de délimitation applicable à titre général[328] ».

Quant à l'argument libyen relatif à la masse terrestre, il n'est pas non plus retenu par la Cour, puisque, dit-elle, cette thèse n'a pas d'appui dans la doctrine, la jurisprudence, la pratique des États et dans les travaux de la troisième Conférence des Nations Unies sur le droit de la mer. Rendre cette thèse digne de foi serait changer radicalement le rôle du lien entre la côte de l'État et son plateau continental : « Ce qui distingue un État côtier, qui a droit à un plateau continental, d'un État sans littoral, qui n'y a pas droit, ce n'est assurément pas la masse terrestre, que l'un comme l'autre possède, mais bien l'existence chez l'un et l'absence chez l'autre d'une façade maritime. Le lien juridique entre la souveraineté territoriale de l'État et ses droits sur certains espaces maritimes adjacents s'établit à travers ses côtes[329] ».

2.3.4. L'argumentation de Malte

Malte, qui est constituée de quatre îles habitées (Malte, Gozo, Comino et Cominotto) et de l'îlot inhabité de Fifla, a fait valoir que les côtes respectives des Parties sont dans une situation d'opposition, et, se fondant sur le principe de distance, elle a soutenu que l'affaire constitue « un cas "classique" et sans problème d'application simple de la ligne médiane[330] ». Pourtant, la Cour rejette cet argument voulant que « l'importance nouvellement accordée à la notion de distance de la côte ait eu pour effet, au moins dans une délimitation entre États se faisant face, de conférer la primauté à la méthode de l'équidistance ». La Cour ne peut non plus admettre l'argument voulant que la méthode de l'équidistance doive être forcément utilisée, à tout le moins comme étape préliminaire du processus de délimitation, car ce serait, ajoute-t-elle, donner du poids à l'idée de "proximité absolue" que le Tribunal n'a pas retenue dans les affaires de la *Mer du Nord*[331].

Quant à la pratique des États, la Cour a l'occasion d'examiner plus de 70 accords de délimitation interprétés différemment par la Libye et Malte, cette

[328] *Idem*, p. 36-37, par. 41.
[329] *Idem*, p. 41, par. 49.
[330] *Idem*, p. 50, par. 70.
[331] Arrêts de 1969, p. 30, par. 41. Citées à la p. 37, par. 42 de l'Arrêt de 1985.

dernière prétendant que cette pratique « constitue nécessairement une indication précieuse et digne de foi des critères normaux de l'équité », tandis que la Cour « n'éprouve quant à elle aucun doute au sujet de l'importance de la pratique étatique, mais elle est d'avis que, quelle que soit l'interprétation qu'on puisse en donner, cette pratique ne suffit pas à prouver l'existence d'une règle prescrivant le recours à l'équidistance ou à toute autre méthode tenue pour obligatoire[332] ».

À l'instar des Parties dans les affaires *Libye/Tunisie* et *Guinée/Guinée-Bissau* mais sans plus de succès, Malte fait valoir également des arguments d'ordre économique en invoquant notamment l'absence de ressources énergétiques, l'étendue limitée de ses activités de pêche et ses besoins de pays insulaire en voie de développement. Malte tente en effet de convaincre le Tribunal de l'opportunité d'examiner ces circonstances, « parmi les considérations d'équité pertinentes, servant non à dicter une délimitation mais à juger du caractère équitable d'une délimitation établie d'une autre manière[333] ». À propos de cet argument de nature économique, la Cour rappelle que le concept de zone économique exclusive comporte des avantages spécifiques reconnus aux États dits en développement et relatifs à l'exploitation des ressources de cette zone, sans pour autant porter sur son extension ou sa délimitation. Le Tribunal cite par ailleurs un passage de l'arrêt dans les affaires de la *Mer du Nord*, prévoyant que les ressources du plateau continental, "pour autant que cela soit connu ou facile à déterminer[334]", pourraient constituer des circonstances pertinentes à la délimitation, puisqu'elles représentent l'objectif même poursuivi par les États dans leurs efforts à se faire reconnaître une partie des fonds marins. Pourtant, dit la Cour, les Parties n'ont fourni aucune indication à ce sujet. À l'instar de sa décision dans l'arrêt de 1982, elle émet les remarques générales suivantes visant à rejeter ces facteurs comme étant non pertinents : « La Cour ne considère cependant pas qu'une délimitation doive être influencée par la situation économique relative des deux États concernés, de sorte que le moins riche des deux verrait quelque peu augmentée, pour compenser son infériorité en ressources économiques, la zone de plateau continental réputée lui appartenir[335] ».

Malte soulève aussi des arguments de type stratégique en affirmant que la sécurité et les intérêts relatifs à la défense nationale constituent des considérations équitables, l'équidistance étant alors la méthode appropriée puisqu'elle donne à chaque État une aire soumise à son contrôle qui se trouve d'une étendue comparable. Ces arguments sont également rejetés par la Cour pour le motif que la frontière qu'elle se propose de tracer n'est pas

---

332 Arrêt de 1985, p. 38, par. 44.

333 *Idem*, p. 41, par. 50.

334 Arrêts de 1969, p. 54, par. 101 D 2. Cités à la p. 41, par. 50 de l'*Arrêt de 1985*.

335 Arrêt de 1985, p. 41, par. 50.

« proche de l'une ou l'autre Partie au point que les questions de sécurité entrent particulièrement en ligne de compte en l'espèce[336] ».

2.3.5. Le statut d'État insulaire

Malte rappelle aussi son statut d'État insulaire en faisant allusion au traitement qui a été accordé aux îles Anglo-Normandes aux termes de l'arbitrage de 1977 concernant la délimitation du plateau continental *France/Royaume-Uni*. Si Malte et la Libye sont d'accord pour dire que le titre au plateau continental est le même pour une île que pour un continent, Malte établit par ailleurs une distinction entre l'État insulaire et l'île dépendante politiquement d'un État continental, le droit international attribuant dans la délimitation « un effet qui varie suivant leur dimension, leur situation géographique, leur population et leur économie[337] ». À ce sujet, le Tribunal s'exprime dans les termes suivants :

> Selon la Cour, le problème n'est pas qu'un "État insulaire" jouirait d'une sorte de statut spécial pour les droits sur le plateau continental ; du reste Malte insiste sur le fait qu'elle n'aspire pas à un tel statut. C'est simplement que, Malte étant indépendante, la relation entre ses côtes et celles de ses voisins n'est pas la même que si elle faisait partie du territoire de l'un d'entre eux. En d'autres termes, les limites maritimes pourraient fort bien se présenter différemment dans la région si les îles maltaises, au lieu de constituer un État indépendant, faisaient partie du territoire de l'un des pays voisins. Cet aspect de la question est lié non seulement au fait que Malte est un groupe d'îles et un État indépendant, mais aussi à la situation des îles dans le cadre géographique d'ensemble, et cela surtout dans une mer semi fermée[338].

Malte invoque enfin le principe de l'égalité souveraine des États pour justifier son choix de la méthode de l'équidistance et pour s'objecter à un ajustement basé sur la différence entre les longueurs des côtes, par application du critère de proportionnalité, ce qui n'a pas non plus convaincu la Cour. Malte a en effet affirmé que les États étant égaux et également souverains, les projections en mer de cette souveraineté ont une égale valeur juridique, peu importe les longueurs respectives de leurs côtes. Le Tribunal explique ici que dans l'hypothèse où les États auraient opté pour le principe d'une répartition du plateau strictement proportionnelle à la longueur des côtes, « leur consentement à cette règle n'aurait pas violé le principe d'égalité souveraine entre eux[339] ». De plus, estime la Cour, « l'existence d'un titre égal *ipso jure* et *ab initio* des États côtiers n'implique pas l'égalité

[336] *Idem*, p. 42, par. 51.
[337] *Idem*, p. 42, par. 52.
[338] *Idem*, p. 42, par. 53.
[339] *Idem*, p. 43, par. 54.

de l'étendue de leur plateau[340] », ce qui écarte la possibilité de rejeter la longueur des côtes comme circonstance pertinente à la délimitation.

2.3.6. La notion de proportionnalité

L'argument de la proportionnalité, c'est la Libye, bien sûr, qui l'a invoqué en y accordant une très grande importance. Ainsi, dans ses cinquième et sixième conclusions, elle affirme que « les principes équitables n'exigent pas qu'un État possédant une faible longueur de côte soit traité comme s'il possédait un vaste rivage » et que l'application de ces principes, dans la situation géographique particulière du cas soumis à la Cour, « veut que la délimitation tienne compte des importantes différences de longueur entre les côtes respectives orientées vers la zone où doit se faire la délimitation[341] ». Le Tribunal reconnaît d'emblée que cette question mérite un examen attentif et il estime même que la proportionnalité « est en relation étroite aussi bien avec le principe supérieur de l'équité qu'avec l'importance de la côte en tant que source des droits sur le plateau continental[342] ». La Cour considère aussi que cette source repose sur le principe que la nature doit être respectée et que des côtes comparables ne doivent pas être traitées différemment à cause d'une question technique.

Dans les affaires de la *Mer du Nord*, les juges ont mentionné, dans le dispositif de l'arrêt, que parmi les facteurs à prendre en considération se trouve le rapport raisonnable qu'une délimitation opérée conformément à des principes équitables devrait faire apparaître entre l'étendue des zones de plateau continental relevant de l'État riverain et la longueur de son littoral mesurée suivant la direction générale de celui-ci, compte tenu à cette fin des effets actuels ou éventuels de toute autre délimitation du plateau continental effectuée entre États limitrophes dans la même région[343]. Le rôle de la proportionnalité a été également précisé dans les termes suivants dans l'arbitrage du plateau continental *France/Royaume-Uni*, et alors même que les arbitres font référence à l'affaire précédente :

> Le concept de proportionnalité n'est que l'expression du critère ou du facteur qui permet de déterminer si une distorsion aboutit à une délimitation inéquitable du plateau continental entre les États côtiers intéressés. Le facteur de proportionnalité peut se présenter sous la forme d'un rapport entre l'étendue du plateau continental et la longueur des côtes (...). Mais il peut également s'agir – cela est plus courant – d'un facteur permettant d'établir si des caractéristiques géographiques ou configurations particulières ont un effet raisonnable ou déraisonnable, équitable ou inéquitable sur le tracé d'une limite équidistante. (...) il ne peut jamais être question de refaire entièrement la nature, par exemple

[340] *Ibidem.*
[341] *Idem*, p. 45, par. 58.
[342] *Idem*, p. 43, par. 55.
[343] Arrêts de 1969, p. 54, par. 101.

d'égaliser la situation d'un État dont les côtes sont étendues à celle d'un État dont les côtes sont réduites (…). La proportionnalité doit donc être utilisée comme un critère ou un facteur permettant d'établir si certaines situations géographiques produisent des délimitations équitables et non comme un principe général qui constituerait une source indépendante de droits sur des étendues de plateau continental[344].

2.3.7. Le tracé de la frontière

Pour mettre en œuvre le processus de délimitation, la Cour établit d'abord les coordonnées de l'aire de cette délimitation, soit une zone comprise entre les méridiens 13°10'E et 15°10'E, et ce conformément à la demande d'intervention logée par l'Italie aux fins de réserver ses intérêts dans la perspective de délimitations futures qui l'impliqueraient avec la Tunisie d'une part et la Libye d'autre part. Tenant compte du fait que la délimitation à effectuer devrait être établie entre des côtes se faisant face et rappelant qu'en l'espèce le fondement du titre au plateau continental est le principe de distance, la Cour juge que « le tracé d'une ligne médiane entre ces côtes, à titre d'élément provisoire dans un processus devant se poursuivre par d'autres opérations, correspond à la démarche la plus judicieuse en vue de parvenir finalement à un résultat équitable[345] ».

Mais dans la construction de cette ligne médiane provisoire, la Cour ne tient pas compte de la présence de l'îlot inhabité de Fifla – appréciation qui a été tenue pour arbitraire[346]. Pourtant, la Cour ne fait ici que reprendre le raisonnement du Tribunal dans les affaires de la *Mer du Nord* dont le passage suivant est cité : "les zones de plateau continental se trouvant au large d'États dont les côtes se font face (…) se rencontrent, se chevauchent et ne peuvent donc être délimitées que par une ligne médiane ; si l'on ne tient pas compte des îlots, des rochers ou des légers saillants de la côte, dont on peut éliminer l'effet exagéré de déviation par d'autres moyens, une telle ligne doit diviser également l'espace dont il s'agit[347]".

2.3.8. Un ajustement de la ligne

La Cour décide que cette ligne doit être ajustée, compte tenu de deux circonstances géographiques jugées, selon elle, pertinentes : « primo, le cadre géographique d'ensemble dans lequel les îles maltaises apparaissent comme un accident relativement modeste dans une mer semi-fermée ; secundo, la disparité considérable des longueurs des côtes pertinentes des

[344] Citation aux p. 44-45, par. 57, de l'Arrêt de 1985.
[345] Arrêt de 1985, p. 47, par. 62.
[346] McDorman, Ted L. (1986) The Libya-Malta Case : Opposite States Confront the Court, *ACDI*, vol. 24, p. 361.
[347] Arrêts de 1969, p. 36, par. 57. Cités à la p. 47, par. 62 de l'Arrêt de 1985.

deux Parties[348] ». À l'égard de ce deuxième motif, la Cour considère « la nécessité d'éviter dans la délimitation toute disproportion excessive entre l'étendue de la zone de plateau continental relevant de l'État côtier et la longueur de la partie pertinente de son littoral mesurée suivant la direction générale de la côte[349] ».

La Cour estime pour ces raisons qu'un résultat équitable ne peut être obtenu qu'en déplaçant vers le nord la ligne médiane stricte. Pour juger de la translation qui convient dans les circonstances, la Cour trace une médiane hypothétique stricte (34°36'N au méridien 15°10'E) entre la Libye et l'Italie (la Sicile), ce qui fait abstraction de la présence de Malte. Elle considère approprié de déplacer la médiane stricte dans une proportion de 75 % vers le nord[350], ce qui représente 18', opération estimée également arbitraire et contradictoire avec le but déclaré de ne pas refaire la géographie[351].

La Cour ne juge pas nécessaire de vérifier par un test de proportionnalité le caractère équitable de la ligne ainsi obtenue, car elle « ne pense pas qu'il soit conforme aux principes de l'opération de délimitation d'essayer de parvenir à un rapport arithmétique préétabli »; et plus loin : « La conclusion de la Cour à cet égard est qu'il n'y a certainement pas de disproportion évidente entre les surfaces de plateau attribuées à chacune des Parties, au point que l'on pourrait dire que les exigences du critère de proportionnalité en tant qu'aspect de l'équité ne sont pas satisfaites[352] ». À vrai dire, c'est avec beaucoup de précaution que la Cour tient à fonder son choix de ne pas procéder à un tel test. Aussi, précise-t-elle encore :

> Il a été souligné que cette opération ne doit servir qu'à vérifier l'équité du résultat obtenu par d'autres moyens. Mais se livrer à des calculs de proportionnalité pour vérifier un résultat est une chose ; c'en est une autre que de prendre acte, durant l'opération de délimitation, de l'existence d'une très forte différence de longueur des littoraux et d'attribuer à cette relation entre les côtes l'importance qu'elle mérite, sans chercher à la quantifier, ce qui ne serait approprié que pour évaluer a posteriori les rapports entre les côtes et les surfaces. Les deux opérations ne s'excluent pas mutuellement, pas plus qu'elles ne se confondent au point que l'une rendrait forcément l'autre superflue.

L'année suivant l'arrêt, le 10 novembre 1986, la Libye et Malte concluent un accord de délimitation du plateau continental qui est conforme aux dispositions de cet arrêt[353]. Cette frontière est donc à la fois décidée et

---

[348] Arrêt de 1985, p. 52, par. 73.
[349] *Idem*, dispositif, p. 57, par. 79.
[350] *Idem*, p. 52, par. 73. La Cour n'a fourni, à vrai dire, aucune explication pour justifier cette proportion.
[351] McDorman, Ted L. (1986) *op. cit.*, p. 361.
[352] Arrêt de 1985, p. 55, par. 75.
[353] Agreement between the Republic of Malta and the Great Socialist People's Libyan Arab Jamahiriya Implementing Article III of the Special Agreement and the Judgment of the International Court of Justice.

agréée, à l'instar de celle qui délimite la Guinée-Bissau et le Sénégal, mais, dans ce dernier cas, elle a été agréée avant d'être décidée.

2.3.9. Les opinions dissidentes

Des 17 juges 3 ont exprimé des opinions dissidentes par lesquelles est critiquée la décision du Tribunal d'avoir exclu la zone nord-est afin de protéger les intérêts des tiers, en l'occurrence l'Italie. Mais du point de vue des fonctionnalistes, ce jugement constitue un pas en avant en ce qu'il adopte une approche macrographique en tenant compte des caractères physiques d'un ensemble régional[354].

Parmi les dissidents, le juge Schwebel définit la ligne de délimitation établie par le Tribunal comme étant « abusivement tronquée dans le but de ménager les prétentions de l'Italie[355] », et il estime que cette médiane dite corrigée n'est pas suffisamment justifiée par les principes de droit et d'équité applicables dans ce cas. Aussi s'interroge-t-il sur le déplacement de cette ligne : « Mais, si la proportionnalité n'est pas le motif qui amène la Cour à déplacer vers le nord la ligne de délimitation, la question reste posée : quel est ce motif ? À cette question, la Cour ne répond pas franchement. Elle semble plutôt fonder essentiellement son arrêt sur une intuition, qui la pousse à accorder une prime à la Libye parce que ses côtes sont tellement plus longues que celles de Malte[356] ». Après avoir noté que la Cour était appelée pour la première fois à se prononcer sur une question relative à des côtes opposées plutôt qu'adjacentes, le juge fait observer que c'est bien à ce dernier type que les juges songeaient dans les affaires de la *Mer du Nord*.

À la fin de son opinion, le juge Schwebel reconnaît que la Cour a certes raison de dire que toute ligne médiane peut être soumise à une correction, dans la mesure où il doit être tenu compte des circonstances spéciales. Et le juge d'ajouter : « Mais je ne puis admettre que ses allusions énigmatiques à la longueur des côtes, à la distance entre les côtes, au faible nombre des points de base et au contexte géographique d'ensemble suffisent à motiver le choix de la ligne de délimitation qu'elle a retenue en l'espèce. Et ces références tronquées ne sont pas non plus de nature à créer le sentiment de cohérence et de prévisibilité auquel aspirent à juste titre la Cour elle-même et le monde du droit[357] ».

---

[354] Johnston, Douglas, M. (1988) *The Theory and History of Ocean Boundary Making*, p. 210.
[355] Opinion dissidente du juge Schwebel, p. 172, par. non numéroté.
[356] *Idem*, p. 183, par. non numéroté.
[357] *Idem*, p. 187.

2.4. TUNISIE/ALGÉRIE

Un accord de délimitation défini, dans son titre même, comme un traité portant sur des arrangements provisoires[358], est signé le 11 février 2002 et entré en vigueur le 23 novembre 2003 entre la Tunisie et l'Algérie. Cet accord provisoire prévoit qu'il sera d'une durée de 6 ans depuis l'échange des instruments de ratification, à l'expiration desquels les Parties s'engagent à le proroger, à le réviser ou à conclure un accord définitif. L'une des dispositions de cet accord, comme son titre le laisse entendre, stipule que ledit accord est conclu sans préjudice de la délimitation définitive (art. 4). Son préambule mentionne notamment que cette convention intervient pour renforcer les liens de fraternité et de coopération, ainsi que les intérêts communs des deux peuples, aux fins de la construction de l'Union du Maghreb arabe[359].

Compte tenu des travaux de la commission conjointe tenue en juin 2002, l'accord stipule que la ligne provisoire de délimitation est constituée de deux segments dont quatre points sont définis comme suit : point 1 au point terminal de la frontière terrestre ; point 2 à 4 milles marins des rochers Sorelle ; point 3 au point d'intersection de la ligne et de la limite de la zone de pêche de l'Algérie ; enfin, point 4 dont les coordonnées sont 38^0 00' Nord et 07^0 50' Est. Il est en outre prévu que les travaux du comité mixte pour la définition de ces coordonnées devront être complétés au plus tard dans les six mois de la conclusion de l'accord.

Si l'on découvrait des gisements de ressources minérales traversées par la frontière, les Parties s'engagent à se consulter et à coopérer, de même que dans les domaines suivants : conservation (notamment celle des ressources biologiques), recherche scientifique, prévention et punition des infractions en matière de santé, fiscalité, immigration, douanes, enfin lutte contre les menaces à la sécurité concernant l'environnement et la circulation des navires et des aéronefs.

2.5. ÉGYPTE/CHYPRE

Le 17 février 2003, un accord interrégional de délimitation de la ZÉE exclusivement est conclu entre l'Égypte et Chypre[360]. La frontière maritime, d'une longueur de 155 milles marins, va du tripoint avec Israël au tripoint

[358] Accord portant arrangements provisoires relatifs à la délimitation de la frontière maritime entre la République tunisienne et la République algérienne démocratique et populaire.

[359] Lathrop, Coalter G., ed. (2020) Report 8-16 Algeria-Tunisia, in *International Maritime Boundaries Online.*

[360] Agreement between the Republic of Cyprus and the Arab Republic of Egypt on the Delimitation of the Exclusive Economic Zone.

avec la Grèce, ce dernier devant être défini éventuellement[361]. Il est expressément prévu dans cet instrument que la frontière est tracée selon une ligne médiane entre les côtes respectives (huit points étant définis par leurs coordonnées géographiques). À l'instar de l'accord Tunisie/Algérie conclu l'année précédente, les Parties s'engagent à collaborer dans le cas de la présence de gisements transfrontaliers[362].

La Turquie, le 2 mars 2004, s'est adressée aux Nations Unies pour dénoncer cet accord et s'y est objectée, notamment au motif que la délimitation, « en particulier dans les zones situées à l'ouest de la longitude 32 degrés 16'18'', intéresse également les droits légaux et souverains détenus *ipso facto* et *ab initio* par la Turquie en vertu des principes établis du droit international », la Turquie ajoutant qu' « il n'existe pas d'autorité unique qui soit, en droit ou en fait, compétente pour représenter conjointement les Chypriotes turcs et les Chypriotes grecs et, par conséquent, Chypre dans son ensemble[363] ».

2.6. ÉGYPTE/GRÈCE

L'accord conclu entre les deux États[364] le 6 août 2020 et entré en vigueur le 2 septembre de la même année ne concerne que la seule délimitation de la zone économique exclusive, celle du plateau continental étant exclue[365], ainsi que le titre de cet instrument le montre clairement[366].

Il est mentionné dans l'accord qu'il s'agit d'une « partial delimitation » (art. 1a) et qu'elle sera complétée lorsque nécessaire et au terme de consultations ultérieures. Il est en outre prévu que les deux seuls points terminaux de la ligne de 104 milles marins (A et E) pourront être modifiés par les Parties dans les cas de délimitations futures avec d'autres États voisins (art. 1d). Il est en outre prévu qu'une Partie engagée dans des négociations concernant une délimitation devra consulter l'autre Partie (art. 1e). Il est en outre prévu que dans le cas de ressources transfrontalières, notamment en matière pétrolière, les Parties devront coopérer pour réaliser un accord en vue de l'exploitation de ces ressources (art. 2). Enfin, il est mentionné que l'accord ne peut être suspendu, dénoncé ou retiré (art. 4).

---

[361] International Mapping (2023) *op. cit.* : https://sovereignlimits.com/boundaries/cyprus-egypt-maritime.

[362] Lathrop, Coalter G., ed. (2017), Report Number 8-15(2) Cyprus-Egypt, in *op. cit.*

[363] United Nations (2004) *LSB*, number 54, p. 130.

[364] Accord entre le Gouvernement de la République arabe d'Égypte et le Gouvernement de la République hellénique sur la délimitation de la zone économique exclusive entre les deux pays.

[365] International Mapping (2023) *op. cit.* : https://sovereignlimits.com/boundaries/egypt-greece-maritime.

[366] Lathrop, Coalter G., ed. (2021) Report Number 8-25 Egypt-Greece, in *op. cit.*

Il semble que la méthode de délimitation soit une ligne d'équidistance modifiée, selon une carte jointe à l'accord, laquelle montre clairement que les points terminaux E et A de la ligne sont situés exactement et respectivement sur les méridiens 26 et 28 degrés de longitude nord et que, par conséquent, les voisins maritimes les plus directement intéressés sont la Libye et la Turquie. Cette dernière s'est d'ailleurs objectée dans une lettre du 21 août 2020 aux Nations Unies[367].

2.7. LIBYE/TURQUIE

Le 27 novembre 2019, la Libye et la Turquie concluent un accord de délimitation[368] qui entrera en vigueur le 8 décembre de la même année. L'accord prévoit qu'il s'agit d'une ligne d'équidistance et que la délimitation comprend la zone économique exclusive et le plateau continental. La frontière est très courte (18 milles marins), l'accord mentionnant que la ligne commence au point A (26° 19' E) et se termine au point B (26° 39'E)[369].

Il y est prévu que tout différend sera réglé selon l'article 33 de la Charte des Nations Unies. Si des ressources naturelles sont trouvées de part et d'autre de la frontière, les Parties coopéreront pour atteindre un arrangement sur leur exploitation. Si l'une ou l'autre des Parties est engagée dans des négociations sur sa ZÉE avec un autre État, cette Partie consultera l'autre Partie avant de conclure un accord définitif[370].

Cet accord entre la Libye et la Turquie n'a pas manqué de faire l'objet de nombreuses objections aux Nations Unies de la part de la Syrie, de Chypre et de la Grèce, notamment cette dernière qui, dans une lettre du 24 avril 2023, affirme que « (c)ette supposée frontière maritime orientale libyenne viole la zone économique exclusive grecque telle qu'elle a été délimitée, conformément au droit international », par l'accord du 6 août 2020 entre la Grèce et l'Égypte, les titulaires de la lettre ajoutant que « (c)es revendications de la partie libyenne constituent non seulement une violation flagrante du droit international mais aussi une menace contre la paix et la stabilité en Méditerranée[371] ».

---

[367] Nations Unies (2020) A/74/997-S/2020/826.

[368] Mémorandum d'accord entre le Gouvernement de la République turque et le Gouvernement d'entente nationale de Libye sur la délimitation des zones de juridiction maritime en Méditerranée.

[369] International Mapping (2023) *op. cit.* : https://sovereignlimits.com/boundaries/libya-turkey-maritime.

[370] Lathrop, Coalter G., ed. (2020) Report 8-24 Libya-Turkey, in *op. cit.*

[371] Nations Unies (2023) A/77/865.

2.8. CONCLUSION

Les frontières maritimes en Méditerranée centrale sont marquées par deux importantes décisions de la C.I.J. qui n'en sont pas moins à l'abri des critiques, notamment celles des opinions dissidentes auxquelles elles ont donné lieu. L'affaire *Libye/Tunisie*, première décision « africaine » en matière de délimitation maritime, doit-elle être critiquée, à l'instar des trois dissidences mentionnées, pour avoir rejeté dans le cas d'espèce l'utilisation de la méthode de l'équidistance ? Nous ne le croyons pas. Il faut d'abord se rappeler qu'aux termes mêmes du compromis, il était expressément demandé à la Cour de tenir compte des nouvelles tendances révélées durant la troisième Conférence des Nations Unies sur le droit de la mer. Or celle-ci, on le sait, aboutira à l'adoption de la Convention sur le droit de la mer, qui se démarque des Conventions de 1958 dans lesquelles la méthode de l'équidistance était stipulée non seulement pour la délimitation de la mer territoriale mais aussi pour celle du plateau continental. Cette délimitation doit désormais, conformément à l'article 74, être établie « afin d'aboutir à un résultat équitable », aucune méthode n'étant dorénavant prévue explicitement.

Si, contrairement à l'affaire précédente *Libye/Tunisie*, la Cour n'a pas cru bon de procéder à un test de proportionnalité pour des raisons qu'elle explique par ailleurs, il n'en demeure pas moins qu'elle est très laconique dans son choix d'opérer une translation de 18 minutes (pourquoi pas 24 ?) d'une médiane qui peut être appropriée *a priori*, étant donné que les côtes sont ici opposées. D'ailleurs les juges dissidents n'ont pas manqué l'occasion de critiquer cette opération. Par ailleurs, la Cour rappelle clairement qu'il n'y a pas de limites juridiques aux divers types de circonstances dont un Tribunal peut tenir compte, comme cela a été exprimé dans les affaires de la *Mer du Nord*.

Si plusieurs frontières maritimes, intrarégionales et interrégionales, ont été jusqu'à maintenant délimitées par accords bilatéraux ou par voie juridictionnelle en Méditerranée, les frontières maritimes non encore délimitées – virtuelles – sont les plus nombreuses, et ce pour plusieurs raisons : médiocrité ou absence de relations diplomatiques entre États voisins, différends concernant la souveraineté sur des îles ou des parcelles territoriales, contestation de la frontière terrestre elle-même.

Ainsi, le Maroc, qui a des frontières avec l'Espagne, ne pourra conclure avec elle aussi longtemps que subsistera des litiges quant à la souveraineté sur des îles – notamment l'île au Persil – et sur le statut des enclaves espagnoles de Ceuta et de Melilla en territoire marocain. Sa frontière maritime avec l'Algérie risque de demeurer virtuelle aussi longtemps que la frontière terrestre, compliquée qu'elle est par le Sahara occidental, continuera de faire l'objet de contestations, nonobstant la conclusion d'un accord signé en 1972 et entré en vigueur en 1989[372].

---

[372] Convention relative au tracé de la frontière d'État établie entre le Royaume du Maroc et la République algérienne démocratique et populaire.

L'Algérie, qui a, elle aussi, des frontières virtuelles avec l'Espagne et l'Italie, a par ailleurs conclu un accord de délimitation maritime avec la Tunisie, tandis que cette dernière a presque complété le processus de délimitation en concluant avec l'Italie par accord et la Libye par voie judiciaire, alors que celle-ci n'a pu tracer sa frontière avec l'Égypte, pas plus qu'avec l'Italie et la Grèce, ce qui n'est pas sans évoquer le statut contesté du golfe de Syrthe (ou Sidra) que la Libye revendique à titre de baie historique. Quant à la délimitation Libye/Turquie, le statut de cette frontière est contesté. L'Égypte a conclu des accords avec Chypre et avec la Grèce, mais sa frontière maritime avec Israël demeure virtuelle et compliquée par le statut de Gaza.

CHAPITRE 3

L'Atlantique

Les espaces maritimes qui baignent les côtes atlantiques de l'Afrique sont bien différents de ceux de la Méditerranée, d'abord parce que les États côtiers y sont beaucoup plus nombreux, aussi parce que ces derniers sont dans la plupart des cas en situation d'adjacence plutôt que d'opposition, enfin, étant ouverts sur de très larges zones maritimes, la plupart de ces États revendiquent un plateau continental élargi, lequel suppose que la délimitation maritime, à l'instar de l'affaire *Ghana/Côte d'Ivoire*, devra éventuellement se prolonger au-delà des 200 milles marins, plusieurs de ces pays ayant d'ailleurs fait une soumission, ou même des soumissions conjointes[373] – parfois contestées –, à la Commission des limites du plateau continental (CLPC). Pourtant la douzaine de frontières maritimes délimitées à ce jour représente un faible pourcentage de celles qui sont encore virtuelles. Ces frontières délimitées se trouvent toutes regroupées en deux régions – les côtes de l'Afrique de l'Ouest (*figure 7*) et le golfe de Guinée – à l'exception des frontières Maroc/Mauritanie au nord (*section 3.3*) et Angola/Namibie au sud (*3.11*).

La première délimitation maritime intervient en avril 1960 quand deux puissances coloniales – la France pour le Sénégal et le Portugal pour la future Guinée-Bissau – procèdent à un échange de lettres, délimitation qui sera remise en cause au terme d'une sentence arbitrale rendue en juillet 1989 puis d'un arrêt de la Cour internationale de Justice (C.I.J.) en novembre 1991 (*section 3.1*). Entre-temps, la Guinée-Bissau est de nouveau impliquée en matière de délimitation maritime puisqu'un tribunal d'arbitrage, en février 1985, rend sa sentence dans l'affaire *Guinée/Guinée-Bissau* (*3.4*).

Le Sénégal est à son tour impliqué dans deux délimitations en signant un accord avec la Gambie *(section 3.2)* en juin 1975, puis avec le Cap-Vert (*3.5*) en février 1993, ce dernier concluant plus tard un accord avec la Mauritanie en septembre 2003 (*3.6*). Cette dernière, en avril 1976, avait délimité sa frontière avec le Maroc (*3.3*) sans égard aux droits des Sahraouis au Sahara occidental occupé[374].

---

373 https://www.un.org/depts/los/clcs_new/submissions_files/submission_wa7_75_2014.htm.

374 Smith, Jeffrey (2019) International Law and Western Sahara's Maritime Area, *ODIL*, vol. 50, issues 2-3, p. 117-140.

Figure 7. Les frontières maritimes en Afrique de l'Ouest

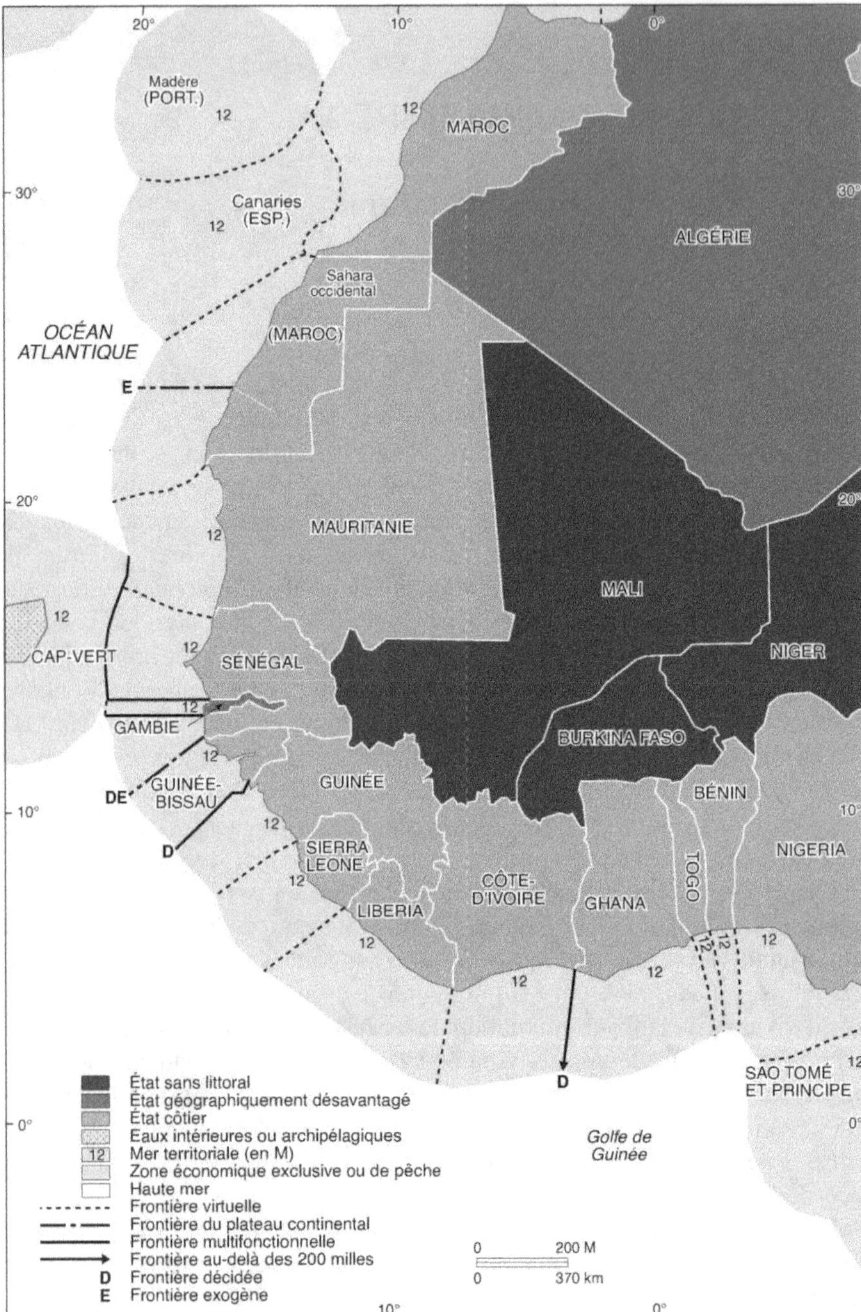

Source : Labrecque, Georges (2004) *Op. cit.*, p. 324.

Sao Tomé et Principe est également actif en matière de négociation maritime puisqu'il délimite sa frontière avec la Guinée équatoriale en juin 1999 (*3.7*), qu'il convient d'une zone d'exploitation commune avec le Nigeria[375] dans la baie du Biafra[376] en février 2001 et qu'il délimite sa frontière avec le Gabon en avril 2001 (*3.9*). En septembre 2000 et avril 2002, la Guinée équatoriale est de nouveau impliquée dans une délimitation et dans l'instauration d'une zone commune, cette fois avec le Nigeria (*3.8*). Ce dernier verra sa frontière maritime avec le Cameroun tracée au terme d'un arrêt sur le fond rendu par la C.I.J. en octobre 2002 (*3.10*) au terme de plusieurs procédures : deux requêtes introductives ; une requête en indication de mesures conservatoires ; un arrêt rejetant sept des huit exceptions préliminaires soulevées par le défendeur ; une requête en intervention de la Guinée équatoriale.

Plus au sud, l'Angola et la Namibie concluent un accord en juin 2002 (*3.11*). Rappelons par ailleurs un litige qui ne concerne pas à proprement parler des frontières maritimes puisqu'elles étaient demeurées *virtuelles*, celui auquel il fut mis fin le 28 février 1994 quand l'Afrique du Sud rétrocéda à la Namibie son exclave côtière de Walvis Bay, soit le port et quelques formations insulaires, aux termes d'un traité ambigu dans la mesure où il est mentionné que cette zone « shall be incorporated/reintegrated into the Republic of Namibia[377] » (art. 2).

Plus récemment, le Tribunal international du droit de la mer (T.I.D.M.) rend un arrêt, en septembre 2017, dans l'affaire *Ghana/Côte d'Ivoire* (*3.12*) en délimitant la frontière aussi bien au-delà qu'en-deçà des 200 milles marins – une première entre deux États africains. Encore plus récemment, le Gabon et la Guinée équatoriale saisissent la C.I.J. en 2016 pour la délimitation de la frontière terrestre, la souveraineté sur des îles et la frontière maritime – l'affaire étant encore pendante en décembre 2023.

3.1. GUINÉE-BISSAU/SÉNÉGAL

Comme dans l'affaire *Guinée/Guinée-Bissau*, les puissances coloniales sont encore dans le décor, si l'on peut s'exprimer ainsi. En effet, la frontière maritime entre la Guinée-Bissau et le Sénégal a été d'abord délimitée aux termes d'un échange de notes, le 26 avril 1960, entre le Portugal et la France, et elle peut être considérée comme la première frontière établie en Afrique et

---

[375] Treaty between the Federal Republic of Nigeria and the Democratic Republic of Sao Tome and Principe on the Joint Development of Petroleum and other Resources, in respect of Areas of the Exclusive Economic Zone of the Two States.
[376] Jia, Wang (2023) Nigeria-Sao Tome and Principe Joint Development of Petroleum and Other Resources, *CJIL*, vol. 22, issue 1, p. 133-140.
[377] Treaty between the Government of the Republic of South Africa and the Government of the Republic of Namibia with respect to Walvis Bay and the off-shore Islands.

la sixième dans le monde, au-delà de la mer territoriale[378]. Mais contrairement au cas précédent, le traité conclu par les puissances coloniales ne concernait pas les frontières terrestres, mais sera déclaré par le Tribunal comme ayant explicitement stipulé le tracé d'une frontière maritime, le Tribunal ayant donc, cette fois, à se prononcer sur la question de savoir si le principe de l'intangibilité des frontières s'applique aux frontières maritimes. Comme il répond par l'affirmative, il n'aura pas à tracer *ex novo* cette frontière qui, d'abord délimitée par voie bilatérale, sera par ailleurs disputée puis décidée, 29 ans plus tard, par le Tribunal d'arbitrage donnant raison au Sénégal qui demandait d'entériner l'accord de 1960, tandis que la Guinée-Bissau en plaidait l'inopposabilité et l'inexistence[379]. Cette dernière s'adresse ensuite à la C.I.J.[380], qui, le 12 novembre 1991, rejette une demande en nullité de la sentence[381]. Deux ans plus tard, en octobre 1993, les deux États se retrouvent à la table de négociations pour conclure un accord[382] concernant l'exploitation conjointe des ressources biologiques et minérales de la mer[383].

3.1.1. L'accord franco-portugais de 1960

La note française[384], acceptée par le gouvernement portugais, décrit la frontière comme suit : « Jusqu'à la limite extérieure des mers territoriales, la frontière serait définie par une ligne droite, orientée à 240°, partant du point d'intersection du prolongement de la frontière terrestre et de la laisse de basse mer, représenté à cet effet par le phare du cap Roxo. En ce qui concerne les zones contiguës et le plateau continental, la délimitation serait constituée par le prolongement rectiligne, dans la même direction, de la frontière des mers territoriales[385] ». Cette ligne d'azimut, qui paraît favoriser la Guinée-Bissau à proximité du littoral et le Sénégal plus au large, a été

---

[378] Des frontières avaient été délimitées auparavant entre les États suivants : Royaume-Uni (Trinité et Tobago) et Venezuela, en 1942 ; Chili et Pérou, en 1952 ; Équateur et Pérou, en 1952 ; Norvège et URSS, en 1957 ; Bahreïn et Arabie Saoudite, en 1958.

[379] *Tribunal arbitral pour la Délimitation de la frontière maritime Guinée-Bissau/Sénégal.* Sentence du 31 juillet 1989, R.S.A., vol. 20, p. 119. Ci-après citée : Sentence de 1989.

[380] *Sentence arbitrale du 31 juillet 1989*, arrêt, C.I.J. Recueil 1991. Ci-après cité : Arrêt de 1991.

[381] Pour une étude de l'affaire, consulter Owona Mfegue, Koura Félicité (2019) *Le différend frontalier Cameroun-Nigeria. Apport de la décision de la Cour internationale de Justice à l'exécution de ses décisions.*

[382] Tian, Shichen (2023) The Joint Development Agreement between Senegal and Guinea-Bissau : A Summary and Brief Analysis, *CJIL*, vol. 22, issue 1, p. 141–148.

[383] Okafor-Yarwood, Ifesinachi (2015) The Guinea-Bissau-Senegal maritime boundary dispute, *MP,* vol. 61, November, p. 284-290. Voir aussi USDS (1976) *Territorial Sea and Continental Shelf Boundary : LS*, n° 68.

[384] Échange de notes entre la France et le Portugal concernant la frontière maritime entre le Sénégal et la Guinée portugaise.

[385] Pour une brève étude de la frontière terrestre, on peut consulter USDS (1974) *IBS* : *Guinea-Bissau-Senegal Boundary*, n° 141, p. 1-12.

décrite non seulement comme étant perpendiculaire à la direction générale des côtes[386], mais aussi comme suivant « la direction générale de la ligne d'équidistance[387] ».

3.1.2. Le compromis d'arbitrage de 1985

Le 12 mars 1985, la Guinée-Bissau et le Sénégal signaient un compromis d'arbitrage priant un Tribunal de se prononcer sur le contenu de l'accord de 1960. Cette démarche constituait au fond l'aboutissement d'une situation de plus en plus conflictuelle[388] entre des voisins devenus depuis indépendants (le Sénégal en 1960 et la Guinée-Bissau en 1974) mais dont les racines se prolongeaient avant même l'indépendance du Sénégal. Ainsi, la France s'était objectée, en 1958, à un décret portugais qui autorisait le ministre de l'Outre-mer à octroyer des concessions à la société Esso, mais des négociateurs des deux puissances établirent, le 10 septembre 1959, des recommandations qui seront à l'origine de l'accord de 1960.

À la fin des années 1970, la Guinée-Bissau s'opposera à l'exploitation d'hydrocarbures par le Sénégal dans une zone jugée litigieuse, ce qui donnera lieu à plusieurs incidents maritimes et aériens[389], et elle contestera, en 1984, la construction sénégalaise d'une plate-forme de forage. L'année suivante, le Sénégal protestera auprès du secrétaire général de l'ONU concernant la promulgation par la Guinée-Bissau d'une loi instaurant un nouveau système de lignes de base droites. Enfin, le compromis d'arbitrage sera libellé notamment comme suit : « L'accord conclu par un échange de lettres, le 26 avril 1960, et relatif à la frontière en mer, fait-il droit dans les relations entre la République de Guinée-Bissau et la République du Sénégal ? En cas de réponse négative à la première question, quel est le tracé de la ligne délimitant les territoires maritimes qui relèvent respectivement de la République de Guinée-Bissau et de la République du Sénégal ?[390] ».

3.1.3. L'argumentation de la Guinée-Bissau

La Guinée-Bissau demandait au Tribunal de déclarer nulle la frontière délimitée par l'accord de 1960 et elle soumettait, à l'égard de la délimitation de la mer territoriale, « une ligne d'équidistance en direction de l'azimut de 247, à partir des lignes de base des deux États ». Quant à la délimitation du plateau continental et de la zone économique exclusive, elle soutenait que

---

[386] Prescott, J.R.V. (1985) *op. cit.*, p. 324.

[387] Traduction. Voir Underwood, Peter C. (1988) Ocean Boundaries and Resources Development in West Africa, *in* Johnston, Douglas M. and Saunders, Phillip M., eds., *Ocean Boundary Making : Regional Issues and Developments*, p. 247.

[388] (1990) Chronique des faits internationaux, *RGDIP,* vol. 94, n° 1, p. 136.

[389] Sentence de 1989, par. 18-25.

[390] Article 2 du compromis, cité au par. 1 de la Sentence de 1989.

« l'examen de toutes les circonstances pertinentes et la recherche des méthodes appropriées afin d'aboutir à une solution équitable donnant des résultats se situant entre les directions des azimuts de 264 et 270, c'est entre ces deux lignes que devra être fixée la délimitation maritime entre les deux États[391] ».

La Guinée-Bissau invoquait plusieurs types de motifs pour lesquels l'accord de 1960 ne faisait pas droit dans ses relations avec le Sénégal. Elle soumettait d'abord des causes d'inexistence et de nullité, notamment l'incompatibilité de l'accord avec des normes internationales du *jus cogens*, dont le droit des peuples à disposer d'eux-mêmes, alors que le processus de libération était déjà en cours lors de la conclusion de l'accord de 1960, ce qui restreignait donc le *jus tractatus* de l'État colonisateur de même que son corollaire, le principe de la souveraineté permanente sur les ressources naturelles. La Guinée-Bissau précisait que l'accord constituait une aliénation de territoire et que, par ailleurs, le Portugal et la France, à titre de puissances coloniales, « ne disposaient plus de la plénitude de la souveraineté nécessaire pour conclure[392] ». Rejetant le raisonnement de la Guinée-Bissau, le Tribunal précisa que dans « ce processus de formation d'un mouvement de libération nationale, la question juridique ne consiste pas à identifier l'instant précis où celui-ci est né en tant que tel. Ce qu'il importe de savoir, c'est à partir de quand son activité a eu une portée internationale[393] ». Le Tribunal poursuivit en soulignant que cette activité a une portée internationale lorsqu'elle constitue « dans la vie institutionnelle de l'État territorial un événement anormal qui le force à prendre des mesures exceptionnelles, c'est-à-dire lorsque, pour dominer ou essayer de dominer les événements, il se voit amené à recourir à des moyens qui ne sont pas ceux que l'on emploie d'ordinaire pour faire face à des troubles occasionnels[394] ».

Au titre des causes d'inexistence et de nullité, la Guinée-Bissau invoquait également la violation du droit interne (constitutionnel) portugais, étant donné que l'accord de 1960 avait été conclu sans le consentement de l'Assemblée nationale portugaise. Le Tribunal, se livrant à une étude de ce droit tel qu'il existait au moment de l'accord, rejeta l'argument de la Guinée-Bissau en notant que des conventions beaucoup plus importantes, dont la Charte des Nations Unies, n'avaient pas non plus été ratifiées, et que, de surcroît, la France était de bonne foi[395].

Outre ces causes d'inexistence et de nullité, la Guinée-Bissau soumettait des causes d'inopposabilité. À l'instar du Sénégal, elle reconnaissait le principe de l'*uti possidetis* et, à ce titre, elle ne contestait pas le fait que les frontières terrestres avaient été délimitées par la convention de 1886 conclue

---

[391] Conclusions de la procédure orale de la Guinée-Bissau, reproduites au par. 16 de la Sentence de 1989.
[392] Argument de la Guinée-Bissau, cité au par. 46 de la Sentence de 1989.
[393] Sentence de 1989, par. 51.
[394] *Ibidem*.
[395] *Idem*, par. 59.

alors entre deux puissances coloniales[396]. La Guinée-Bissau soutenait par ailleurs que ce principe ne pouvait être appliqué à la délimitation des frontières maritimes. Elle prétendait aussi qu'il n'existe pas de cas où la question de la succession d'États a été posée pour des frontières maritimes. Le Tribunal rappela, au contraire, des cas de frontières asiatiques (Malaysia, Philippines et Brunei) qui présentent sur leurs cartes des lignes remontant à l'époque coloniale et qui n'en sont pas moins considérées comme des limites maritimes[397].

La Guinée-Bissau signalait en outre « la nécessité de distinguer les délimitations anciennes de celles – plus récentes – qu'il faudrait alors soustraire au champ d'application de la règle de l'*uti possidetis* », argument également rejeté par le Tribunal pour le motif que de tels accords « ne doivent remplir aucune condition spéciale d'antériorité pour être opposables à l'État successeur[398] ». La Guinée-Bissau alléguait également l'absence de publicité de l'accord de la part du Portugal. Elle invoquait même l'état d'analphabétisme et le niveau culturel très bas de la population. De l'avis du Tribunal, ce défaut de publicité était contredit par les faits. En outre, la Guinée-Bissau se plaignait du non-enregistrement de l'accord au secrétariat de l'ONU, argument rejeté par le Tribunal pour la raison que cela ne constitue pas un motif pour ne pas invoquer l'accord[399].

Quant au sens et à la portée de l'expression « une ligne droite orientée à 240 », la Guinée-Bissau soumettait qu'« il n'y a pas de ligne droite sur le globe terrestre et qu'il en résulte une imprécision technique qui rendrait l'Accord inapplicable, car il n'est pas précisé si la ligne en question est une ligne loxodromique ou géodésique[400] ». Le Tribunal disposa de cet argument en précisant qu'il ne pouvait s'agir d'une ligne géodésique, « car une telle ligne ne remplirait pas la condition d'observer l'orientation de 240, attendu qu'elle offre la particularité de ne pas couper les méridiens et les parallèles sous un angle constant. La seule ligne qui remplirait cette condition serait une loxodromie[401] ».

3.1.4. L'argumentation du Sénégal

Le Sénégal, quant à lui, demandait au Tribunal de juger que, par l'échange de notes du 26 avril 1960, la France et le Portugal ont, « dans le plein exercice de leur souveraineté et conformément aux principes qui régissent la validité des traités et accords internationaux, procédé à la

[396] Convention de 1886 relative à la délimitation des possessions françaises et portugaises dans l'Afrique occidentale.
[397] Sentence de 1989, par. 64.
[398] *Idem*, par. 67-68.
[399] *Idem*, par. 69-76.
[400] Réplique de la Guinée-Bissau, citée au par. 86 de la Sentence de 1989.
[401] *Ibidem*.

délimitation d'une frontière en mer [d'autant que cet accord a été] conforté et complété par le comportement ultérieur des Parties contractantes autant que par celui des États souverains qui leur ont succédé[402] ». Le Sénégal demandait donc au Tribunal de reconnaître la délimitation prévue à l'accord concernant la mer territoriale, la zone contiguë et le plateau continental. Puisque le Tribunal avait rejeté les arguments de la Guinée-Bissau relatifs à l'existence et à l'inopposabilité de l'accord et que, de surcroît, il notait que ces trois types d'espaces maritimes sont nommément prévus au texte, il le déclara donc valide et il retint l'interprétation sénégalaise.

S'agissant du plateau continental dont les limites extérieures ne sont pas précisées aux termes de l'accord, le Sénégal demandait au Tribunal de prononcer la délimitation jusqu'à la limite des 200 milles. Ce dernier, rappelant que deux critères juridiques servaient, en 1960, à déterminer l'étendue du plateau continental (la ligne bathymétrique et l'exploitabilité), précisa que, dans ce dernier cas, il existe « une conception dynamique du plateau continental, puisque sa limite extérieure était fonction du développement de la technologie et, par conséquent, susceptible de se déplacer de plus en plus vers le large ». Le Tribunal accorda donc la demande faite par le Sénégal en concluant que l'accord de 1960 « délimite le plateau continental entre les Parties dans toute l'étendue de la définition actuelle de cet espace maritime[403] ». Or, cette définition[404] autorise l'État côtier à fixer, sous certaines conditions, les limites extérieures du plateau continental au-delà des 200 milles ; et dans la mesure où l'étendue du plateau continental justifierait le Sénégal de se prévaloir de ces dispositions, on peut se demander si le Tribunal n'a pas prononcé *ultra petita*.

Outre la mer territoriale, la zone contiguë et le plateau continental, le Sénégal demandait que la délimitation s'appliquât également à la « colonne d'eaux surjacente » – soit la zone économique exclusive – pour le motif, notamment, que cela serait conforme à l'évolution du droit de la mer, assurerait des rapports de bon voisinage et de sécurité en évitant des lacunes et répondrait à une pratique subséquente à l'accord de 1960 entre les deux pays et à « l'acquiescement de chaque État à la législation de l'autre sur l'étendue vers le large des différents espaces maritimes », donnant ainsi « naissance à un accord tacite ou à une coutume bilatérale[405] ». Loin d'être convaincu de ces arguments, le Tribunal estima plutôt que « l'accord de 1960 doit être interprété à la lumière du droit en vigueur à la date de sa conclusion » et il rappela avec raison que le concept de zone économique exclusive n'existait pas à cette époque[406].

Ayant donc rejeté tous les arguments de la Guinée-Bissau et ayant retenu en partie ceux du Sénégal, le Tribunal, par deux voix contre une, a décidé, le

[402] Conclusions du contre-mémoire du Sénégal, citées au par. 15 de la Sentence de 1989.
[403] Sentence de 1989, par. 85.
[404] Convention sur le droit de la mer, art. 76.
[405] Sentence de 1989, par. 83.
[406] *Idem*, par. 85.

31 juillet 1989, que l'accord de 1960 faisait droit entre les Parties en ce qui concerne la mer territoriale, la zone contiguë et le plateau continental.

3.1.5. La règle de l'*uti possidetis*

Dans son opinion dissidente, le juge Bedjaoui exprime son désaccord en deux volets : il estime d'abord que le traité de 1960 est inopposable à la Guinée-Bissau, de telle sorte qu'il n'a plus à se prononcer sur sa validité ; le juge procède ensuite à une délimitation *ex novo* des espaces maritimes. Si l'on examine la question des "acteurs" de la succession d'États, explique le juge, il faut considérer que le Sénégal, n'étant plus juridiquement un territoire d'outre-mer de la France lors de la signature de l'accord, est donc un État partie à cet accord, tant pour y avoir participé à titre de membre de la Communauté française que pour s'y être fait représenter par la France, tandis que la province de Guinée est alors sous la responsabilité du Portugal, État unitaire. Ainsi, lors de la conclusion de cet accord, le Sénégal n'est pas un État successeur, tandis que la Guinée-Bissau peut être considérée comme un État tiers à cet accord, lorsque l'Assemblée populaire émet, le 24 septembre 1973, une déclaration générale de non-succession. Aussi, poursuit le juge, la Guinée-Bissau a adopté une position claire qui, par application du principe de la *tabula rasa*, l'autorise à rejeter toute succession à cet accord de 1960, puisqu'elle a écarté tous les traités conclus par le Portugal pour sa province guinéenne. Le juge rappelle une disposition conventionnelle selon laquelle un État nouvellement indépendant n'est pas tenu de maintenir un traité en vigueur et d'y devenir partie du seul fait qu'à la date de la succession d'États le traité était en vigueur à l'égard du territoire auquel se rapporte la succession d'États[407].

Par ailleurs, poursuit le juge dissident, il importe de se demander si l'accord de 1960, par son contenu matériel de traité frontalier, « comporte une spécificité telle qu'elle permettrait de mettre en échec ce principe (...) qu'est la *tabula rasa*[408] », lequel comporte une exception, précisément en matière de frontière. Le juge dénonce aussi la distinction, introduite dans la sentence, entre l'*uti possidetis*, tel qu'il a été appliqué en Amérique latine par les anciennes colonies d'un même empire (espagnol), et celui qui serait proprement africain, s'appliquant aussi bien à des colonies qui n'appartiennent pas au même empire :

> Ce faisant, la sentence paraît prête à prendre deux directions contradictoires, d'une part pousser implicitement à une différentiation de régimes juridiques pour des frontières terrestres, mais d'autre part affirmer une unité de régime pour des frontières terrestres et maritimes. Si l'on trouve assez de raisons pour distinguer déjà entre les régimes des frontières terrestres, à plus forte raison devrait-on

[407] Convention de Vienne sur la succession d'États en matière de traités, art. 16.
[408] Opinion dissidente du juge Bedjaoui, p. 160, par. 14.

s'interdire de reconnaître un même régime juridique à la fois aux frontières terrestres et maritimes[409].

Le juge dissident estime par ailleurs que la notion d'effectivité s'applique plus difficilement dans les espaces maritimes, enfin, que les accords frontaliers terrestres, loin d'être soumis, à l'instar des maritimes, au principe du résultat équitable, sont négociés librement. Et le juge de s'exprimer comme suit : « Je n'aperçois pas, dans l'état actuel du droit, au nom de quel critère on pourrait justifier l'application automatique de l'*uti possidetis* à deux types d'espaces différents et le faire ainsi pour un principe qui, comme celui-là, constitue une exception à la *tabula rasa* et à la souveraineté de l'État, donc d'interprétation stricte[410] ». Le juge ne manque pas non plus l'occasion de faire observer que non seulement l'application du principe aux frontières maritimes est mal fondée en droit, mais que cette application aux frontières terrestres elles-mêmes connaît une période de contestation et parvient difficilement à maintenir son intégrité.

Quant à la jurisprudence, le juge déclare qu'elle se résume à un seul cas, auquel a fait allusion le Tribunal en épousant la position du Sénégal : il s'agit de l'affaire de 1978 de la *Mer Égée*[411], dans laquelle la C.I.J., le 19 décembre 1978, rejetait pour défaut de compétence une requête qui avait été déposée deux ans auparavant par le gouvernement de la Grèce, requête rejetée notamment pour le motif que le communiqué conjoint du 31 mai 1975 n'avait pas pour objet ni pour effet un engagement des deux gouvernements (grec et turc) d'accepter inconditionnellement que le différend soit soumis à la Cour par requête unilatérale. L'un des passages de l'arrêt se lit comme suit : « Qu'il s'agisse d'une frontière terrestre ou d'une limite du plateau continental, l'opération de délimitation entre États voisins est essentiellement la même. Elle comporte le même élément inhérent de stabilité et de permanence et est soumise à la règle qui veut qu'un traité de limites ne soit pas affecté par un changement fondamental de circonstances ». Le juge rappelle que dans cette affaire, la Turquie, pour établir l'incompétence de la Cour, avait invoqué une réserve de la Grèce à l'Acte d'arbitrage de 1928 pour exclure tout différend de nature territoriale. Estimant que les questions relatives à l'étendue du plateau continental tombent dans cette catégorie de différend, la Cour donna raison à la Turquie, non sans avoir reçu maintes critiques. Quoi qu'il en soit, estime le juge dissident, il s'agit d'un arrêt isolé, inspiré d'une conception géographique du plateau, elle-même fondée sur la notion de prolongement naturel, qui a été remplacée par une définition juridique intégrant le critère de distance.

Le juge n'en convient pas moins que dans tous les cas de délimitation, le but poursuivi, stabilité et permanence, est le même. Pourtant, ajoute-t-il, les

---

[409] *Idem*, p. 162, par. 20.
[410] *Idem*, p. 167, par. 32.
[411] *Affaire du plateau continental de la mer Égée (Grèce c. Turquie), Compétence de la Cour*, C.I.J. Recueil 1978, p. 3. Cité dans l'opinion dissidente du juge Bedjaoui, p. 172, par. 46.

divers types de délimitation, terrestre (à la surface ou dans le sous-sol), fluviale, lacustre et maritime, doivent être adaptés à leur milieu, puisque le droit « n'est pas une construction abstraite complètement détachée de la réalité qu'elle entend régir » et que « le *droit commun* des frontières maritimes et celui des frontières terrestres diffèrent matériellement, en ce que le premier est particulier et le second général[412] ». Ainsi, le juge dissident déclare ne pas pouvoir suivre le Tribunal quand celui-ci affirme que "d'un point de vue juridique il n'existe aucune raison d'établir des régimes différents selon l'élément matériel où la limite est fixée[413]", et le juge d'ajouter que la *ratio legis* de la stabilité des frontières terrestres se justifie par la paix des populations qui occupent le territoire, les espaces maritimes étant par ailleurs inoccupés. Or, dit-il, l'*uti possidetis* est une exception au caractère relatif des traités, donc une exception d'interprétation stricte puisqu'elle limite le principe de la souveraineté de l'État.

Le juge insiste sur le caractère relativement récent des frontières maritimes et il rappelle que le Tribunal lui-même n'a relevé que deux cas où des frontières maritimes étaient en jeu en Amérique latine, « continent par excellence de l'*uti possidetis*[414] » : les affaires du *Canal de Beagle*[415] et du *Golfe de Fonseca*[416]. Dans la première affaire, impliquant l'Argentine et le Chili en 1977, le Tribunal d'arbitrage, agissant au nom de la reine d'Angleterre, se prononça sur la délimitation sans appliquer la règle, alors que dans le second cas, la Cour centraméricaine de Justice décida, en 1917, sur des questions qui ne concernaient pas la délimitation, mais plutôt le statut juridique de cette baie historique et des limites extérieures des mers territoriales d'El Salvador, du Honduras et du Nicaragua. Aucun de ces deux cas, ajoute le juge, n'est donc pertinent sur la question de savoir si l'*uti possidetis* est applicable aux frontières maritimes. Quant à l'opinion du Tribunal concernant les limites maritimes de trois pays d'Asie, le juge dissident considère qu'elle est sans pertinence :

> Il ne suffit pas d'affirmer que "les cartes géographiques de la Malaisie, des Philippines et du Brunei, par exemple, présentent comme limites maritimes les lignes dont l'origine remonte à l'époque coloniale". Il faut surtout prouver que lesdites lignes ont été imposées à ces États nouvellement indépendants par application d'une règle supposée d'obligation de succéder aux traités coloniaux de délimitation maritime. La réponse est radicalement non. C'est par la voie conventionnelle que ces limites ont été acceptées par les États intéressés[417].

---

412 *Idem*, p. 168, par. 36-37.

413 Par. 63 de la Sentence de 1989, cité dans l'opinion dissidente du juge Bedjaoui, p. 168, par. 36.

414 *Idem*, p. 173-174, par. 48-50.

415 *Affaire du canal de Beagle*, *ILR*, vol. 52, p. 97.

416 *Différend frontalier terrestre, maritime et insulaire (El Salvador/Honduras ; Nicaragua (intervenant))*, C.I.J. Recueil 1992, p. 351.

417 Sentence de 1989, p. 175, par. 52.

Le juge dissident en arrive à la conclusion que, d'abord, l'accord de 1960 ne peut être opposé à la Guinée-Bissau en tant que traité, elle qui n'a pas exprimé son consentement à y être liée, ensuite que ce pays ne peut avoir succédé automatiquement à un traité de frontière maritime par la seule application du principe de l'*uti possidetis*.

3.1.6. Le droit ne doit pas refaire la géographie

Puisque, de l'avis du juge dissident, l'échange de lettres franco-portugais de 1960 ne peut être opposé à la Guinée-Bissau, il passera au deuxième volet de son opinion en procédant *ex novo* à la délimitation, mais non sans rappeler d'abord l'importance de ne pas refaire la nature à son avantage et d'examiner les données de la géographie, qui « fournit des éléments physiques irréductibles et *inescamotables* d'une réalité qui devrait s'imposer indiscutablement à tous[418] ». Pourtant, observe le juge, les deux Parties ont des visions irréconciliables selon les distances qu'elles choisissent de prendre face à la réalité qu'il faut appréhender. Ce n'est pas sans humour que le juge dissident s'exprime comme suit, dans ce qui nous semble être une critique implicite mais acerbe de l'approche *macro-géographique* retenue par le Tribunal dans la précédente affaire *Guinée/Guinée-Bissau*, lorsque ce dernier adoptait comme frontière une perpendiculaire à la direction générale des côtes, estimée selon une longueur telle qu'elle englobe deux pays tiers (de la pointe des Almadies au Sénégal jusqu'au cap Shilling en Sierra Leone) :

> Pour trancher ces désaccords partisans, j'ai le devoir de ne pas examiner de très loin comment se présente toute la côte occidentale de l'Afrique. Je ne puis, du moins dans cette phase d'identification et de prise en compte des facteurs géographiques pertinents, regarder encore de plus haut, comme d'un satellite, toute la carte de l'Afrique. Cela ne m'intéresse pas non plus de regarder la Terre de Sirius, et de dire, détaché, qu'elle est ronde et convexe. Ce qui est pertinent, c'est la côte, ou plus exactement la portion de côte de chacun des deux États qui demandent la détermination de leur frontière en mer[419].

Ce qui semblait être une critique implicite de l'affaire précédente devient une critique explicite lorsque le juge dissident déclare plus loin, dans une note en bas de page, que le Tribunal, en 1985, « était préoccupé de répartir en toute équité le facteur de la “divergence” » en forgeant le concept de littoral long opposé à celui de littoral court. Le juge Bedjaoui ajoute que le Tribunal a ainsi négligé le point de vue du juge Koretsky, dans les affaires de la *Mer du Nord*, quand ce dernier estimait que “les considérations *macro-géographiques* n'ont absolument aucune pertinence, sauf dans l'hypothèse improbable où l'on souhaiterait redessiner la carte politique d'une ou de

[418] Opinion dissidente du juge Bedjaoui, p. 192, par. 99.
[419] *Idem*, p. 192-193, par. 99-100.

plusieurs régions du monde[420]". Le juge estime par ailleurs que le recours à la macro-géographie est légitime, mais seulement *a posteriori* et afin de vérifier si un résultat équitable a été atteint au terme de la délimitation, résultat qui ne doit être obtenu que par la prise en considération des côtes « pertinentes » et dans la mesure seulement où les circonstances en l'espèce peuvent s'y prêter. Le juge rappelle d'ailleurs que cette notion de côtes pertinentes a trouvé application dans les affaires *Libye/Tunisie* et *Libye/Malte*.

S'agissant de côtes pertinentes, le juge estime que seul le littoral sénégalais de Casamance est pertinent, la délimitation Gambie/Sénégal constituant une rupture incontournable, tandis que le littoral de la Guinée-Bissau, avec sa multitude d'îles et de rochers, est défini par le juge en termes poétiques comme étant « un bouclier terrestre tenu par un gigantesque Neptune face aux flots[421] », ou encore « cette gigantesque patte d'oie, ou ces hippopotames assoupis dans l'eau[422] ». Ainsi le juge estime que la configuration du littoral de la Guinée-Bissau est incontestablement convexe, circonstance qui doit être prise en considération, mais il rejette par ailleurs la pertinence, dans ce cas, des facteurs d'ordre géomorphologique et géologique, qui avaient été plaidés avec beaucoup d'insistance dans les affaires *Libye/Tunisie* et *Libye/Malte*, tout en émettant plus loin l'opinion que la jurisprudence n'a pas tenu compte de la géologie pour insuffisance de preuves scientifiques plutôt que pour motif de non pertinence :

> L'idée d'une "limite naturelle", constituée par des montagnes, des cours d'eau, ou divers accidents caractéristiques de la nature, n'a jamais pu s'imposer aux États pour la délimitation de leurs frontières terrestres alors même que cette limite est visible à l'œil nu. Il est douteux que la science juridique accepte pour les espaces maritimes ce qu'elle refuse pour les espaces terrestres, et donne droit de cité à des "limites naturelles" constituées par un accident géologique important et significatif alors qu'une telle limite, elle, n'est pas visible à l'œil nu[423].

3.1.7. Une délimitation *ex novo*

Ayant ainsi déterminé quelles étaient les circonstances pertinentes à la délimitation, notamment la configuration du littoral, le juge estime que le problème majeur consiste à estimer ce que l'équité requiert comme traitement pour la présence de l'archipel au large des côtes de la Guinée-Bissau. Le juge observe que la direction générale des côtes guinéennes, abstraction faite des îles, est de 132°, ce qui, dit-il, ne serait pas équitable,

---

420 *Plateau continental de la mer du Nord,* arrêts, C.I.J. Recueil 1969, p. 162. Passage cité dans l'opinion dissidente du juge Bedjaoui, p. 195, par. 104, note 19.

421 *Idem*, p. 196, par. 108.

422 *Idem*, p. 197, par. 111.

423 *Idem*, p. 197, par. 114.

car cela exclut les îles pertinentes, notamment celle sur laquelle se trouve Bissau, la capitale. Par ailleurs, une orientation générale tenant compte des îles les plus pertinentes (Caravela, Uomo et Orango) présente une orientation de 160°. Le juge s'inspire alors de plusieurs affaires[424] dans lesquelles il a été décidé de n'accorder qu'un effet partiel aux territoires insulaires. Ainsi, le juge rappelle que cette solution a été adoptée, dans l'affaire *France/Royaume-Uni*[425] de 1977, dans laquelle le Tribunal d'arbitrage n'a reconnu qu'un demi effet à l'archipel britannique des Sorlingues, à 21 milles marins des côtes. La même solution a été retenue, ajoute le juge, dans l'affaire *Libye/Tunisie*[426] de 1982, alors que la C.I.J. a décidé de traiter ainsi l'archipel tunisien des Kerkennah, à 11 milles des côtes. Le juge mentionne aussi l'affaire *Libye/Malte*[427] de 1985 dans laquelle les îles maltaises n'ont obtenu qu'un effet d'un quart.

Ainsi, le juge estime d'un azimut 146° la ligne représentant un demi-effet insulaire et constituée de la bissectrice de l'angle ayant pour sommet le cap Roxo et pour côtés, d'une part la direction générale de la façade occidentale de l'archipel guinéen des Bijagos (Roxo-Acudama, 160°), et d'autre part la direction de la côte continentale (Roxo-Catunco, 132°).

Par ailleurs, et contrairement à ce qu'a soutenu le Portugal, le juge Bedjaoui ne voit nulle part que la Guinée-Bissau ait accepté l'azimut 240° comme limite de sa mer territoriale, requérant plutôt le Tribunal d'appliquer le droit de la mer, soit une ligne d'équidistance, laquelle, poursuit le juge, donne un azimut de 247°. Ainsi, estime-t-il, la frontière à être tracée partira du cap Roxo sans tenir compte de l'azimut 240°. La frontière déterminée *ex novo* est alors une ligne d'azimut 252°, constituée de la bissectrice de l'angle ayant pour sommet le cap Roxo et pour côtés, d'une part la direction générale de la côte du Sénégal (358°), et, d'autre part, la direction générale de la façade maritime guinéenne selon un demi effet attribué à ses îles principales (146°).

3.1.8. La notion de proportionnalité

Le juge Bedjaoui se demande ensuite si le résultat obtenu est équitable, et pour ce faire, il examine, dans la foulée des affaires *Libye/Tunisie* et *Libye/Malte*, le concept de proportionnalité qui, dit-il, constitue certes un élément de vérification de ce résultat équitable, mais qui est de surcroît un critère de délimitation comme tel. Ainsi, la différence de longueurs des côtes, qui était si grande dans l'affaire *Libye/Malte*, doit s'incarner dans un critère juridique équitable et elle ne s'exprime pas dans un rapport

---

424 *Idem*, p. 206-207, par. 144.
425 Le juge ne mentionne pas le passage pertinent de la sentence.
426 C.I.J. Recueil 1982, par. 128.
427 C.I.J. Recueil 1985, par. 73.

arithmétique aveugle et automatique, mais bien selon une formule souple et maniable :

> Le principe de l'égalité des États vient conforter et non pas déstabiliser le critère de proportionnalité ainsi défini. D'abord, une délimitation n'est pas un partage ; c'est une opération juridique. L'égalité entre États signifie que les souverainetés de la Guinée-Bissau et du Sénégal sont juridiquement d'égale valeur et d'égale portée et donc qu'elles sont susceptibles, l'une comme l'autre, de générer, par leurs projections respectives en mer, des zones de plateau continental. Mais le principe de l'égalité entre États ne dit pas que chaque État a droit à un plateau continental égal en étendue à celui d'un autre État. On n'atteint l'égalité juridique qu'en traitant différemment deux éléments physiques eux-mêmes différents : les longueurs de côtes[428].

Le juge estime que la proportionnalité dans le présent cas est satisfaite, puisque la longueur des côtes pertinentes du Sénégal est de 44 milles marins (du cap Roxo à la frontière méridionale avec la Gambie), celle de la Guinée-Bissau de 85 milles (du cap Roxo à Ponta Ancumbe) – un rapport de 33 à 67 –, tandis que les superficies maritimes attribuées respectivement à chaque État sont de 52 260 km^2 et de 103 176 km^2 – rapport presque identique à celui de la longueur des côtes.

3.1.9. La demande en nullité de la sentence arbitrale

Toujours est-il que la frontière décidée par la sentence arbitrale du 31 juillet 1989 allait être de nouveau contestée, puisque, deux jours après son prononcé, la Guinée-Bissau rejetait ses conclusions et, par la voix de son ambassade à Paris, se déclarait « prête à rouvrir les négociations afin de parvenir à une solution complète et définitive réalisant la délimitation équitable souhaitée[429] ». Le 12 novembre 1991, un jugement de la C.I.J. rejettera la demande de la Guinée-Bissau visant à faire déclarer nulle la sentence.

Le Sénégal prétend, bien sûr, que la sentence de 1989 est valide et obligatoire pour la Guinée-Bissau, tandis que cette dernière demande à la Cour, dans les conclusions de sa procédure écrite, de décider que cette sentence "est frappée d'inexistence par le fait que, des deux arbitres ayant constitué en apparence une majorité en faveur du texte de la sentence, l'un a, par une déclaration annexe, exprimé une opinion en contradiction avec celle apparemment votée[430]". La Guinée-Bissau demande aussi à la Cour, dans les mêmes conclusions, de juger que

[428] Opinion dissidente du juge Bedjaoui, p. 211, par. 156.
[429] (1990) Chronique des faits internationaux, *RGDIP*, vol. 94, n° 1, p. 136.
[430] Arrêt de 1991, p. 53.

cette prétendue décision est frappée de nullité absolue, le Tribunal ayant négligé de répondre à la seconde question posée par le compromis d'arbitrage, alors que sa réponse à la première question ouvrait la nécessité d'une réponse à la seconde, ne s'étant pas conformé aux dispositions du compromis arbitral par lesquelles il était demandé au Tribunal de décider sur la délimitation de l'ensemble des espaces maritimes, de le faire par une ligne unique et d'en porter le tracé sur une carte et n'ayant pas motivé les restrictions ainsi abusivement apportées à sa compétence[431].

Le compromis d'arbitrage prévoit, à l'article 4, que le Tribunal "ne pourra statuer que s'il est au complet", et que ses décisions "seront prises à la majorité de ses membres". L'article 9, alinéa 2, stipule que la décision du Tribunal "doit comprendre le tracé de la ligne frontière sur une carte" et que celui-ci pourra désigner un ou des experts techniques "pour l'assister dans la préparation de cette carte". Ajoutons que l'alinéa 3 de ce même article prévoit que la décision "sera pleinement motivée[432]".

3.1.10. La décision de 1991

Après avoir rappelé ces dispositions du compromis d'arbitrage, la Cour résume la sentence dans les termes suivants : l'accord de 1960 doit être interprété selon le droit alors en vigueur et il est opposable aux deux Parties ; il ne délimite que les espaces maritimes qui existaient à l'époque : mer territoriale, zone contiguë, plateau continental (dans toute l'étendue de la définition actuelle de cet espace), mais non pas la zone économique exclusive. La Cour a ensuite l'occasion de noter une déclaration du Tribunal selon laquelle la deuxième question du compromis "n'appelle pas une réponse de sa part", étant donné les conclusions auxquelles il est arrivé ; et il ajoute qu'il "n'a pas jugé utile, étant donné sa décision, de joindre une carte comprenant le tracé de la ligne frontière[433]".

La Cour prend de plus connaissance d'une déclaration du président du Tribunal, jointe à la sentence, selon laquelle la réponse donnée à la première question "aurait pu être plus précise". Et le président d'ajouter qu'il aurait lui-même répondu comme suit : "L'accord conclu par un échange de lettres, le 26 avril 1960, et relatif à la frontière en mer, fait droit dans les relations entre la République de Guinée-Bissau et la République du Sénégal en ce qui concerne la mer territoriale, la zone contiguë et le plateau continental, mais il ne fait pas droit quant aux eaux de la zone économique exclusive ou à la zone de pêche[434]". Pour l'intelligence du premier motif de nullité allégué par la Guinée-Bissau, la Cour cite la suite de la déclaration du président, laquelle se lit notamment dans les termes suivants :

[431] Conclusions de la Guinée-Bissau, citées dans l'Arrêt de 1991, p. 56-57, par. 10.
[432] Compromis d'arbitrage, reproduit partiellement dans l'Arrêt de 1991, p. 58-59, par. 14.
[433] Sentence de 1989, par. 87, citée dans l'Arrêt de 1991, p. 60, par. 17.
[434] *Idem*, citée dans l'Arrêt de 1991, p. 60, par. 19.

> Cette réponse partiellement affirmative et partiellement négative est, à mon avis, la description exacte de la situation juridique existant entre les Parties. (…) cette réponse aurait habilité le Tribunal à traiter dans la sentence la deuxième question posée par le compromis arbitral. La réponse *partiellement* négative à la première question aurait attribué au Tribunal une compétence *partielle* pour répondre à la deuxième, c'est-à-dire pour le faire dans la mesure où la réponse à la première question eût été négative.
>
> Dans ce cas, le Tribunal aurait été compétent pour délimiter les eaux de la zone économique exclusive ou la zone de pêche entre les deux pays. De cette façon, le Tribunal aurait pu trancher le différend d'une manière complète car, en vertu de la réponse à la première question du compromis arbitral, il aurait déterminé la limite pour la mer territoriale, la zone contiguë et le plateau continental, comme la sentence vient de le faire, et, moyennant la réponse à la deuxième question, le Tribunal aurait pu déterminer la limite pour les eaux de la zone économique exclusive ou la zone de pêche, limite qui aurait pu ou non coïncider avec la ligne établie par l'accord de 1960[435].

La Cour cite également un passage de l'opinion dissidente du juge Bedjaoui, qui estime que cette déclaration “montre bien que la sentence est incomplète et non conforme à la lettre et à l'esprit du compromis quant à la ligne unique voulue par les Parties”. Et ce dernier d'ajouter que pareille déclaration, quand elle émane du président du Tribunal lui-même, “justifie de s'interroger plus fondamentalement sur l'existence d'une majorité et la réalité de la sentence[436]”.

Après avoir décidé que l'absence de l'un des arbitres à la séance où la sentence a été lue n'affecte pas la validité de cette sentence, la Cour examine la thèse principale de la Guinée-Bissau selon laquelle la sentence est inexistante pour le motif qu'elle est fondée sur une absence de majorité. La demanderesse prétend en effet que la déclaration du président contredisait et invalidait son vote. La Cour rejette cette affirmation en estimant que la formulation de la réponse souhaitée à la première question était, dans l'esprit du président, préférable et non pas obligatoire. Quoi qu'il en soit, ajoute la Cour, cette contradiction ne pouvait prévaloir contre la position adoptée par le président lors du vote pour la sentence. La Cour examine ensuite tour à tour les motifs invoqués subsidiairement par la Guinée-Bissau pour faire prononcer la nullité absolue de la sentence : excès de pouvoir, défaut de motivation, absence de carte.

Au sujet des deux premiers motifs, la Cour reconnaît que la sentence n'est pas à l'abri de la critique, et elle estime regrettable que le Tribunal n'ait pas fait figurer, dans le dispositif de la sentence, la décision prise de ne pas répondre à la seconde question du compromis. Pourtant, dit la Cour, le Tribunal a approuvé, par deux voix contre une, la décision de ne pas répondre à cette question pour les motifs qu'il a exposés. La Cour en conclut

---

[435] Déclaration du président du Tribunal, citée dans l'Arrêt de 1991, p. 60-61, par. 20.
[436] Opinion dissidente du juge Bedjaoui, par. 161, citée dans l'Arrêt de 1991, p. 61, par. 20.

qu'il n'y a pas eu omission de statuer. Il est vrai, précise la Cour, que la réponse à la première question « aboutissait à une délimitation partielle. Mais elle n'en était pas moins une réponse complète et affirmative à la première question (...). Dès lors, le Tribunal a pu, sans méconnaître manifestement sa compétence, juger que la réponse qu'il avait donnée à la première question n'était pas négative, et que par suite il n'avait pas compétence pour répondre à la seconde[437] ».

La Cour examine enfin le dernier argument de la Guinée-Bissau qui invoque la nullité de la sentence pour le motif que le Tribunal n'a pas tracé la frontière sur une carte et que sa décision n'a pas été motivée suffisamment à ce sujet. Pourtant, observe la Cour, il est énoncé dans cette sentence que l'accord de 1960 "détermine clairement la frontière maritime pour ce qui a trait à la mer territoriale, à la zone contiguë et au plateau continental", tout en précisant que la méthode utilisée consiste dans "une ligne droite orientée à 240°" et que cette formulation "permet d'écarter toute ligne géodésique", si bien que la ligne doit être loxodromique, ce qui est conforme aux "croquis attachés aux travaux préparatoires" de cet accord de 1960[438]. Que le Tribunal ait déclaré n'avoir pas jugé utile, étant donné sa décision de ne pas répondre à la deuxième question, de joindre une carte indiquant la frontière, la Cour estime que sa motivation est suffisante, même si elle est brève, puisqu'il a paru au Tribunal « inutile de faire porter sur une carte une ligne connue de tous et dont il avait précisé les ultimes caractéristiques[439] ». La Cour en arrive ainsi à la conclusion que « l'absence de carte ne saurait constituer dans les circonstances de l'espèce une irrégularité de nature à entacher la sentence arbitrale d'invalidité[440] ».

Pour tous ces motifs, la Cour rejette, à l'unanimité, les conclusions de la Guinée-Bissau selon lesquelles la sentence arbitrale de 1989 est frappée d'inexistence ; elle rejette de même, par 11 voix contre 4, les conclusions visant à faire prononcer la nullité absolue de cette sentence ; la Cour rejette aussi, par 12 voix contre 3, les conclusions selon lesquelles c'est à tort que le Sénégal prétend imposer à la Guinée-Bissau l'application de la sentence ; enfin, elle dit, par 12 voix contre 3, que la sentence est valable et obligatoire pour les deux États[441].

---

[437] Arrêt de 1991, p. 73, par. 60.
[438] Sentence de 1989, par. 80, 85, 86 et 88, cités dans l'Arrêt de 1991, p. 73 et 74, par. 62.
[439] *Idem*, p. 74, par. 63.
[440] *Idem*, p. 74, par. 64.
[441] *Idem*, p. 75-76, par. 69.

3.1.11. Une délimitation inachevée

Les juges Aguilar Mawdsley et Ranjeva se déclarent convaincus, dans leur opinion dissidente commune, que la Cour aurait dû prononcer la nullité de la sentence, en faisant d'abord observer que cette même Cour a, d'une part, validé cette sentence, et, d'autre part, montré les faiblesses et les lacunes de celle-ci. Pourtant, les Parties elles-mêmes ont manifesté leur volonté commune d'en arriver à une solution définitive de l'ensemble du différend, notamment en annonçant qu'elles étaient disposées à aménager par voie judiciaire ou conventionnelle les effets d'une nullité de la sentence. Force est de constater que, « sur le plan du droit strict, aucune certitude ne peut être établie quant à une solution définitive du différend[442] », au terme d'une procédure trop coûteuse et trop longue « pour des États dont les économies, principalement pour la Partie demanderesse, sont tributaires des ressources de la mer ». Les deux juges rappellent que la C.I.J., en tant qu'organe judiciaire principal de la communauté internationale, a une mission spécifique qui est d'assurer la paix, la sécurité et le développement des relations amicales entre les États ; c'est ainsi que sera « consolidée la confiance, placée par les États, notamment les États en développement, dans ce mode de règlement des différends[443] ».

Or, dans le présent cas, les deux juges affirment que la procédure arbitrale est émaillée de divers faits regrettables, notamment la technique de travail du Tribunal, la durée de la procédure, l'absence injustifiée d'un arbitre, le caractère inachevé de la délimitation et la déclaration du président. Si ces faits, pris isolément, ne sont pas suffisants pour justifier en droit la nullité de la sentence, ils constituent par ailleurs « un faisceau de faits qui, d'une part, sont de nature à faire naître un doute très sérieux qui affecte directement la valeur intrinsèque d'une décision de justice et qui, d'autre part, sont la cause d'effets destructeurs quant à l'autorité même de la sentence, et de sa capacité à servir de base au règlement du différend[444] ». Les deux juges dissidents considèrent que le Tribunal, en décidant de ne pas répondre à la seconde question et en refusant de joindre une carte, a statué *infra petita*, commettant ainsi un excès de pouvoir par omission et ce sans motivation :

> D'une manière générale, la valeur démonstrative de la conclusion logique se conçoit aisément dans les rapports de causalité. En revanche la logique juridique relève plus des relations d'imputabilité. La conclusion logique, dans ces conditions, peut apparaître pertinente lorsqu'en droit il s'agit d'assurer l'effectivité, la consolidation d'un droit déjà consacré. Au contraire, elle est nettement insuffisante pour justifier le rejet d'une requête tendant à obtenir le

[442] Opinion dissidente commune des juges Aguilar Mawdsley et Ranjeva, p. 120-121, par 3.
[443] *Idem*, p. 121, par. 5.
[444] *Idem*, p. 122, par. 7.

respect d'un droit (...). Dans le cas de rejet d'une demande, la conclusion logique équivaut à une absence de motifs[445].

À l'instar de ses deux collègues dissidents, le juge Thierry estime que la Cour aurait dû prononcer la nullité de la sentence, qui n'a pas abouti à une délimitation complète. Pourtant, dit le juge, la volonté commune des Parties était de parvenir à la détermination d'une frontière maritime unique, et la mission du Tribunal était de se consacrer à cette tâche. Le juge conteste la prémisse du syllogisme de la Cour qu'il présente, non sans humour, dans les termes suivants : « 1) le Tribunal n'était pas tenu en tout état de cause de régler le différend complètement ; 2) le Tribunal a réglé le différend partiellement ; 3) donc la sentence est valide[446] ».

3.2. GAMBIE/SÉNÉGAL

Comme si elles voulaient mettre encore plus en évidence le semi-enclavement de celle-là à l'intérieur de celui-ci, les frontières maritimes entre les deux États, établies par voie d'accord[447] le 4 juin 1975, sont constituées de deux lignes astronomiques qui encadrent le court littoral gambien (32 kilomètres) et qui coïncident respectivement avec les parallèles 13^0 35' 36'' N et 13^0 03' 27'' N.

La méthode de l'équidistance aurait avantagé la Gambie à proximité du littoral, mais elle aurait enclavé ses espaces maritimes à 170 milles approximativement des côtes, compte tenu de la concavité du littoral sénégambien. On peut se demander si la préférence pour des parallèles a été inspirée aux deux Parties par la volonté de compenser la faible étendue du littoral gambien ou par celle de faciliter la délimitation des frontières[448]. Toujours est-il que la frontière nord a « pris appui sur le comportement antérieur des deux souverains territoriaux qui avaient accordé des concessions pétrolières dont les limites s'alignaient rigoureusement » sur ce parallèle[449].

L'accord mentionne sans plus de précision l'expression « frontières maritimes », et il faut présumer que celles-ci sont multifonctionnelles, délimitant à la fois la ZÉE et le plateau continental. En outre, l'accord est muet quant aux coordonnées géographiques des points terminaux de ces frontières qui n'en sont pas moins entièrement délimitées.

Si les deux lignes paraissent entièrement parallèles, une carte à très grande échelle ferait voir que tel n'est pas le cas et que la méthode de

---

445 *Idem*, p. 128, par. 22.
446 Opinion dissidente du juge Thierry, p. 183, par. non numéroté.
447 Frontières maritimes : Gambie/Sénégal.
448 Underwood, Peter C. (1988) *op. cit.*, in Douglas M. Johnston and Philip M. Saunders, eds, *op. cit.*, p. 250.
449 Bardonnet, D. (1989) Frontières terrestres et frontières maritimes, *AFDI*, vol. 35, p. 38.

délimitation retenue est composite quant à la ligne méridionale. En effet, celle-ci, à proximité du littoral, s'écarte du parallèle : du point terminal de la frontière terrestre, elle emprunte une direction sud-ouest sur moins d'un mille marin, pour ensuite bifurquer vers le nord-ouest sur une distance de 200 mètres et coïncide enfin avec le parallèle. Cette déviation aurait été voulue pour éviter que cette ligne stratégique ne passe trop près des côtes de la Gambie[450].

Depuis que les deux États se sont regroupés, en 1981, au sein de la fédération sénégambienne, la frontière maritime, sans être effacée pour autant, est devenue probablement plus perméable ou, en tout cas, moins fonctionnelle.

3.3. MAROC/MAURITANIE

Outre qu'elle ne paraît pas avoir été effective et qu'elle n'a jamais fait l'objet d'une ratification, la frontière entre le Maroc et la Mauritanie, établie par accord[451] le 14 avril 1976, possède deux particularités tout à fait exceptionnelles sinon uniques en matière maritime : elle a opéré la partition d'un territoire – le Sahara occidental – défendu militairement par le front Polisario au nom d'un nouvel État – la République arabe sahraouie démocratique (RASD) – reconnu par la majorité des membres de l'OUA et de plusieurs membres de l'ONU, et si elle a été agréée entre les deux occupants, il va de soi qu'elle a toujours été disputée par l'occupé ; en outre, l'accord qui constate la frontière délimite à la fois la totalité des espaces terrestres et celle du plateau continental, un seul autre rare cas étant la délimitation entre Dubaï et Sharjah, avant que ces deux émirats ne se joignent aux Émirats arabes unis[452].

Sont évoquées, dans le préambule de l'accord de délimitation de ces frontières synchrones (à la fois terrestres et maritimes) deux actes juridiques importants – l'avis consultatif du 16 octobre 1975 rendu par la C.I.J., de même que l'accord de Madrid du 14 novembre de la même année – qui fondèrent le Maroc et la Mauritanie à occuper le Sahara occidental, un territoire désertique de 275000 km^2, très riche en phosphate et baigné par plus de 1 000 kilomètres de côtes au large desquelles se trouve une des plus importantes concentrations de ressources halieutiques, encore que la navigation y soit difficile et les ports peu nombreux[453].

---

[450] Prescott, J.R.V. (1985) *op. cit.* p. 324. L'auteur note aussi que la ligne méridionale se trouve à 2' 24'' au sud du point terminal de la frontière terrestre.
[451] Convention concerning the State frontier line established between the Islamic Republic of Mauritania and the Kingdom of Morocco.
[452] Nous faisons ici abstraction de toutes ces frontières qui ont délimité à la fois des espaces terrestres et des eaux intérieures ou la mer territoriale.
[453] Labrecque, Georges (1984) *op. cit.*

L'avis juridique reconnaissait l'existence de liens juridiques d'allégeance entre le roi du Maroc et certaines tribus vivant au Sahara occidental, de même que l'existence de droits – y compris des droits relatifs à la terre – constituant des liens juridiques avec la Mauritanie, mais la Cour précisait par ailleurs que « les éléments et renseignements portés à sa connaissance n'établissent l'existence d'aucun lien de souveraineté territoriale entre le territoire du Sahara occidental d'une part, le royaume du Maroc ou l'ensemble mauritanien d'autre part[454] ». Quelque temps plus tard, l'accord de Madrid transférait les responsabilités et les pouvoirs exercés jusque-là par l'Espagne à une administration provisoire et conjointe qui impliquait à la fois le Maroc et la Mauritanie[455]. À la faveur du retrait des forces coloniales espagnoles, l'ensemble du Sahara occidental fut occupé quelques jours plus tard par le Maroc au nord – dans une région appelée le Seguiet el Hamra – et par la Mauritanie au sud – dans le Tiris el Gharbia.

L'accord de délimitation décrit la frontière terrestre comme une ligne droite tracée du point d'intersection de la côte atlantique et du parallèle 24^0 N au point d'intersection du 23^0 N et du méridien 13^0 O. Quant à la frontière du plateau continental, elle est définie, sans plus de précision, comme étant la ligne du parallèle 24^0 N, aucun point terminal n'étant mentionné.

Cette frontière unifonctionnelle diverge considérablement, à l'avantage du Maroc, d'une ligne hypothétique d'équidistance qui tiendrait compte de la présence des îles Canaries. Le Maroc réclamant une mer territoriale de 12 milles marins et la Mauritanie de 70 avant 1988, la frontière aura été dissymétrique.

La Mauritanie, incapable de soutenir son effort de guerre contre les colonnes du Polisario, a renoncé, en 1979, à ses revendications territoriales sur le Tiris et Gharbia annexé par le Maroc quelques jours plus tard. La frontière, aussi bien terrestre que maritime, s'est donc trouvée effacée.

Le Maroc, qui a déposé auprès de la CLPC des informations préliminaires[456] réitérées le 20 juin 2017, n'a pas encore déposé de soumission, mais il a par ailleurs exprimé des réserves aux soumissions conjointes[457] de certains États de la région, notamment l'Espagne, le Portugal, la Mauritanie et le Cap-Vert.

---

[454] *Sahara occidental*, avis consultatif du 16 octobre 1975, C.I.J. Recueil 1975.

[455] Le texte de cet accord est publié notamment dans l'*Annuaire de l'Afrique du Nord 1975*, p. 997.

[456] https://www.un.org/depts/los/clcs_new/submissions_files/preliminary/Mor2015_preliminaryinfo.pdf.

[457] https://www.un.org/depts/los/clcs_new/submissions_files/submission_wa7_75_2014.htm.

Figure 8. La frontière maritime Guinée/Guinée-Bissau

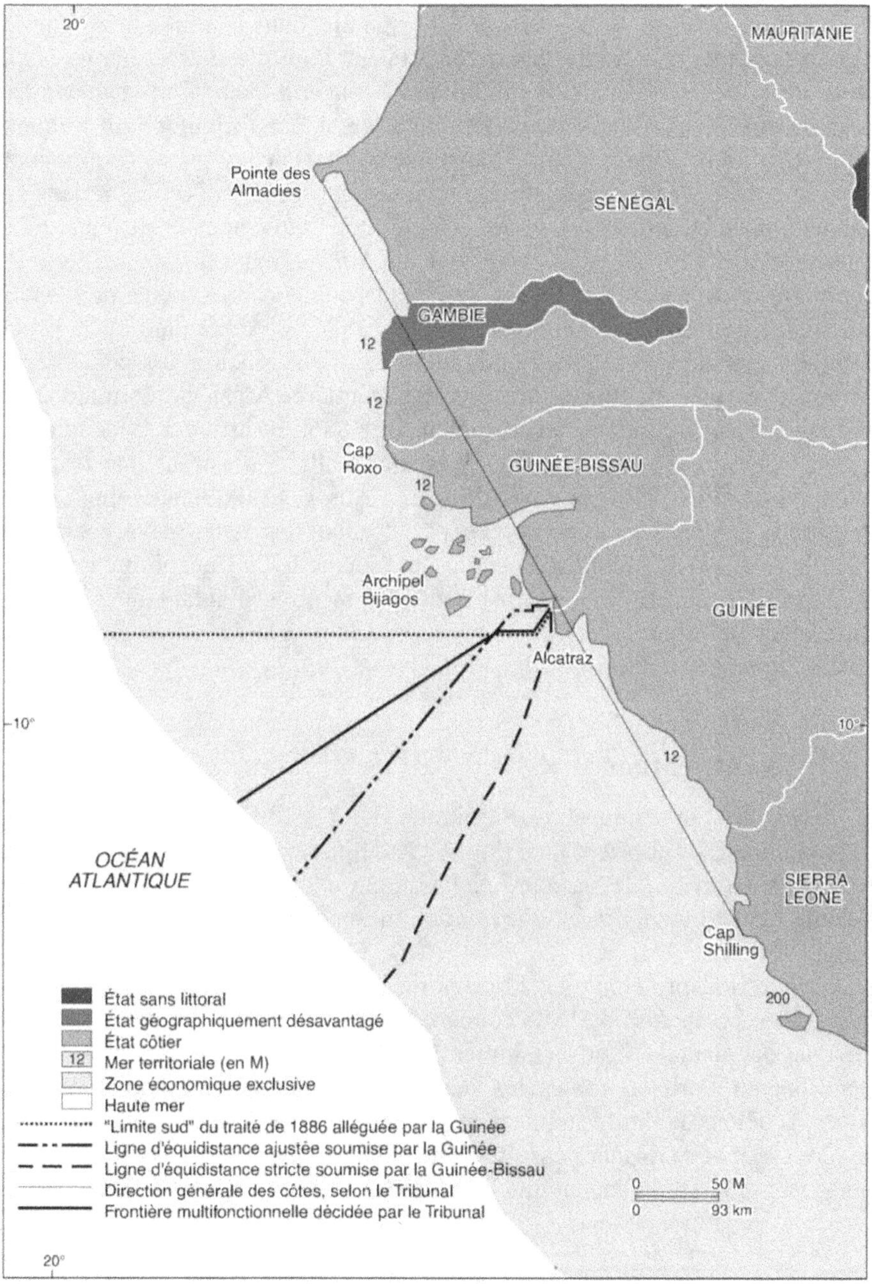

Source : Labrecque, Georges (2005))*Op. cit.*, p. 167.

3.4. Guinée/Guinée-Bissau

L'affaire *Guinée/Guinée-Bissau* est originale, dans le contexte africain, à plus d'un titre. À la suite des deux affaires *Libye/Tunisie* et *Libye/Malte* entre pays méditerranéens, la délimitation concerne deux États baignés par l'Atlantique. Ceux-ci ne s'adressent plus à la C.I.J. mais plutôt à un Tribunal arbitral, qui doit décider à la fois de la mer territoriale, du plateau continental et de la zone économique exclusive – ce qui constitue un précédent dans les annales juridictionnelles internationales, non seulement africaines mais mondiales[458]. En outre, il est demandé au Tribunal, aux termes du compromis, de décider si un ancien traité conclu par les deux puissances coloniales de l'époque – la convention de 1886 – a déterminé ou non une frontière maritime entre les possessions, et, si la réponse est négative, le Tribunal est alors requis de tracer cette frontière. Ainsi, ce dernier, après avoir examiné le contenu du document de 1886, en arrive à la conclusion que la ligne prévue (qui coïncide avec un parallèle) n'est pas une frontière mais une limite de répartition des îles. Aussi, le Tribunal, après avoir considéré les méthodes proposées par chacun des deux pays (parallèle, équidistance stricte, équidistance ajustée), décide-t-il à l'unanimité de tracer une frontière constituée de trois segments inspirés d'autant de méthodes différentes, le principal étant une perpendiculaire à la direction générale des côtes (*figure 8*).

3.4.1. La convention de 1886

À la suite d'un compromis d'arbitrage signé le 18 février 1983, la Guinée et la Guinée-Bissau prient un Tribunal de délimiter, par une seule ligne, à la fois la mer territoriale, la zone économique exclusive et le plateau continental. Le Tribunal d'arbitrage rendra sa sentence à l'unanimité[459] le 14 février 1985.

La question principale en litige porte sur l'interprétation d'une convention franco-portugaise de 1886 concernant la délimitation des possessions en Afrique occidentale[460] et, notamment, de la disposition suivante : « Appartiendront au Portugal toutes les îles comprises entre le méridien du cap Roxo, la côte et la limite sud formée par une ligne qui suivra le thalweg de la rivière Cajet et se dirigera ensuite au sud-ouest à travers la passe des Pilotes pour gagner le 10°40' de latitude nord avec lequel elle se confondra jusqu'au

[458] Un an auparavant, l'arrêt de la C.I.J., dans l'affaire *Canada/États-Unis*, dite du *Golfe du Maine*, constituait aussi un précédent international en ce que, pour la première fois, une délimitation maritime portait à la fois sur la zone de pêche et le plateau continental.

[459] *Délimitation de la frontière maritime entre la Guinée et la Guinée-Bissau*, sentence du 14 février 1985, R.S.A., vol. 19. Ci-après citée Sentence de 1985.

[460] Convention relative à la délimitation des possessions françaises et portugaises dans l'Afrique occidentale.

méridien du cap Roxo[461] ». Ce document décrit en outre la frontière, laquelle suit une ligne « conformément au tracé indiqué sur la carte n° 1 annexée à la présente convention ». De plus, le Portugal « reconnaît le protectorat » de la France sur les territoires du Fouta-Djallon, tandis que la France « s'engage à ne pas exercer son influence dans les limites attribuées » à la Guinée portugaise. Le compromis signé par les Parties pose les questions suivantes :

> La convention du 12 mai 1886 entre la France et le Portugal détermine-t-elle la frontière maritime entre les possessions respectives de ces deux États en Afrique de l'Ouest ?
>
> Quelle valeur juridique peut-on attribuer aux protocoles et documents annexes de la convention de 1886 pour l'interprétation de ladite convention ?
>
> Selon les réponses données aux deux questions ci-dessus, quel est le tracé de la ligne délimitant les territoires maritimes qui relèvent respectivement de la République de Guinée-Bissau et de la République populaire révolutionnaire de Guinée ?[462]

Le compromis stipule aussi que la décision doit être « pleinement motivée » et qu'elle « doit comprendre le tracé de la ligne frontière sur une carte », le Tribunal étant habilité à désigner des experts techniques pour l'assister dans cette tâche.

Les Parties à l'instance, qui réitèrent leur attachement au principe de l'intangibilité des frontières reconnu notamment dans la déclaration solennelle de la réunion des chefs d'État et de gouvernement de l'OUA tenue au Caire en 1964, conviennent aussi toutes deux que la convention de 1886 a défini clairement les frontières terrestres[463] et que cette dernière doit en outre servir de document de base pour la délimitation de la frontière maritime commune aux deux pays ; mais là s'arrête leur convergence d'opinions : et tandis que la Guinée-Bissau soutient que la convention n'a aucunement déterminé une quelconque frontière maritime, son seul objet ayant été de désigner les îles qui seraient sous la souveraineté du Portugal, la Guinée prétend au contraire que la « limite sud » prévue à la convention constitue jusqu'au méridien du cap Roxo une frontière maritime, et elle soumet en conséquence cette ligne comme devant inspirer la délimitation[464]. Le Tribunal aura en effet l'occasion de constater que si les Parties conviennent que les îles à l'intérieur d'un périmètre donné sont en pleine souveraineté au Portugal, la Guinée et la Guinée-Bissau sont par contre « en désaccord sur le point de savoir si le périmètre ainsi défini remplit également une autre fonction, celle de séparer les îles et les eaux portugaises des îles et

[461] Article 1, *in fine*.
[462] Article 2. Reproduit au par. 1 de la Sentence de 1985.
[463] Pour une brève étude de la frontière terrestre, consulter USDS (1974) *IBS*: *Guinea-Guinea-Bissau Boundary*, n° 142, p. 1-10.
[464] Les conclusions respectives du mémoire et du contre-mémoire de la Guinée et de la Guinée-Bissau sont citées au par. 16 de la Sentence de 1985.

des eaux françaises, c'est-à-dire d'établir une frontière maritime générale[465] ».

3.4.2. Les frontières soumises par les Parties

La Guinée, consciente de l'effet d'amputation de la ligne 10° 40' quand elle est combinée à celle qui sert de frontière entre le Sénégal et la Guinée-Bissau, modifiera *in extremis* la direction de cette ligne pour la faire bifurquer, à partir du méridien du cap Roxo, vers le sud et, au besoin, la faire coïncider avec l'azimut 240°. La Guinée soutient aussi qu'il n'existe pas de méthode de délimitation meilleure *a priori* que d'autres, et que l'utilisation conjointe de parallèles évite l'amputation et l'enclavement pour la raison évidente que jamais ils ne se rencontreront. La Guinée rappelle que la méthode du parallèle a été retenue pour la délimitation par voie d'accord entre le Sénégal et la Gambie, de même que partiellement entre le Kenya et la Tanzanie et que, de plus, elle défend cette position concernant sa frontière à être délimitée entre elle et la Sierra Leone[466]. La Guinée propose par ailleurs une autre ligne, construite selon la méthode de l'équidistance mais faisant fi de la présence de l'archipel des Bijagos.

Quant à la Guinée-Bissau, elle soumet aussi une ligne d'équidistance, beaucoup plus orientée vers le sud, puisqu'elle tient compte de l'archipel. Au soutien de son choix, la Guinée-Bissau rappelle qu'on ne doit pas refaire la nature et que la méthode de l'équidistance rend compte des facteurs de proximité géographique, quitte à modifier, au besoin, la ligne qui en résulte, par le choix, notamment, d'autres points de référence sur la côte. Au sujet de l'île d'Alcatraz, sous souveraineté guinéenne mais sise « du mauvais côté » de la frontière suggérée, la Guinée-Bissau reconnaît les droits de la Guinée sur une enclave de deux milles marins, à partir de la laisse de basse mer, tout autour de l'île.

3.4.3. Limite ou frontière, terre ou mer ?

Le Tribunal arbitral aura d'abord à décider si, oui ou non, la convention de 1886 a déterminé une frontière maritime entre les possessions respectives de la France et du Portugal. Comme l'expression *limite sud* utilisée dans cette convention peut porter à confusion, le Tribunal s'interroge sur le sens à donner au mot *limite* et au mot *frontière*, tout en observant que la Guinée considère ces mots comme deux synonymes, tandis que la Guinée-Bissau estime que le mot *limite* a une signification moins précise. Le Tribunal prend connaissance d'un dictionnaire général de la langue française, contemporain

---

[465] Sentence de 1985, par. 47.

[466] Cette frontière, établie unilatéralement par la Guinée, ne paraît pas avoir été reconnue par la Sierra Leone.

de la convention de 1886, lequel définit la *limite* comme la “partie extrême où se termine, où s’arrête un territoire, un domaine” et la *frontière* comme la “limite qui sépare le territoire d’un État de celui d’un État voisin[467]”. Et le Tribunal de déclarer : « On voit par- là que le territoire enfermé dans une limite n’est pas obligatoirement celui d’un État et qu’une limite n’est pas obligatoirement une frontière[468] ». Le Tribunal ajoute qu’il choisit de partir de l’hypothèse que la convention comporte à ce sujet une incertitude.

Quant à la carte annexée à ce document, le Tribunal observe que les lignes qui y sont dessinées perdent leur valeur probante, dans la mesure où ce qui est sur terre est indiqué par des tirets, tandis que sur mer ou dans le Cajet, il s’agit de pointillés. Ainsi, poursuit le Tribunal, la limite sud et la frontière terrestre sont marquées de manière différente, alors que la limite sud et le méridien du cap Roxo sont indiqués de la même façon, ce méridien n’étant pas une frontière tandis que le thalweg du Cajet en est une !

Le Tribunal en vient par ailleurs à la conviction que « l’usage fréquent des termes *possessions* et *territoire* dans le texte de la convention prouve que celle-ci avait bien pour objet les possessions coloniales de la France et du Portugal en Afrique de l’Ouest, mais que l’absence totale des mots *eaux*, *mer*, *maritime* ou *mer territoriale* constitue un indice sérieux de ce qu’il était essentiellement question de possessions terrestres[469] ». Les membres du Tribunal ajoutent qu’au lendemain de la Conférence de Berlin de 1884-85, les puissances coloniales avaient voulu prévenir les conflits en établissant les conditions d’occupation de leurs possessions côtières en Afrique sans s’intéresser au statut des eaux territoriales. Cette technique, courante à l’époque, permettait d’éviter de devoir nommer les îles, du reste souvent mal connues. Le Tribunal rejette ainsi l’argument soumis par la Guinée.

3.4.4. La pratique ultérieure des Parties

Quant à la pratique ultérieurement suivie par les Parties dans l’application du traité, le Tribunal constate que tout au cours de la période coloniale, aucun des documents pertinents ne fait état d’une frontière aquatique autre que celle du thalweg du Cajet. Qui plus est, aucune activité n’a été déployée à proximité de la limite sud, ce qui laissait donc une large zone d’indétermination, où aucun incident n’a été rapporté. Lorsque, pour la première fois, en 1958, cette limite sud est franchie, à la suite de l’octroi par le Portugal d’une concession pétrolière, le gouvernement portugais, « en acceptant que l’étendue de la concession dépasse » la limite sud, et le gouvernement français, « en ne protestant pas au nom de la Guinée au moment où c’était encore à lui de le faire, ont manifesté leur conviction que

---

[467] Dictionnaire général de la langue française du commencement du XVIIe siècle jusqu’à nos jours, de Hatzfeld et Darmester, cité au par. 49 de la Sentence de 1985.
[468] Sentence de 1985, par. 50.
[469] *Idem*, par. 56.

la convention n'avait pas établi de frontière maritime entre les deux Guinées[470] ».

Qu'en est-il de la période de la décolonisation, se demande ensuite le Tribunal ? La preuve offerte à lui révèle que ni la Guinée ni la Guinée-Bissau n'ont reconnu cette limite sud comme étant une frontière. Bien au contraire, elles ont voulu exercer unilatéralement leurs juridictions exclusives respectives au-delà même de cette ligne, notamment quand elles ont décrété des lignes de base droites. La Guinée, qui affirme avoir ignoré l'existence de la convention de 1886, de même que l'octroi d'une concession en 1958, est reconnue par le Tribunal pour le « courage exemplaire avec lequel, dans des conditions d'une extrême difficulté, (...) elle a dû assumer sa tâche à dater de l'indépendance[471] ». Mais le Tribunal ajoute ce qui suit : « Toutefois, s'il est concevable compte tenu de certaines circonstances et s'il peut être sans conséquence qu'une concession étrangère récente passe inaperçue, il ne semble pas possible, en l'état actuel du droit international et des relations internationales, d'opposer à des États tiers l'ignorance, pendant de longues années, d'un traité de frontières largement publié et dont les effets peuvent s'observer sur le terrain ».

Quelle était la pratique contemporaine à la convention de 1886, se demande aussi le Tribunal ? À sa connaissance, aucun des instruments de l'époque n'a attribué une souveraineté en mer sur une zone autre que celle des eaux territoriales alors admises, soit trois milles marins : ainsi, parmi les exemples fournis par les Parties, on peut mentionner le traité de paix de 1783 entre les États-Unis et la Grande-Bretagne au sujet des îles de la côte atlantique ; la convention de 1867 entre les États-Unis et la Russie concernant l'Alaska ; le traité de paix de 1898 entre les États-Unis et l'Espagne au sujet des Philippines ; la convention sino-britannique de 1898 portant sur le statut de Hong Kong. Le Tribunal estime qu'il y a là « des faits objectifs qui, mieux que toutes spéculations sur les arrière-pensées des deux gouvernements, imposent une conclusion[472] ».

Ainsi, l'interprétation du texte de 1886 et la pratique ultérieure des Parties amènent le Tribunal à répondre, dans l'ordre inverse, aux deux premières questions soumises, à savoir que les documents annexés à la convention ont un rôle important à jouer dans son interprétation et que celle-ci n'a pas déterminé une frontière maritime. Ainsi, le Tribunal « n'a pas non plus à rechercher si le principe de l'*uti possidetis* s'applique ou ne s'applique pas aux frontières maritimes[473] ». Les deux premières réponses étant négatives, le Tribunal doit répondre à la troisième question en indiquant le tracé de la frontière maritime entre les deux États.

---

[470] *Idem*, par. 63.
[471] *Idem*, par. 65.
[472] *Idem*, par. 81.
[473] *Idem*, par. 85.

3.4.5. Les méthodes de délimitation

Le Tribunal se demande si la « limite sud », coïncidant avec le parallèle 10°40' de latitude Nord, peut constituer pour d'autres raisons une frontière appropriée aux circonstances géographiques, et il rappelle que cette limite n'a été chevauchée, jusqu'en 1958, ni par la France ni par le Portugal. Il émet pourtant l'opinion que cette ligne, combinée à la frontière entre la Guinée-Bissau et le Sénégal, a pour effet, au large d'Alcatraz, de produire un certain effet d'enclavement au détriment de la Guinée-Bissau.

Quant aux lignes d'équidistance soumises par les Parties, le Tribunal les rejette également comme étant inappropriées, compte tenu, d'une part, de la convexité du littoral de la Guinée-Bissau (archipel inclus) et, d'autre part, de la concavité de celui de la Guinée. Ce raisonnement n'est pas sans rappeler celui des juges dans les affaires de la *Mer du Nord* de 1969 dans lesquelles on expliquait avec nombre de détails l'effet, sur une ligne d'équidistance, des côtes convexes des Pays-Bas et du Danemark, lesquelles sont causes d'iniquité, et des côtes concaves de la R.F.A., coincée entre ces deux voisins et victime de cette iniquité. Ayant jugé inappropriées les lignes d'équidistance, de même que celle du parallèle 10°40 N, il reste au Tribunal à déterminer une frontière qui soit conforme à la règle de droit et aux circonstances pertinentes, par l'utilisation de méthodes bien adaptées, afin d'aboutir à un résultat équitable.

Le Tribunal arbitral rappelle d'abord qu'il n'existe pas de méthode *a priori* meilleure que d'autres, que chaque cas est un *unicum* et que la décision à prendre doit « s'opérer selon des lignes simples, bien adaptées à la précision des cartes dont dispose le Tribunal et à l'outillage technique des usagers[474] ».

Le Tribunal déclare qu'il « ne peut en aucune façon négliger le plateau continental, ne serait-ce qu'en raison des richesses potentielles dont il devrait être porteur et qui sont essentielles pour les pays en développement[475] », mais il n'en rejette pas moins les arguments propres à la géomorphologie sous-marine soumis par les deux Parties, qui reconnaissent du reste le caractère d'unicité relative du plateau continental. Le Tribunal paraît par ailleurs devoir baser sa décision sur la configuration générale du littoral. Il rappelle, en effet, que « pour faire reposer une délimitation sur une base équitable et objective, il faut autant que possible chercher à assurer à chaque État le contrôle des territoires maritimes situés en face de ses côtes et dans leur voisinage[476] ». Il faut donc déterminer à la fois la direction générale du littoral et l'ensemble des espaces maritimes soumis à la délimitation, opérations d'autant plus importantes qu'elles permettent de vérifier, le cas échéant, si la délimitation, une fois arrêtée, répond au critère de la proportionnalité.

---

[474] *Idem*, par. 90.
[475] *Idem*, par. 114.
[476] *Idem*, par. 92.

Le Tribunal affirme aussi qu'une délimitation équitable « ne peut ignorer les autres délimitations déjà effectuées ou à effectuer dans la région[477] ». Les arbitres reconnaissent, bien sûr, qu'il s'agit là d'une évaluation approximative, mais ils ont en vue l'hypothèse d'un changement de frontière entre la Guinée-Bissau et le Sénégal et/ou entre la Guinée et la Sierra Leone.

La question du littoral pose des problèmes moins cruciaux, bien que susceptibles d'interprétation : la longueur des côtes respectives de la Guinée et de la Guinée-Bissau (y compris les Bijagos) est estimée être approximativement la même pour les deux pays (154 milles). Quant à la direction générale du littoral, le Tribunal envisage, pour la déterminer, diverses possibilités : enveloppe extérieure des côtes et de leurs îles par la construction d'un arc de cercle ou d'un polygone à angles saillants ou rentrants ; ligne droite reliant deux points côtiers sur le continent, du cap Roxo à la pointe Sallatouk, ou de la pointe des Almadies (Sénégal) au cap Shilling (Sierra Leone). C'est cette dernière ligne que retiendra le Tribunal comme représentant le plus fidèlement la configuration générale de la côte occidentale de l'Afrique. Le Tribunal estime que cette approche est appropriée, d'autant que les Parties ne lui ont soumis aucune preuve de la nécessité de tenir compte d'un littoral plus restreint : « Une méthode valable pour le Tribunal consiste à commencer par embrasser d'un coup d'œil l'ensemble de la région de l'Afrique occidentale et à rechercher une solution tenant compte d'une façon globale de la forme de ses côtes. Il s'agit alors non plus de se limiter au *littoral court*, mais de considérer le *littoral long*. Or, tandis que le littoral continu des deux Guinée (…) est plutôt concave, celui de l'Afrique de l'Ouest est incontestablement convexe » (par. 108).

Le Tribunal procède enfin à la délimitation de la frontière. Inspirée d'une méthode composite, cette ligne est constituée de trois segments. Les deux premiers (AB et BC), à proximité du littoral, coïncident avec la « limite sud » stipulée à la convention de 1886, jusqu'à 12 milles marins à l'ouest de l'île d'Alcatraz. Le Tribunal considère que la méthode est appropriée dans les circonstances : cette « limite sud » – ligne *de facto* qui a été respectée jusqu'en 1958 par les deux puissances coloniales – part de l'extrémité de la frontière terrestre à un point du thalweg de la rivière Cajet à son embouchure, puis elle emprunte sur une vingtaine de milles la passe des Pilotes en suivant une direction qui correspond assez bien à celle de la frontière terrestre, tout en étant à peu près perpendiculaire à la direction générale des côtes à cet endroit. Atteignant le parallèle 10°40' N, la ligne bifurque alors (segment BC) pour suivre la même direction jusqu'à douze milles à l'ouest de l'île d'Alcatraz (point C), ce qui permet d'attribuer à l'île la largeur maximale de mer territoriale dans cette direction. Mais à partir du point C, la ligne bifurque pour coïncider avec une perpendiculaire à la direction générale des côtes, telle qu'elle a été établie par le Tribunal. Son azimut est de 236° et elle se poursuit jusqu'à la limite extérieure des zones

[477] *Idem*, par. 93.

maritimes reconnues à chaque État par le droit, soit 200 milles marins de la côte, ou plus si le rebord extérieur du plateau continental se trouve à une plus grande distance.

3.4.6. La perpendiculaire : une méthode peu utilisée

La méthode de délimitation adoptée par le Tribunal pour la majeure partie de la frontière – une perpendiculaire à la direction générale de côtes – peut sembler originale dans la mesure où les arbitres n'invoquent aucun précédent, tiré de la jurisprudence ou de la pratique des États, pour retenir cette méthode, qui peut paraître d'autant plus inusitée que l'échelle adoptée pour la construction de cette ligne est *macro-géographique*. Pourtant, on trouve dans la jurisprudence quelque cas où la méthode a été adoptée.

Considérée comme la plus ancienne des méthodes de délimitation, la perpendiculaire était déjà utilisée, en 1909, dans l'arbitrage de la délimitation des mers territoriales entre la Norvège et la Suède, celui de *Grisbadarna*[478], ce riche banc de crustacés se trouvant au large du point terminal de leur frontière terrestre. Il est vrai que les mers territoriales étaient alors d'une largeur de quatre milles marins tout au plus, mais cette méthode n'en fut pas moins utilisée dans une région de côtes à fjords où la direction générale est difficile à déterminer. Dans cette affaire, les Parties demandaient aux arbitres de tracer une frontière dans le cas où le Tribunal en arriverait à une première conclusion que le traité de 1661 établissant la frontière terrestre n'avait pas disposé de la délimitation maritime, en tout ou en partie. Le Tribunal décida d'entériner une partie de la frontière maritime comme devant se trouver à équidistance des îles et des rochers, mais opta pour la perpendiculaire là où le traité n'établissait pas clairement cette délimitation, car, dit le Tribunal, une telle ligne est facile à indiquer et à observer. Comme cette ligne, inclinée à 20° vers le sud-ouest, coupait la partie nord des bancs et que les Parties elles-mêmes avaient exprimé le souhait qu'on évitât de diviser des bancs importants, le Tribunal corrigea d'un degré l'orientation de la ligne afin de la faire passer approximativement à équidistance entre les bancs Grisbadarna et Skjottegrunde. Les arbitres motivèrent leur décision en déclarant que le résultat obtenu était supporté par plusieurs faits mis en preuve : notamment que la pêche dans ce secteur était pratiquée depuis beaucoup plus longtemps, de façon plus intensive et en plus grand nombre par les Suédois que par les Norvégiens ; que ceux-là avaient exercé leurs droits et accompli leurs responsabilités en se livrant à la cartographie de cette zone et en y installant des balises et un phare, sans protestation de la part de la Norvège, alors que les Norvégiens y avaient montré beaucoup moins d'intérêt. Le Tribunal d'arbitrage ajouta qu'il existe un principe de droit bien établi selon lequel il faut éviter de changer un état de fait ancré

[478] *Délimitation d'une certaine partie de la frontière maritime entre la Norvège et la Suède*, sentence, R.S.A., vol. 11.

depuis longtemps et que cette règle doit trouver spécialement application lorsque des intérêts privés sont en jeu[479].

La méthode de la perpendiculaire a été également retenue par la C.I.J., mais combinée seulement à d'autres méthodes, dans l'affaire du *Golfe du Maine* de 1984, dans laquelle il était demandé aux juges de délimiter, par une ligne unique, la zone des 200 milles marins et le plateau continental entre les États-Unis et le Canada[480]. La méthode était proposée avec beaucoup d'insistance par les États-Unis qui résumaient comme suit les avantages de la perpendiculaire : « This method gives effect to the broad geographical relationship between neighboring States and disregards local coastal irregularities. It also lends itself to adjustment to take into account the relevant circumstances in the area[481] ». Approche « macro-géographique », de répliquer le Canada soumettant alors aux juges que cette méthode n'avait été généralement utilisée que dans les cas de délimitation de la mer territoriale. Le Canada poursuivait en notant que « dans la nature, les côtes rectilignes sont l'exception plutôt que la règle, [et que] les conditions géographiques nécessaires à l'application de la méthode de la perpendiculaire sont rarement réunies ». De plus, comme la perpendiculaire « fait intervenir une ligne à cap constant, elle ne reflète qu'une seule direction de la côte et ne peut pas tenir compte de configurations côtières plus complexes[482] ». Le Canada ajoutait que si cette méthode avait été adoptée par la C.I.J. pour le premier segment de la frontière *Libye/Tunisie*, en l'occurrence la ligne des 26°, ce n'était pas pour ses vertus intrinsèques, mais pour tirer des conséquences juridiques de la conduite des Parties.

Les juges ont reconnu, dans l'affaire du *Golfe du Maine*, que la perpendiculaire « est vraisemblablement la méthode la plus ancienne qui soit venue à l'esprit dès le moment où des problèmes de délimitation de la mer territoriale entre États limitrophes se sont posés » et que cette même méthode « s'est révélée utilement, quoique partiellement, applicable aussi à la délimitation du plateau continental dans des accords bilatéraux[483] ». Pourtant, estiment les juges, les conditions géographiques, dans l'affaire du *Golfe du Maine*, excluent une utilisation adéquate de pareille ligne :

> On peut difficilement imaginer un cas se prêtant moins à l'application de cette méthode de délimitation que celui du golfe du Maine, où le point de départ de la ligne à tracer se situe juste dans l'un des angles du rectangle dans lequel la délimitation doit être établie. (...) En fait, l'on ne voit pas comment la méthode de la perpendiculaire à la direction générale de la côte d'un continent pourrait être appliquée à une portion, limitée mais tout de même considérable, de cette

---

[479] Labrecque, Georges (2004) *op. cit.*, p. 246-248.

[480] *Délimitation de la frontière maritime dans la région du golfe du Maine,* C.I.J. Recueil 1984, p. 246.

[481] Memorial, p. 149.

[482] Contre-mémoire du Canada, p. 278-286.

[483] Arrêt de 1984, p. 320, par. 175.

côte, où la configuration géographique réelle dévie si nettement d'une telle direction générale[484].

Pourtant, et par quatre voix contre une, la Chambre de la Cour opte pour une frontière construite selon une combinaison de méthodes parmi lesquelles on retrouve la perpendiculaire et qui est constituée de trois segments : à l'intérieur du golfe, bissectrice de l'angle formé par deux perpendiculaires aux lignes de direction générale des côtes, puis, là où les côtes sont dans une relation d'opposition plutôt que d'adjacence, médiane corrigée pour tenir compte de l'importante différence de longueurs des côtes respectives des Parties, ainsi que de la présence d'une île à laquelle on attribue un demi effet ; à l'extérieur du golfe, perpendiculaire à la ligne imaginaire de fermeture de ce golfe, et ce jusqu'au dernier point de chevauchement des zones de 200 milles revendiquées respectivement par les Parties, compte tenu du fait qu'on ne trouve plus de référence géographique qui puisse inspirer le choix d'une méthode. Notons aussi une importante dissidence du juge Gros, qui rappelle qu'on ne doit pas refaire la géographie, ce qu'il reproche à la Chambre d'avoir fait quand elle associe le golfe à un rectangle :

> La fin étant établie d'abord, les moyens suivent. Ceci apparaît dès la description des faits, au début de l'arrêt, exercice classique de toute décision de délimitation, généralement restreint à la description géographique de la situation ; ce n'est pas le cas ici où la Chambre interprète déjà les faits géographiques pour préparer ce qu'elle en fera dans l'utilisation des méthodes et corrections d'une ligne qui n'est plus justifiée par ses mérites propres. (...) L'idée que le golfe est un rectangle n'a pas d'autre utilité que de préparer la découverte qu'un angle dans le nord du golfe permettra de tracer une bissectrice ; le choix de lignes imaginaires qui créent des côtés du rectangle mythique finissant dans une zone qui ne relève pas de la compétence de la Chambre est présenté comme une représentation frappante de la nature. Le golfe n'est pas un rectangle (…) mais cela va permettre précisément de lui trouver un quatrième côté à l'entrée du golfe qui sera une ligne indispensable pour justifier la direction du dernier segment de la ligne en permettant de tracer une perpendiculaire depuis cette ligne irréelle de fermeture du golfe jusqu'à la côte des États-Unis. (...)
>
> Lorsqu'on dit parfois que la géographie est neutre, la formule implique que les choses sont ce qu'elles sont et elle confirme l'adage qu' "il n'est jamais question de refaire la nature entièrement" (arrêts de 1969, par. 91). La géographie est plutôt impartiale que neutre en ce sens qu'elle est décisive pour une délimitation et, en elle-même, ne donne aucune préférence à un État plutôt qu'à l'autre. Le juge ne peut donc pas modifier la situation géographique par des représentations, que ce soit une ligne, un rectangle ou un angle, qui sont sa propre vision des faits et qui modifient les faits[485].

---

[484] *Idem*, p. 320, par. 376.
[485] Opinion dissidente du juge Gros, p. 379-380.

3.4.7. Les facteurs d'ordre économique

Notons enfin que le Tribunal rejette les arguments de nature économique, présentés par les Parties en matière de pêche, de ressources pétrolières et de transport maritime. Ainsi, la Guinée-Bissau a fait valoir notamment son intérêt dans le libre accès au port de Buba par le chenal d'Orango et l'estuaire du rio Grande. Pourtant, estime le Tribunal, « il ne serait ni juste ni équitable de fonder une délimitation sur l'évaluation de données qui changent en fonction de facteurs dont certains sont aléatoires[486] ». Et comme si le besoin était ressenti de justifier le rejet des facteurs d'ordre économique, le Tribunal prend la précaution de préciser ce qui suit :

> Certains États peuvent avoir été dessinés par la nature d'une manière favorable à l'établissement de leurs frontières ou à leur développement économique ; d'autres peuvent avoir été désavantagés. Les frontières fixées par l'homme ne devraient pas avoir pour objet d'augmenter les difficultés des États ou de compliquer leur vie économique. Il est vrai que le Tribunal n'a pas le pouvoir de compenser les inégalités économiques des États intéressés en modifiant une délimitation qui lui semble s'imposer par le jeu de considérations objectives et certaines. Il ne saurait non plus accepter que les circonstances économiques aient pour conséquence de favoriser l'une des Parties au détriment de l'autre en ce qui concerne cette délimitation. Il ne peut toutefois perdre de vue la légitimité des prétentions en vertu desquelles les circonstances économiques sont invoquées, ni contester le droit des peuples intéressés à un développement économique et social qui leur assure la jouissance de leur pleine dignité. Le Tribunal pense que ces préoccupations économiques si légitimement avancées par les Parties doivent pousser tout naturellement celles-ci à une coopération mutuellement avantageuse susceptible de les rapprocher de leur objectif qui est le développement[487].

3.4.8. La délimitation par le Tribunal

Ayant retenu les seules circonstances qu'il estime être pertinentes dans ce cas, le Tribunal trace la frontière maritime entre la Guinée et la Guinée-Bissau, après avoir établi que la convention de 1886 entre la France et le Portugal n'a pas déterminé la frontière maritime entre leurs possessions respectives en Afrique de l'Ouest : « Dans ce silence des textes, il est fortement à présumer que les négociateurs n'ont jamais envisagé autre chose que des frontières terrestres. (...) les conversations se sont en effet ouvertes au lendemain de la conférence de Berlin de 1884-1885, où les puissances coloniales avaient cherché à prévenir les conflits en réglant les conditions d'occupation de leurs possessions côtières en Afrique sans se préoccuper à cet égard des eaux territoriales[488] ».

---

[486] Sentence de 1985, par. 122.
[487] *Idem*, par. 123.
[488] *Idem*, par. 79.

Procédant au tracé d'une ligne *de novo*, le Tribunal répond au vœu exprimé par les Parties en indiquant la frontière sur une carte. Il choisit celle-ci à petite échelle, afin qu'elle puisse comprendre le littoral de l'Afrique occidentale au moins depuis le cap Roxo jusqu'à la pointe Sallatouk et s'étendre suffisamment pour montrer la majeure partie des espaces maritimes des deux États. Cette frontière pourrait être prolongée au-delà des 200 milles quant au plateau continental, compte tenu des soumissions conjointes de la Guinée-Bissau et du Sénégal, le 25 septembre 2014, à la CLPC[489], qui n'avait pas encore formulé ses recommandations en date du 1er décembre 2023.

3.4.9. Critiques de la décision

Nous avons déjà évoqué l'originalité de la méthode de la perpendiculaire, compte tenu de son utilisation dans un contexte *macro-géographique*, et même si elle a déjà été utilisée, disions-nous, dans les affaires de *Grisbadarna* et du *Golfe du Maine.* Ajoutons que le Tribunal, dans l'affaire *Guinée/Guinée-Bissau,* s'est peut-être inspiré aussi de la frontière *Guinée-Bissau/Sénégal*, délimitée par un échange de notes, en 1960, entre les puissances coloniales, dans lequel cette frontière est décrite « comme une ligne droite, orientée à 240° [490] » et qu'un éminent géographe a définie comme étant une perpendiculaire à la direction générale des côtes, sans fournir par ailleurs d'explication au soutien de son affirmation[491].

Hormis ce cas, qui fera, en 1989, l'objet d'un arbitrage entérinant la frontière de 1960, et les trois précédents déjà signalés (affaires *Norvège/Suède, Libye/Tunisie* et *Canada/États-Unis*), on peut dire que les arbitres, dans l'affaire *Guinée/Guinée-Bissau,* ont fait œuvre d'originalité, si l'on excepte de même les rares cas que l'on peut répertorier dans la pratique des États : frontière Argentine/Uruguay, délimitée en 1973, pour ce qui concerne le segment au-delà de la ligne de fermeture du Rio de la Plata, et nonobstant la phraséologie utilisée dans le document[492], le géographe du Département d'État des États-Unis estimant qu'il s'agit bel et bien d'une perpendiculaire à cette ligne de fermeture du golfe[493] ; peut-être aussi la frontière Brésil/Uruguay, établie en 1972 par un traité stipulant qu'elle sera tracée « dans une direction sensiblement perpendiculaire à la ligne générale de la côte[494] », tout en précisant que cette ligne a un azimut de 128 degrés.

---

489 https://www.un.org/Depts/los/clcs_new/submissions_files/submission_wa7_75_2014.htm.
490 Sentence de 1989. Ce passage de la note est cité au par. 80 de la Sentence.
491 Prescott, J.R.V. (1985) *op. cit.*, p. 324.
492 « ... la frontière maritime latérale et la frontière du plateau continental (...) sont définies par une ligne d'équidistance, qui est déterminée par les méthodes fondées sur les côtes adjacentes ». Traité concernant le Rio de la Plata et la frontière maritime y afférente, art. 70.
493 USDS (1975) *LS*, n° 64, p. 15.
494 Échange de notes constituant un accord entre l'Uruguay et le Brésil relatif à la démarcation définitive de l'embouchure de la rivière Chui et de la frontière maritime latérale.

Ajoutons qu'à notre connaissance, un seul cas, depuis l'affaire *Guinée/Guinée-Bissau* de 1985, peut être trouvé dans la pratique des États[495] où l'utilisation de la perpendiculaire est expressément mentionnée dans l'accord : il s'agit de la frontière Estonie/Lettonie[496], délimitée en 1996, qui, dans le golfe de Riga, coïncide avec des arcs de cercle à 12 milles marins des côtes, à proximité de l'île estonienne Ruhnu, alors que dans la Baltique, au-delà du golfe, elle consiste dans une perpendiculaire à la ligne de fermeture de ce golfe.

Quant aux frontières délimitées par voie juridictionnelle depuis l'affaire *Guinée/Guinée-Bissau*, elles concernent toutes, sauf l'affaire *Guinée-Bissau c. Sénégal*, des côtes où prédomine la relation d'opposition plutôt que d'adjacence, et il va sans dire qu'il est trop tôt pour estimer la portée de cette affaire sur les méthodes de délimitation retenues par les tribunaux.

3.5. Cap-Vert/Sénégal

« Guidés par l'esprit d'amitié et de coopération existant entre les deux peuples » (préambule), l'archipel du Cap-Vert et le Sénégal signent, le 17 février 1993, un accord de délimitation[497] qui entrera en vigueur le 25 mars 1994. La frontière, qui porte sur la ZÉE et le plateau continental, est décrite dans l'accord comme une médiane qui, « pour des raisons pratiques de simplification, a été corrigée » (art. 1). Il est convenu par ailleurs que cette médiane est tracée entre, d'une part, les lignes archipélagiques du Cap-Vert, et, d'autre part, les lignes de base droites du Sénégal, quand elles sont présentes, à défaut de quoi ce sont les lignes de base normales.

Il va sans dire que pareille méthode avantage grandement l'État archipélagique puisqu'elle permet au Cap-Vert de placer sous ses juridictions une plus grande portion d'espaces maritimes particulièrement riches en ressources halieutiques[498].

Le Cap-Vert et le Sénégal, le 25 septembre 2014, font une soumission conjointe avec cinq autres États de la région – Gambie, Guinée, Guinée-Bissau, Mauritanie et Sierra Leone –[499], mais les recommandations de la CLPC n'avaient pas encore été formulées en date du 1er décembre 2023.

---

[495] Pour une revue générale de la pratique des États, consulter notamment Lathrop, Coalter G., ed. (2023) *International Maritime Boundaries* :
https://referenceworks.brillonline.com/browse/international-maritime-boundaries.

[496] Agreement between the Republic of Estonia and the Republic of Latvia on the Maritime Delimitation in the Gulf of Riga, the Strait of Irbe and the Baltic Sea.

[497] Traité sur la délimitation de la frontière maritime entre la République du Cap-Vert et la République du Sénégal.

[498] USDS (2014) *LS* : *Cabo Verde: Archipelagic and other Maritime Claims and Boundaries*, n° 129, p. 1-16.

[499] https://www.un.org/Depts/los/clcs_new/submissions_files/ submission_wa7_75_2014.htm.

3.6. Cap-Vert/Mauritanie

Le 19 septembre 2003, les deux États concluent un accord de délimitation de la zone économique exclusive et du plateau continental[500], compte tenu des travaux d'une commission conjointe technique réunie les 23 mars et 17 septembre précédents. Le 7 mai 2009, le Cap-Vert dépose une soumission devant la CLPC, suivi de la Mauritanie le 11 mai de la même année, outre que les deux États, le 25 septembre 2014, font une soumission conjointe avec cinq autres États de la région, à l'instar du cas Cap-Vert/Sénégal.

La frontière est décrite comme une ligne médiane entre les lignes de base des côtes des deux pays (art.1), décrites comme étant les lignes de base archipélagiques du Cap-Vert (constituées de 18 points) et les lignes de base normales de la Mauritanie (6 points) (art. 2).

L'accord prévoit en outre que tout différend concernant son interprétation ou son application devra être résolu par négociation et que les Parties, en cas de défaut de celle-ci, auront recours aux autres modes de règlement pacifique, sans préjudice de l'article 287 de la Convention de 1982[501].

3.7. Guinée Équatoriale/Sao Tomé et Principe

Les deux États concluent un accord de délimitation le 26 juin 1999. Cet instrument mentionne, dans son préambule, la méthode utilisée, soit « in an equitable manner equidistance as the general criterion for delimitation[502] ». L'accord ne dit pas cependant si ces deux frontières jumelles et multifonctionnelles – entre, d'une part, l'île de Sao Tomé et l'île d'Annobon, et, d'autre part, entre les îles Sao Tomé et Principe et l'île Bioko et le Rio Muni – sont tracées selon des lignes d'équidistance stricte ou si elles le sont en tenant compte des lignes de base archipélagiques de Sao Tomé et Principe, lesquelles ont été estimées par le Secrétariat d'État américain comme étant conformes aux dispositions de la Convention de 1982[503].

Dans le décret adopté par la Guinée équatoriale aux fins d'établir les limites extérieures de sa mer territoriale et de sa ZÉE, il est clairement mentionné que ces limites sont constituées par des médianes qui « are not intended to be detrimental to any other future decision which may be taken

---

[500] Treaty on the Delimitation of the Maritime Frontier between the Islamic Republic of Mauritania and the Republic of Cape Verde.

[501] « Lorsqu'il signe ou ratifie la Convention ou y adhère, ou à n'importe quel moment par la suite, un État est libre de choisir, par voie de déclaration écrite, un ou plusieurs des moyens suivants pour le règlement des différends relatifs à l'interprétation ou à l'application de la Convention… », en l'occurrence le T.I.D.M., la C.I.J., un tribunal arbitral constitué conformément à l'annexe VII ou un tribunal arbitral spécial.

[502] Treaty Regarding the Delimitation of the Maritime Boundary between the Republic of Equatorial Guinea and the Democratic Republic of Sao Tome and Principe.

[503] Dzurek, Daniel J. (1999) Gulf of Guinea Boundary Disputes, *IBRU Boundary and Security Bulletin*, Spring, p. 101.

by the Government with each of its neighbouring countries' governments[504] ». Par ailleurs, l'accord fournit la liste des coordonnées géographiques des 5 points de la ligne qui concerne la frontière méridionale et les 15 points de la septentrionale. Il est en outre prévu que l'accord entre en vigueur provisoirement au moment de sa signature et définitivement avec l'échange des instruments de ratification (art. 5).

Le 7 mai 2009, la Guinée équatoriale dépose à la CLPC des informations préliminaires[505], puis, le 25 septembre 2014, avons-nous dit, une soumission conjointement avec d'autres États, mais la CLPC n'a pas encore formulé ses recommandations, celles-ci n'ayant par ailleurs aucun effet sur la frontière avec Sao Tomé et Principe.

3.8. Guinée équatoriale/Nigeria

À peine 15 mois après avoir conclu un accord avec Sao Tomé et Principe, la Guinée équatoriale signe un traité avec le Nigeria[506], le 23 septembre 2000, suivi d'un protocole, le 2 avril 2002, alors que l'affaire du Nigeria concernant sa délimitation terrestre et maritime avec le Cameroun est pendante devant la C.I.J. et que cette dernière a autorisé, le 21 octobre 1999, la Guinée équatoriale à intervenir dans l'instance.

La Guinée équatoriale et le Nigeria déclarent dans le préambule de l'accord être mus non seulement par le désir de renforcer leurs relations fraternelles entre voisins mais aussi par celui de préserver la paix sur le continent. L'accord mentionne explicitement que la frontière est délimitée partiellement (art. 1), puisque cette ligne inachevée est constituée, au sud et à l'ouest d'un point *i*, par une succession de segments joignant 10 points, tandis qu'au nord et à l'est de ce même point *i*, il est prévu (art. 3) que la frontière sera établie par accord entre les Parties à la suite de la décision de la C.I.J. dans l'affaire *Cameroun c. Nigeria*.

La méthode de délimitation de cette frontière inachevée et multifonctionnelle n'est pas prévue dans l'accord, et l'on peut se demander si le Nigeria a accepté une délimitation par équidistance stricte, alors qu'il avait auparavant proposé que l'île de Bioko ne se voie reconnaître qu'un effet partiel. Pourtant, a-t-on fait remarquer, ce genre de problème surgit habituellement dans les cas d'îles de taille plus petite que celle de Bioko[507]. Les Parties ont prévu par ailleurs que si des gisements se trouvaient de part

---

[504] *Idem*, p. 100.

[505] https://www.un.org/depts/los/clcs_new/submissions_files/preliminary/gnq2009preliminaryinformation.pdf.

[506] Treaty between the Federal Republic of Nigeria and the Republic of Equatorial Guinea concerning their maritime boundary ; Protocol on implementation of article 6.2 of the Treaty between the Federal Republic of Nigeria and the Republic of Equatorial Guinea concerning their maritime boundary.

[507] Dzurek, Daniel J. (1999) *op. cit.*, p. 100.

et d'autre de la frontière, elles allaient chercher des arrangements pour chacun des gisements (art. 6), tout en autorisant « the relevant government entities in association with the relevant concession holders to establish appropriate unitisation and other arrangements to enable this area to be developed in a commercially feasible manner » (art. 6, par. 2). À l'instar du traité entre la Guinée équatoriale et Sao Tomé et Principe, il est prévu que l'accord entrera provisoirement en vigueur lors de sa signature (art. 7).

Le 3 avril 2002, les deux États concluent un nouvel accord portant cette fois sur l'instauration d'une zone d'exploration conjointe du pétrole[508], en particulier dans le champ de Zafiro-Ekangma, qui se trouve sur la frontière maritime.

Le 7 mai 2009, le Nigeria déposera une soumission devant la CLPC[509], laquelle formulera ses recommandations le 11 août 2023, puis une autre soumission le 25 septembre 2014, conjointement avec le Cap-Vert, la Gambie, la Guinée, la Guinée-Bissau, la Mauritanie, le Sénégal et la Sierra Leone, mais ces soumissions du Nigeria n'ont aucun impact sur un prolongement de la frontière avec la Guinée équatoriale puisque cette dernière n'est pas dans une situation géographique pour revendiquer un plateau continental au-delà des 200 milles marins.

3.9. Gabon/Sao Tomé et Principe

Deux mois à peine après la signature d'un accord avec le Nigeria portant sur l'instauration d'une zone de développement conjoint des ressources, et sans préjudice d'une délimitation éventuelle, Sao Tomé et Principe conclut avec le Gabon[510], le 26 avril 2001, un traité de délimitation par lequel leur frontière de la ZÉE et du plateau continental sera établie, ainsi que le prévoit l'article 2, selon l'équidistance des lignes de base à partir desquelles est mesurée la mer territoriale de chaque État.

Il s'agit donc d'une médiane tracée entre, d'une part, les lignes de base archipélagiques de Sao Tomé et Principe et, d'autre part, quatre segments de droites qui relient, du côté du Gabon, la pointe Mengombie et le cap Esterias pour fermer ainsi la baie de Corisco, puis le phare de la pointe Ngombe et le cap Lopez. Il est prévu par ailleurs que toute dispute concernant l'interprétation et l'application de l'accord sera réglée par consultation et négociation entre les Parties contractantes (art. 5)[511].

---

[508] Treaty between Equatorial Guinea and Nigeria on joint exploration of crude oil, especially at the Zafiro-Ekanga Oil Field located at the maritime boundary of both countries.

[509] https://www.un.org/depts/los/clcs_new/submissions_files/submission_nga_38_2009.htm.

[510] Agreement on the Delimitation of the Maritime Border between the Gabonese Republic and the Democratic Republic of Sao Tome and Principe.

[511] Ndjambou, Léandre Edgard *et als* (2019) Gestion des espaces maritimes et enjeux halieutiques en Afrique centrale : le cas du Gabon, *L'Espace politique*, vol. 39, numéro 3.

3.10. Cameroun/Nigeria

Avant de statuer sur le fond[512] le 10 octobre 2002, la C.I.J. rend une ordonnance, en 1996, par laquelle il est requis, notamment, que les deux pays maintiennent l'arrêt des hostilités dans la presqu'île de Bakassi et qu'ils doivent prêter assistance à la mission d'enquête de l'ONU. La Cour rejette ensuite, en 1998, sept des huit exceptions préliminaires soulevées par le Nigeria, mais elle accueille, l'année suivante, une requête en intervention de la Guinée équatoriale.

3.10.1. Mesures conservatoires et exceptions préliminaires

Le 29 mars 1994, le Cameroun dépose au greffe de la Cour une requête introductive d'instance[513] contre le Nigeria au sujet d'un différend présenté comme portant « essentiellement sur la question de la souveraineté sur la presqu'île de Bakassi ». Le Cameroun a allégué en outre que la délimitation maritime n'était que partielle et que les deux pays n'avaient pu, « malgré de nombreuses tentatives, se mettre d'accord pour la compléter ». Il demande en conséquence au Tribunal, pour « éviter de nouveaux incidents entre les deux pays », d'établir la délimitation maritime au-delà de ce qui avait été convenu en 1975.

Le Cameroun dépose, le 6 juin 1994, une requête additionnelle[514] aux fins d'élargir l'objet du différend à un autre différend qu'il décrit comme portant « essentiellement sur la question de la souveraineté sur une partie du territoire camerounais dans la zone du lac Tchad ». Le Cameroun prie en outre la Cour de « préciser définitivement » la frontière entre les deux États, depuis le lac Tchad jusqu'à la mer, et demande de joindre les deux requêtes et « d'examiner l'ensemble en une seule et même instance[515] ».

Le 15 mars 1996, la Cour rend une ordonnance en indication de mesures conservatoires[516] par laquelle il est requis que les deux pays « veillent à

---

[512] *Frontière terrestre et maritime entre le Cameroun et le Nigéria*, arrêt, C.I.J. Recueil 2002. Ci-après cité : Arrêt de 2002

[513] La requête décrit le différend comme portant essentiellement sur la souveraineté territoriale sur Bakassi.

[514] La seconde requête élargit ce différend en incluant la délimitation depuis le lac Tchad jusqu'à, et y compris, la mer.

[515] *Idem*, par. 3.

[516] Consulter notamment à ce sujet Bekong Njinkeng Julius (1997) International Dispute Settlement : Land and Maritime Boundary between Cameroon and Nigeria. Origin of the Dispute and Provisional Measures, *AfrJIL*, vol. 9, p. 287-310 ; Merrils, J.G. (1997) The Land and Maritime Boundary Case, Order of 15 March 1996 Cameroon v. Nigeria, *ICLQ*, vol. 46, p. 676 ; Garcia, Thierry (1996) Les mesures conservatoires rendues par la C.I.J. le 15 mars 1996 dans l'affaire du différend frontalier entre le Cameroun et le Nigeria, *AFDI*, vol. 42, p. 409 ; Sall, Alioune (1997) Actualité des conflits frontaliers en Afrique : l'ordonnance du 15 mars 1996 rendue par la Cour internationale de Justice dans le différend frontalier entre le Cameroun et le Nigeria, *AfrJIL*, vol. 9, p. 183.

éviter tout acte, et en particulier tout acte de leurs forces armées, qui risquerait de porter atteinte aux droits de l'autre Partie au regard de tout arrêt que la Cour pourrait rendre en l'affaire, ou qui risquerait d'aggraver ou d'étendre le différend porté devant elle[517] ». Plus spécifiquement, les Parties doivent se conformer à l'accord du 17 février 1996, aux fins de l'arrêt de toutes les hostilités dans la presqu'île de Bakassi ; elles doivent en outre prêter toute l'assistance voulue à la mission d'enquête proposée par le Secrétaire général de l'ONU dans la presqu'île de Bakassi.

Dans son arrêt du 11 juin 1998 relatif aux exceptions préliminaires[518] que le Nigeria avait soulevées dans le délai fixé pour le dépôt de son contre-mémoire, la Cour, déclarant qu'elle a compétence pour statuer sur le fond du différend, rejette sept de ces exceptions, tout en décidant que la huitième n'a pas un caractère exclusivement préliminaire et qu'elle statuera donc sur celle-ci dans l'arrêt à être rendu sur le fond[519].

Dans sa première exception préliminaire, le Nigeria soutient que la Cour n'est pas compétente pour connaître de la requête déposée par le Cameroun pour le motif qu'en déposant cette requête, ce dernier « a violé son obligation d'agir de bonne foi, a abusé du système institué par le paragraphe 2 de l'article 36 du Statut et n'a pas tenu compte de la condition de réciprocité prévue », et par conséquent, « les conditions nécessaires pour autoriser le Cameroun à invoquer sa déclaration en vertu du paragraphe 2 de l'article 36 comme fondement de la compétence de la Cour n'étaient pas remplies lorsque la requête a été soumise[520] ». La Cour note une affirmation du Cameroun selon laquelle le principe de la bonne foi constitue l'un des principes de base qui président à la création et à l'exécution d'obligations juridiques, et qu'il n'est pas comme tel une source d'obligation s'il n'en existe pas autrement. Or, poursuit le Cameroun, il n'existe en droit international aucune obligation spécifique pour les États d'informer les autres États parties au Statut qu'ils ont l'intention de souscrire à la clause facultative ou qu'ils ont souscrit à cette clause.

Dans sa deuxième exception préliminaire, le Nigeria soumet que « pendant une période d'au moins vingt-quatre ans avant le dépôt de la requête, les Parties ont, au cours des contacts et des entretiens qu'elles ont eus régulièrement, accepté l'obligation de régler toutes les questions frontalières au moyen des mécanismes bilatéraux existants ; que cet ensemble de comportements communs constitue un accord implicite de recourir exclusivement aux mécanismes bilatéraux existants et de ne pas invoquer la

---

[517] Ordonnance, par. 49.

[518] Exceptions préliminaires, arrêt, C.I.J. Recueil 1998.

[519] Pour une étude de ces exceptions, voir Bekker, Peter H.F. (1998) Land and Maritime Boundary between Cameroon and Nigeria 11.06.1998, *AJIL*, vol. 92, p. 751 ; Elias, Olufemi and Lim, Chin (1999) Casenote : The Right of Passage Doctrine Revisited : An Opportunity Missed 11.06.1998 (Cameroon / Nigeria), *LJIL*, vol. 12, p. 231 ; Merrils, J. G. (1999) The Land and Maritime Boundary Case 11.06.1998 (Cameroon/Nigeria), *ICLQ*, vol. 48, p. 651.

[520] Arrêt de 2002, par. 19.

compétence de la Cour ; qu'*à titre subsidiaire*, dans ces circonstances, la République du Cameroun est privée de son droit à invoquer la compétence de la Cour[521] ». Le Tribunal déclare qu'il n'existe pas de règle, en droit international, selon laquelle « l'épuisement des négociations diplomatiques serait un préalable à la saisine de la Cour[522] ». Celle-ci ajoute qu'un tel préalable aurait pu faire l'objet d'une clause compromissoire figurant dans les traités liant le Cameroun et le Nigeria, ou encore une réserve aurait pu être insérée dans leur déclaration facultative d'acceptation de la juridiction obligatoire de la Cour, qui constate que rien de cela n'a été fait. Quant à la prétendue situation d'estoppel, il n'est pas établi que le Nigeria aurait subi un préjudice du fait de la procédure intentée par le Cameroun.

Le Nigeria soutient, dans sa troisième exception, que « le règlement des différends frontaliers dans la région du lac Tchad relève de la compétence exclusive de la commission du bassin du lac Tchad et que, dans ce contexte, les procédures de règlement prévues dans le cadre de la commission sont obligatoires pour les Parties[523] ». La Cour estime que cette commission « ne saurait être regardée comme un tribunal[524] ». Cette commission n'est pas visée par le chapitre VIII de la Charte puisqu'elle constitue une organisation régionale dont les fins ne sont pas de régler des affaires qui touchent au maintien de la paix et de la sécurité internationales, et « l'existence de procédures régionales de négociation ne saurait, quelle qu'en soit la nature, empêcher la Cour d'exercer les fonctions qui lui sont conférées par la Charte et le Statut[525] ».

Dans sa quatrième exception préliminaire, le Nigeria prétend que le Tribunal ne devrait pas déterminer le point triple dans le lac Tchad, étant donné que sa localisation affecte directement un État tiers, en l'occurrence le Tchad. La Cour estime qu'elle « n'est pas nécessairement empêchée de statuer lorsque la décision qu'il lui est demandé de rendre est susceptible d'avoir des incidences sur les intérêts juridiques d'un État qui n'est pas partie à l'instance ; et la Cour n'a refusé d'exercer sa compétence que lorsque les intérêts d'un État tiers constituent (...) l'objet même de la décision à rendre sur le fond[526] ». La Cour rappelle que, dans l'affaire *Libye/Tchad*[527], les deux points triples de la frontière ont été déterminés sans les présences respectives du Soudan et du Niger.

De l'avis du Nigeria, dans sa cinquième exception, « il n'existe pas de différend concernant la délimitation de la frontière en tant que telle sur toute

---

[521] *Ibidem*.
[522] *Idem*, par. 56.
[523] *Idem*, par. 19.
[524] *Idem*, par. 69.
[525] *Idem*, par. 67.
[526] *Idem*, par. 79.
[527] *Différend territorial (Jamahiriya arabe libyenne/Tchad)*. Mentionnée dans l'Arrêt de 2002 au par. 80.

sa longueur[528] », depuis le lac Tchad jusqu'à la mer, sous réserve du titre du Nigeria sur Bakassi, Darak et les îles avoisinantes habitées par des Nigérians. La Cour affirme au contraire qu'il existe bien des différends, notamment celui sur la presqu'île de Bakassi, qui aura une influence sur le tracé de la frontière maritime.

La sixième exception expose que les questions de responsabilité étatique et de réparation présentées par le Cameroun sont irrecevables pour le motif que « les prétendues incursions et incidents imputés à des organes de l'État nigérian[529] » ne sont pas appuyés par un exposé des faits suffisamment précis. La Cour estime au contraire que la requête du Cameroun satisfait aux conditions requises au paragraphe 2 de l'article 38 du Règlement de la Cour, selon lesquelles la requête « indique (...) la nature précise de la demande et contient un exposé succinct des faits et moyens sur lesquels cette demande repose ».

Le Nigeria affirme, dans sa septième exception préliminaire, qu'il n'existe pas de différend concernant la délimitation, puisqu'« il n'est pas possible de déterminer la frontière maritime avant de se prononcer sur le titre[530] » concernant Bakassi et que, dans l'éventualité même d'une décision sur la question de ce titre, les demandes relatives à la délimitation maritime « n'en seraient pas moins irrecevables faute d'action antérieure suffisante des Parties pour effectuer, sur un pied d'égalité, une délimitation "par voie d'accord" conformément au droit international[531] ». La Cour observe notamment que le différend, au-delà du point G, a été défini de manière suffisamment précise pour qu'elle puisse en être saisie. Puisque les négociations au-delà du point G n'ont pu être conduites, ce différend existe.

La huitième et dernière exception préliminaire expose que « la question de la délimitation maritime met nécessairement en cause les droits et les intérêts d'États tiers ». La Cour estime, à l'instar des Parties, que ces intérêts ne sont en cause que pour ce qui concerne le prolongement de la frontière au-delà du point G, et notamment ceux de la Guinée équatoriale et de Sao Tomé et Principe. Bien que la Cour ne soit pas nécessairement empêchée de statuer, elle doit décider qu'il est nécessaire d'examiner au fond la demande du Cameroun. La question reste entière de savoir si ces États tiers décideront ou non d'exercer leurs droits à une intervention dans l'instance. Le Tribunal conclut que la huitième exception n'a pas un caractère exclusivement préliminaire[532].

---

528 Arrêt de 2002, par. 19.
529 *Ibidem.*
530 *Idem*, par. 104.
531 *Ibidem.*
532 Pour une analyse du jugement du 11 juin 1998, voir notamment Kwiatkowska, Barbara (1999) Cameroon v. Nigeria and Maritime Boundary (preliminary objections) : Judgment of 11 June 1998, *Hague YBIL*, p. 15-41.

3.10.2. L'intervention de la Guinée équatoriale

Le 30 juin 1999, la Guinée équatoriale dépose une requête à fin d'intervention ayant pour objet de protéger ses droits dans le golfe de Guinée. À la suite de l'ordonnance[533] du 21 octobre 1999 accueillant l'intervention[534], la Guinée équatoriale allègue notamment, dans une déclaration écrite, que sa requête « est simple, va droit au but qu'elle vise, repose sur la jurisprudence de la Cour, s'inscrit dans le droit fil de la pratique de la communauté internationale et correspond à la pratique des trois États de la région concernée : elle prie la Cour de s'abstenir de délimiter une frontière maritime entre le Nigeria et le Cameroun dans une zone plus proche de la Guinée équatoriale que des Parties à l'instance[535] ». La Guinée n'hésiterait pas non plus à invoquer les incidences que pourrait avoir un arrêt sur l'attitude des sociétés pétrolières. Lors de ses observations orales, elle aura l'occasion de réitérer la méthode de délimitation qu'elle préconise, tout en demandant à la Cour de s'abstenir « d'émettre un quelconque avis susceptible de porter préjudice » à ses intérêts dans le cadre de ses négociations concernant ses frontières avec d'autres États, et elle précise que la prise en compte des intérêts de l'État tiers dans la présente procédure implique que la délimitation « doit nécessairement demeurer au nord de la ligne médiane » entre l'île de Bioko de la Guinée équatoriale et le continent[536].

En accueillant cette intervention, a-t-on fait remarquer, « la Cour se met donc en situation de devoir trancher entre le droit au règlement juridictionnel du différend qu'invoquent les parties et le libre choix du mode de résolution des contestations juridiques revendiqué par l'État tiers », le règlement juridictionnel « permettant de corriger le "jugement de Salomon" sur lequel débouche généralement la négociation entre les États. L'alchimie judiciaire ne produit pas les mêmes alliages que le règlement négocié[537] ».

3.10.3. Le cadre géographique

C'est très succinctement que les juges décrivent le cadre géographique[538] du Cameroun et du Nigeria. Tous deux situés sur la côte occidentale de

---

[533] Pour une analyse de cette ordonnance, voir Weckel, Philippe (2000) Ordonnance du 21 octobre 1999, *RGDIP*, vol. 104, p. 248-250 ; Merrills, J.G. (2000) The International Court of Justice and the Adjudication of Territorial and Boundary Disputes, *LJIL*, vol. 13, p. 873-881.

[534] Voir notamment Merrills, J. G. (2000) The Land and Maritime Boundary Case - The Intervention by Equatorial Guinea 21.10.1999 (Cameroon/Nigeria), *ICLQ*, vol. 49, p. 720 ; Barati, H. (1999) Frontière terrestre et maritime (Cameroun c. Nigeria). Exceptions préliminaires, interprétation, intervention, *AFDI*, vol. 45, p. 371-412.

[535] Arrêt de 2002, par. 28.

[536] *Idem*, par. 29.

[537] Weckel, Philippe (2000) Chronique de jurisprudence internationale. Ordonnance du 21 octobre 1999 sur la requête de la Guinée équatoriale à fin d'intervention, *RGDIP*, vol. 104, p. 248-249.

[538] Arrêt de 2002, par. 30.

l'Afrique, leurs côtes, adjacentes, sont baignées par les eaux du golfe de Guinée. Ils partagent une longue frontière terrestre qui court du lac Tchad au nord jusqu'à la presqu'île de Bakassi au sud, puis une frontière maritime beaucoup plus courte, étant donné la présence de l'île de Bioko, dans la concavité du golfe, sous la souveraineté de la Guinée équatoriale. Dans la région du lac Tchad, dont la superficie a beaucoup varié avec le temps, la frontière traverse des plaines chaudes et sèches, qui se trouvent approximativement à 300 mètres d'altitude, elle parcourt des régions montagneuses et de hautes terres cultivées en pâturages, arrosées par divers cours d'eau, puis, à plus basse altitude, des régions de savane et de forêt, avant de toucher la mer, là où coulent, de part et d'autre de la presqu'île de Bakassi, la rivière Akwayafé à l'ouest et le Rio del Rey à l'est. La presqu'île est caractérisée par un milieu amphibie, où se trouvent des ressources halieutiques et une végétation de mangroves abondantes.

3.10.4. Le contexte historique

La Cour accorde de plus longs développements au contexte historique[539], lequel, observe-t-elle, est marqué, au XIXe siècle et au début du XXe, par l'action des puissances européennes aux fins du partage de l'Afrique, puis par l'évolution du statut des territoires en cause sous le régime des mandats de la Société des Nations, puis des tutelles de l'Organisation des Nations Unies, enfin par l'accession de ces territoires à l'indépendance. Cette action et cette évolution sont constatées dans divers traités et conventions, échanges diplomatiques, actes administratifs, cartes d'époque et autres documents.

Le Tribunal évoque d'abord les instruments relatifs à la délimitation des frontières des territoires coloniaux respectifs de la Grande-Bretagne, de la France et de l'Allemagne : convention du 29 mai 1906 concernant la délimitation de la frontière entre les possessions françaises et les britanniques à l'est du Niger (dénommée ci-après convention franco-britannique de 1906), complétée par le protocole du 19 février 1910 (protocole franco-britannique de 1910) ; convention du 15 mars 1894 concernant la délimitation des colonies du Congo français et du Cameroun et des sphères d'influence française et allemande dans la région du lac Tchad (convention franco-allemande de 1894) ; convention du 18 avril 1908 entre la France et l'Allemagne aux fins de confirmer le protocole du 9 avril 1908 définissant les frontières entre le Congo français et le Cameroun (convention franco-allemande de 1908) ; accord du 15 novembre 1893 concernant la frontière entre la Grande-Bretagne et l'Allemagne, complété par l'accord du 19 mars 1906 concernant la frontière, de Yola au lac Tchad (accord anglo-allemand de 1906) ; accord du 11 mars 1913 entre la Grande-Bretagne et l'Allemagne concernant la frontière entre le Nigeria et le Cameroun, de Yola

[539] *Idem*, par. 31-38.

à la mer, de même que la réglementation de la navigation sur la rivière Cross (accord anglo-allemand du 11 mars 1913) ; accord du 12 avril 1913 entre la Grande-Bretagne et l'Allemagne relatif à la démarcation de la frontière, entre Yola et la rivière Cross (accord anglo-allemand du 12 avril 1913).

Au lendemain de la Première Guerre mondiale, de même qu'à la suite de la Seconde, plusieurs accords frontaliers se succèdent : certaines dispositions du traité de Versailles plaçant sous mandats britanniques ou français, avec l'accord de la Société des Nations, l'ensemble des territoires de l'Allemagne dans la région entre le lac Tchad et la mer ; déclaration franco-britannique du 10 juillet 1919 concernant les limites séparant les territoires sous mandats, (déclaration Milner-Simon), précisée par celle du 29 décembre 1929 et du 31 janvier 1930 (déclaration Thompson-Marchand), elle-même approuvée et incorporée dans l'échange de notes du 9 janvier 1931 (Henderson-Fleuriau) ; accords de tutelle des Nations Unies pour le Cameroun britannique et le Cameroun sous administration française, approuvés le 13 décembre 1946 par l'Assemblée générale ; ordre en conseil britannique du 2 août 1946 concernant l'administration du protectorat du Nigeria et du Cameroun, et divisant les régions sous la tutelle britannique en deux entités administratives : le Cameroun septentrional et le Cameroun méridional (ordre en conseil de 1946).

La Cour rappelle ensuite que le Cameroun français accéda, le 1er janvier 1960, à l'indépendance avec ses frontières héritées de la période antérieure, de même que le Nigeria, le 1er octobre de la même année. Le gouvernement britannique organisa ensuite, selon les directives des Nations Unies (résolution 1350 XIII de l'Assemblée générale du 13 mars 1959), des plébiscites distincts aux deux Cameroun, « afin de déterminer les aspirations des habitants (...) au sujet de leur avenir[540] ». Au terme de ces plébiscites, les 11 et 12 février 1961, la population du Cameroun septentrional choisit d'accéder à l'indépendance en s'unissant à la Fédération de Nigeria indépendante, tandis que celle du Cameroun méridional choisit l'indépendance tout en s'unissant à la République du Cameroun indépendante (résolution 1608 XV du 21 avril 1961).

Quant au principal instrument relatif à la région du lac Tchad, la Cour évoque la convention du 22 mai 1964 sur la création de la commission du bassin du lac Tchad (CBLT), signée par les quatre États riverains (Cameroun, Nigeria, Tchad et Niger), dont le mandat est, notamment, de coordonner l'utilisation des eaux du bassin et d'examiner certaines questions frontalières et de sécurité.

Au sujet des questions relatives à la souveraineté sur la presqu'île de Bakassi et à la frontière dans cette zone, la Cour évoque le traité de protectorat du 10 septembre 1884 entre la Grande-Bretagne et les rois et chefs du Vieux-Calabar (traité de 1884), ainsi que les accords anglo-allemands du 11 mars et du 12 avril 1913 relatifs à la frontière, de Yola à la

[540] *Idem*, par. 35.

mer, par lesquels la presqu'île de Bakassi se retrouvera en territoire allemand.

Quant aux accords concernant la frontière maritime entre le Cameroun et le Nigeria, tous postérieurs à leur indépendance politique sauf les accords anglo-allemands de 1913 qui fixaient le point terminal de la frontière terrestre à la côte, la Cour évoque les suivants : déclaration de la commission mixte sur les frontières du 14 août 1970 (déclaration de Yaoundé I), par laquelle il est convenu que la délimitation sera effectuée en trois étapes, la première devant être celle de la délimitation maritime ; seconde déclaration du 4 avril 1971 (déclaration de Yaoundé II), prévoyant la délimitation jusqu'à trois milles marins des côtes ; accord du 1er juin 1975 (déclaration de Maroua) par laquelle le tracé partiel se trouve prolongé jusqu'à un point G.

3.10.5. La délimitation terrestre

Dans l'examen sur le fond, et après avoir décrit le cadre géographique et le contexte historique dans lequel se sont succédé les traités, la Cour passe ensuite à l'examen de la frontière terrestre (*figure 9*) depuis le lac Tchad jusqu'à la péninsule de Bakassi, en observant que les deux Parties conviennent que cette délimitation est déjà effectuée par trois instruments portant respectivement sur trois secteurs distincts, tout en divergeant d'opinion sur l'interprétation et l'application de ces documents. La Cour est alors confrontée à divers types de problèmes tels que la référence à un seul cours d'eau alors qu'il existe plusieurs bras, identification d'une source parmi plusieurs, identification de la ligne de partage des eaux, de la ligne erronée de partage des eaux, de la ligne de crête, de la localisation de villages, repérage de bornes disparues, contradiction entre le texte et la représentation cartographique de la frontière, etc.

3.10.6. La souveraineté territoriale sur la péninsule de Bakassi

Une fois la frontière terrestre déterminée, la Cour examine la question de la souveraineté territoriale sur la presqu'île de Bakassi, le Cameroun faisant valoir l'existence d'un titre conventionnel qu'il estime en sa faveur, alors que le Nigeria considère cet instrument comme dépourvu de validité et réitère le concept de consolidation historique. Il va sans dire que l'attribution à l'une ou à l'autre des Parties de la souveraineté sur la presqu'île a nécessairement un impact direct sur le tracé de la frontière maritime – dernière opération de délimitation à laquelle s'attache la Cour après avoir entendu les arguments du Cameroun qui fait valoir l'existence d'un accord conclu à cet effet, alors que le Nigeria affirme qu'une délimitation *de novo* est à effectuer qui tienne compte, notamment, de la conduite des Parties en matière pétrolière.

Le Cameroun affirme, dans ses conclusions finales, que la frontière terrestre va de la borne 114 sur la rivière Cross jusqu'à l'intersection de la ligne droite joignant Bakassi Point à King Point et du centre du chenal navigable de l'Akwayafé, cette frontière étant déterminée par l'accord germano-britannique du 11 mars 1913 (par. 16 à 21), et que, « dès lors, notamment, la souveraineté sur la presqu'île de Bakassi est camerounaise[541] ». Le Cameroun invoque en effet, à l'appui de sa thèse, les dispositions de cet accord, lesquelles déterminaient le tracé de la frontière entre les Parties dans la région de la presqu'île de Bakassi, celle-ci se retrouvant alors du côté allemand de la frontière. Or, poursuit le Cameroun, les deux pays, lors de leur accession à l'indépendance, ont succédé aux puissances coloniales, héritant de ce fait de la frontière d'alors puisqu'ils étaient liés par le principe de l'*uti possidetis*.

Le Nigeria reconnaît que des dispositions de cet accord avaient pour but d'attribuer à l'Allemagne la péninsule de Bakassi, sauf que ces dispositions, prétend-il, loin d'avoir été mises en pratique, se trouvaient même dépourvues de validité pour divers motifs, notamment parce que le titre de souveraineté sur Bakassi appartenait initialement aux rois et chefs du Vieux-Calabar qui, lors du traité de protectorat conclu le 10 septembre 1884 entre eux et la Grande-Bretagne, ne transférèrent à cette dernière que certains pouvoirs limités mais non pas la souveraineté. Le Nigeria soulève d'autres arguments pour montrer que l'accord de 1913 est défectueux : il est contraire au préambule de l'Acte de Berlin de 1885 ; il n'a pas été approuvé par le Parlement ; cet accord a été abrogé par application du traité de Versailles du 28 juin 1919.

La Cour rappelle son avis consultatif concernant le *Sahara occidental*, dans lequel elle expliquait qu'à l'égard d'un territoire qui n'était pas *terra nullius*, mais était habité par des tribus ou des peuples dotés d'une organisation sociale et politique, « on voyait dans [l]es accords avec les chefs locaux (…) un mode d'acquisition dérivé[542] ». Les juges ajoutent : « Même si ce mode d'acquisition ne correspond pas au droit international actuel, le principe du droit intertemporel impose de donner effet aujourd'hui, dans la présente instance, aux conséquences juridiques des traités alors intervenus dans le delta du Niger[543] ». À défaut du Nigeria de prouver les arguments qu'il allègue, la Cour conclut que, « au regard du droit qui prévalait à l'époque, la Grande-Bretagne, en 1913, pouvait déterminer sa frontière au Nigeria avec l'Allemagne, y compris pour ce qui est de sa partie méridionale[544] ».

[541] *Ibidem.*
[542] *Sahara occidental, avis consultatif,* C.I.J. Recueil 1975, p. 39, par. 80. Cité dans l'Arrêt de 2002, par. 205.
[543] Arrêt de 2002, par. 205.
[544] *Idem,* par. 209.

Figure 9. La frontière terrestre Cameroun/Nigeria

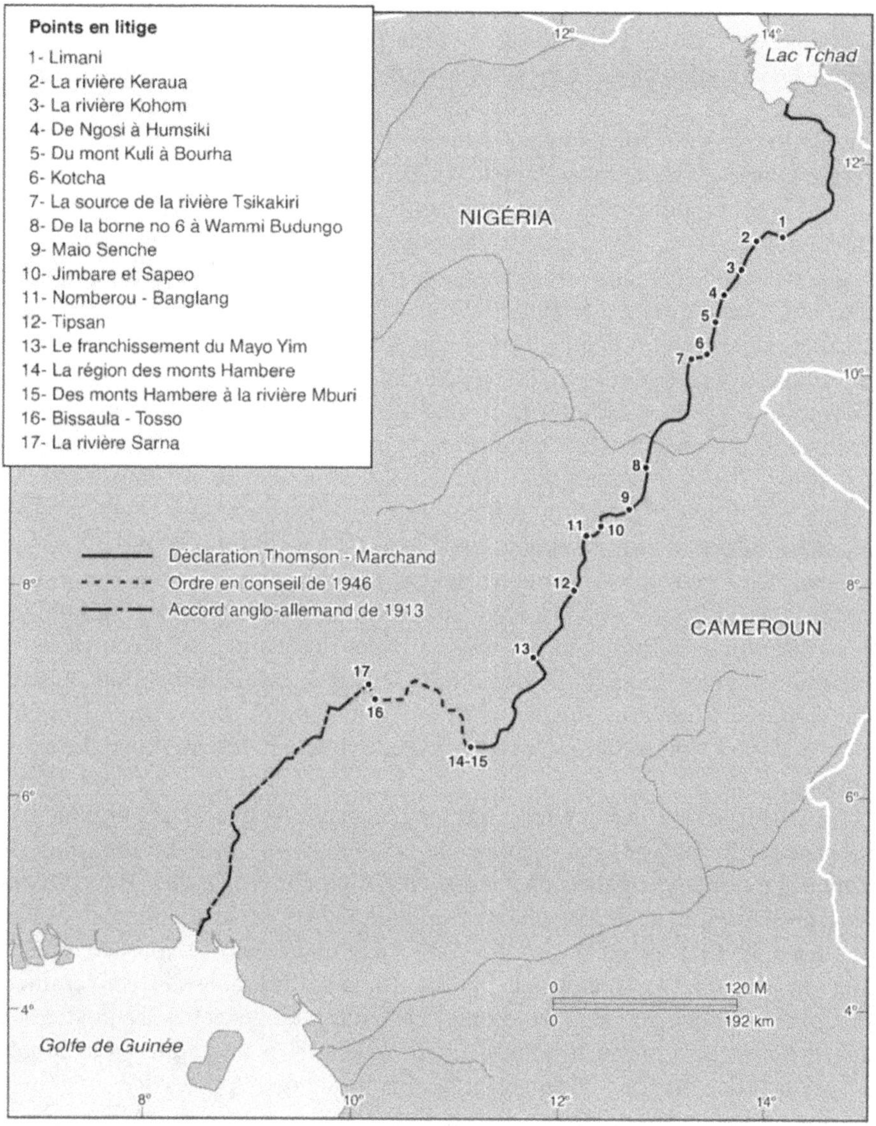

Source : *Idem*, p. 343.

Quel a été, se demande ensuite la Cour, le traitement réservé, entre 1913 et 1960, au segment méridional de la frontière définie par l'accord anglo-allemand de 1913 ? Alors que le Nigeria prétend que Bakassi, en dépit de toutes les activités britanniques sur ce territoire, n'a jamais été détachée du protectorat du Nigeria, le Cameroun soutient que la communauté internationale a reconnu l'appartenance de la presqu'île au Cameroun, tant durant la période du mandat et de la tutelle qu'après l'indépendance.

Les juges rappellent les dispositions pertinentes du traité de Versailles, de même que celles du mandat et de la tutelle, aux termes desquelles « la situation territoriale demeura exactement la même[545] », Bakassi se trouvant du côté du Cameroun britannique et la frontière demeurant une frontière internationale. Le Tribunal évoque également les accords relatifs à la délimitation maritime partielle (déclarations de Yaoundé I et II et de Maroua), et elle « estime qu'il ressort clairement de chacun de ces documents que les Parties tenaient pour établi que Bakassi appartenait au Cameroun[546] ». La Cour ajoute que « cette communauté de vues entre les Parties se trouve également reflétée par la répartition géographique des concessions pétrolières accordées par l'une et l'autre jusqu'en 1991[547] ». S'il est vrai que l'octroi de telles concessions « ne constitue en rien une cession de territoire », la Cour « considère cependant que la répartition géographique des concessions correspond à l'idée (...) que les Parties se faisaient de la situation, et selon laquelle le Cameroun possédait préalablement un titre sur Bakassi[548] ». Pour tous ces motifs, le Tribunal juge que l'accord anglo-allemand du 11 mars 1913 était valide et qu'il devait être appliqué dans son intégralité.

Le Nigeria, pour fonder son titre sur Bakassi, invoque divers arguments : la possession paisible en qualité de souverain et sans protestation du Cameroun ; une occupation prolongée par le Nigeria et par des ressortissants nigérians, ce qui constitue une consolidation historique du titre et ce qui confirme le titre originel des rois et chefs du Vieux-Calabar dévolu au Nigeria lors de l'indépendance ; enfin, les manifestations de souveraineté avec l'acquiescement du Cameroun. La Cour, rejette cette argumentation puisque l'occupation de la presqu'île est contraire à un titre conventionnel préexistant détenu par le Cameroun, d'autant que cette possession ne couvre qu'une une période limitée.

Quant à la question de savoir si la conduite du Cameroun peut être considérée comme une forme d'acquiescement à la perte du titre conventionnel dont il a hérité lors de son accession à l'indépendance, les juges notent que le Nigeria a reconnu clairement et publiquement, au moins jusqu'en 1975, le titre du Cameroun sur Bakassi. Toute effectivité nigériane antérieure à cette

[545] *Idem*, par. 212.
[546] *Idem*, par. 214.
[547] *Idem*, par. 215.
[548] *Ibidem*.

date est dénuée de pertinence, « ce qui peut en partie expliquer l'absence de protestations du Cameroun à l'égard des activités du Nigeria dans les domaines de la santé, de l'éducation et de la fiscalité[549] ». La Cour observe par ailleurs que si le Cameroun « n'a toutefois procédé qu'occasionnellement à des actes d'administration directs sur Bakassi, en raison des ressources matérielles limitées qu'il pouvait consacrer à cette région éloignée[550] », il n'en demeure pas moins que son titre était déjà établi et que, dès son indépendance, le Cameroun déploya des activités inconciliables avec l'abandon d'un titre, tels l'octroi de certaines concessions pétrolières sur la presqu'île et les eaux adjacentes, ainsi que des protestations immédiates lors de l'action militaire nigériane en 1994. Le Tribunal en conclut que la frontière à Bakassi est délimitée par l'accord anglo-allemand du 11 mars 1913, la presqu'île se trouvant sous la souveraineté du Cameroun.

3.10.7. La délimitation maritime

La Cour examine ensuite la question de la frontière maritime (*figure 10*)[551]. Les deux positions sont diamétralement opposées puisque le Cameroun demande que la délimitation soit prononcée selon un tracé précis qu'il suggère au Tribunal, tandis que le Nigeria prétend que celui-ci devrait s'abstenir de procéder à telle délimitation. Le Cameroun, aux termes de ses conclusions finales du 21 mars 2002, lors de la procédure orale, prie en effet la Cour de confirmer que la limite des zones maritimes suit le tracé suivant :

> De l'intersection de la ligne droite joignant Bakassi Point à King Point et du centre du chenal navigable de l'Akwayafé jusqu'au point "12", cette limite est confirmée par la ligne de compromis reportée sur la carte de l'Amirauté britannique n° 3433 par les chefs d'État des deux pays le 4 avril 1971 (déclaration de Yaoundé II) et, de ce point 12 jusqu'au point "G", par la déclaration signée à Maroua le 1er juin 1975 ;
>
> Du point G, la ligne équitable suit la direction indiquée par les points G, H (…), J (…), K (…), et se poursuit à partir de K jusqu'à la limite extérieure des zones maritimes que le droit international place sous la juridiction exclusive des deux Parties[552].

Quant au Nigeria, dans ses conclusions finales, lors de la procédure orale, il demande au Tribunal de juger notamment comme suit :

---

549 *Idem,* par. 223.

550 *Ibidem.*

551 Voir notamment à ce sujet Antunes, Nuno (2000) The Pending Maritime Delimitation in the Cameroon v Nigeria Case : A Piece in the Jigsaw Puzzle of the Gulf of Guinea, *IJMCl,* vol. 15, p. 163-192.

552 Sous-paragraphes du point c) des conclusions du Cameroun, cités dans l'Arrêt de 2002, par. 27.

a) que la Cour n'a pas compétence pour connaître de la revendication maritime du Cameroun à partir du point où la ligne que celui-ci revendique pénètre dans les eaux sur lesquelles la Guinée équatoriale fait valoir des prétentions à l'encontre du Cameroun, ou subsidiairement que cette demande du Cameroun est irrecevable de ce fait ;

b) que la demande du Cameroun relative à une délimitation de la frontière maritime basée sur le partage global des zones maritimes dans le golfe de Guinée est irrecevable, et que les Parties sont tenues, en application des articles 74 et 83 de la Convention des Nations Unies sur le droit de la mer, de négocier de bonne foi en vue de parvenir à un accord sur une délimitation équitable de leurs zones maritimes respectives, une telle délimitation devant tenir compte, notamment, de l'obligation de respecter les droits existants de prospection et d'exploitation des ressources minérales du plateau continental accordés par l'une ou l'autre des Parties avant le 29 mars 1994 sans qu'une protestation écrite ait été élevée par l'autre ainsi que les revendications maritimes raisonnables d'États tiers ; (...)

e) que les eaux territoriales respectives des deux États ont pour frontière une ligne médiane située dans le Rio del Rey ;

f) que, au-delà du Rio del Rey, les zones maritimes respectives des Parties seront délimitées par une ligne tracée conformément au principe de l'équidistance, jusqu'au point le plus proche où cette ligne rencontre la frontière établie avec la Guinée équatoriale suivant la ligne médiane à environ 4° 6' de latitude nord et 8° 30' de longitude est[553].

Le Nigeria prétend donc que le Tribunal devrait s'abstenir de procéder, même partiellement, à la délimitation, « premièrement parce que celle-ci toucherait à des zones revendiquées par des États tiers (huitième exception préliminaire) et, deuxièmement, parce que la condition relative à des négociations préalables n'a pas été remplie[554] ». La Cour doit examiner d'abord cette huitième exception préliminaire du Nigeria, avant même de procéder au fond, puisqu'elle avait décidé, dans son arrêt du 11 juin 1998, que cette exception n'avait pas un caractère exclusivement préliminaire. Comme la compétence de la Cour repose sur le consentement des Parties, celle-ci ne peut se prononcer sur les droits d'États tiers non parties à l'instance, mais qui pourraient être affectés, en l'occurrence la Guinée équatoriale, qui est intervenue, et Sao Tomé et Principe, qui a plutôt choisi de ne pas le faire. La Cour n'en estime pas moins que « la simple présence de ces deux États (...) n'empêche pas en soi celle-ci d'avoir compétence pour procéder à une délimitation maritime (...) mais la Cour devra rester pleinement consciente, comme toujours dans des situations de ce type, des limites qu'une telle présence impose à sa compétence[555] ». Quant à la détermination d'un triple point, elle reconnaît qu'elle n'a pas le pouvoir de le faire.

---

[553] Points a), b), e) et f) du paragraphe 4 des conclusions du Nigeria, cités dans l'Arrêt de 2002, par. 27.
[554] *Idem,* par. 226.
[555] *Idem,* par. 238.

Figure 10. La frontière maritime Cameroun/Nigeria

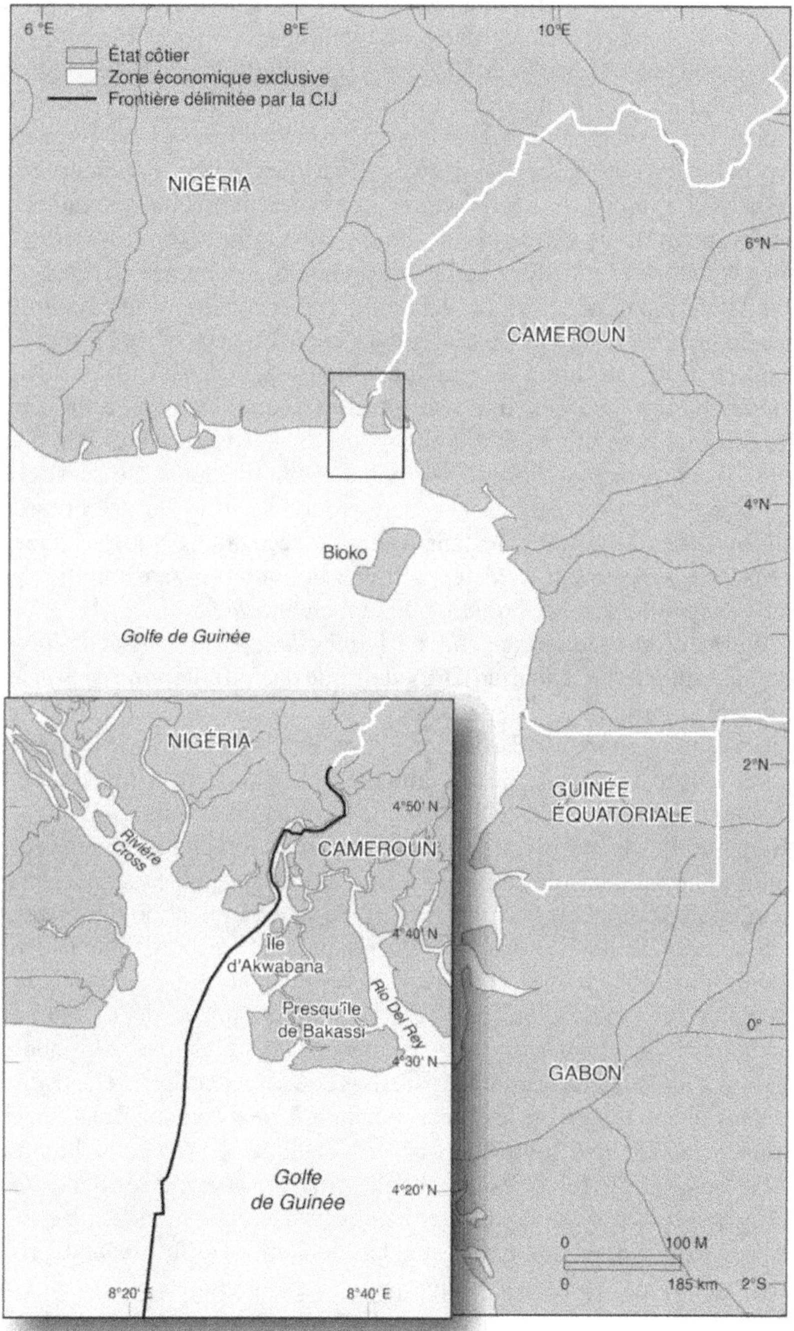

Source : *Idem*, p. 377.

En ce qui concerne l'argument du Nigeria selon lequel la condition relative à des négociations préalables n'a pas été remplie, question qui faisait l'objet de la septième exception préliminaire, rejetée par la Cour, celle-ci explique que les articles 74 et 83 de la Convention des Nations Unies sur le droit de la mer, qui soumettent les parties à un différend à l'obligation de s'efforcer de régler par voie de négociation le litige qui les oppose, « ne l'empêchent pas de tracer la frontière maritime entre le Cameroun et le Nigeria en l'absence de négociations préalables intervenues simultanément entre les quatre États concernés[556] », mais dans la mesure où les droits de la Guinée équatoriale et de Sao Tomé et Principe n'en sont pas affectés.

La Cour examine alors la demande camerounaise d'une délimitation maritime précise, et elle passe d'abord à l'étude du secteur de la frontière qui doit aller jusqu'au point G. Les positions des Parties, ici aussi, sont diamétralement opposées puisque le Cameroun demande à la Cour de confirmer que la frontière, de l'embouchure de la rivière Akwayafé jusqu'au point G fixé aux termes de la déclaration de Maroua, aurait été déjà délimitée par des accords internationaux valides conclus entre les deux Parties, la limite au-delà de ce point restant à être tracée, tandis que le Nigeria nie purement et simplement l'existence d'une délimitation maritime jusqu'à ce point, l'ensemble de la délimitation étant à établir *de novo*.

S'agissant du premier secteur, de l'embouchure de la rivière Akwayafé jusqu'au point G, le Cameroun fait valoir que sa délimitation repose sur trois instruments juridiques internationaux, en l'occurrence l'accord anglo-allemand du 11 mars 1913, l'accord entre le Cameroun et le Nigeria du 4 avril 1971 (qui comprend la déclaration de Yaoundé II et la carte n° 3433 l'accompagnant), enfin, la déclaration de Maroua du 1er juin 1975.

Bien que le Nigeria n'établisse aucune distinction entre le secteur en deçà et celui situé au-delà du point G, il invoque des arguments spécifiques au secteur en deçà du point G. Compte tenu de sa revendication de souveraineté sur la presqu'île de Bakassi, le Nigeria prétend d'abord que la frontière maritime doit commencer dans le Rio del Rey et coïncider avec la ligne d'équidistance jusqu'à la mer. Or, la Cour, qui a déjà conclu à la souveraineté du Cameroun sur la presqu'île, n'estime pas nécessaire d'examiner davantage l'argument du Nigeria. Ce dernier prétend en outre que, dans le cas même où les prétentions du Cameroun sur Bakassi seraient légitimes, la frontière maritime qu'il revendique devrait tenir compte des installations pétrolières sises de chaque côté de la ligne résultant de cette pratique pétrolière, et ne comporter à cet égard aucune modification du statu quo. Le Nigeria soutient enfin que les déclarations de Yaoundé II et de Maroua n'ont pas de force obligatoire, la première ne constituant qu'un compte rendu d'une réunion parmi d'autres dans le cadre de rencontres portant sur la frontière, la seconde n'ayant pas été ratifiée par le conseil militaire suprême.

---

[556] *Idem,* par. 245.

Comme elle a déjà conclu que l'accord anglo-allemand de 1913 est valide et applicable dans son intégralité, et que le titre territorial sur la presqu'île appartient conséquemment au Cameroun, la Cour en déduit que la frontière maritime se trouve nécessairement à l'ouest de Bakassi, plutôt qu'à l'est, dans le Rio del Rey. La Cour en déduit aussi que l'« ancrage » terrestre de la frontière maritime se trouve à l'intersection de la ligne droite joignant Bakassi Point et King Point avec le milieu du chenal navigable de la rivière Akwayafé, selon l'accord anglo-allemand art. 18 et 21).

Le Tribunal note que la déclaration de Yaoundé II, après sa signature, fut remise en question plusieurs fois par le Nigeria, mais puisque la ligne qui y est décrite est confirmée par la déclaration de Maroua, il n'est pas nécessaire de décider séparément du statut de cette déclaration. Or la Cour estime que cette déclaration constitue un accord international frontalier conclu par écrit entre deux États, lequel est régi par la Convention de Vienne sur le droit des traités, disposant, au paragraphe 1 de l'article 46, que « le fait que le consentement d'un État à être lié par un traité a été exprimé en violation d'une disposition de son droit interne concernant la compétence pour conclure des traités ne peut être invoqué par cet État comme viciant son consentement[557] ». Les juges en concluent que les déclarations de Yaoundé II et de Maroua « doivent être considérées comme des instruments contraignants qui imposent une obligation juridique au Nigeria[558] », et il devient alors superflu d'examiner l'argument de ce dernier portant sur la pratique pétrolière dans le secteur situé en deçà du point G, puisque la délimitation maritime a été établie sur une base conventionnelle, jusqu'à ce point, par l'accord de 1913 et les déclarations de 1971 et 1975. La Cour décide donc que la frontière est établie selon le tracé suivant :

> À partir de la ligne droite joignant Bakassi Point et King Point, la frontière suit la "ligne de compromis" reportée conjointement par les chefs d'État du Cameroun et du Nigeria le 4 avril 1971 sur la carte n° 3433 de l'Amirauté britannique jointe à la déclaration de Yaoundé II, ligne joignant douze points numérotés, dont les coordonnées précises furent déterminées par la commission mixte réunissant les deux pays à Lagos en juin 1971 ; à partir du point 12 de cette ligne de compromis, le tracé de la frontière court jusqu'au point G précisé dans la déclaration de Maroua du 1er juin 1975, tel que modifié par l'échange de lettres entre les chefs d'État du Cameroun et du Nigeria des 12 juin et 17 juillet 1975[559].

La Cour passe ensuite à l'étude de la frontière maritime au-delà du point G, là où aucun accord ne peut être invoqué par l'une ou l'autre des Parties au soutien d'une frontière. Dans ce secteur, les positions du Cameroun et du Nigeria sont encore diamétralement opposées, puisque ce dernier fait valoir la méthode de l'équidistance stricte, tandis que le Cameroun estime qu'une solution équitable implique que cette équidistance soit ajustée, compte tenu

---

557 Cité dans l'Arrêt de 2002, par. 265.
558 *Idem*, par. 268.
559 *Ibidem*.

de diverses circonstances spéciales : situation d'ensemble du golfe, qui interdit à chacun des trois pays (Cameroun, Nigeria et Guinée équatoriale) de prétendre à des droits exclusifs rattachés au prolongement naturel du territoire terrestre de chacun ; droit du Cameroun à un plateau qui corresponde à la projection frontale de ses côtes, lesquelles, de configuration générale concave, ont pour effet d'enclaver quasiment le pays ; disparité des longueurs des côtes concernées ; *infléchissement* de la côte nigériane à partir d'Akasso ; enfin, présence de l'île de Bioko, face à la côte du Cameroun, mais plus proche de celle-ci que de la Guinée équatoriale qui en détient la souveraineté, et au sujet de laquelle le Cameroun établit une analogie avec les îles Anglo-Normandes auxquelles, rappelle-t-il, un Tribunal arbitral avait refusé d'attribuer un effet entier, dans l'affaire de 1977 *France/Royaume-Uni*[560].

Le Cameroun « insiste sur le fait que le principe de l'équidistance n'est pas un principe de droit coutumier s'imposant automatiquement dans toute délimitation de la frontière maritime dont les côtes sont adjacentes », car c'est bien de telles côtes qu'il s'agit, soutient le Cameroun qui fait valoir en outre qu'une ligne d'équidistance aurait pour effet de lui donner un plateau continental et une zone économique quasi inexistants, bien que sa côte pertinente soit plus longue, prétend-il, que celle du Nigeria. Puisqu'il s'agit de côte pertinente, il devient nécessaire d'apprécier la zone pertinente aux fins de délimitation, étant donné, poursuit le Cameroun, « la géographie particulière du golfe de Guinée[561] », comme cela a été examiné, fait-il remarquer, dans l'affaire *Guinée/Guinée-Bissau*[562]. Le Cameroun soutient que la zone pertinente peut comprendre des États tiers, et il circonscrit en conséquence cette zone par une droite allant d'Akasso, au Nigeria, à cap Lopez, au Gabon. Le Cameroun propose donc une ligne équitable, tracée à partir de lignes de projection qui relient des points sur les côtes dites pertinentes, certaines se trouvant dans des pays tiers.

Qualifiant cette ligne de fantaisiste, le Nigeria prétend qu'elle « pèche principalement à cinq égards » : la nature même de la ligne, qui, loin d'être une ligne de délimitation, en est une d'exclusion, laquelle « préempte toute délimitation entre le Nigeria et les deux États dont les côtes font face sans entrave à ses côtes », en l'occurrence la Guinée équatoriale et Sao Tomé et Principe ; les côtes pertinentes utilisées pour la construction de la frontière proposée, qui ne doivent pas appartenir à un État tiers ; le traitement réservé aux îles dans cette construction, notamment Bioko, dont l'existence est ignorée, et pourtant le siège d'une capitale politique, importante par sa superficie et sa population ; la définition de la zone pertinente pour la délimitation, alors que le Cameroun « essaie de compenser l'injustice de la

---

560 *Délimitation du plateau continental,* sentence, R.S.A., vol. 18, p. 130. Référence dans l'Arrêt de 2002, par. 274.

561 Arrêt de 2002, par. 272.

562 *Délimitation de la frontière maritime entre la Guinée et la Guinée-Bissau,* sentence, R.S.A., vol. 19, p. 149.

nature près de sa côte en s'appropriant de vastes zones plus au large » ; enfin, la méthode suivie pour la construction de la ligne, laquelle ne doit pas être ajustée par la prise en compte de circonstances qui « ne comprennent pas habituellement les désavantages géographiques : le droit international ne refait pas la situation géographique des États[563] ».

Le Nigeria soutient en outre que la conduite des Parties relative à l'octroi et à l'exploitation de concessions pétrolières, qui sont à l'origine, dit-il, de lignes *de facto*, joue un rôle crucial dans la délimitation maritime. Le Nigeria poursuit en affirmant que « la Cour ne peut, dans la zone à délimiter, redistribuer les concessions pétrolières résultant de la pratique suivie par le Nigeria, la Guinée équatoriale et le Cameroun, concessions dont elle doit, au moment de déterminer le tracé de la frontière maritime, respecter la configuration[564] ». Le Nigeria ajoute que les juridictions internationales n'ont jamais méconnu de telles pratiques, et qu'« une telle retenue est d'autant plus compréhensible que les remaniements qui en résulteraient, s'agissant de concessions pétrolières anciennes et de droits acquis de longue date, entraîneraient des difficultés majeures, et iraient à l'encontre des considérations d'équité qu'il convient de prendre en compte dans le processus de délimitation[565] ».

La Cour note que la Guinée équatoriale, dans son intervention, lui a demandé de s'abstenir « d'émettre une quelconque appréciation susceptible de porter préjudice » à ses intérêts en ce qui concerne ses négociations portant sur les frontières maritimes avec d'autres États. Elle rappelle à la Cour que la médiane, lors de négociations antérieures avec le Cameroun, a toujours été considérée par ce dernier comme la frontière entre les deux États, ce qui est confirmé par leur pratique pétrolière. La Guinée équatoriale fait valoir qu'une frontière qui empiéterait sur la médiane aurait pour effet de causer « un préjudice irréparable » et « entraînerait la plus grande confusion ». La ligne dite équitable proposée par le Cameroun aurait même pour effet de faire disparaître la frontière entre la Guinée équatoriale et le Nigeria, délimitée par accord bilatéral, le 23 septembre 2000. Si, ajoute la Guinée équatoriale, le Cameroun n'est pas lié par ce traité en vertu de la règle *res inter alios acta*, il ne peut par ailleurs chercher à en tirer bénéfice en invoquant, à titre de circonstance spéciale, le fait que la frontière entre le Nigeria et la Guinée équatoriale se trouve du côté guinéen de la médiane. Cette dernière invoque enfin l'enclavement complet de l'île de Bioko si la ligne proposée par le Cameroun était retenue[566].

La Cour observe tout d'abord que le Cameroun et le Nigeria sont tous deux parties à la Convention de 1982 sur le droit de la mer et qu'ils l'ont tous deux ratifiée, en conséquence de quoi il y a lieu d'appliquer les articles

---

563 Arrêt de 2002, par. 276, 277 et 280.
564 *Idem*, par. 282.
565 *Ibidem*.
566 *Idem*, par. 284.

74 et 83, prévoyant que la délimitation doit être effectuée de manière à « aboutir à une solution équitable ». Les deux États sont d'accord pour que la délimitation du plateau continental et de la zone économique exclusive soit effectuée par une ligne unique, et que les critères et les principes applicables trouvent leur expression dans la méthode dite des principes équitables/circonstances pertinentes, méthode très proche de celle de l'équidistance/circonstances spéciales applicable pour la délimitation de la mer territoriale. La Cour explique que cette méthode consiste à tracer d'abord une ligne d'équidistance et à examiner ensuite s'il existe des facteurs susceptibles d'ajuster ou même de déplacer cette ligne d'équidistance afin de parvenir à un résultat équitable. La Cour déclare qu'elle appliquera la même méthode, laquelle, rappelle-t-elle, a été utilisée notamment dans l'affaire *Jan Mayen* de 1993 entre le Danemark et la Norvège[567], de même que dans l'affaire de 2001 *Qatar c. Bahreïn*[568].

S'agissant de déterminer les côtes pertinentes sur lesquelles seront déterminés les points de base utilisés à la construction de la ligne d'équidistance, la Cour rejette la prétention du Cameroun selon laquelle on doit prendre en considération la côte du golfe de Guinée, d'Akasso (Nigeria) au cap Lopez (Gabon), mais sans tenir compte de la majeure partie des côtes de l'île de Bioko. Le Tribunal rappelle que la frontière ne doit être déterminée que par des points sur les côtes des deux États. Étant donné leur configuration et l'espace circonscrit pour la délimitation, la Cour n'a que deux points d'ancrage terrestre à établir pour la construction de la ligne (West Point et East Point), qui sont les points les plus méridionaux sur les laisses de basse mer des deux pays, et qui se trouvent respectivement de chaque côté de la baie formée par les estuaires de la rivière Cross et de l'Akwayafé.

Quelles sont les circonstances, se demande ensuite la Cour, dont il devrait être tenu compte aux fins d'ajuster la ligne d'équidistance pour aboutir à un résultat équitable ? Il ne s'agit pas pour autant de délimiter en équité, d'autre affaires ayant montré que « l'équité n'est pas une méthode de délimitation mais uniquement un objectif qu'il convient de garder à l'esprit en effectuant celle-ci[569] ». Au titre des circonstances à considérer, la Cour nomme d'abord la configuration géographique des espaces maritimes, laquelle constitue une donnée qu'on ne peut modifier. La Cour rappelle à ce sujet les affaires célèbres de la *Mer du Nord*, dans lesquelles les juges ont expliqué que l' équité "n'implique pas nécessairement l'égalité" et que lors de la délimitation "il n'est jamais question de refaire la nature entièrement", ou, pour dire la même chose autrement, "il ne s'agit donc pas de refaire totalement la géographie dans n'importe quelle situation de fait mais, en présence d'une situation géographique de quasi-égalité entre plusieurs États,

[567] *Délimitation maritime dans la région située entre le Groenland et Jan Mayen (Danemark c. Norvège)*, arrêt, C.I.J. Recueil 1993, p. 61, par. 51. Citée dans l'Arrêt de 2002, par. 289.
[568] *Délimitation maritime et questions territoriales entre Qatar et Bahreïn*, arrêt, C.I.J. Recueil 2001, par. 177. Citée dans l'Arrêt de 2002, *ibidem*.
[569] Arrêt de 2002, par. 294.

de remédier à une particularité non essentielle d'où pourrait résulter une injustifiable différence de traitement"[570].

Ainsi, le Tribunal rejette la prétention du Cameroun selon laquelle la concavité du golfe de Guinée en général et celle des côtes du Cameroun en particulier, qui créent un effet d'enclavement, constituent une circonstance en sa faveur, car, encore faut-il que cette concavité existe dans le secteur à délimiter, comme cela a été expliqué par le Tribunal d'arbitrage non seulement dans les affaires de la *Mer du Nord*, mais aussi dans l'affaire *Guinée/Guinée-Bissau*[571]. Or, observe la Cour, la concavité des côtes du Cameroun « se manifeste essentiellement dans le secteur où elles font face à Bioko[572] ». S'agissant de cette île, la Cour rejette pour des motifs similaires une affirmation du Cameroun selon laquelle Bioko aurait pour effet de réduire sensiblement la projection de ses côtes vers le large. Quant à l'argument invoqué par le Cameroun relatif à la disparité entre la longueur de ses côtes et celles du Nigeria dans le golfe de Guinée, la Cour estime que les côtes pertinentes du Cameroun ne sont pas plus longues que celles du Nigeria.

Après avoir rejeté les divers arguments du Cameroun présentés à titre de circonstances susceptibles de justifier un ajustement de la ligne d'équidistance, le Tribunal examine une dernière question, soulevée cette fois par le Nigeria, celle de la pratique pétrolière des Parties. À ce sujet, la Cour estime que les concessions et les puits, s'ils peuvent indiquer un consensus des Parties quant aux espaces maritimes qui leur reviennent, ne constituent pas pour autant des circonstances pertinentes susceptibles de justifier un déplacement de la ligne, à moins qu'ils n'aient fait l'objet d'un accord exprès ou tacite. Comme un tel accord n'existe pas, le Tribunal en arrive à la conclusion que cette ligne aboutit à un résultat équitable.

La Cour note pourtant que le point G, tel qu'il est défini dans la déclaration de Maroua du 1er juin 1975, ne se trouve pas sur la ligne d'équidistance, mais à l'est de cette ligne, et elle trace donc la limite de manière à ce qu'elle rejoigne, depuis le point G, la ligne d'équidistance au point X (8° 21' 20'' de longitude Est et 4° 17' 00'' de latitude Nord). La limite, qui s'infléchit au point X, se poursuit vers le sud le long de la ligne d'équidistance. Comme la Cour l'a déjà déclaré, sa décision doit être telle qu'elle n'affecte pas les droits de la Guinée équatoriale. En conséquence, « la Cour ne s'estime pas en mesure de faire plus qu'indiquer, à partir du point X, la direction générale de la limite[573] », laquelle suit une ligne loxodromique ayant un azimut de 187° 52' 27''.

---

570 *Plateau continental de la mer du Nord*, arrêts, C.I.J. Recueil 1969, p. 49-50, par. 91. Citées dans l'Arrêt de 2002, par. 295.

571 Sentence, R.S.A., vol. 19, p. 187, par. 104.

572 Arrêt de 2002, par. 297.

573 *Idem*, par. 307.

3.10.8. Les responsabilités internationales

Le Tribunal, après avoir complété l'ensemble de la délimitation, passe à l'examen des responsabilités internationales invoquées tour à tour par les deux Parties. Le Cameroun prétend que le Nigeria a engagé sa responsabilité pour des actes illicites qu'il aurait commis en territoire camerounais, en conséquence de quoi une réparation serait due pour les préjudices matériels et moraux subis. Le Cameroun demande donc à la Cour « de bien vouloir l'autoriser à présenter une évaluation du montant de l'indemnité qui lui est due en réparation des préjudices[574] ». Ces actes illicites auxquels fait référence le Cameroun sont énoncés comme suit dans ses conclusions finales, lors de la procédure orale :

> *d)* Qu'en tentant de modifier unilatéralement et par la force les tracés de la frontière (...), la République fédérale du Nigeria a violé et viole le principe fondamental du respect des frontières héritées de la colonisation *(uti possidetis juris)* ainsi que ses engagements juridiques relativement à la délimitation terrestre et maritime.
>
> *e)* Qu'en utilisant la force contre la République du Cameroun, et, en particulier, en occupant militairement des parcelles du territoire camerounais dans la zone du lac Tchad et la péninsule camerounaise de Bakassi, en procédant à des incursions répétées tout le long de la frontière entre les deux pays, la République fédérale du Nigeria a violé et viole ses obligations en vertu du droit international conventionnel et coutumier.
>
> *f)* Que la République fédérale du Nigeria a le devoir exprès de mettre fin à sa présence tant administrative que militaire sur le territoire camerounais et, en particulier, d'évacuer sans délai et sans condition ses troupes de la zone occupée du lac Tchad et de la péninsule camerounaise de Bakassi et de s'abstenir de tels faits à l'avenir.
>
> *g)* Qu'en ne respectant pas l'ordonnance en indication de mesures conservatoires rendue par la Cour le 15 mars 1996, la République fédérale du Nigeria a manqué à ses obligations internationales[575].

La Cour examine alors les conclusions du Cameroun portant sur la responsabilité du Nigeria, puis les demandes reconventionnelles de ce dernier concernant la responsabilité du Cameroun. Ce dernier fait valoir deux séries de conclusions distinctes concernant d'une part la région du lac Tchad et la presqu'île de Bakassi, d'autre part les autres secteurs de la frontière. Dans la région du lac Tchad, le Cameroun soutient que des pêcheurs du Nigeria se sont progressivement installés, au cours des dernières décennies, en territoire camerounais, à la faveur de l'assèchement du lac, et que plusieurs incursions de l'armée nigériane auraient donné lieu, à partir de 1987, à l'occupation de 18 villages et de 6 îles. Le Cameroun affirme aussi que la presqu'île de Bakassi, ayant été attaquée, en décembre 1993, « dans le

---

[574] *Idem*, par. 27.

[575] Citées dans l'Arrêt de 2002, par. 27.

cadre d'une invasion soigneusement et délibérément planifiée[576] », certains postes camerounais sont tombés et sont encore sous occupation des forces du Nigeria. Le Cameroun invoque donc le principe de non recours à la force et celui de non-intervention, tels qu'ils sont exprimés par la Charte des Nations Unies, article 2. Le Nigeria serait donc dans l'obligation de mettre fin à ses occupations, d'évacuer ses troupes sans délai et de faire réparation pour les préjudices subis par le Cameroun.

Le Nigeria soutient pour sa part que cette occupation est paisible et que ses déploiements de force « auraient eu pour objet de régler des questions d'ordre intérieur et de réagir à une campagne d'empiétements systématiques du Cameroun sur le territoire nigérian[577] ». Le Nigeria ajoute, à propos de la création de la commune de Bakassi, que, « si la Cour devait reconnaître la souveraineté du Cameroun sur ces zones, il n'y aurait rien d'irréversible dans les dispositions adoptées à cet égard par le Nigeria[578] ».

La Cour, après avoir rappelé l'affaire du *Temple de Préah Vihéar*[579], dans laquelle la Thaïlande avait été tenue de retirer ses troupes du territoire cambodgien, et l'affaire *Libye/Tchad*, dans laquelle la Libye avait été soumise à la même obligation, fait au Nigeria l'obligation de retirer ses troupes du territoire camerounais dans les plus brefs délais et sans condition, tandis que la même obligation est imposée au Cameroun quant à ses forces qui se trouvent en territoire nigérian par suite de la délimitation.

Le Tribunal mentionne que l'exécution de son arrêt donnera aux deux pays « une occasion privilégiée de coopération dans l'intérêt des populations concernées afin notamment que celles-ci puissent continuer de bénéficier de services scolaires et de santé comparables à ceux dont elles jouissent actuellement[580] ». La Cour note aussi une déclaration du Cameroun selon laquelle « plus de trois millions de Nigérians vivent sur le sol camerounais où ils exercent, sans restriction aucune, diverses activités, bien intégrés qu'ils sont dans la société camerounaise[581] ». Le Cameroun ajoute que, « fidèle à sa politique traditionnellement accueillante et tolérante », celui-ci « continuera à assurer sa protection[582] » aux Nigérians qui habitent Bakassi et à ceux qui vivent dans la région du lac Tchad.

La Cour rejette par ailleurs la demande du Cameroun visant à l'obtention de garanties de non répétition pour l'avenir, « estimant qu'elle ne saurait envisager l'hypothèse dans laquelle une des Parties ne respecterait pas la souveraineté territoriale de l'autre Partie[583] », une fois précisée définitivement la frontière terrestre et maritime. Compte tenu de l'arrêt de la

[576] Arrêt de 2002, par. 310.
[577] *Idem,* par. 311.
[578] *Idem,* par. 312.
[579] Arrêt, C.I.J. Recueil 1962, p. 37. Mentionnée dans l'Arrêt de 2002, par. 313.
[580] Arrêt de 2002, par. 316.
[581] *Ibidem.*
[582] *Idem,* par. 317.
[583] *Idem,* par. 318.

Cour et de l'évacuation du territoire camerounais occupé par le Nigeria, « le préjudice subi par le Cameroun en raison de l'occupation de son territoire aura en tout état de cause été suffisamment pris en compte[584] ». Les juges déclarent donc ne pas rechercher si et dans quelle mesure la responsabilité du Nigeria est engagée à l'égard du Cameroun du fait de cette occupation.

Quant aux allégations du Cameroun selon lesquelles le Nigeria a fait défaut de respecter l'ordonnance en indication de mesures conservatoires du 15 mars 1996, la Cour écarte ses conclusions pour le motif que la preuve des faits n'a pas été établie. Elle rejette aussi pour des motifs similaires l'allégation que la responsabilité du Nigeria est engagée par suite de divers incidents frontaliers intervenus de 1970 à 2001, tout aussi bien sur mer que sur terre, incidents qui auraient donné lieu à des décès et des blessures. Le Tribunal rejette de même la demande reconventionnelle du Nigeria fondée sur des allégations similaires.

3.10.9. La décision de la Cour

Pour tous ces motifs, la Cour décide[585], par 14 voix contre 2, que la frontière dans la région du lac Tchad est délimitée par la déclaration Thomson-Marchand de 1929-1930, telle qu'elle a été incorporée dans l'échange de notes Henderson-Fleuriau de 1931, et que le tracé de cette frontière est le suivant : « À partir d'un tripoint situé dans le lac Tchad par 14° 04' 59'' de longitude est et 13° 05' de latitude nord, la frontière suit une ligne droite jusqu'à l'embouchure de la rivière Ebedji, située par 14° 12' 12'' de longitude est et 12° 32' 17'' de latitude nord, pour ensuite rejoindre en ligne droite la bifurcation de la rivière Ebedji, en un point situé par 14° 12' 03'' de longitude est et 12° 30' 14'' de latitude nord » ; par 15 voix contre 1, que « la frontière terrestre est délimitée, depuis le lac Tchad jusqu'à la presqu'île de Bakassi, par les instruments suivants : i) de la bifurcation de la rivière Ebedji jusqu'au mont Tamnyar, par les paragraphes 2 à 60 de la déclaration Thomson-Marchand de 1929-1930, telle qu'elle a été incorporée dans l'échange de notes Henderson-Fleuriau de 1931 ; ii) du mont Tamnyar jusqu'à la borne 64 mentionnée à l'article 12 de l'accord anglo-allemand d'avril 1913, par l'Ordre en conseil britannique d'août 1946 ; iii) de la borne 64 jusqu'à la presqu'île de Bakassi, par les accords anglo-allemands de mars et avril 1913 ». La Cour décide à l'unanimité que « ces instruments doivent être interprétés » conformément à plusieurs paragraphes de l'arrêt dont elle donne les numéros[586].

---

[584] *Idem,* par. 319.
[585] *Idem,* par. 325.
[586] Il s'agit des par. 91, 96, 102, 114, 119, 124, 129, 134, 139, 146, 152, 155, 160, 168, 179, 184 et 189.

Par 13 voix contre 3, la Cour décide[587] que « la souveraineté sur la presqu'île de Bakassi est camerounaise », que « la frontière à Bakassi est délimitée par les articles 18 à 20 de l'accord anglo-allemand du 11 mars 1913 et qu'elle suit le thalweg de la rivière Akpakorum (Akwayafé), en séparant les îles Mangrove près d'Ikang selon la carte TSGS 2240, jusqu'à une ligne droite joignant Bakassi Point et King Point ».

La Cour décide aussi[588], par 13 voix contre 3, et après avoir examiné la huitième exception préliminaire du Nigeria, qu'elle est compétente pour connaître des demandes du Cameroun quant à la délimitation des zones maritimes ; que « la limite de ces zones, jusqu'au point G, suit le tracé suivant : depuis le point d'intersection entre le milieu du chenal navigable de la rivière Akwayafé et la ligne droite joignant Bakassi Point et King Point, la frontière correspond à la "ligne de compromis" tracée conjointement par les deux chefs d'État à Yaoundé en avril 1971 sur la carte n° 3433 de l'Amirauté britannique (déclaration de Yaoundé II) et passant par douze points numérotés », dont la Cour donne les coordonnées géographiques ; à partir du point 12, « la limite suit la ligne convenue dans la déclaration de Maroua signée par les chefs d'État en juin 1975, telle que modifiée par leur échange de lettres de juin et juillet 1975, et cette ligne passe par les points A à G » dont la Cour donne aussi les coordonnées géographiques.

À l'unanimité, la Cour décide que la limite des zones maritimes, à partir du point G, coïncide avec « une ligne loxodromique (azimut de 270°) jusqu'à la ligne d'équidistance qui passe par le milieu de la ligne qui joint West Point à East Point », et que « la limite rejoint cette ligne d'équidistance en un point X » (8° 21' 20'' de longitude Est et 4° 17' 00'' de latitude Nord) ; que « la limite, à partir du point X, suit une ligne loxodromique » (azimut de 187° 52' 27'').

La Cour décide également, par 14 voix contre 2, que « la République du Nigeria est tenue de retirer dans les plus brefs délais et sans condition son administration et ses forces armées et de police des territoires relevant de la souveraineté de la République du Cameroun[589] », nommément la région du lac Tchad et la presqu'île de Bakassi. C'est cependant à l'unanimité que la Cour décide que cette obligation est faite aussi au Cameroun quant à toute administration ou forces qui pourraient se trouver sur des territoires relevant de la souveraineté du Nigeria, en l'occurrence dans tout le secteur compris entre la région du lac Tchad et la péninsule de Bakassi, le Nigeria ayant très exactement l'obligation réciproque.

À l'unanimité, la Cour rejette le surplus des conclusions du Cameroun au sujet de la responsabilité internationale du Nigeria, de même qu'elle rejette les demandes reconventionnelles de ce dernier. Enfin, la Cour, par 15 voix contre 1, prend acte de l'engagement du Cameroun, pris à l'audience, par

[587] Arrêt de 2002, par. 325.
[588] *Ibidem.*
[589] *Ibidem.*

lequel il déclare que, « fidèle à sa politique traditionnellement accueillante et tolérante », il « continuera à assurer sa protection » aux Nigérians qui habitent la péninsule de Bakassi et la région du lac Tchad[590].

3.10.10. Les opinions individuelles et dissidentes

Plusieurs opinions, individuelles ou dissidentes, auront donc été jointes à l'arrêt. Ainsi, dans son opinion individuelle, le juge *ad hoc* Mbaye exprime le regret que la Cour se soit abstenue de recourir au principe du respect des frontières coloniales, et il insiste sur la grande importance de ce principe en Afrique, notamment en Afrique de l'Ouest, dont les pays sont affectés depuis l'indépendance « par une instabilité qui éloigne de la recherche désireuse et continue des vraies solutions au sous-développement[591] ». Le juge rappelle que ce principe de l'*uti possidetis juris* avait été adopté par les pères des nations africaines, « qui voulaient démentir la prévision selon laquelle l'Afrique était *mal partie*[592] ». Il s'agissait, pour ces pères, de choisir la solution du moindre mal : « Ils ne voulaient à aucun prix que les frontières laissées par les colonisateurs (seraient-elles absurdes, illogiques ou mal faites, auraient-elles coupé des ethnies ou des tribus) puissent être remises en cause[593] ». Le juge rappelle que si, en 1964, les dirigeants africains ont choisi de « se placer non au plan de la vérité historique mais sur le terrain du droit » en adoptant la résolution relative à l'intangibilité des frontières, ils ont ainsi « barré la route à toute velléité de sécession[594] », en se rangeant derrière le Nigeria pour combattre les sécessionnistes lorsque le Biafra, en 1967, a défié le principe. Il n'en demeure pas moins, précise le juge, que les sociétés traditionnelles en Afrique ignoraient ce concept de frontière linéaire, notamment dans cette région qui va du lac Tchad à la mer : « (...) il semble que, depuis fort longtemps et en dépit des statuts politiques que ces régions ont connus au cours de l'histoire (possessions allemandes, britanniques ou françaises, indépendance), les populations autochtones se soient installées au gré de leurs affinités ethniques et de leurs besoins économiques en méconnaissance totale des limites territoriales de la nationalité, et que les gouvernements par la suite aient essayé de tirer profit de telle ou telle situation ainsi créée. (...) C'est pourquoi le salut pour l'Afrique réside dans le respect sans équivoque et sans subtils commentaires des frontières coloniales[595] ».

Quant au système colonial lui-même, le juge Mbaye critique tout autant la doctrine sur laquelle ce système était fondé que le traitement infligé à la

[590] *Ibidem*.
[591] Opinion individuelle du juge Mbaye, par. 14.
[592] *Idem*, par. 15.
[593] Opinion individuelle du juge Mbaye, par. 15.
[594] *Idem*, par. 91.
[595] *Idem*, par. 22.

valeur des traités signés avec « des *roitelets* de l'époque » et qui « n'avaient pas d'autre but que de servir le dessein de la *curée* décidée contre l'Afrique à la Conférence de Berlin ou avant[596] ». Ces traités permettaient à l'État colonisateur « de disposer des espaces conquis, explorés ou simplement visités, en attendant de les *annexer* purement et simplement[597] ». Puisque ces actes de protectorat étaient dépourvus de valeur en droit international, « leur en donner aujourd'hui serait ouvrir la boîte de Pandore[598] ». Le juge Mbaye rappelle enfin qu'avant même les indépendances, un certain nombre d'Africains n'avaient pas manqué de « combattre la doctrine qui se fondait sur les notions de *biens vacants et sans maître* ou d'*absence de souveraineté* qui ont servi de prétexte à la colonisation[599] ».

Dans sa déclaration, le juge Rezek, qui s'est séparé de la majorité au sujet de la question territoriale sur Bakassi, se demande « en vertu de quel mystérieux droit divin[600] » la Grande-Bretagne a pu asseoir son autorité et s'ériger en État protecteur de ces territoires africains. Le juge se demande même « s'il y a une partie du monde où ce non-respect des formalités les plus élémentaires » serait compatible avec le caractère complexe et éminent d'un traité de frontière international[601] ». Le juge poursuit en faisant une critique sans équivoque du traitement accordé à la valeur des traités sous le système colonial :

> Rares sont les affirmations, en droit international classique, caractérisées par autant d'inconsistance – et une inconsistance aussi peu admissible sur le plan moral – que celles qui voudraient que les accords conclus dans le passé entre des puissances coloniales et des communautés indigènes maîtresses de leurs territoires depuis des siècles, organisées et soumises à une autorité reconnue – ne soient pas des traités, parce que "les chefs et les tribus indigènes ne sont ni des États ni des organisations internationales, et n'ont donc pas la capacité de conclure des traités"[602].

Dans son opinion individuelle, le juge Ranjeva affirme, non sans humour, que « dans les relations conventionnelles avec les chefs indigènes, *pacta non servanda sunt*[603] ». Le juge rappelle en effet que l'accord conclu par toute société indigène était traité par les puissances coloniales comme un « chiffon de papier[604] ». Il est vrai, explique le juge, que « la notion de "nation civilisée" constituait la condition d'éligibilité au statut juridique de sujet international[605] », puisque la société indigène traditionnelle, africaine en

596 *Idem,* par. 67.
597 *Idem,* par. 74.
598 *Idem,* par. 71.
599 *Idem,* par. 89.
600 Déclaration du juge Rezek, par. non numéroté.
601 *Idem,* par. non numéroté.
602 *Idem*, par. non numéroté. Allusion à Arnold McNair (1961) *The Law of Treaties*, p. 53.
603 Opinion individuelle du juge Ranjeva, par. 3.
604 *Idem*, par. 5.
605 *Idem*, par. 2.

particulier, ne jouissait pas de reconnaissance formelle de souveraineté, elle n'avait pas la qualité de sujet de droit international, même si son territoire n'était pas nécessairement une *terra nullius*. Et le juge de mentionner l'avis sur le *Sahara occidental*[606]. Pour mieux appréhender le cadre juridique de la colonisation, le juge estime qu'on devrait établir la distinction entre droit international, défini comme le droit des rapports entre les puissances européennes ou avec des souverains reconnus par elles, et droit colonial, qui règle les rapports entre puissances européennes et chefs indigènes. Quant à l'application des règles du droit intertemporel, le juge déclare qu'elle ne saurait en aucun cas justifier des conclusions aussi contraires aux normes fondamentales.

Même s'il s'est rangé derrière la majorité, le juge Al-Khasawneh estime, dans son opinion individuelle, qu'il est difficile, aussi bien moralement que légalement, de concilier le devoir de protection d'une puissance avec l'aliénation ultérieure du territoire protégé. Le juge ajoute que les traités de protection constituaient parfois une première étape vers l'acquisition d'un titre colonial à part entière mais qu'ils n'étaient, avant de pouvoir conférer ce titre, rien de plus qu'un moyen de pression, comme le démontrent, ajoute-t-il, plusieurs exemples tirés de la pratique des États à l'époque du congrès de Berlin. Le juge estime que les rois et chefs du Vieux-Calabar avaient la qualité requise pour s'engager dans des relations conventionnelles internationales et que le traité de 1884, qui portait sur la protection plutôt que sur un titre colonial, laissait entendre, dans ses termes mêmes, que ses auteurs n'avaient aucune intention de céder la souveraineté territoriale. Lorsque la Grande-Bretagne, en 1913, céda Bakassi à l'Allemagne, elle exerça des pouvoirs qu'elle ne détenait pas. Le juge ajoute par ailleurs que s'il existe en droit international une forte présomption contre la perte de la souveraineté territoriale, pareille présomption est toutefois susceptible d'être repoussée, notamment par le comportement ultérieur d'une Partie qui ne proteste pas : « It is said that the God of sovereignty is a jealous God but apparently not in Bakassi, for, in reflecting on this case, one cannot but notice an extreme passivity and inaction on their part that managed to rebut the presumption. (...) Most notably, their failure to protest at the cession of their territory to Germany under the 1913 Agreement leaves me with no choice but to conclude that they had given their consent to that transfer *volenti non fit injuria*[607] ». Le juge conclut que pour cette raison seule, il s'est rallié à la majorité des juges sur la question de la souveraineté sur Bakassi.

Dans une longue opinion dissidente, le juge *ad hoc* Ajibola mentionne d'abord que cette affaire est unique, que la situation sur le terrain est volatile et explosive, et il rappelle l'obligation cardinale de la Cour : « The paramount obligation of the Court is to give a decision that will do justice in

---

606 C.I.J. Recueil 1975, p. 12. Mentionné dans l'opinion individuelle du juge Ranjeva, par. 2.
607 Opinion individuelle du juge Al-Khasawneh, par. 22.

accordance with the maintenance of international peace and security in any region of the world[608] ». Le juge estime en outre que la Cour doit tenir compte non seulement des titres mais aussi de la situation sur le terrain : « It will be difficult, if not impossible, for the Court not to recognize the status quo[609] ». S'agissant des droits qui appartiennent aux populations locales, le juge cite un important passage de l'arbitre dans l'affaire de l'*Île de Palmas*, lui-même cité par H. Lauterpacht :

> International law, like law in general, has the object of assuring the coexistence of different interests which are worthy of legal protection. If, as in the present instance, only one of two interests is to prevail, because sovereignty can be attributed to but one of the Parties, the interest which involves the maintenance of a state of things having offered at the critical time to the inhabitants of the disputed territory, and to other States, a certain guarantee for the respect of their rights ought, in doubt, to prevail over an interest which – supposing it to be recognized in international law – has not yet received any concrete form of development[610].

Le juge fait valoir une opinion de Malcolm N. Shaw selon laquelle la pratique révèle que l'instauration du système colonial par les puissances européennes en Afrique a été réalisée légalement non par l'occupation de *terra nullius* mais bien par la cession consentie par les dirigeants locaux. Shaw en tire la conclusion suivante : « This means that such rulers were accepted as being capable in international law not only of holding title to territory, but of transferring it to other Parties[611] ».

Le juge estime qu'il est contestable de reconnaître au Cameroun un titre fondé sur l'accord de 1913, étant donné que les articles 18 à 22 de cet instrument sont nuls, non avenus et séparables de l'accord. Le juge ajoute que non seulement la souveraineté territoriale ne pouvait être cédée sans le consentement de la population locale et sans que cette dernière ait été d'abord informée et consultée, mais aussi ce traité était contraire aux dispositions de l'article 6 de l'Acte général de la conférence de Berlin : « The European powers were enjoined "to watch out over the preservation of the native tribes and not to take over or effect transfer of their territory"[612] ».

Le juge considère aussi que la Cour aurait dû retenir l'argumentation du Nigeria fondée sur la consolidation historique et les effectivités, tant dans la région du lac Tchad que dans celle de Bakassi. La valeur probante du traité de 1884 corrobore manifestement la thèse du Nigeria, puisque ce traité de protection ne portait aucunement cession à la Grande-Bretagne de la souveraineté territoriale détenue sur Bakassi par les rois et chefs du Vieux-

---

608 Opinion dissidente du juge Ajibola, par. 4.

609 *Idem*, par. 10.

610 *The Function of Law in International Community*, p. 119-120. Cité au par. 49 de l'opinion dissidente du juge Ajibola.

611 *Title to territory in Africa : International Legal Issues*, p. 45. Cité au par. 108 de l'opinion dissidente du juge Ajibola.

612 *Idem*, par. 206.

Calabar jusqu'à l'indépendance du Nigeria. Comme la Grande-Bretagne, conclut le juge, ne détenait pas de droit sur ce territoire, elle ne pouvait le céder ni à l'Allemagne ni, par la suite, au Cameroun devenu indépendant. Le juge Ajibola estime que la Cour est allée à contre-courant de sa propre jurisprudence, notamment l'affaire *Burkina Faso/Mali*, en ignorant les trois dernières phrases du paragraphe 63, qui prescrivent de tenir invariablement compte des effectivités[613].

À l'instar du juge Ajibola, le juge Koroma, dans son opinion dissidente, estime aussi que la revendication territoriale du Nigeria fondée sur la consolidation historique aurait dû être considérée par la Cour. Celle-ci, dit le juge, a choisi de consacrer la réalité politique plutôt que la validité juridique : « This finding, in violation of the applicable treaty and clearly in breach of the principle of *pacta sunt servanda*, is not only illegal but unjust[614] ».

3.10.11. Devoir de coopération et de protection des populations

On a fait remarquer[615] que l'engagement du Cameroun à assurer la protection des Nigérians sur son territoire était entendu par les juges dans un large contexte de coopération entre les Parties et qu'il était pris en contrepartie du devoir fait au Nigeria de se retirer des territoires occupés illégalement. Il ne serait donc pas certain que cette obligation soit due, à l'exception des cas d'occupation illégale, bien qu'il puisse être « étonnant de la limiter à cette seule hypothèse, puisque pour s'en assurer il faudrait préalablement violer le droit ». L'auteur de cette opinion propose ici une comparaison avec l'avis sur la présence illégale de l'*Afrique du Sud en Namibie* dans lequel la Cour déclarait vouloir réduire les conséquences négatives de cette présence sur les populations, et si, dans le présent cas, « les formules sont trop générales pour conclure que la Cour affirme l'existence de droits au bénéfice direct des individus », l'obligation de coopération pourrait être comprise comme une invitation à tempérer, au bénéfice des populations, les conséquences d'une application rigide et rigoriste du droit des traités de frontières :

> L'espèce de tutelle anachronique que représentent les accords territoriaux des puissances coloniales, sous laquelle les pays d'Afrique vivent encore aujourd'hui faute d'accords entre eux, est compensée et relativisée par un appel à une plus grande coopération au profit de leurs peuples. S'ils estiment ce devoir trop exigeant, ils demeurent libres de convenir d'autres frontières qui le vident de son

---

[613] *Idem*, par. 211.

[614] Opinion dissidente du juge Koroma, par. 7.

[615] Argent, Pierre d'(2002) Des frontières et des peuples : l'affaire de la frontière terrestre et maritime entre le Cameroun et le Nigeria (arrêt sur le fond), *AFDI*, vol. 48, p. 320.

objet. En attendant, le plus beau pied de nez qu'ils peuvent faire à la sombre époque de leur soumission est de se libérer de ses pesanteurs, et de coopérer[616].

3.10.12. Critiques de la décision

Dans la chronique[617] qu'il a consacrée à l'affaire *Cameroun c. Nigeria*, Philippe Weckel parle de l'importance du différend, notamment parce que la Cour a tranché des questions de principe qui concernent des situations territoriales post-coloniales, et que cet arrêt lui permet de « prévenir une dangereuse dérive du droit international qui menaçait la stabilité des situations territoriales[618] ». Il va sans dire que la décision, comme dans toute autre affaire, ne peut satisfaire que l'une des deux Parties, car si le Cameroun s'est vu reconnaître par la Cour, « avec une simplicité impériale[619] », la souveraineté territoriale sur la presqu'île de Bakassi, l'argumentation du Nigeria a donné lieu à « la condamnation sans appel qui frappe la théorie des effectivités territoriales *contra legem*[620] ».

Qui a gagné ? Qui a perdu ? Avec un remarquable souci de précision et de concision, le président du Tribunal, le juge Guillaume, a remis à la presse une déclaration[621] de deux pages dans laquelle l'affaire se trouve résumée et qui mentionne que le Cameroun a eu gain de cause en ce qui concerne la région du lac Tchad, la péninsule de Bakassi et le premier segment de la frontière maritime (jusqu'au point G), tandis que les thèses du Nigeria ont prévalu au-delà de ce point G. Par ailleurs, dans toute la région qui se trouve entre le lac Tchad et la péninsule de Bakassi, la Cour a retenu soit la prétention du Cameroun, soit celle du Nigeria, ou encore adopté une solution intermédiaire.

Cette affaire complexe, qui concerne divers types de délimitation (lacustre, terrestre et maritime) constitue une synthèse, en quelque sorte, de toutes les autres affaires africaines. La décision à laquelle elle a donné lieu a tranché plusieurs questions soit à de fortes majorités (au moins 13 voix sur 16) soit même à l'unanimité en ce qui concerne l'interprétation des trois principaux instruments, la limite des zones maritimes à partir du point G, l'obligation faite au Cameroun de retirer ses forces du territoire nigérian, le rejet du surplus des conclusions du Cameroun au sujet de la responsabilité internationale du Nigeria, enfin, le rejet de la demande reconventionnelle de ce dernier. Par conséquent, et en dépit d'importantes dissidences, on ne peut

---

[616] *Idem*, p. 321.
[617] Weckel, Philippe (2003) Chronique de jurisprudence internationale. Cour internationale de Justice. Arrêt du 10 octobre 2002 (Fond). Frontière terrestre et maritime (Cameroun c. Nigeria), *RGDIP*, vol. 107, n° 1, p. 161-175.
[618] *Idem*, p. 165.
[619] *Idem*, p. 161.
[620] *Idem*, p. 162.
[621] Disponible sur le site Internet de la Cour : www.icj-cij.org, sous la rubrique *Communiqués de presse*.

« manquer de souligner d'emblée l'autorité particulière qui s'attache, au-delà de la force obligatoire de tout arrêt pour les parties, à un prononcé adopté dans de telles conditions[622] ».

L'une des meilleures spécialistes[623] relève une observation du président Schwebel selon laquelle cette ordonnance constitue un exemple éloquent de la collaboration du Conseil de sécurité et de la C.I.J. dans le règlement politique et judiciaire des conflits, de même que la preuve de l'influence constructive et considérable de celle-ci sur le développement international des droits de la personne.

La requête en intervention de la Guinée équatoriale, accueillie à l'unanimité par la Cour, témoigne de la préoccupation de celle-ci d'examiner l'affaire dans son contexte régional et est particulièrement appropriée dans une zone – le golfe de Guinée – où les enjeux économiques sont considérables et d'autant plus convoités que la zone est somme toute assez exiguë. Plusieurs des protagonistes de cette région maritime ont eu d'ailleurs la sagesse de conclure des accords bilatéraux de délimitation et d'exploitation conjointe, alors que dans l'ensemble du continent africain, de tels accords constituent encore l'exception plutôt que la règle : outre le compromis entre le Cameroun et le Nigeria, rappelons la délimitation de la Guinée équatoriale avec Sao Tomé et Principe en 1999, puis avec le Nigeria en 2000 ; la délimitation du Gabon avec Sao Tomé et Principe en 2001; l'instauration, la même année, d'une *zone* de développement conjoint d'exploration et d'exploitation des ressources, entre le Nigeria et Sao Tomé et Principe, sans préjudice de toute délimitation éventuelle, mais il appert que cette entente n'a pas eu le succès escompté[624]. Rappelons enfin cette médiation concernant le Gabon et la Guinée équatoriale, qui concerne à la fois la souveraineté sur certaines îles dans le golfe de Guinée et la délimitation maritime. On a fait aussi une comparaison avec le différend *Nicaragua c. Honduras*, en mentionnant que l'aggravation de ce différend, le 2 décembre 1999, consécutive à la signature du traité de délimitation entre le Honduras et la Colombie, « montre bien l'utilité d'une approche multilatérale et globale du règlement des questions de frontières maritimes[625] ».

La Cour a-t-elle bien examiné le concept de consolidation historique du titre invoqué par le Nigeria, selon lequel il exercerait sa souveraineté dans certaines zones (lac Tchad et péninsule de Bakassi), souveraineté fondée,

---

[622] Argent, Pierre d' (2002) *op. cit.*, p. 281.

[623] Kwiatkoska, Barbara (2001 et 2002) The Law of the Sea Related Cases in the International Court of Justice during the Presidency of Judge Stephen M. Schwebel (1997-2000), *IJMCL*, vol. 16, p. 1-40.

[624] Becker-Weinberg, Vasco (2021) Two Key Ocean Governance Challenges for Sao Tome and Principe, *AfrJIL*, vol. 29, issue 3, p. 400-417.

[625] Weckel, Philippe (2000) Chronique de jurisprudence internationale. Ordonnance du 21 octobre 1999 sur la requête de la Guinée équatoriale à fin d'intervention, *RGDIP*, vol. 104, p. 248-249.

avec l'acquiescement du Cameroun, sur une occupation de longue durée, exercée paisiblement et effectivement en tant que souverain ? Cette notion, fait remarquer la Cour, n'a été utilisée qu'une seule fois (dans l'affaire de 1951 des *Pêcheries*) et elle ne peut prévaloir sur un titre conventionnel valide, *a fortiori* lorsqu'elle porte sur une période trop brève. Ainsi, la Cour, comme elle l'a d'ailleurs déjà expliqué, notamment dans l'affaire *Burkina Faso/Mali* de 1986, affirme que le titulaire du titre doit être préféré à l'administrateur de fait. Bien sûr, et puisque la Cour a déjà décidé que le traité de 1884 comportait une cession de territoire de la part des chefs locaux, question également examinée dans l'affaire du *Sahara occidental*, elle a dû en tirer toutes les conséquences juridiques et notamment déclarer qu'une effectivité ne peut aller à l'encontre d'un titre. Ainsi, et pour stimulantes que soient les dissidences dans cette affaire, la Cour a décidé très clairement de la priorité du titre sur les effectivités, après que l'affaire *Botswana/Namibie* eut laissé subsister des doutes dans son examen de la doctrine de la prescription acquisitive.

Quant à la délimitation maritime, la Cour, fidèle à la règle *pacta sunt servanda*, entérine les accords de Maroua déjà signés entre les Parties – comme le Tribunal d'arbitrage l'avait fait au sujet de l'accord de 1960 dans le cas *Guinée-Bissau/Sénégal*. Au-delà du point G, où elle doit procéder *de novo*, le choix de la Cour quant à la méthode vient une fois de plus donner du poids à celle des principes équitables/circonstances pertinentes, méthode similaire à celle de l'équidistance/circonstances pertinentes, puisque la Cour retient effectivement l'équidistance, laquelle, ajoute la Cour, n'a pas à être ajustée en l'espèce, car les circonstances à cet effet n'existent pas, non plus que la présence de concessions et de puits, qui constituent tout au plus un consensus sur les espaces maritimes respectifs. Ainsi, la Cour met clairement en garde les États qui seraient tentés d'agir unilatéralement dans l'octroi de zones pétrolières excessives en croyant que cette pratique aura pour effet de les favoriser lorsque viendra le moment de déterminer la frontière. Par ailleurs, on a critiqué la décision de la Cour de ne pas tenir compte comme il convenait de la concavité des côtes du Cameroun, qui, étant donné la présence de la Guinée équatoriale, risque d'être « enclavé », et on a estimé que la Cour avait ainsi rejeté l'approche équitable qu'elle avait adoptée dans l'affaire *Guinée/Guinée-Bissau* afin de maximiser la stabilité dans la région[626].

Quant aux questions relatives à la responsabilité, la Cour a décidé du retrait immédiat et sans condition des troupes de chacune des Parties dans le territoire de l'autre. Par ailleurs, sur la question plus précise des préjudices allégués, la Cour rejette les demandes respectives sur la base de deux motifs : l'absence de preuve, ce qui ne peut lui être reproché ; la perspective envisagée par la Cour que l'exécution de son arrêt donnera lieu à une

[626] Paulson, Colter (1984) Compliance with Final Judgments of the International Court of Justice since 1987, *AJIL*, vol. 98, issue 3, p. 451, note 216.

coopération privilégiée dans l'intérêt des populations – ce qui, bien sûr, est à souhaiter, et ce que l'avenir dira. Quant au préjudice subi par le Cameroun, la Cour déclare qu'il aura été suffisamment pris en compte, étant donné l'arrêt de la Cour et l'évacuation du territoire camerounais par les troupes nigérianes.

Existe-t-il, dans l'état actuel du droit international des frontières, une obligation de coopération et de protection des populations ou même des individus ? On a rappelé que dans l'affaire de l'*Afrique du Sud en Namibie*, la Cour avait déclaré vouloir réduire les conséquences négatives de la présence illégale de l'Afrique du Sud sur les populations de Namibie. Quant à l'affaire *Cameroun c. Nigeria*, on a estimé ne pouvoir conclure à l'affirmation par la Cour de l'existence de droits au bénéfice direct des individus, en proposant plutôt une interprétation de cette obligation de coopération comme une invitation à tempérer, au bénéfice des populations, les conséquences d'une application rigide du droit des traités de frontières, qui, s'il consacre une espèce de tutelle anachronique des accords territoriaux des puissances coloniales, a pourtant été reconnu lorsque les États africains nouvellement indépendants se sont déclarés, selon la résolution du Caire de 1964, attachés au principe de l'intangibilité des frontières héritées de ces puissances. Il nous semble en tout cas que la Cour est allée encore plus loin que dans l'affaire *Érythrée/Yémen* dans laquelle le Tribunal d'arbitrage ne faisait que constater la volonté des Parties, clairement exprimée dans un compromis, de voir subsister, pour le bénéfice des populations locales, la mise en œuvre d'un régime traditionnel de pêche basé sur les valeurs juridiques de l'islam, le Tribunal faisant notamment observer que l'égalité entre États procède de la même logique que l'égalité entre personnes. On peut mesurer ici la distance parcourue depuis l'approche européocentriste, notamment dans l'application des modes juridiques de l'acquisition du territoire. Ainsi, le droit international est-il tenu à évoluer en tenant compte de la diversité des États, comme doit le faire le droit interne avec la diversité des personnes.

3.11. Angola/Namibie

Il appert d'une importante banque de données qu'un accord serait intervenu entre l'Angola et la Namibie[627], le 4 juin 2002. Cette banque indique en effet la date et le titre de l'accord, mais elle ne contient pas son texte. On peut néanmoins déduire du titre qu'il s'agit d'une frontière multifonctionnelle, construite selon un parallèle jusqu'à la limite des 200 milles marins et dont le point initial se trouve à l'embouchure de la rivière

[627] Accord on the delimitation of the maritime border between Angola and Namibia.

Cunene – point qui a fait l'objet d'une démarcation par une commission conjointe en 2005[628].

Le 12 mai 2009, la Namibie a déposé une soumission devant la CLPC[629], et l'Angola en a fait autant le 6 décembre 2013[630]. Le 30 mai 2014 et le 7 octobre 2015, le Gabon[631] et la République Démocratique du Congo[632] respectivement se sont adressés aux Nations Unies pour affirmer que la soumission de l'Angola empiétait sur leurs droits. Au 1er décembre 2023, la CLPC n'avait pas encore formulé ses recommandations concernant les soumissions de la Namibie et de l'Angola.

3.12. GHANA/CÔTE D'IVOIRE

Avant même de s'adresser au T.I.D.M. pour la délimitation de leur frontière maritime (*figure 11*), le Ghana et la Côte d'Ivoire font, en avril et en mai 2009 respectivement, des soumissions à la CLPC, puis ils s'adressent par compromis, en décembre 2014, au T.I.D.M. qui rend d'abord, en 2015, une ordonnance pour mesures conservatoires, suivie d'un arrêt[633] en septembre 2017. Quelques semaines après l'arrêt, les deux Parties concluent un accord de coopération à l'exploitation des hydrocarbures off-shore transfrontaliers.

3.12.1. Les soumissions à la CLPC et le compromis

Le Ghana et la Côte d'Ivoire déposent tous les deux, respectivement le 28 avril et le 8 mai 2009, des soumissions à la CLPC[634] pour faire valoir leurs droits sur des zones au-delà des 200 milles marins. Le 22 juin 2009, le Nigeria transmet une lettre aux Nations Unies dans laquelle il déclare ne pas avoir d'objection à la soumission du Ghana à la condition que celle-ci ne préjudicie pas à sa délimitation maritime avec ce dernier[635]. La CLPC formulera une recommandation à la soumission du Ghana le 5 septembre 2014 et à celle de la Côte d'Ivoire le 5 février 2020. Entre-temps, le 3

[628] International Mapping (2023) *op. cit.* : https://sovereignlimits.com/boundaries/angola-namibia-maritime.
[629] https://www.un.org/depts/los/clcs_new/submissions_files/submission_nam_50_2009.htm.
[630] https://www.un.org/Depts/los/clcs_new/submissions_files/submission_ago_69_2013.htm.
[631] https://www.un.org/Depts/los/clcs_new/submissions_files/ago69_2013/gab_re_ago_2014_05_30.pdf.
[632] https://www.un.org/Depts/los/clcs_new/submissions_files/ago69_2013/cod_re_ago_oct_2015f.pdf.
[633] Kim, Hyun Jung (2017) *Différend relatif à la délimitation de la frontière maritime entre le Ghana et la Côte d'Ivoire dans l'Océan atlantique* – Arrêt de la chambre spéciale du TIDM du 23 septembre 2017, *AFDI*, vol. 63, p. 217-235.
[634] https://www.un.org/depts/los/clcs_new/commission_submissions.htm.
[635] https://www.un.org/depts/los/clcs_new/submissions_files/gha26_09/nga_re_gha.2009pdf.pdf.

décembre 2014, les deux Parties, par compromis, saisissent le T.I.D.M.[636], qui rendra son arrêt en décembre 2017.

3.12.2. Un enjeu pétrolier

Au large des côtes du Ghana et de la Côte d'Ivoire se trouve un important gisement de pétrole[637] que les deux États ont commencé à exploiter au début des années 2010[638]. Après de nombreux rounds infructueux de négociations menées par une commission mixte, ils s'en remettent au T.I.D.M.

3.12.3. Les prétentions des Parties

Dans ses conclusions finales, le Ghana affirmera que les deux États « ont mutuellement reconnu, accepté et respecté une frontière maritime fondée sur l'équidistance dans la mer territoriale, dans la ZEE et sur le plateau continental » (par. 1), aussi bien au-delà qu'en-deçà des 200 milles marins, frontière qui part du point terminal de la frontière terrestre fixé aux termes de l'accord anglo-français de 1893. Le Ghana ajoutera que la Côte d'Ivoire est empêchée par la règle de l'estoppel de contester la frontière acceptée.

La Côte d'Ivoire fera plutôt valoir une ligne d'azimut 168,7^{0} et elle dira que le Ghana a non seulement violé ses droits souverains en agissant unilatéralement sur le plateau continental ivoirien mais aussi qu'il a violé l'ordonnance rendue par le T.I.D.M., le 25 avril 2015, à l'effet que les caractères physiques des espaces disputés ne soient pas modifiés par des activités de prospection et d'exploitation pétrolières pendant la période précédant le règlement définitif du différend[639]. Aussi, la Côte d'ivoire demandera au T.I.D.M. d'inviter les parties à mener des négociations sur les réparations qui lui sont dues et, à défaut d'entente, de fixer leur modalité.

---

[636] Lathrop, Coalter G., ed. (2018) Report Number 4-18 Ghana-Ivory Coast, in *op. cit.*

[637] Benneh Mensah, George (2023) Maritime Law : International Treaties, UNCLOS Principles, and Ghanaian-Ivorian Petroleum Dispute, *IJFMR*, vol. 5, issue 6.

[638] Metou, Miranda (2014) Faute d'accord, le Ghana et la Côte d'Ivoire décident de confier la délimitation de leurs frontières maritimes à un tribunal arbitral, *Sentinelle*, bulletin 406, 12 avril.

[639] Weckel, Philippe (2015) Frontière maritime entre le Ghana et la Côte d'Ivoire, Ordonnance du 25 avril 2015, *Sentinelle*, 3 mai.

Figure 11. La frontière maritime Ghana/Côte d'Ivoire

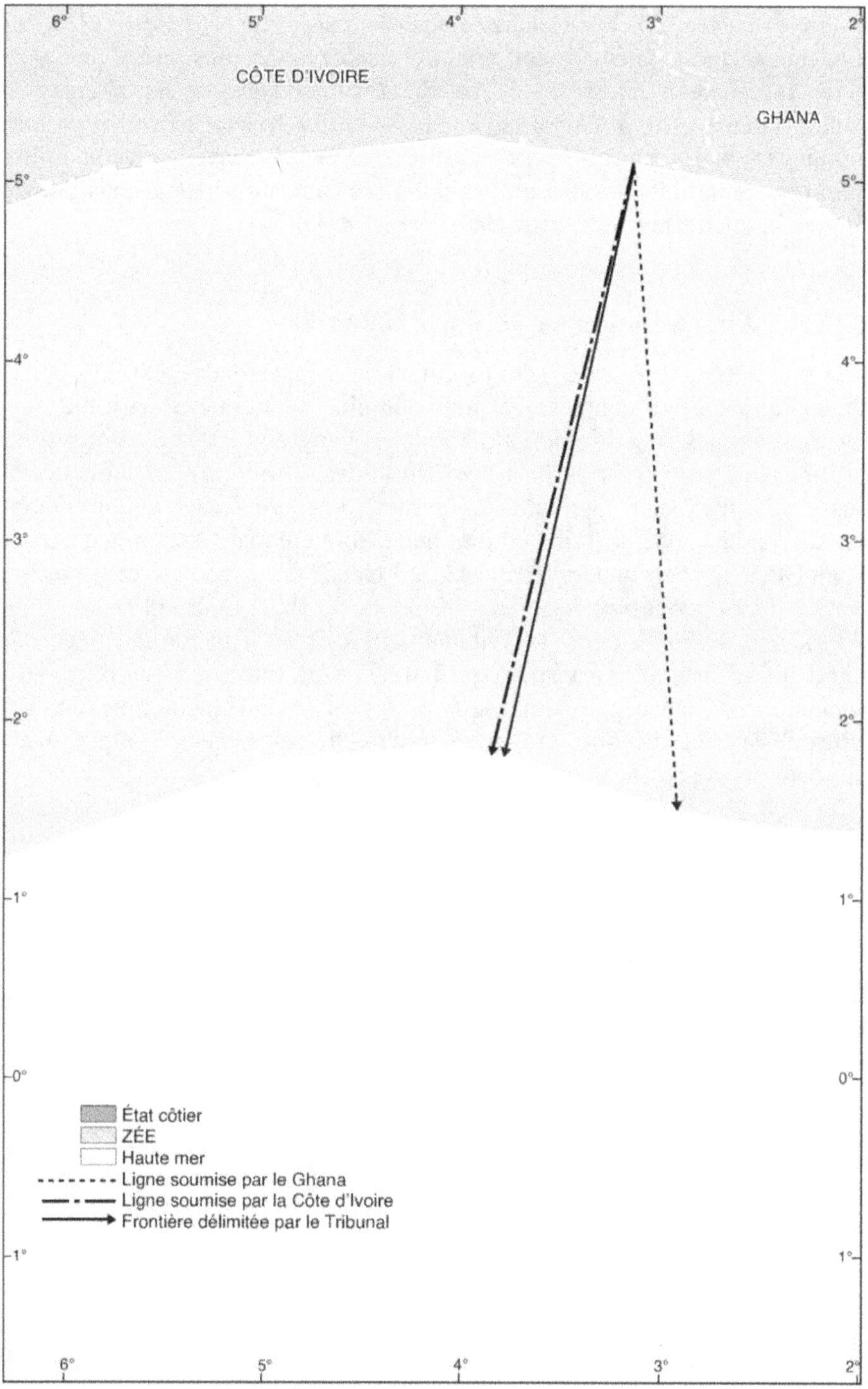

Source : D'après : Arrêt, T.I.D.M. Recueil 2017, p. 34, 107 et 147.

3.12.4. L'ordonnance en prescription de mesures conservatoires

En effet, le T.I.D.M., dans son ordonnance du 25 avril 2015, dit notamment que le Ghana « doit prendre toutes les mesures nécessaires pour qu'aucun nouveau forage ne soit effectué par lui ou sous son contrôle dans la zone litigieuse », le Tribunal appelant en outre les deux parties à prendre « toutes les mesures nécessaires pour prévenir tout dommage grave au milieu marin, y compris le plateau continental et ses eaux surjacentes, dans la zone litigieuse, et coopéreront à cette fin » (par. 108, 1)[640].

3.12.5. La délimitation en-deçà des 200 milles

Le T.I.D.M., qui rend son jugement le 23 septembre 2017[641], dit à l'unanimité qu'il a compétence pour délimiter la frontière maritime dans toutes les zones sous juridiction nationale (mer territoriale, ZÉE et plateau continental), y compris au-delà des 200 milles marins. Après avoir décidé aussi qu'il n'existait pas, entre les parties, d'accord tacite de délimitation selon l'équidistance, le Tribunal dit que la frontière maritime unique part du point BP 55+ (coordonnées 05° 05' 23,2'' N, 03° 06' 21,2'' O), et est définie par les lignes géodésiques joignant les points A, B, C, D, E et F. Cette ligne en est une d'équidistance, le Tribunal estimant qu'il ne saurait ajuster la ligne d'équidistance provisoire qu'il a d'abord tracée puisqu'il n'existe aucune circonstance pertinente pour ce faire (notamment la concavité des côtes de la Côte d'Ivoire, la convexité de celles du Ghana, l'emplacement des ressources pétrolières et la conduite des parties).

3.12.6. La délimitation au-delà des 200 milles

Au-delà du point F, la frontière suit une ligne géodésique d'azimut initial 191° 38' 06,7'' jusqu'à la limite extérieure du plateau continental, lequel a fait l'objet d'une demande du Ghana, le 28 avril 2009 devant la CLPC, laquelle a rendu ses recommandations le 5 septembre 2014. À l'instar du Ghana, la Côte d'Ivoire a déposé une soumission le 8 mai 2009 auprès de la CLPC[642], le Ghana déclarant dans sa lettre du 28 juillet suivant qu'il ne s'oppose pas à cette demande. Le 5 février 2020, la CLPC a donné ses recommandations relatives à la demande ivoirienne.

---

[640] *Différend relatif à la délimitation de la frontière maritime entre le Ghana et la Côte d'Ivoire dans l'océan Atlantique (Ghana/Côte d'Ivoire)*, demande en prescription de mesures conservatoires. Les arrêts, avis consultatifs et ordonnances du T.I.D.M. sont disponibles sur le site : https://www.itlos.org/fr/main/dernieres-nouvelles/.

[641] Pour une analyse du jugement, consulter notamment McCreath, Millicent and Scanlon, Zoe (2019) The Dispute Concerning the Delimitation of the Maritime Boundary Between Ghana and Côte d'Ivoire : Implications for the Law of the Sea, *ODIL*, vol. 50, issue 1, p. 1-22.

[642] https://www.un.org/Depts/los/clcs_new/submissions_files/submission_civ_42_2009.htm.

3.12.7. La responsabilité internationale

Le Tribunal, dans son jugement de septembre 2017, décide qu'il a compétence pour statuer sur la question de la responsabilité internationale du Ghana et dit que cet État, contrairement à la prétention de la Côte d'Ivoire, n'a pas violé les droits souverains de cette dernière, le Tribunal estimant qu'« en présence d'un chevauchement, les deux États concernés peuvent revendiquer le plateau continental en question en raison de leurs côtes pertinentes. Seule une décision sur la délimitation déterminera la portion du plateau continental en litige qui reviendra à tel ou tel État. Cela veut dire que la décision fait primer un droit sur l'autre. Une telle décision est donc de nature constitutive et ne saurait être qualifiée de purement déclaratoire » (par. 591). Le T.I.D.M. décide aussi que le Ghana n'a pas violé l'ordonnance prescrivant des mesures conservatoires non plus que les dispositions de la Convention sur le droit de la mer prévues à l'article 83, par. 1 et 3[643].

3.12.8. L'accord de coopération

Quelques semaines après le prononcé de l'arrêt, soit le 17 octobre 2017, le Ghana et la Côte d'Ivoire concluaient un accord de coopération relatif à l'exploration et à l'exploitation des hydrocarbures off-shore transfrontaliers[644]. En septembre 2019, les deux États signaient les cartes géographiques illustrant la frontière maritime[645].

3.13. GABON/GUINÉE ÉQUATORIALE

À la suite d'un accord de délimitation conclu en 1974 mais dénoncé par la Guinée équatoriale en 2004, puis de médiations infructueuses, le Gabon et la Guinée équatoriale, par compromis, saisissent en 2016 la C.I.J., l'affaire étant encore pendante au 1er décembre 2023, alors que la Cour a fixé, comme dates d'expiration des délais, au 5 octobre 2022 le dépôt de la réplique de la Guinée équatoriale et au 6 mars 2023 celui de la duplique du Gabon.

---

[643] Pour une critique du jugement, voir notamment Peiris, Nuwan (2018) Ghana v. Ivory Coast, *AJIL*, vol. 112, issue 1, p. 88-93.

[644] Strategic Partnership Agreement (SPA) for cooperation.

[645] IBRU (2019) Côte d'Ivoire and Ghana sign maps to define maritime boundary, *Boundary News*, 30 september.

3.13.1. Des médiations infructueuses

Le Gabon avait conclu un accord de délimitation à la fois terrestre et maritime avec la Guinée équatoriale en septembre 1974[646], tout en procédant à une reconnaissance respective de souveraineté sur des îles, Mbanié faisant partie intégrante du territoire gabonais, les îles Elobey et Corisco appartenant à la Guinée équatoriale. Pourtant, le 18 mars 2004, le gouvernement de la Guinée équatoriale déposait devant les Nations Unies une Objection relative à l'authenticité de l'accord de 1974 et réitérait sa confiance envers le Secrétaire-général pour qu'il trouve un règlement pacifique relatif à la frontière et à la souveraineté sur les îles[647]. Par ailleurs, après deux médiations infructueuses sous l'égide des Nations Unies, les deux États signaient, le 15 novembre 2016, un accord aux termes duquel ils convenaient de soumettre leur différend à la C.I.J.[648].

3.13.2. Le compromis des Parties

Aux termes de ce compromis[649] notifié à la Cour le 5 mars 2021, il est demandé de « dire si les titres juridiques, traités et conventions internationales invoqués par les Parties font droit dans les relations entre la République Gabonaise et la République de Guinée équatoriale s'agissant de la délimitation de leurs frontières maritime et terrestre communes et de la souveraineté sur les îles Mbanié, Cocotiers et Conga ».

En outre, il est mentionné dans le compromis que le Gabon reconnaît comme applicables au différend la convention de Paris du 27 juin 1900[650], de même que la convention de Bata du 12 septembre 1974[651], tandis que la Guinée équatoriale ne reconnaît comme applicable que la première de ces conventions, encore que les deux États « se réservent l'un et l'autre le droit d'invoquer d'autres titres juridiques ».

646 Convention délimitant les frontières terrestres et maritimes de la Guinée équatoriale et du Gabon.

647 Nations Unies (2004) *RTNU*, vol. 2251, p. 387-390.

648 Djomeni, Michel (2016) Le Gabon et la Guinée équatoriale conviennent de soumettre à la CIJ leur différend relatif à la souveraineté sur l'île de Mbanié et les îlots voisins, *Sentinelle*, 20 novembre.

649 https://www.icj-cij.org/sites/default/files/case-related/179/179-20210305-SPE-01-00-FR.pdf.

650 Convention spéciale sur la délimitation des possessions françaises et espagnoles dans l'Afrique Occidentale, sur la Côte du Sahara et sur la Côte du Golfe de Guinée.

651 Convention délimitant les frontières terrestres et maritimes de la Guinée Équatoriale et du Gabon.

3.13.3. La frontière terrestre

D'abord délimitée en 1900 aux termes d'une convention conclue entre les puissances coloniales de l'époque – la France et l'Espagne –, la frontière terrestre va de la baie de Corisco pour suivre les talwegs des rivières Muni et Outemboni sur une distance de 66 kilomètres. La frontière correspond ensuite au parallèle 10° de latitude nord sur une longueur de 150 kilomètres avant de bifurquer vers le nord le long du méridien 11° 20' E sur une distance de 130 kilomètres jusqu'au tripoint avec le Cameroun.

Or, le Gabon prétend qu'un accord subséquent de 1974 – contesté par la Guinée équatoriale – a prévu des échanges territoriaux mineurs reflétant un contrôle *de facto* de certains établissements et clarifiant la question de la souveraineté territoriale sur des îles de la baie de Corisco[652].

3.13.4. La baie de Corisco

On estime que le différend concernant le statut de cette baie – y compris notamment l'île de Mbanié – est apparu en 1972 lorsque le Gabon a étendu à 12 milles marins la largeur de sa mer territoriale, la Guinée équatoriale portant ensuite unilatéralement, en 1999, les limites extérieures de sa zone économique exclusive, et concluant la même année avec Sao Tomé et Principe un accord selon lequel un plein effet est attribué aux îles de la baie. Or, Mbanié est située tout près de côtes du Gabon, dans un secteur potentiellement bien pourvu en ressources pétrolières offshore[653].

3.14. CONCLUSION

Dans l'Atlantique, où les intérêts économiques sont d'autant plus considérables que les plateaux continentaux élargis sont présents, de nombreuses délimitations maritimes sont encore à venir, notamment au large des côtes de l'Afrique de l'Ouest et dans le golfe de Guinée (Guinée/Sierra Leone, Sierra Leone/Liberia, Liberia/Côte d'Ivoire, Ghana/Togo, Togo/Bénin, Bénin/Nigeria), et c'est sans compter, plus au sud, l'absence de délimitation de pays comme les deux Congo entre eux et avec leurs voisins respectifs.

Par ailleurs, certains États ont su aménager des zones d'exploitation conjointe, à défaut d'une délimitation formelle, par exemple la zone instaurée dans le golfe de Guinée par le Nigeria et Sao Tomé et Principe le 21 février 2001, applicable pour une durée de 45 ans et prévoyant un partage

---

[652] Voir le texte et la carte dans International Mapping (2023) *op. cit., Equatorial Guinea-Gabon* : https://sovereignlimits.com/boundaries/equatorial-guinea-gabon-land.

[653] Ortolland, didier et Pirat, Jean-Pierre (2010) *Atlas géopolitique des espaces maritimes*, 2e édition, p. 59.

des profits et des obligations dans la proportion de 60% pour le Nigeria et 40 % pour Sao Tomé et Principe[654]. Plus généralement, le États membres de la Communauté économique des États de l'Afrique occidentale (CEDEAO) – Bénin, Côte d'Ivoire, Ghana, Nigeria, Togo – ont adopté, en février 2009, une politique commune selon laquelle ils s'engagent à ne pas faire d'opposition aux dossiers déposés devant la Commission des limites du plateau continental.

Bien sûr, la délimitation formelle n'empêche pas une exploitation conjointe comme celle de la Guinée-Bissau et du Sénégal qui concluent, le 14 octobre 1993, un accord[655] selon lequel est établie une zone entre les azimuts 268° et 220° tracés depuis le cap Roxo, à l'exception des mers territoriales respectives, encore que la pêche à petite échelle y sera autorisée (art.1). L'accord prévoit en outre que le partage du produit des ressources halieutiques provenant de cette zone est établi à 50% pour chacun des deux pays, tandis que celui du plateau continental revient au Sénégal dans une proportion de 85% (art. 2). Il est stipulé aussi que l'accord est conclu pour une durée de 20 ans (art. 8).

Si, disions-nous, les frontières maritimes délimitées sont relativement peu nombreuses dans cette région compte tenu du nombre important d'États côtiers, il est assez remarquable d'observer que quelques-uns de ces États ont su délimiter la totalité ou la plupart de leurs frontières. C'est le cas du Sénégal et de ses quatre frontières maritimes (avec la Guinée-Bissau, la Gambie, le Cap-Vert et la Mauritanie respectivement), alors que seule cette dernière frontière n'est pas encore délimitée, probablement pour une raison qui n'est pas sans rappeler les difficultés que pose la gestion de la frontière terrestre, plus précisément fluviale, puisque le point initial de cette frontière en mer doit normalement coïncider avec le point terminal de la frontière fluviale. Or la dispute porte sur la question de savoir si ce point se trouve sur la rive droite ou à la médiane des deux rives. Les différends frontaliers maritimes en Afrique sont en effet liés assez souvent à des disputes concernant des frontières terrestres, ainsi que le montre l'affaire *Gabon/Guinée équatoriale.*

Outre le cas du Sénégal, celui de la Guinée-Bissau est particulièrement éloquent et important, cet État ayant délimité chacune de ses deux frontières maritimes (avec le Sénégal et la Guinée respectivement), et ce par voie juridictionnelle. Dans l'affaire *Guinée/Guinée-Bissau,* la question des méthodes de délimitation a été largement discutée, notamment celle de la perpendiculaire à la direction générale des côtes, les avis des auteurs étant partagés en ce qui concerne les qualités intrinsèques de cette méthode. On l'a jugée inappropriée dans ce cas parce qu'elle « tend à refaire la nature au

---

[654] *Idem*, p. 57.

[655] Management and cooperation agreement between the Government of the Republic of Senegal and the Government of the Republic of Guinea-Bissau.

profit de la Guinée[656] ». On a aussi affirmé que son utilisation révèle en général son caractère arbitraire, compte tenu de la difficulté de trouver dans la nature une côte rectiligne et de déterminer la direction générale de cette côte[657]. Ajoutons que non seulement la direction générale de cette côte pose de sérieux problèmes d'application, mais aussi la longueur pertinente de cette même côte relève à notre avis de l'interprétation la plus difficile. Il est vrai que les côtes du continent africain sont très peu découpées, si on les compare à l'Europe par exemple, et que cette méthode de la perpendiculaire peut être appropriée, comme on l'a prétendu[658]. On a aussi émis des réserves sur le choix de cette méthode en estimant que le Tribunal a pris une liberté qui « nuit à la sécurité des relations juridiques entre États et ne permet aucune prévisibilité dans la délimitation du plateau continental[659] ».

Par ailleurs, cette approche a été saluée par les fonctionnalistes parce qu'elle tient compte des intérêts des tiers dans l'ensemble régional[660]. Faut-il ajouter que cet intérêt n'est pas facile à estimer, notamment dans les régions où les réserves en ressources sont réévaluées à la hausse ou à la baisse ? On a dit aussi de cet arbitrage qu'il contribuait à promouvoir la stabilité du droit de la délimitation maritime[661]. On a aussi fait valoir l'effet utile de cette approche puisqu'elle simplifie le tracé maritime et que son acceptation « tend à démontrer la volonté des États africains à rendre plus fonctionnelles leurs frontières (…) en ce sens que les divers États côtiers africains devront s'apercevoir de l'intérêt qu'ils ont à exploiter sans délai les ressources de la mer, plutôt que de guerroyer au sujet d'une simple ligne en mer arbitraire et invisible, et surtout lorsque les ressources, notamment d'hydrocarbures, restent inconnues, et parfois même inexistantes[662] ». Il est incontestable en effet que la perpendiculaire offre l'avantage d'une méthode simple dans son tracé et qu'elle produit peut-être aussi une frontière facile à respecter, notamment pour les petits équipages qui se livrent à la pêche selon des activités traditionnelles et qui ne sont pas munis d'instruments sophistiqués de navigation.

---

[656] David, Éric (1985) La sentence arbitrale du 14 février 1985 sur la délimitation de la frontière maritime Guinée-Guinée-Bissau, *AFDI*, vol. 31, p. 386.

[657] Legault, L. and Hankey, B. (1993) Method, Oppositeness and Adjacency, and Proportionality in Maritime Boundary Delimitation, *in* J. I. Charney and L.M. Alexander, eds., *International Maritime Boundaries*, vol. 1, p. 213-214.

[658] On a en effet émis l'opinion que cette méthode « sied bien aux côtes africaines qui ne souffrent pas de complications géographiques majeures ». Yacouba, Cissé (2001) *Droit des espaces maritimes et enjeux africains*, p. 283.

[659] Les sources du droit relatif à la délimitation du plateau continental, p. 180, *in* Collectif (1991) *Mélanges Michel Virally. Le droit international au service de la paix, de la justice et du développement.*

[660] Johnston, D. M. (1988) *op. cit*, p. 200.

[661] Kwiatkowska, B. (1997) Equitable Maritime Boundaries Delimitation, *ODIL*, vol. 91, n° 2, p. 93.

[662] Yacouba, Cissé (2001) *op. cit.*, p. 243.

Ainsi, cette méthode, qui possède des qualités non négligeables, sera probablement privilégiée par les tribunaux dans les cas de délimitation entre côtes adjacentes, qui constituent la grande majorité des cas en Afrique, où ces côtes, loin d'être découpées comme en Europe, sont plutôt régulières et rectilignes. La Guinée-Bissau elle-même, dotée qu'elle est d'une multitude d'îles, constitue une exception qui confirme la règle générale, et pourtant, le Tribunal n'a pas hésité à rechercher une direction générale des côtes pour tracer la perpendiculaire.

Mais l'affaire *Guinée/Guinée-Bissau* est également importante pour une autre raison et dans la mesure où les tribunaux seront sans doute appelés de nouveau à se prononcer sur d'autres traités coloniaux dans lesquels les Parties avaient prévu, à la fin du XIXe siècle, la répartition d'îles mal connues – tel le différend actuel *Gabon/Guinée équatoriale*. Or le Tribunal a clairement répondu par la négative à la question de savoir si de telles lignes doivent être considérées comme des frontières, la question de l'intangibilité des frontières maritimes ne se posant donc plus dans ces cas.

L'autre délimitation par voie juridictionnelle – l'affaire Guinée-Bissau/Sénégal – est également intéressante, car elle est la première où a été posée la question de savoir si le principe de l'intangibilité des frontières, bien connu en matière terrestre, s'applique également aux frontières maritimes. Bien que la réponse à cette question demeure d'une importance assez limitée pour le continent africain lui-même – compte tenu du fait que très peu, sinon aucune autre frontière maritime n'a été délimitée par les puissances coloniales avant les indépendances –, la question n'en demeure pas moins pertinente parce qu'elle soulève une question préalable, celle de savoir jusqu'où il faut pousser la logique de la distinction entre milieu terrestre et milieu marin. C'est un euphémisme de déclarer que le Tribunal d'arbitrage, confronté qu'il était de répondre à la question, a été fort laconique en mentionnant essentiellement qu'il ne voyait pas de distinction à établir entre les deux types de milieux et que, par voie de conséquence, la règle de l'intangibilité devait s'appliquer indistinctement. Aussi, il nous semble assez peu surprenant mais fort heureux qu'une forte dissidence – en l'occurrence celle du juge Bedjaoui – ait été inscrite. Est-elle convaincante pour autant ?

Notons en tout cas que les opinions des auteurs sont partagées sur la question[663]. Parmi ceux estimant que l'*uti possidetis* s'applique aux frontières maritimes[664], nous retenons une opinion récente selon laquelle la résolution de 1964 n'a pas fait de distinction entre ces deux types de frontières, en conséquence de quoi, si l'on applique « le principe qu'il ne faut pas interpréter là où la loi n'interprète pas, il faut admettre qu'il ne faut

---

[663] Dirdeiry, Ahmed (2019) Between Intangibility and *Uti Possidetis :* The Debate on Title to Territory in Africa, *AAfrDI*, vol. 24, issue 1, p. 173-217.

[664] Consulter notamment Antonopoulos, C. (1996) The Principle of *Uti Possidetis Juris in* Contemporary International Law ; Kohen, M. G. (1997) *Possession contestée et souveraineté territoriale.*

pas distinguer là où la loi ne distingue pas[665] ». D'autres, à l'instar du juge Bedjaoui, considèrent au contraire que la règle ne s'y applique pas. Ainsi, on s'est rangé derrière l'opinion du juge dissident en faisant valoir notamment les motifs suivants : les frontières maritimes reposent sur le droit davantage que les frontières terrestres (en particulier avec la cristallisation du concept de zone économique exclusive) ; le territoire maritime n'est pas concerné par l'occupation humaine ; les considérations historiques ont généralement peu d'impact dans le domaine maritime ; la relation entre frontière maritime et principe de l'autodétermination est d'une nature différente[666].

[665] Yacouba, Cissé (2001) *op. cit.*, p. 230.
[666] Lalonde, Suzanne (2002) *Determining Boundaries in a Conflicted World. The Role of* Uti possidetis, p. 134.

CHAPITRE 4

L'océan Indien

À l'exception de la délimitation de la frontière Kenya/Somalie devant la C.I.J. de 2014 à 2023 (*section 4.10*) et de celle de la frontière Maurice/Maldives de 2015 à 2023 devant divers tribunaux (*4.11*), toutes les frontières africaines dans l'océan Indien ont été agréées par voie bilatérale, et trois d'entre elles concernent la Tanzanie qui conclut des accords respectivement avec le Kenya en juillet 1976 et juin 2009 (*4.1*) ; ensuite avec le Mozambique en décembre 1988 (*4.3*) ; enfin avec les Seychelles en janvier 2002 (*4.5*). Ces dernières s'entendent avec la France en février 2001 (*4.4*). La France avait auparavant, en avril 1980, signé un traité avec Maurice concernant La Réunion (*4.2*).

Plus récemment, en avril 2005, la France conclut un autre accord, cette fois avec Madagascar au sujet de La Réunion (*4.6*). En juillet 2008 et en février 2012 respectivement, les Seychelles s'entendent avec Maurice (*4.7*) et les Comores (*4.8*). Entre-temps, en décembre 2011, ces dernières délimitaient leur frontière avec le Mozambique (*4.9*).

S'agissant de la délimitation maritime de Maurice avec les Maldives, elle implique plusieurs procédures : concernant l'archipel des Chagos, sentence arbitrale de mars 2015 et avis consultatif de février 2019 rendu par la C.I.J.[667] ; en janvier 2021, décision du T.I.D.M. rendant un arrêt sur des exceptions préliminaires soulevées par les Maldives ; puis, en avril 2023, un jugement sur le fond décidant de la délimitation.

À l'instar de plusieurs États africains baignés par l'Atlantique, des soumissions à la CLPC ont été faites, à titre individuel ou conjointement, par Madagascar, le Kenya, la Tanzanie, la Somalie, le Mozambique, Maurice, les Maldives et les Seychelles. Des recommandations n'avaient été émises, en date du 1er décembre 2023, que dans les seuls cas de Maurice, des Seychelles et du Kenya.

---

667 Labrecque, Georges (2019) *Le recours à la force contre les États*, p. 151-170.

4.1. KENYA/TANZANIE

Délimitée par un échange de notes[668] le 9 juillet 1976, la frontière maritime entre le Kenya et la Tanzanie[669] se trouve entre des côtes qui sont dans un rapport où prédomine l'adjacence, sauf dans le canal de Pemba où la situation est mixte (*figure 12*).

La ligne de cette frontière agréée est composite et elle comporte trois points importants, tous situés dans ce canal. Le premier et le troisième des segments sont formés par des médianes entre les lignes de base pertinentes que les deux États ont établies aux termes de leur échange de notes. Le point *a* est situé à 12 milles du point terminal de la frontière terrestre (ras Jimbo), alors que les points *b* et *c* correspondent aux points d'intersection d'arcs de cercle de 12 milles tracés à partir de points de base pertinents, et ils sont reliés par une droite équidistante des points de base. Quant au segment *ab*, il est formé par un arc de 6 milles tracé entre *a* et *b* et intersectant à un point *x*, arbitrairement créé. Ces deux segments favorisent le Kenya, contrairement aux deux autres qui séparent, en principe, les zones également[670].

Figure 12. La frontière maritime Kenya/Tanzanie

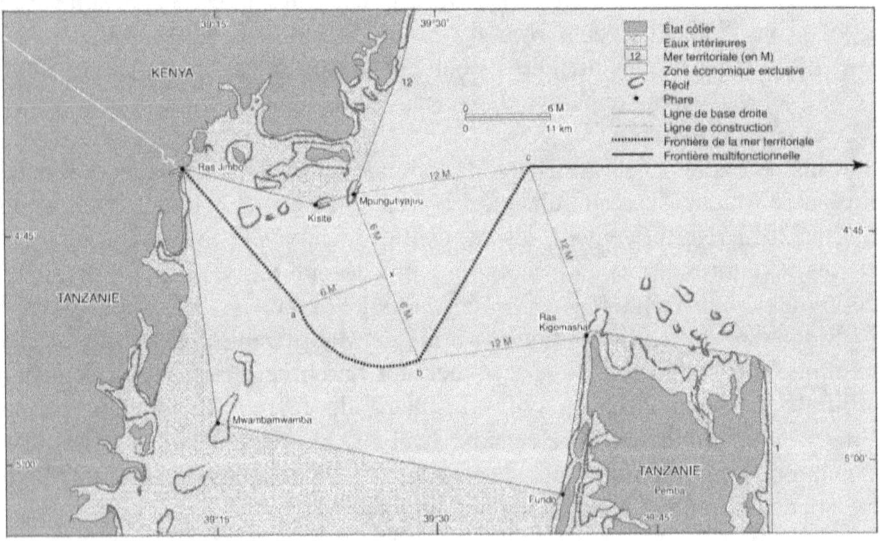

Source : Labrecque, Georges (2004) *Op. cit.*, p. 359.

[668] Échange de données constituant un accord entre la République du Kenya et la République-Unie de Tanzanie relatif à la délimitation des eaux territoriales.
[669] Lathrop, Coalter G., ed. (2014), Report Number 4-5(2) Kenya – Tanzania, in *op. cit.*
[670] Prescott, J.R.V. (1985) *op. cit.*, p. 169.

Le dernier segment est constitué d'une droite tracée selon le parallèle du point *d* et qui se dirige vers l'est sans point terminal déterminé, étant donné que les deux États revendiquaient des zones dont l'étendue était fort différente, le Kenya réclamant une mer territoriale de 12 milles et une ZÉE de 200 milles, tandis que la Tanzanie, qui n'avait pas décrété de ZÉE, revendiquait une mer territoriale de 50 milles. L'échange de notes qualifie comme suit ce point terminal : « eastwards to a point where it intersects the outermost limits of territorial water boundary or areas of national jurisdiction of two States » (art. 2d). Cette frontière était alors dissymétrique et multifonctionnelle.

L'échange de notes prévoit de plus une disposition – qui n'est pas sans rappeler certains accords conclus entre États sud-américains – relative à la pêche traditionnelle qui pourra être exercée par les citoyens des deux États limitrophes de part et d'autre de la frontière de la mer territoriale, à l'intérieur d'une zone de 12 milles (art. 3a). Pour généreuse qu'elle soit, cette disposition a dû soulever des problèmes lorsque la frontière était dissymétrique et sitôt qu'on se trouvait à plus de 12 milles et à moins de 50 milles des côtes, puisque le pêcheur tanzanien pouvait se voir opposer par les autorités du Kenya qu'il était illégalement dans la ZÉE du Kenya, la réciproque n'étant pas vraie !

Le 23 juin 2009, intervient un nouvel accord concernant la ZÉE et le plateau continental au-delà des 12 milles marins[671]. Cet instrument, entré en vigueur le jour même de sa conclusion, prévoit que la base de délimitation est le parallèle de latitude, tel qu'établi dans l'accord de 1976, et que « la ligne frontière se poursuit vers l'est jusqu'à un point où elle rencontre les limites les plus au large du plateau continental et toutes autres limites les plus au large de la juridiction nationale pouvant être déterminées en vertu du droit international » (art. 2).

D'ailleurs, le Kenya et la Tanzanie ont déposé, respectivement le 6 mai 2009 et le 18 janvier 2012, une soumission devant la CLPC[672], laquelle a donné ses recommandations le 7 mars 2023 concernant la soumission du Kenya. Il est également prévu que les coordonnées mentionnées dans l'accord « devront être revues par les Parties après l'établissement d'un cadre de référence géodésique homogène pour la région » (art. 3). Enfin, il est prévu que tout différend portant sur l'interprétation et l'application de cet accord sera résolu par voie de médiation, négociation ou tout autre moyen pacifique convenu entre les Parties conformément à la Convention sur le droit de la mer.

---

[671] Accord du 23 juin 2009 entre la République-Unie de Tanzanie et la République du Kenya sur la délimitation de la frontière maritime de la zone économique exclusive et du plateau continental.

[672] https://www.un.org/depts/los/clcs_new/submissions_files/ken35_09/ken2009_executivesummary.pdf.

4.2. MAURICE/FRANCE

Un accord est conclu[673], le 2 avril 1980, entre la France – au nom de La Réunion – et Maurice. Ces archipels sont constitués tous deux d'îles trop éparses[674] pour établir un rapport de la superficie des eaux à celle de la terre qui soit compris entre 1 à 1 et 9 à 1, de sorte que des lignes de base archipélagiques[675] ne peuvent être tracées selon la Convention de 1982.

Puisque le titre et le contenu de l'accord ne mentionnent que l'expression « zones économiques », les opinions divergent quant à la nature même de la frontière, certaines étant d'avis que cet instrument ne vise que la ZÉE[676], tandis que d'autres estiment qu'il concerne également le plateau continental[677].

Orientée nord-ouest sud-est selon une direction variant très peu, cette ligne a été qualifiée de médiane stricte ou simplifiée entre des côtes parfois adjacentes, parfois opposées. Elle est constituée de 7 points et elle sépare, sur 364 milles marins[678], des eaux relativement profondes (de 3 000 à 5 000 mille mètres). Le point terminal méridional est situé à 200 milles marins de chacune des îles, tandis que le septentrional est un point de tri-jonction situé approximativement à 153 milles des îles Maurice, de la Réunion et de Tromelin, cette dernière étant une îles française minuscule (1 km^2) « non associée et administrée de la Réunion[679] ». Elle est pourtant revendiquée par Maurice – indépendante depuis 1968 et membre du Commonwealth britannique – pour le motif qu'elle faisait partie du territoire administré par la Grande-Bretagne à partir de Maurice à qui permission fut donnée par la Grande-Bretagne à la France, en 1954, de construire une piste d'atterrissage, de même qu'une station météorologique – encore utilisée par des équipes françaises – ce qui n'aurait pas transféré la souveraineté[680].

---

[673] Convention sur la délimitation des zones économiques française et mauricienne entre l'île de la Réunion et l'île Maurice.

[674] Prescott, J.R.V. (1985) *op. cit.*, p. 169.

[675] USDS (2014) *LS : Mauritius : Archipelagic and other Maritime Claims and Boundaries*, n° 140, p. 1-27.

[676] Jagota, S.P. (1985) *Maritime Boundary*, p. 98 ; Prescott, J.R.V. (1985) *op. cit.*, p. 167.

[677] USDS (1982 et 1990) *LS : Maritime Boundary: France (Reunion)-Mauritius,* n° 95 et *Maritime Boundaries of the World*, n° 108.

[678] International Mapping (2023) *op. cit.* : https://sovereignlimits.com/boundaries/france-reunion-mauritius-maritime.

[679] USDS (1982) *LS*, *op. cit.*, n° 95, p. 3.

[680] Prescott, J.R.V. (1985) *op. cit.*, p. 175.

4.3. Tanzanie/ Mozambique

L'accord de délimitation[681] du 28 décembre 1988 mentionne en son préambule que les deux gouvernements intéressés ont à l'esprit les principes de la charte de l'O.U.A. et qu'ils désirent réaffirmer l'existence de leur frontière terrestre – allusion évidente au respect de l'*uti possidetis*.

À proximité du littoral, la frontière des eaux intérieures est décrite comme une droite reliant les deux points suivants : « un point à l'embouchure de la rivière Ruouma, qui est équidistant » de deux caps situés de part et d'autre de la rivière – ce point se situe-t-il dans le thalweg du cours d'eau ? – ; un autre point, qui est médian d'une ligne de fermeture à l'embouchure de la rivière (art. 1 et 2).

Quant à la ligne de division des mers territoriales, elle est définie également comme une droite de 12 milles marins à équidistance des côtes. Au-delà, cette ligne multifonctionnelle est constituée de deux segments : le premier prolongeant dans la même direction la ligne des mers territoriales, et ce jusqu'à 25 milles marins des côtes. Le segment paraît diverger, à l'avantage de la Tanzanie, d'une ligne d'équidistance stricte. Le second segment, qui rappelle la solution retenue par le Kenya et la Tanzanie, ignore complètement l'équidistance puisqu'il est établi selon un parallèle, la Tanzanie se trouvant encore plus avantagée. Son littoral étant concave, la méthode du parallèle lui permet de gagner ce qu'elle a perdu à l'avantage du Kenya. Son point terminal est indéterminé, compte tenu des intérêts des Comores, mais l'accord stipule que ce point sera établi ultérieurement par échange de notes entre les deux États (art. 3 et 4).

Le Mozambique[682] et la Tanzanie[683] ont tous deux présenté, respectivement les 7 juillet 2010 et 19 septembre 2012, une soumission à la CLPC qui, à la fin de l'année 2023, n'avait pas encore formulé ses recommandations[684].

4.4. Seychelles/France

Les deux États, le 19 février 2001, concluent un accord dans lequel la méthode de délimitation est expressément prévue : « based on equidistance, considered, in this particular case, as an equitable solution, in conformity with international law » (art. 1)[685]. On peut penser que ces précautions ont

---

[681] Agreement between the Government of the United Republic of Tanzania and the Government of the People's Republic of Mozambique Regarding the Tanzania/Mozambique Boundary.

[682] https://www.un.org/depts/los/LEGISLATIONANDTREATIES/STATEFILES/MOZ.htm.

[683] https://www.un.org/depts/los/clcs_new/submissions_files/submission_tza59_2012.htm.

[684] https://www.un.org/depts/los/clcs_new/commission_submissions.htm.

[685] Convention entre le Gouvernement de la République française et le Gouvernement de la République des Seychelles relative à la délimitation de la frontière maritime de la zone économique exclusive et du plateau continental de la France et des Seychelles.

été voulues par la France qui n'a pas souhaité créer de précédent dans une région où elle aura bien d'autres délimitations à négocier.

Par ailleurs, l'accord ne mentionne pas que cette ligne de 169 milles marins[686] est tracée selon une équidistance stricte, mais il prévoit que cette ligne multifonctionnelle devra passer entre les îles françaises de la Grande Glorieuse et du Lys et les îles Assomption et Astove, du côté des Seychelles. L'accord prévoit aussi que toute différend quant à l'interprétation et l'application de ses dispositions devra être réglé selon des modes pacifiques (art. 5) et qu'il entre en vigueur le jour de sa signature (art. 6)[687].

4.5. Seychelles/Tanzanie

Moins d'un an après la conclusion de leur accord avec la France, les Seychelles concluent avec la Tanzanie un accord[688], le 23 janvier 2002, qui prévoit la méthode de l'équidistance dans des termes identiques à ceux de l'accord précédent. L'instrument stipule plus spécifiquement que cette frontière multifonctionnelle devra passer entre l'île tanzanienne de Mafia et, du côté des Seychelles, l'atoll d'Aldabra et l'île de Picard.

À l'instar de l'accord précédent, cet instrument prévoit aussi que les différends devront être réglés selon des moyens pacifiques (art. 5) et que cet accord entrera en vigueur le jour de sa signature (art. 6).

4.6. Madagascar/France

L'accord de délimitation[689] a été conclu le 14 avril 2005 et est entré en vigueur le 18 juin 2007. Il est mentionné dans son préambule que la délimitation concerne la ZÉE et que la méthode est l'équidistance – bien que la disproportion entre ces côtes opposées soit évidente. La ligne, d'une longueur de 209 milles marins[690], sépare les eaux de La Réunion et celles de Madagascar ; elle est constituée d'arcs géodésiques joignant quatre points, le point terminal nord étant à la limite des eaux relevant de Tromelin, un îlot

---

[686] International Mapping (2023) *op. cit.* : https://sovereignlimits.com/boundaries/france-glorioso-seychelles-maritime.

[687] USDS (2014) *LS* : *Seychelles' Maritime Claims and Boundaries* , n° 132, p. 1-29.

[688] Agreement between the Government of the United Republic of Tanzania and the Government of the Republic of Seychelles on the Delimitation of the Maritime Boundary of the Exclusive Economic Zone and Continental Shelf.

[689] Agreement between the Government of the French Republic and the Government of the Republic of Madagascar on the Delimitation of Maritime Areas situated between La Réunion and Madagascar.

[690] International Mapping (2023) *op. cit.* : https://sovereignlimits.com/boundaries/france-reunion-madagascar-maritime.

sans ressource et pourvu d'une maigre végétation, mais dont la souveraineté territoriale est disputée entre la France et Maurice[691].

4.7. Maurice/Seychelles

Le 29 juillet 2008, Maurice et les Seychelles signent un accord de délimitation de la ZÉE exclusivement[692], lequel sera en vigueur le 19 novembre suivant[693]. Cet instrument stipule que la délimitation « est fondée sur l'équidistance, qui est considérée dans ce cas particulier comme une solution équitable conformément au droit international » (art.1). La ligne, entre côtes opposées, d'une longueur de 504 milles marins et définie par 33 points[694], est tracée plus précisément entre la ZÉE de Maurice (à partir de l'île d'Agalega) et celle des Seychelles (à partir des îles de Coëtivy, Saint-François, Providence et Farquhar, respectivement) et elle est formée par les lignes géodésiques reliant 4 coordonnées géographiques.

Une disposition assez inusitée prévoit que Maurice et les Seychelles coopèrent « chaque fois que nécessaire afin de préserver les points de base existants entre les deux États » (art. 5). De plus, les parties s'engagent à régler tout différend sur l'interprétation du traité par des moyens pacifiques, de même qu'elles peuvent en proposer des modifications par la voie diplomatique[695].

Quant à la délimitation du plateau continental au-delà de la ZÉE, les deux États, le 1er décembre 2008, présentèrent, sans préjudice de cette délimitation, une soumission conjointe à la CLPC, qui fit ses recommandations le 30 mars 2011[696]. À la suite de ces recommandations, Maurice et les Seychelles concluent, le 13 mars 2012, deux accords entrés en vigueur le 18 juin suivant et portant respectivement sur l'exercice conjoint de leurs droits dans la région du plateau des Mascareignes[697] et sur la gestion

[691] Robin, Denys-Sacha (2019) La zone maritime disputée entre la France et Maurice autour du récif de Tromelin, *AFDI*, vol. 65, p. 579-600.

[692] Accord entre le Gouvernement de la République de Maurice et le Gouvernement de la République des Seychelles sur la délimitation de la zone économique exclusive entre les deux États.

[693] Lathrop, Coalter G., ed. (2021) Report Number 6-22(2) Mauritius-Seychelles, in *op. cit.*

[694] International Mapping (2023) *op. cit.* : https://sovereignlimits.com/boundaries/mauritius-seychelles-maritime.

[695] Voir la carte à : USDS (2014) *LS*, issue 132 : https://www.state.gov/wp-content/uploads/2020/02/LIS-132.pdf.

[696] http://www.un.org/Depts/los/clcs_new/submissions_files/submission_musc.htm.

[697] Traité relatif à l'exercice conjoint des droits souverains sur le plateau continental de la région du plateau des Mascareignes entre le Gouvernement de la République de Maurice et le Gouvernement de la République des Seychelles.

conjointe de ce plateau, concernant notamment la protection de l'environnement, la surveillance, la sécurité et le sauvetage[698].

4.8. COMORES/SEYCHELLES

Le Département d'État des États-Unis rapporte qu'un accord de délimitation a été conclu entre les Comores et les Seychelles en 2012, le 17 février selon une autre source[699]. À la lecture des cartes jointes à ce rapport[700], il appert que la délimitation est à équidistance des lignes de base archipélagiques de ces deux États[701]. La délimitation, qui se poursuit sur une distance de 169 milles marins, ne porte que sur la ZÉE[702].

En outre, il est mentionné dans ce rapport qu'un accord trilatéral (entre les Seychelles, les Comores et la Tanzanie) est intervenu en 2012 concernant la localisation du tripoint. Par ailleurs, on a fait observer que cet accord, pas plus que l'accord de délimitation, ne serait pas encore en vigueur[703].

4.9. COMORES/MOZAMBIQUE

Le 5 décembre 2011, les Comores et le Mozambique[704] concluent un accord de délimitation de la ZÉE et du plateau continental[705]. La ligne a une longueur approximative de 281 milles marins et est tracée selon l'équidistance entre les lignes de base normales et les lignes de base archipélagiques des Comores[706].

Le 11 mai 2009, le Mozambique communique une information préliminaire relative à une soumission à être déposée devant la CLPC, puis les Comores en font autant le 2 juin suivant[707]. Le 7 juillet 2010, le Mozambique déposera sa soumission[708].

---

[698] Traité relatif à la gestion conjointe du plateau continental dans la région du plateau des Mascareignes entre le Gouvernement de la République de Maurice et le Gouvernement de la République des Seychelles.

[699] Oduntan, Gbenga (2015) *International Law and Boundary Disputes in Africa*, p. 104, note 7.

[700] Lathrop, Coalter G., ed. (2013), Report Number 6 - 28 Comoros - Seychelles, in *op. cit.*

[701] USDS (2014) *LS*, issue 132, p. 8-9.

[702] (2012) Maritime boundary delimitations : Seychelles signs historic accord with Comoros and Tanzania, *Seychelles Weekly*, 20 February.

[703] International Mapping (2023) *op. cit.* : https://sovereignlimits.com/boundaries/comoros-seychelles-maritime.

[704] Lathrop, Coalter G., ed. (2013), Report Number 6 - 26 Comoros - Mozambique, in *op. cit.*

[705] USDS (2014) *LS* : *Comoros: Archipelagic and other Maritime Claims and Boundaries*, n° 134, p. 1-14.

[706] Agreement on the Delimitation of the Maritime Boundary between the Republic of Mozambique and the Union of the Comoros.

[707] https://www.un.org/depts/los/clcs_new/commission_preliminary.htm.

[708] https://www.un.org/depts/los/clcs_new/submissions_files/submission_moz_52_2010.htm.

4.10. Kenya/Somalie

La Somalie, le 28 août 2014, dépose contre le Kenya une requête introductive d'instance[709] devant la C.I.J. lui demandant de « déterminer, conformément au droit international, le tracé complet de la frontière maritime unique (*figure 13*) départageant l'ensemble des espaces maritimes relevant de la Somalie et du Kenya dans l'océan Indien, y compris le plateau continental au-delà de la limite des 200 milles marins » (par. 25). Le 7 octobre 2015, le Kenya présente certaines exceptions préliminaires d'incompétence de la Cour et d'irrecevabilité de la requête, exceptions qui seront rejetées le 2 février 2017[710], la Cour rendant son jugement sur le fond le 12 octobre 2021[711].

4.10.1. Les exceptions préliminaires

La requête du Kenya pour exceptions préliminaires était fondée notamment sur le mémorandum d'accord du 7 avril 2009, lequel se lit comme suit en son paragraphe 6 :

> La délimitation des frontières maritimes dans les zones en litige, y compris la délimitation du plateau continental au-delà de 200 milles marins, fera l'objet d'un accord entre les deux États côtiers sur la base du droit international après que la Commission aura achevé l'examen des communications séparées effectuées par chacun des deux États côtiers et formulé ses recommandations aux deux États côtiers concernant l'établissement des limites extérieures du plateau continental au-delà de 200 milles marins.

La Cour considère que cette disposition du mémorandum montre bien que les Parties envisageaient de négocier leur frontière maritime dans la zone du plateau continental après la réception des recommandations de la CLPC, le processus de la délimitation et celui de la délinéation étant maintenus séparés. La Cour estime que « (d)e telles négociations, en effet, constituent la première étape de la délimitation du plateau continental entre États parties à la CNUDM. La Cour ne considère cependant pas que le libellé du sixième paragraphe (…) ait pu avoir vocation à établir un mode de règlement en vue de la délimitation de la frontière maritime entre les Parties » (par. 98).

---

[709] Lathrop, Coalter G., ed. (2015), Report Number 4-17 Kenya-Somalia, in *op. cit.*

[710] Bonafé, Béatrice I. (2017) Maritime Delimitation in the Indian Ocean, *AJIL*, vol. 111, issue 3, p. 725-731.

[711] *Délimitation maritime dans l'océan Indien (Somalie c. Kenya)*, fond, arrêt.

Figure 13. La frontière maritime Kenya/Somalie

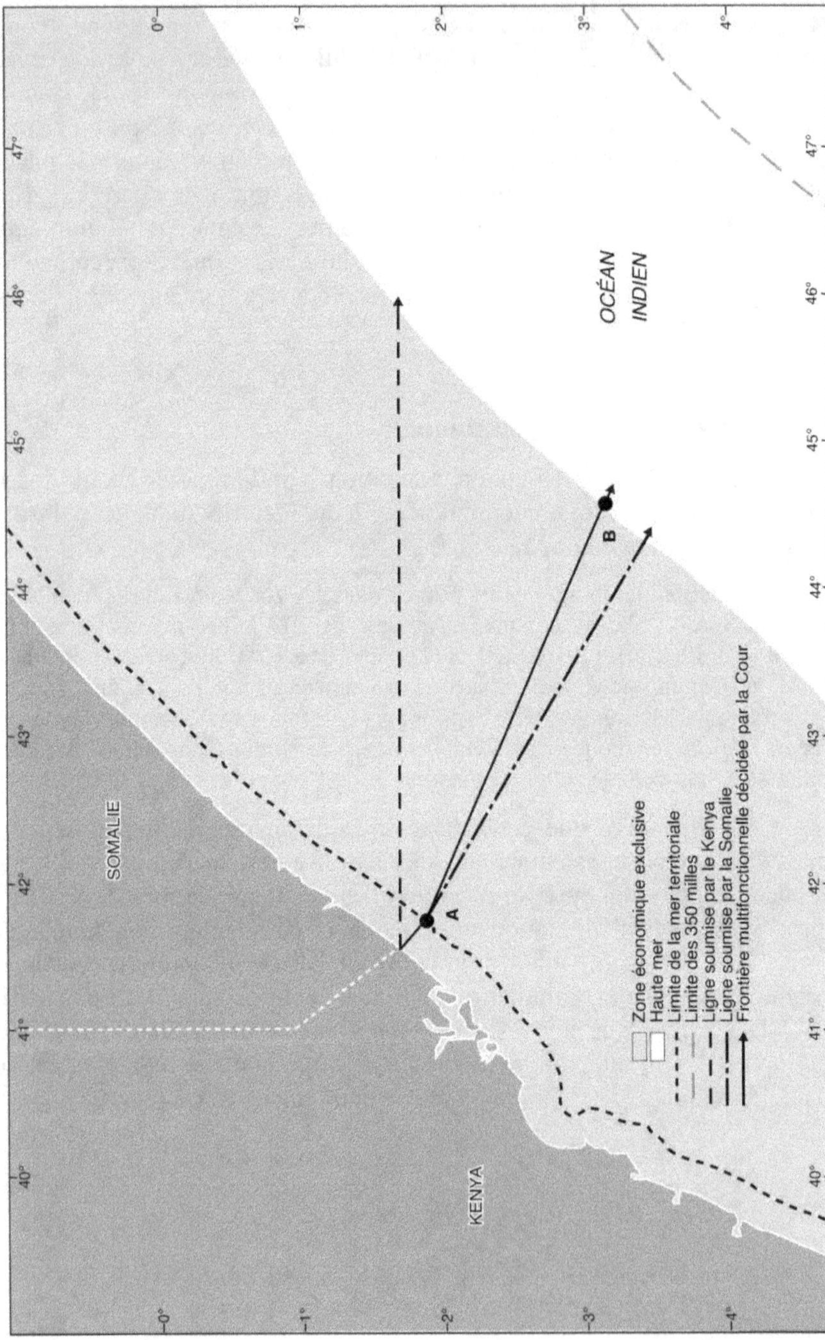

Source : D'après : Arrêt, C.I.J. Recueil 2021, par. 179 et 199.

4.10.2. Les soumissions à la CLPC

La Cour poursuit en disant que ce libellé n'exige pas que les Parties attendent le résultat des travaux de la Commission avant de rechercher un accord sur leur frontière maritime, pas plus qu'il ne les contraint à recourir à un mode particulier de règlement de leur différend. Le Kenya avait déposé une soumission à la CLPC le 6 mai 2009[712], tandis que la Somalie faisait de même le 21 juillet 2014[713], la CLPC ayant donné ses recommandations au Kenya le 7 mars 2023.

La Somalie, dans sa requête introductive d'instance[714], alléguait notamment que son gouvernement, de même que celui du Kenya, avaient auparavant déposé des soumissions à la CLPC, les 14 avril (informations préliminaires) et 6 mai 2009 respectivement[715], lesquelles n'avaient fait l'objet d'aucune objection, ainsi que l'atteste un mémorandum d'accord signé le 7 avril 2009[716]. Dans son jugement sur le fond[717], la C.I.J. notera que chacun des deux États s'est d'abord opposé à l'examen par la Commission de la demande de l'autre, ces objections étant levées par ailleurs par la suite. La Cour ajoute qu'à la date de son présent arrêt, la Commission n'a encore formulé aucune recommandation concernant ces demandes (par. 34).

4.10.3. Les frontières soumises par les Parties

La Cour observe que les approches du Kenya et de la Somalie sont fort différentes en matière de délimitation des espaces maritimes[718], le Kenya prétendant qu'il existe déjà une frontière maritime convenue entre les Parties, ce que conteste la Somalie. Le Kenya estime en effet que la Somalie a déjà convenu d'une frontière qui suit le parallèle passant par 1° 39' 43,2'' de latitude sud, les Parties ayant estimé qu'une telle délimitation était équitable, compte tenu du contexte géographique et de la pratique régionale. Le Kenya ajoute que dans le cas même où la Cour en arriverait à la conclusion qu'il n'existe pas encore de frontière maritime, elle devrait

[712] http://www.un.org/depts/los/clcs_new/submissions_files/ken35_09/ken2009_executivesummary.pdf ; http://www.un.org/depts/los/clcs_new/submissions_files/tza59_12/Executive%20Summary_%20URT-DOC-001_18-01-2012.pd.

[713] https://www.un.org/Depts/los/clcs_new/submissions_files/ submission_som_74_2014.htm.

[714] http://www.icj-cij.org/docket/files/161/18363.pdf.

[715] http://www.un.org/Depts/los/clcs_new/submissions_files/submission_ken_35_2009.htm.

[716] Mémorandum d'accord entre le Gouvernement de la République du Kenya et le Gouvernement fédéral de transition de la République de Somalie visant à s'assurer mutuellement de l'absence d'objection au sujet des demandes concernant les limites extérieures du plateau continental au-delà de 200 milles marins soumises à la Commission des limites du plateau continental.

[717] IBRU (2021) *ICJ Rules on Kenya Somalia Maritime Dispute*, 15 October, Durham University.

[718] Moya Carrera, Pamela (2020) *Différend entre le Kenya et la Somalie : des frontières maritimes toujours problématiques*.

délimiter la frontière suivant ce parallèle, et que, de toutes façons, la méthode de l'équidistance provisoire suggérée par la Somalie aboutirait, après ajustement afin de parvenir à un résultat équitable, à une délimitation suivant ce parallèle. La Somalie, au contraire, affirme que la méthode de l'équidistance non ajustée pour la délimitation de la mer territoriale, de la ZÉE et du plateau continental aboutit au résultat équitable que requiert le droit international.

4.10.4. La notion d'acquiescement

La Cour examine d'abord la question de savoir si, comme l'affirme le Kenya, la Somalie a acquiescé à sa prétention selon laquelle la frontière maritime suit le parallèle, le Kenya estimant que l'acquiescement implique l'existence de trois éléments : d'abord un comportement ou une omission indiquant le point de vue d'un État quant au contenu de la règle de droit applicable ; de plus, la connaissance effective ou présumée par un autre État de ce comportement ou de cette omission ; enfin, le manquement, par cet autre État, dans un délai raisonnable, de se dissocier ou de rejeter la position du premier État, tandis qu'il aurait dû réagir.

Si le Kenya ne prétend pas que l'existence d'une frontière peut découler d'actes unilatéraux, il estime que l'acquiescement est une forme de consentement pouvant être assimilée à un accord tacite. Par exemple, le Kenya soutint que la Somalie a acquiescé en ne répondant pas aux proclamations présidentielles du Kenya en date du 28 février 1979 et du 9 juin 2005 et à la soumission kenyane à la CLPC du 6 mai 2009. Le Kenya mentionne aussi la loi maritime somalienne de 1988, qui prévoit une ligne droite en ce qui concerne la limite de la mer territoriale, de même que diverses activités et le comportement des deux Parties en ce qui concerne les patrouilles navales et interceptions en mer, de même que la pêche, la recherche scientifique marine et l'octroi de blocs d'exploration pétrolière au large.

Tout au contraire, la Somalie fait observer que la Convention de 1982, aux articles 15, 74 et 83, mentionne clairement que la délimitation doit être effectuée par voie d'accord, même si celui-ci n'est pas sous forme écrite, mais il ne saurait l'être par des actes unilatéraux. La Somalie ajoute que l'absence de protestation contre la notification d'une revendication ne peut valoir nécessairement acceptation de celle-ci.

4.10.5. Le comportement des Parties

La Cour dit que la délimitation maritime ne peut être effectuée unilatéralement, ainsi qu'elle l'a affirmé dans d'autres affaires, notamment les affaires *Libye/Tunisie*[719] de 1982 et *Libye/Malte*[720] de 1985. La Cour, qui rappelle la décision du T.I.D.M. dans l'affaire *Ghana/Côte d'Ivoire*[721], observe que les Parties, les 26 et 27 mars 2014, s'étaient réunies à Nairobi pour négocier la délimitation maritime, « donnant par ce simple fait à entendre qu'elles reconnaissaient la nécessité de délimiter la frontière maritime entre elles » (par. 69).

La Cour en vient à la conclusion que « le Kenya n'a pas maintenu de façon constante sa prétention selon laquelle le parallèle constitue la frontière maritime unique avec la Somalie. (...) Dans ces conditions, la Somalie pouvait raisonnablement penser que sa frontière maritime avec le Kenya (...) serait établie par un accord qui serait négocié et conclu ultérieurement. La Cour constate donc l'absence d'éléments de preuve convaincants montrant que la revendication du Kenya et son comportement y afférent ont été maintenus de manière constante et appelaient par conséquent une réaction de la part de la Somalie » (par. 71).

La Cour dit aussi ne pouvoir faire abstraction du contexte de la guerre civile qui a privé la Somalie, entre 1991 et 2005, d'un gouvernement et d'une administration efficaces. La Cour rejette aussi un argument du Kenya selon lequel le comportement des Parties, notamment en en ce qui concerne des concessions pétrolières, révèle l'existence d'une frontière maritime *de facto*, la Cour citant une fois de plus l'affaire *Ghana/Côte d'Ivoire* dans laquelle les juges ont décidé que le fait de « démontrer l'existence d'une pratique pétrolière de longue date ou de concessions pétrolières contiguës ne suffit pas à prouver l'existence d'une frontière maritime[722] ».

4.10.6. La délimitation de la mer territoriale

Puisque la Cour en est arrivée à la conclusion qu'une frontière maritime n'existe pas encore entre la Somalie et le Kenya, elle examine la question du tracé d'une frontière maritime unique de la mer territoriale, de la ZÉE et du plateau continental, y compris au-delà de 200 milles marins, comme le lui demandait la Somalie dans sa requête introductive d'instance. Les deux États étant parties à la Convention de 1982, la Cour applique ses dispositions pour tracer la frontière maritime.

S'agissant d'abord de la délimitation de la mer territoriale, la Cour note une divergence de vue des Parties, le Kenya retenant, avons-nous dit, une ligne suivant un parallèle, tandis que la Somalie soumet une ligne médiane conformément aux dispositions de l'article 15 de la Convention de 1982. La Cour, à l'unanimité, opte également pour une médiane construite selon 6

---

[719] *Plateau continental (Jamahiriya arabe libyenne/Tunisie)*, arrêt, C.I.J. Recueil 1982.

[720] *Plateau continental (Jamahiriya arabe libyenne/Malte)*, arrêt, C.I.J. Recueil 1985.

[721] *Délimitation de la frontière maritime dans l'océan Atlantique*, arrêt, T.I.D.M. Recueil 2017, p. 73, par. 221-222, et p. 78, par. 243.

[722] Arrêt, T.I.D.M. Recueil 2017, p. 71, par. 215. Cité au par. 87.

points d'inflexion, mais cette médiane diffère légèrement de la ligne somalienne car la Cour l'a construite sur des points de base qui sont exclusivement sur la terre ferme des côtes continentales. La Cour observe que sa médiane est très rapprochée d'une ligne perpendiculaire à l'orientation générale de la côte.

4.10.7. La délimitation de la zone économique exclusive

La Cour examine ensuite la question de la délimitation de la zone économique exclusive et du plateau continental en deçà de 200 milles marins. Fidèle à la jurisprudence en pareille matière, la Cour procède en trois étapes : tracé d'une équidistance provisoire ; ajustement éventuel qui tienne compte de circonstances pertinentes ; vérification, à l'aide du critère de la proportionnalité, que le tracé aboutit à une solution équitable. La Cour se demande donc s'il existe des circonstances pertinentes nécessitant un ajustement. Elle répond par l'affirmative en estimant que « l'amputation potentielle des droits maritimes du Kenya doit être appréciée dans le cadre d'un contexte géographique plus large » (par. 166). La Cour s'inspire de l'affaire *Guinée/Guinée-Bissau* dans laquelle le tribunal, au lieu de s'en tenir au littoral court, a considéré "l'ensemble de la région de l'Afrique occidentale" en vue de rechercher "une solution tenant compte d'une façon globale de la forme de ses côtes"[723].

Dans le cas du Kenya, poursuit la Cour, l'amputation potentielle de ses droits ne peut être observée quand on examine de façon isolée ses côtes et celles de la Somalie de manière isolée, tandis que ces mêmes côtes avec celles de la Tanzanie, considérées ensemble, révèlent un littoral fortement concave, et le Kenya situé au milieu, est amputé de ses droits, d'autant que l'île tanzanienne de Pemba accentue cet effet. En pareil cas, lorsque l'effet d'amputation est important, l'ajustement de la ligne d'équidistance provisoire est justifié, la Cour rappelant la jurisprudence, notamment l'affaire *Ghana/Côte d'Ivoire*[724]. Par ailleurs, la Cour cite l'affaire *Libye/Malte* pour rappeler qu' "il ne saurait être question de refaire complètement la géographie ni de rectifier les inégalités de la nature", que "l'équité n'implique pas nécessairement l'égalité" et qu' "il ne saurait être question de justice distributive"[725]. Aussi, la Cour estime-t-elle nécessaire de déplacer la ligne vers le nord de sorte qu'elle suive, depuis le point A, une ligne géodésique ayant un azimut initial de 114° et se poursuivant jusqu'à son intersection avec la limite de 200 milles marins de la côte du Kenya, en un point B.

---

[723] *Délimitation de la frontière maritime entre la Guinée et la Guinée-Bissau,* sentence du 14 février 1985, R.S.A., vol. XIX, p. 189, par. 108. Cité au par 167.

[724] Arrêt, T.I.D.M. Recueil 2017, p. 120, par. 425. Mentionné au par. 170.

[725] *Plateau continental*, arrêt, C.I.J. Recueil 1985, p. 39-40, par. 46. Cité au par. 172.

Enfin, la Cour vérifie s'il y a absence de disproportion marquée entre le rapport de la longueur des côtes pertinentes respectives et le rapport de la superficie des espaces attribués. Or, la côte pertinente de la Somalie est de 733 kilomètres, celle du Kenya 511 kilomètres, alors que le rapport entre les côtes pertinentes est de 1 pour 1,43 en faveur de la Somalie, tandis que la frontière maritime divise la zone pertinente en deçà de 200 milles, de sorte qu'environ 120 455 kilomètres carrés reviendraient au Kenya, alors que l'autre partie, d'environ 92 389 kilomètres carrés, serait attribuée à la Somalie, ce qui donne un rapport de 1 pour 1,30 en faveur du Kenya. La comparaison entre ces deux rapports ne révèle aucune disproportion significative ou marquée. La Cour estime donc, par 10 voix contre 4, que la ligne ajustée aboutit à une solution équitable.

4.10.8. La délimitation du plateau continental au-delà des 200 milles

Conformément au vœu exprimé par les deux Parties, et après avoir tracé la frontière en-deçà des 200 milles marins, la Cour examine la question de l'intégralité de la délimitation du plateau continental au-delà des 200 milles. Les méthodes de délimitation proposées par la Somalie et le Kenya sont essentiellement les mêmes que celles suggérées pour la délimitation en-deçà des 200 milles.

En effet, le Kenya soutient que la frontière devrait se prolonger suivant le parallèle et qu'à défaut par la Cour de retenir cette méthode, une ligne d'équidistance devrait être ajustée pour éviter un effet important d'amputation, car « une délimitation maritime équitable ne saurait faire fi des délimitations équitables convenues par le passé conformément au droit alors applicable, et qu'il s'agit là d'une question à la fois “d'équité historique” et “de bon sens” (par. 185), le défendeur faisant notamment allusion à son accord de juin 2009 conclu avec la Tanzanie[726].

Tout au contraire, la Somalie réitère que les principes juridiques applicables à la délimitation en deçà et ceux au-delà de 200 milles marins sont identiques, et elle estime qu'il n'existe aucune circonstance pertinente justifiant un ajustement de la ligne d'équidistance. Le demandeur note que “toute réduction globale des droits du défendeur” ne serait qu'une conséquence de l'accord de 2009 par lequel le Kenya “s'est volontairement privé d'un très vaste espace maritime situé au sud de la frontière parallèle négociée entre les deux États”, la Somalie référant à l'affaire *Barbade/Trinité-et-Tobago*[727] de 2006 pour étayer son argument selon lequel une tierce partie à un accord ne saurait être tenue de “fournir une compensation” pour son choix (par. 183).

[726] Voir la section Kenya/Tanzanie.

[727] Sentence du 11 avril 2006, R.S.A., vol. XXVII, p. 238, par. 346.

La Cour, qui a décidé avoir compétence dans son arrêt sur les exceptions préliminaires, rappelle l'affaire *Nicaragua c. Honduras*[728], dans laquelle le tribunal a dit que toute prétention d'un État concernant des droits sur le plateau continental au-delà de 200 milles devait être examinée par la CLPC et être conforme à l'article 76 de la Convention de 1982. La Cour note que les Parties ont toutes deux soumis une demande (le Kenya le 6 mai 2009 et la Somalie le 21 juillet 2014), demandes qui firent l'objet d'objections, lesquelles ont été par la suite retirées. La Cour fait observer que la Somalie et le Kenya ne pourront établir les limites extérieures définitives et de caractère obligatoire de leurs plateaux continentaux que lorsqu'elle aura formulé ces recommandations. La Cour rappelle la décision de 2012 du T.I.D.M. dans l'affaire *Bangladesh/Myanmar*[729] pour rappeler que « l'absence de délinéation de la limite extérieure du plateau continental ne fait pas, en soi, obstacle à la délimitation de celui-ci entre deux États ayant des côtes adjacentes » (par. 189).

Procédant à la délimitation au-delà des 200 milles, la Cour, par 9 voix contre 5, retient l'argument du Kenya au sujet d'un ajustement de la ligne d'équidistance provisoire, puis elle prolonge la délimitation le long de la même ligne géodésique que la ligne en deçà de 200 milles, et ce jusqu'aux limites extérieures des plateaux continentaux des deux Parties, lesquelles devront être tracées sur la base des recommandations de la CLPC, ou jusqu'à ce que cette ligne atteigne une zone où les droits d'États tiers pourraient être affectés[730].

4.10.9. La violation des obligations internationales

Après avoir effectué la délimitation, la Cour examine une dernière question, soulevée par la Somalie notamment dans sa réplique, qui demande de "dire et juger que, par son comportement dans la zone litigieuse, le Kenya a violé ses obligations internationales, et que, en vertu du droit international, il est tenu de remédier à l'intégralité du préjudice subi par la Somalie", tout particulièrement en lui communiquant toutes les données de nature technique (sismiques, géologiques et bathymétriques) recueillies dans les zones relevant de sa souveraineté et/ou de sa juridiction "et de réparer l'intégralité du préjudice subi par celle-ci, sous forme de versement d'indemnités appropriées" (par. 26).

Pourtant, la Cour arrive à la conclusion que ces activités du Kenya dans la zone en litige n'ont pas été de nature à compromettre ou à entraver la

---

[728] *Différend territorial et maritime entre le Nicaragua et le Honduras dans la mer des Caraïbes*, arrêt, C.I.J. Recueil 2007 (II), p. 759, par. 319.
[729] *Délimitation de la frontière maritime dans le golfe du Bengale*, arrêt, T.I.D.M. Recueil 2012, p. 100, par. 379.
[730] Gao, Jianjun (2023) Delimitation of the Extended Continental Shelf in *Somalia v. Kenya* in the ICJ : A Critique, *CJIL*, vol. 22, issue 1, p. 77–101.

conclusion d'un accord définitif de délimitation de la frontière maritime, en violation de l'article 74, par. 3 ou de l'article 83, par. 3 de la Convention de 1982. En conséquence, la Cour estime que le défendeur n'a pas manqué à ses obligations internationales en raison de ses activités maritimes dans cette zone. Aussi rejette-t-elle à l'unanimité la demande de réparation.

4.11. MAURICE/MALDIVES

Une sentence arbitrale est d'abord rendue, le 18 mars 2015, par un tribunal qui décide notamment que « the United Kingdom's undertaking to return the Chagos Archipelago to Mauritius when no longer needed for defence purposes is legally binding[731] ».

Ensuite, la C.I.J.[732], dans son avis consultatif[733] du 25 février 2019, dit que « le Royaume-Uni est tenu, dans les plus brefs délais, de mettre fin à son administration de l'archipel des Chagos », étant donné que, « au regard du droit international, le processus de décolonisation de Maurice n'a pas été validement mené à bien lorsque ce pays a accédé à l'indépendance en 1968 à la suite de la séparation de l'archipel des Chagos »[734]. Maurice se voit donc reconnaître une zone maritime immense, d'autant plus qu'il a soumis, le 26 mars 2019, des informations à la CLPC au sujet de la partie méridionale de l'archipel des Chagos, puis, le 12 avril 2022, une autre soumission concernant la partie nord de cet archipel[735].

Quelques mois à peine après l'avis consultatif, le T.I.D.M. est saisi par compromis de Maurice et des Maldives[736], le 24 septembre 2019, requérant la délimitation maritime. Le 28 janvier 2021, une Chambre spéciale du T.I.D.M. rendra un arrêt sur des exceptions préliminaires soulevées par les Maldives, puis, le 28 avril 2023, un jugement sur le fond décidera de la délimitation[737].

---

[731] *Sentence arbitrale relative au différend entre Maurice et le Royaume- Uni de Grande-Bretagne et d'Irlande du Nord concernant l'aire marine protégée des Chagos,* sentence, R.I.A.A., 2015, vol. 31, par. 547 B(2).

[732] Labrecque, Georges (2019) *op. cit.*, p. 151-170.

[733] Jamal, Sarah (2019) L'analyse de la décolonisation de Maurice sous l'angle du droit à l'autodétermination : entre apports et insuffisances (*Cour internationale de Justice, Effets juridiques de la séparation de l'archipel des Chagos de Maurice en 1965, avis consultatif, 25 février 2019*), *AFDI*, vol. 65, p. 137-158.

[734] *Effets juridiques de la séparation de l'archipel des Chagos de Maurice en 1965*, avis consultatif, par. 183, C.I.J. Recueil 2019.

[735] https://www.un.org/Depts/los/clcs_new/submissions_files/submission_mus1_82_2019.html.

[736] USDS (2005) *LS*: *Maldives Maritime Claims and Boundaries*, n° 126, p. 1-15.

[737] *Différend relatif à la délimitation de la frontière maritime entre Maurice et les Maldives dans l'océan Indien.*

4.11.1. Les exceptions préliminaires

Dans son arrêt sur les exceptions préliminaires[738] soulevées par les Maldives, la Chambre spéciale rejette à l'unanimité la première exception « selon laquelle le Royaume-Uni est une tierce partie indispensable à la présente instance, de même qu'elle rejette par 8 voix contre 1 la deuxième exception « selon laquelle la Chambre spéciale n'a pas compétence pour statuer sur la question contestée de la souveraineté sur l'archipel des Chagos » – une approche qui a été récemment critiquée[739]. Elle rejette par 8 voix contre 1 la troisième exception concernant les articles 74 et 83 de la Convention. La Chambre rejette à l'unanimité la quatrième exception « sur le fondement de la non-existence d'un différend entre les Parties ». Elle rejette aussi à l'unanimité la cinquième exception sur le fondement d'un abus de procédure. Elle dit par ailleurs par 8 voix contre 1 qu'elle est compétente « pour statuer sur le différend dont les Parties l'ont saisie concernant la délimitation de leur frontière maritime dans l'océan Indien et que la demande présentée par Maurice à cet égard est recevable », mais elle renvoie à la procédure sur le fond « les questions relatives à la mesure dans laquelle la Chambre spéciale peut exercer sa compétence, y compris les questions se posant au regard de l'article 76 de la Convention ». Enfin, la Chambre, à l'unanimité, « réserve pour examen et décision au stade de la procédure sur le fond les questions de compétence et de recevabilité relatives à la demande de Maurice formulée au paragraphe 28 de sa notification concernant les obligations énoncées à l'article 74, paragraphe 3, et à l'article 83, paragraphe 3, de la Convention ».

4.11.2. La délimitation en-deçà des 200 milles

Dans son arrêt sur le fond, la Cour examine en effet les arguments des Parties relativement au plateau continental. Ainsi, de l'avis de Maurice, dans sa réplique[740], « lorsque les Parties jouissent de titres égaux sur le plateau continental sur le fondement de leurs prolongements naturels respectifs, la solution équitable exigée par l'article 83 1) de la Convention consiste à partager la zone de façon égale ». Les Maldives, qui avaient déposé une soumission devant la CLPC le 26 juillet 2010[741], font plutôt valoir dans leur

---

[738] *Délimitation de la frontière maritime entre Maurice et les Maldives dans l'Océan Indien (Maurice/Maldives)*, exceptions préliminaires, arrêt, T.I.D.M. Recueil 2020-2221, dispositif 354, p. 17.

[739] Qi, Xu (2023) Reviving the *Monetary Gold* Principle ? A Case Note on the Judgment of Preliminary Objections in the *Mauritius/Maldives* Case, *ODIL*, vol. 54, issue 1, p. 1-25.

[740] https://www.itlos.org/fileadmin/itlos/documents/cases/28/Merits_Pleadings/A28_Maurice_Replique.pdf.

[741] https://www.un.org/depts/los/clcs_new/submissions_files/ submission_mdv_53_2010.htm.

duplique[742] que la revendication par Maurice d'un plateau continental au-delà de 200 milles des lignes de base doit être rejetée pour défaut de compétence de la Chambre spéciale et/ou irrecevabilité.

La Chambre, qui examine d'abord la question de la délimitation en deçà de 200 milles marins, rappelle les articles 74 et 83 de la Convention et fait observer que les Parties « conviennent que ces dispositions régissent la délimitation de la zone économique exclusive et du plateau continental entre elles » (par. 89). La Chambre ajoute que le but à atteindre est une « solution équitable », encore que ces articles « sont muets sur la méthode à suivre pour y parvenir » (par. 95). La Chambre rappelle aussi certaines affaires[743], notamment des affaires africaines, aux termes desquelles « (i)l est désormais bien établi que la méthode à appliquer (...) est la méthode 'équidistance/circonstances pertinentes', à moins qu'il ne soit ni possible ni approprié d'y recourir », et bien que non obligatoire, elle « aboutit à une solution équitable dans la plupart des cas et constitue également un gage de transparence et de prévisibilité du processus de délimitation » (par. 96).

La Chambre spéciale fait observer aussi que dans l'application de la méthode équidistance/circonstances pertinentes à la délimitation, la jurisprudence internationale a développé l'approche en trois étapes : d'abord, tracé d'une ligne d'équidistance provisoire qui tienne compte de calculs mathématiques et de la géographie côtière des parties ; ensuite, recherche de l'existence de circonstances pertinentes requérant un ajustement de la ligne d'équidistance provisoire afin de parvenir à une solution équitable ; enfin, vérification que la ligne ne comporte pas une disproportion marquée entre le rapport des longueurs respectives des côtes et le rapport des zones maritimes attribuées à chaque partie[744], la Chambre citant d'autres affaires[745].

4.11.3. Les règles relatives au statut d'État archipel

Elle note d'ailleurs que les Parties reconnaissent que cette approche en trois étapes convient, et elle ne relève elle-même ni circonstance ni facteur qui rendrait son application inappropriée ou impossible. Encore faut-il que les Parties s'entendent sur les emplacements à des points de base pour la

---

[742] https://www.itlos.org/fileadmin/itlos/documents/cases/28/Merits_Pleadings/A28_Maldives_Duplique.pdf.

[743] *Arbitrage concernant la frontière maritime dans le golfe du Bengale (Bangladesh c. Inde)*, sentence, 7 juillet 2014, R.S.A., vol. XXXII, p. 105, par. 339 ; *Délimitation de la frontière maritime dans l'océan Atlantique (Ghana/Côte d'Ivoire)*, arrêt, T.I.D.M. Recueil 2017, p. 86, par. 281 ; *Délimitation maritime dans l'océan Indien (Somalie c. Kenya)*, arrêt, C.I.J Recueil 2021, p. 251-252, par. 128.

[744] Ishii, Yurika (2020) Relevant Coasts and Relevant Area in the Maritime Delimitation in the EEZ and Continental Shelf, *ODIL*, vol. 51, issue 4, p. 283-306.

[745] *Délimitation maritime en mer Noire (Roumanie c. Ukraine)*, arrêt, C.I.J. Recueil 2009, p. 101-103, par. 115-122 ; *Délimitation de la frontière maritime dans le golfe du Bengale (Bangladesh/ Myanmar)*, arrêt, T.I.D.M. Recueil 2012, p. 67-68, par. 240.

construction de la ligne d'équidistance provisoire. Or, la Chambre observe qu'elles s'accordent tant sur les points choisis sur la côte de Maurice que sur celle des Maldives sauf les quatre points retenus par Maurice sur le récif de Blenheim. Voici donc la question fondamentale divisant les Parties, et la Chambre se demande par conséquent si ce récif peut servir pour le tracé de la ligne provisoire.

La Chambre spéciale note l'avis des Parties qui s'accordent sur le fait que le récif de Blenheim est un récif découvrant au sens de l'article 47, paragraphe 1, mais la Chambre observe aussi que les Parties divergent notamment sur l'effet que ce récif doit avoir pour la délimitation de la ZÉE et du plateau continental. Maurice est d'avis que les points d'inflexion archipélagiques autour du récif sont également des points de base pour le tracé de la ligne d'équidistance provisoire et qu'ils doivent par conséquent avoir un plein effet sur la délimitation. Les Maldives estiment plutôt que le statut de récif découvrant de Blenheim n'a aucune pertinence pour la délimitation.

La Chambre fait observer que Maurice et les Maldives font partie du groupe des 22 États qui se sont déclarés États archipels conformément à l'article 46 de la Convention. Aussi, la Chambre se demande si le régime de ces États est d'une quelconque pertinence pour la délimitation de la ZÉE et du plateau continental entre deux États archipels. La Chambre examine le contenu de la Partie IV de la Convention de 1982 consacrée à ces États, l'État archipel étant défini comme « un État constitué entièrement par un ou plusieurs archipels et éventuellement d'autres îles », alors que l'archipel est « un ensemble d'îles, y compris des parties d'îles, les eaux attenantes et les autres éléments naturels qui ont les uns avec les autres des rapports si étroits qu'ils forment intrinsèquement un tout géographique, économique et politique, ou qui sont historiquement considérés comme tels » (art. 46).

La Convention de 1982 prévoit aussi que l'État archipel « peut tracer des lignes de base archipélagiques droites reliant les points extrêmes des îles les plus éloignées et des récifs découvrants de l'archipel à condition que le tracé de ces lignes de base englobe les îles principales et définisse une zone où le rapport de la superficie des eaux à celle des terres, atolls inclus, soit compris entre 1 à 1 et 9 à 1 » (art. 47 par. 1), mais la longueur de ces lignes de base ne doit pas dépasser 100 milles marins, encore que 3 % au maximum du nombre total de ces lignes de base entourant un archipel peuvent mesurer un maximum de 125 milles. Leur tracé « ne doit pas s'écarter sensiblement du contour général de l'archipel » (par. 3), outre que ces lignes « ne peuvent être tirées vers ou depuis des hauts-fonds découvrants, à moins que des phares ou des installations similaires émergées en permanence n'y aient été construits ou que le haut-fond ne soit situé, entièrement ou en partie, à une distance de l'île la plus proche ne dépassant pas la largeur de la mer territoriale » (par. 4).

La méthode de ce tracé ne peut être appliquée « d'une manière telle que la mer territoriale d'un autre État se trouve coupée de la haute mer ou d'une zone économique exclusive » (par. 5). La largeur de la mer territoriale, de la zone contiguë, de la ZÉE et du plateau continental « est mesurée à partir des lignes de base archipélagiques conformément à l'article 47 » (art. 48).

Concernant la construction de la ligne d'équidistance provisoire, la Chambre conclut que le récif de Blenheim ne peut servir d'emplacement à des points de base, mais elle estime que le haut-fond découvrant de ce récif, situé entièrement ou partiellement dans les 12 milles de l'île Takamaka, peut être utilisé comme ligne de base pour mesurer la limite des 200 milles marins de Maurice.

Examinant ensuite la deuxième étape en se demandant s'il existe des circonstances pertinentes requérant un ajustement de la ligne d'équidistance provisoire afin d'aboutir à une solution équitable, la Chambre observe que les deux Parties s'entendent pour dire qu'il n'existe pas de telles circonstances, sauf qu'elles divergent d'opinion concernant l'impact du récif de Blenheim sur la ligne provisoire s'il était accepté comme emplacement de points de base.

La Chambre note que la jurisprudence internationale a rarement placé des points de base sur un fond découvrant, mais elle estime que l'effet d'un tel point sur Blenheim « ne serait certainement pas insignifiant » (par. 244), que le fait de l'ignorer complètement n'aboutirait pas à une solution équitable et que, par conséquent, le récif de Blenheim constitue une circonstance pertinente qui requiert un ajustement de la ligne d'équidistance provisoire. La Chambre estime donc qu'elle doit accorder un demi-effet au récif.

La Chambre trace la ligne de délimitation en-deçà de 200 milles, laquelle commence au point 1, à l'intersection des limites des 200 milles de Maurice et des Maldives, mesurées à partir de leurs lignes de base archipélagiques. La ligne de délimitation se poursuit vers l'est jusqu'au point X (point 37), puis jusqu'au point Y (point 38) qui est le point d'intersection des limites des 200 milles de Maurice et des Maldives à l'est, sauf que pour le récif de Blenheim, la limite des 200 milles est mesurée depuis le point d'intersection septentrional de la laisse de basse mer de ce récif avec la limite des 12 milles mesurée depuis la laisse de basse mer de l'île Takamaka.

La Chambre examine enfin la troisième et dernière étape du processus de délimitation, laquelle consiste à vérifier s'il existe ou non une disproportion marquée entre le rapport des longueurs respectives des côtes de Maurice et des Maldives et le rapport des zones qui leur sont dévolues. Il ne s'agit pas, ajoute la Chambre, d'exiger une précision mathématique mais de vérifier si une telle disproportion « rendrait la délimitation inéquitable » (par. 252). Or, constate la Chambre, le rapport entre les longueurs des côtes pertinentes est de 1:1,033 en faveur de Maurice, alors que le rapport entre les superficies attribuées est de 1:0,960 en faveur des Maldives, ce qui permet de conclure à l'absence de disproportion marquée.

4.11.4. La délimitation au-delà des 200 milles

Après avoir décidé de la délimitation de la ZÉE et du plateau continental en-deçà de 200 milles marins, la Chambre examine la revendication par les Maldives d'un titre sur un plateau continental au-delà de 200 milles[746] et dans la limite de 200 milles de Maurice, revendication contestée par Maurice. La Chambre examine d'abord la question de savoir si les Parties ont des titres sur un plateau continental au-delà de 200 milles et, dans l'affirmative, si ces titres se chevauchent. Si ce n'est pas le cas, la Chambre spéciale ne sera pas en mesure de procéder à la délimitation. Pour ce faire, la Chambre rappelle que cette question du titre sur un plateau continental au-delà de 200 milles relève de l'interprétation et de l'application de l'article 76 de la Convention, lequel se lit notamment comme suit :

> 1. Le plateau continental d'un État côtier comprend les fonds marins et leur sous-sol au-delà de sa mer territoriale, sur toute l'étendue du prolongement naturel du territoire terrestre de cet État jusqu'au rebord externe de la marge continentale, ou jusqu'à 200 milles marins des lignes de base à partir desquelles est mesurée la largeur de la mer territoriale, lorsque le rebord externe de la marge continentale se trouve à une distance inférieure. (...)
>
> 8. L'État côtier communique des informations sur les limites de son plateau continental, lorsque celui-ci s'étend au-delà de 200 milles marins des lignes de base à partir desquelles est mesurée la largeur de la mer territoriale, à la CLPC constituée en vertu de l'annexe II sur la base d'une représentation géographique équitable. La commission adresse aux États côtiers des recommandations sur les questions concernant la fixation des limites extérieures de leur plateau continental. Les limites fixées par un État côtier sur la base de ces recommandations sont définitives et de caractère obligatoire. (...)
>
> 10. Le présent article ne préjuge pas de la question de la délimitation du plateau continental entre des États dont les côtes sont adjacentes ou se font face.

La Chambre observe que les deux Parties ont déposé une demande à la CLPC et que leurs revendications se chevauchent, mais que la Commission n'a pas encore formulé de recommandations à leur sujet. La Chambre estime que la situation est comparable à celle dans l'affaire *Bangladesh/Myanmar*[747] dans laquelle le Tribunal, dans son arrêt du 14 mars 2012, a appliqué le critère de l'« incertitude substantielle » pour déterminer la présence d'une marge continentale au-delà de 200 milles, même si les demandes présentées par les Parties à la Commission indiquaient l'existence de zones de chevauchement. La Chambre rejette par conséquent la demande de Maurice et décide donc, quoique compétente, de faire preuve de prudence et de ne pas procéder à la délimitation du plateau continental au-delà de 200 milles, la

[746] Gao, Jianjun (2020) The Delimitation Method for the Continental Shelf Beyond 200 Nautical Miles : A Reflection on the Judicial and Arbitral Decisions, *ODIL*, vol. 51, issue 2, p. 116-142.

[747] *Différend relatif à la délimitation de la frontière maritime entre le Bangladesh et le Myanmar dans le golfe du Bengale*, arrêt, T.I.D.M., affaire n° 16, par. 443.

Chambre rappelant à ce sujet que « les cours et tribunaux internationaux s'abstiennent de délimiter des zones où les droits d'autres États côtiers pourraient être affectés », d'autant que « (l)'application du critère de l'incertitude substantielle accorde une protection similaire aux intérêts de la communauté internationale dans la Zone et au principe du patrimoine commun » (par. 452).

Dans sa décision rendue à l'unanimité, la Chambre dit que la frontière maritime unique délimitant les ZÉE et les plateaux continentaux des Parties en-deçà de 200 milles marins s'étend d'ouest en est entre les intersections des limites respectives des 200 milles et se compose de lignes géodésiques reliant 38 points. La Chambre dit aussi avoir compétence pour délimiter le plateau continental au-delà de 200 milles mais ne pas être en mesure de déterminer le titre de Maurice sur ce plateau dans la région septentrionale de l'archipel des Chagos[748].

4.11.5. Les déclarations jointes à la décision

À cette décision sont jointes trois déclarations, notamment celle du juge *ad hoc* Schrijver, particulièrement intéressante, qui rappelle que certaines des formations maritimes de faible élévation sont vulnérables au réchauffement et à l'acidification des océans et sont exposées à un risque non négligeable d'élévation du niveau de la mer sous l'effet des conséquences néfastes du changement climatique. De l'avis du juge, il n'est pas improbable qu'une formation qualifiée actuellement d'île et définie par la Convention de 1982 comme « étendue naturelle de terre entourée d'eau qui reste découverte à marée haute » (art. 121, par. 1) devienne un haut-fond découvrant, c'est-à-dire des « élévations naturelles de terrain qui sont entourées par la mer, découvertes à marée basse et recouvertes à marée haute » (art. 13, par. 1).

Le juge note que pareil changement de statut géographique d'une formation maritime naturelle comporte de grandes conséquences juridiques puisque « le jugement gèle, pour ainsi dire, la réalité physique à la date de la délimitation et fixe la frontière sur la base des preuves contemporaines, quels que soient les changements géographiques qui peuvent se produire ultérieurement » (art. 296, par.1), le juge ajoutant que « les décisions judiciaires contribuent à la stabilité et à la permanence des frontières de la même manière que les accords de délimitation frontalière, qui échappent à la règle du changement fondamental de circonstances », le juge faisant ici référence à l'article 62, par. 2a, de la Convention de Vienne de 1969 sur le droit des traités.

[748] Dispositif, par. 466.

4.12. CONCLUSION

À l'exception des frontières Kenya/Tanzanie, Tanzanie/Mozambique et France/Maurice, délimitées par voie d'accord et respectivement en 1976, 1980 et 1988, les frontières maritimes sont plus récentes dans l'océan Indien qu'en Méditerranée, en Atlantique et en mer Rouge. En outre, elles présentent une autre caractéristique : trois de ces frontières impliquent un État qui n'est pas africain – en l'occurrence la France – et, qui plus est, dans une zone – le sud-ouest de l'océan Indien – où les formations insulaires et archipélagiques sont nombreuses et relativement rapprochées, offrant des côtes à la fois adjacentes et opposées, ce qui vient compliquer d'autant le processus de délimitation.

Il faut noter aussi l'importance de deux affaires réglées par des tribunaux internationaux – *Somalie c. Kenya* et *Maurice/Maldives* –, lesquelles auront vraisemblablement un effet d'entraînement sur d'autres frontières à venir, dans un contexte où plusieurs États, à l'instar de ceux en Atlantique, auront à délimiter ou à prolonger leurs frontières maritimes au-delà des 200 milles marins à la lumière des recommandations de la Commission des limites du plateau continental.

CHAPITRE 5

La mer Rouge

En mai 1974, le Soudan et l'Arabie Saoudite, à défaut de s'entendre sur une frontière maritime, concluent un accord (*section 5.2*) créant une zone d'exploitation conjointe définie comme celle se trouvant au-delà de l'isobathe des 1000 mètres en mer Rouge (*figure 14*). Beaucoup plus tard, en avril 2016, l'Arabie Saoudite conclura avec l'Égypte un accord de délimitation d'une longue frontière maritime qui va du fond du golfe d'Aqaba jusqu'au cœur de la mer Rouge au 22e parallèle[749], celui-là même qui délimite la frontière terrestre avec le Soudan, au sud du triangle de Halayeb (*5.3*). Pourtant, le Soudan, dans une lettre envoyée aux Nations Unies en 2017, s'objectera à l'accord.

Entre-temps, en octobre 1998, intervient une sentence arbitrale qui décide notamment de la souveraineté territoriale sur des îles disputées entre le Yémen et l'Érythrée, lesquelles se trouvent sur l'une des routes maritimes les plus achalandées du monde, en mer Rouge et à proximité du stratégique détroit de Bab-el Mandeb, cette sentence étant suivie d'une seconde, en décembre 1999, qui procède à la délimitation de la frontière maritime du plateau continental et de la ZÉE (*5.1*).

5.1. ÉRYTHRÉE/YÉMEN

La délimitation entre l'Érythrée et le Yémen revêt une grande importance pour plusieurs raisons : d'abord, il s'agit de la première frontière maritime, tous modes (bilatéral et juridictionnel) confondus, qui soit réglée en mer Rouge ; de plus cette frontière l'a été par un tribunal d'arbitrage qui a procédé en deux phases, décidant, dans un premier temps, le 9 octobre 1998, de la question de la souveraineté territoriale sur certaines îles et de la portée du différend, puis, dans un second temps, le 17 décembre 1999, de la délimitation maritime proprement dite ; aussi ce Tribunal confirme,

[749] International Mapping (2023) *op. cit.* : https://sovereignlimits.com/boundaries/egypt-saudi-arabia-maritime.

nonobstant toute délimitation formelle, l'existence d'un régime traditionnel de pêche qui donne aux nationaux des deux pays un libre accès à l'ensemble de cette région.

Ainsi, le Tribunal est-il amené à examiner, dans la première phase, les concepts de proximité géographique et d'unité naturelle, de même que les règles juridiques d'acquisition du territoire, notamment les titres et les effectivités, puis il procède, dans la seconde phase, à la délimitation, après avoir observé que la situation géographique générale est celle de côtes opposées, tout en distinguant cependant la présence de sous-groupes insulaires qui se trouvent dans trois secteurs différents et pour lesquels il s'agit de savoir si leur importance relative justifie de leur reconnaître un effet entier, partiel ou nul sur le tracé de la médiane.

L'affaire est également importante pour la raison que le règlement de ce conflit concerne une zone hautement stratégique, puisque certaines des îles disputées se trouvent à proximité du détroit de Bab el Mandeb, ce goulot d'étranglement d'une largeur d'à peine 30 kilomètres qui permet d'acheminer une partie importante du pétrole de la péninsule arabique et du golfe Persique. Si ces îles minuscules sont difficilement habitables et sans attraits, elles sont néanmoins sur l'une des routes de navigation les plus achalandées au monde depuis l'ouverture du canal de Suez en 1869. D'abord peu remarquées par les habitants des pays côtiers, sauf par les pêcheurs, elles reçurent par ailleurs une attention considérable de la part des puissances coloniales rivales, notamment la Grande-Bretagne et l'Italie, qui les occupèrent même temporairement.

La délimitation intervient entre deux nouveaux voisins, si l'on peut dire. En effet, l'Érythrée, d'une part, dans la corne de l'Afrique, n'a rejoint le concert des nations que récemment (24 mai 1993, date de son indépendance) et au prix d'une guerre très dure contre l'Éthiopie de laquelle elle a fait sécession. À l'inverse, le Yémen d'aujourd'hui, dans la partie sud-est de la péninsule arabique, est le produit de l'unification, le 22 mai 1990, du Yémen du Nord (qui avait obtenu lui-même son indépendance, en novembre 1918, de l'Empire ottoman) et du Yémen du Sud (de tendance marxiste, indépendant du Royaume-Uni depuis le 30 novembre 1967).

Après avoir pris connaissance du compromis intervenu entre les Parties (*section 5.1.1*), le Tribunal est appelé à examiner de nombreuses questions : les titres et les effectivités à propos desquels le Yémen et l'Érythrée divergent d'opinion (*5.1.2*), la pertinence des notions de proximité et d'unité naturelle (*5.1.3*), la distinction à établir entre les sous-groupes insulaires (*5.1.4*), les accords en matière pétrolière (*5.1.5*), la décision à rendre concernant la souveraineté territoriale (*5.1.6*), le régime traditionnel de pêche (*5.1.7*), la pertinence des cartes géographiques (*5.1.8*), l'économie des pêches (*5.1.9*), la méthode appropriée de délimitation (*5.1.10*), le Tribunal passant enfin à la délimitation dans les trois secteurs à distinguer, soit le secteur nord (*5.1.11*), le secteur intermédiaire (*5.1.12*) et le secteur méridional (*5.1.13*).

Figure 14. Les frontières maritimes en mer Rouge

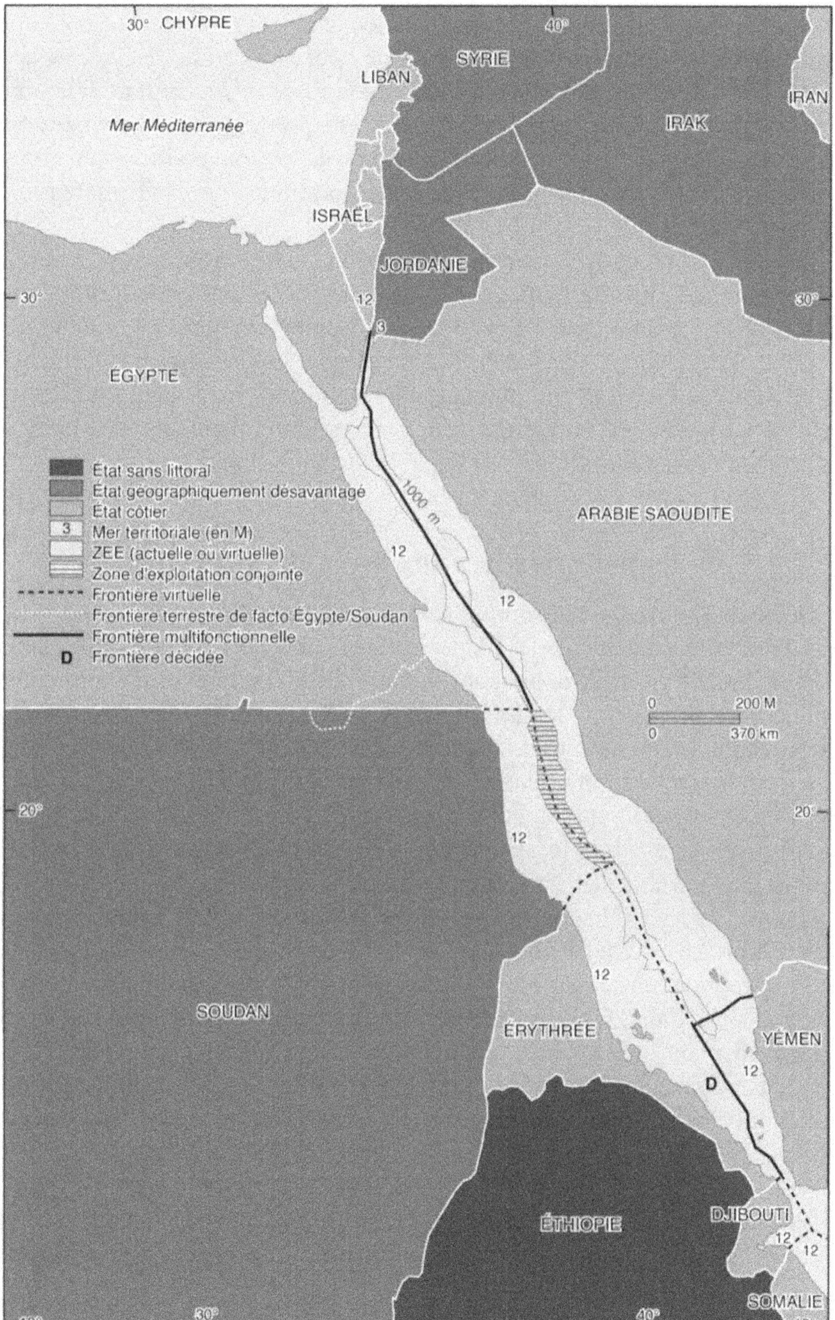

Source : Labrecque, Georges (2004) *Op. cit.*, p. 369.

5.1.1. Le compromis

Aux termes d'un accord[750] conclu le 21 mai 1996, les deux États, après avoir rappelé les initiatives et les efforts de l'Éthiopie et de l'Égypte pour les rapprocher, déclarent renoncer à l'usage de la force et décident de faire appel à un Tribunal d'arbitrage. Il est expressément prévu que ce Tribunal devra, en ce qui concerne les questions relatives à la souveraineté territoriale, décider en conformité avec les principes et pratiques du droit international, sur la base, notamment, des titres historiques.

Les deux États conviennent en outre de mandater la France pour assurer la surveillance, en particulier en exerçant la liberté de survol et de navigation. Le même jour, l'Érythrée et le Yémen émettent un communiqué conjoint par lequel les deux gouvernements, conscients de leurs responsabilités face à la communauté internationale, expriment leur désir de régler pacifiquement le conflit qui a mené aux incidents de 1995, en contribuant ainsi à la stabilité et à la paix dans la région.

5.1.2. Les prétentions relatives aux titres et les effectivités

Quelques jours après la première sentence[751] du 9 octobre 1998, le drapeau yéménite était hissé, le 1er novembre, sur l'île de la Grande Hanish, mettant ainsi un terme à un conflit entre deux peuples qui entretenaient depuis plusieurs siècles des relations amicales. Pourtant, l'Érythrée fondait ses revendications sur une chaîne de titres de plus de cent ans et sur le principe de l'occupation effective. S'agissant des titres, l'Érythrée a expliqué qu'ils lui avaient été dévolus, en 1993, lors de son accession à l'indépendance, l'Éthiopie ayant elle-même acquis ses titres de l'Italie, en dépit d'une période d'occupation militaire britannique durant la Seconde Guerre mondiale. L'Érythrée fait valoir, notamment, des accords conclus entre l'Italie et les chefs indigènes, les agissements de cette dernière depuis 1915, l'application des traités de Sèvres et de Lausanne, l'occupation effective de l'Italie sans protestation du Yémen, l'accord anglo-italien de 1938 confirmant le *statu quo*, la Constitution de l'Éthiopie qui inclut les îles dans le territoire national et le fait que celles-ci se trouvent à l'intérieur de la mer territoriale de l'Éthiopie, enfin, le contrôle effectif de l'Éthiopie, de 1953 à 1991.

Ainsi, affirme l'Érythrée, l'Éthiopie a fait valoir sa souveraineté par la surveillance aérienne et maritime, la vérification des passeports des travailleurs étrangers sur les îles, l'exercice de la juridiction criminelle, la

---

[750] Agreement on Principles.

[751] *Eritrea-Yemen Arbitration. Award of the Arbitral Tribunal in the First Stage (Territorial Sovereignty and Scope of the Dispute),* award, R.S.A., vol. 22, p. 211. Ci-après citée Sentence de 1998. Pour une analyse de cette décision dans sa première phase, consulter Distefano, Giovanni (2000) La sentence arbitrale du 9 octobre 1998 dans l'affaire du différend insulaire entre le Yémen et l'Érythrée, *AFDI*, vol. 46, p. 851-889.

réglementation en matière d'activités d'exploration pétrolière, la pêche, etc. S'agissant de pêche, l'Érythrée affirme que les pêcheurs érythréens dépendent de cette activité autour des îles pour la conservation de leur mode de vie. Enfin, prétend l'Érythrée, le Yémen n'a maintenu aucune présence officielle sur les îles, et ce n'est qu'en 1995, année des principales hostilités entre les deux États, que des patrouilleurs érythréens vont découvrir un petit contingent civil et militaire yéménite engagé dans l'aménagement d'un centre de villégiature sur la Grande Hanish. Les forces érythréennes occuperont alors cette île, tandis que les forces yéménites feront de même sur les îles Zuqar.

Le Yémen, pour sa part, fait valoir un titre défini comme étant original, historique et traditionnel, et il appuie ses prétentions sur les preuves cartographiques, les déclarations de l'iman et l'attitude des États tiers étalée sur une longue période. Le Yémen précise que le royaume existait déjà au VIe siècle avant Jésus-Christ et qu'il n'a pas été privé de son titre par son incorporation, entre 1538 et 1635, dans l'Empire ottoman, et de nouveau, de 1872 à 1918. Il ajoute que le *vilayet* ottoman du Yémen était reconnu, dans l'empire, comme une unité administrative et territoriale distincte qui incluait les îles, comme en font foi, prétend-il, les travaux cartographiques des XVIIe, XVIIIe et XIXe siècles. Il fait valoir aussi le principe de l'unité naturelle ou géographique, en arguant que cette doctrine est un corollaire du concept de titre traditionnel ou historique, lequel se trouve confirmé par des actes de souveraineté et l'existence de liens économiques et sociaux entre le continent et les îles.

Le Tribunal fait remarquer que les dispositions mêmes de l'accord d'arbitrage requièrent, aux termes de cette première phase, une décision portant *sur* la souveraineté : « The result furthermore is to be an award "on" territorial sovereignty not an award "of" territorial sovereignty[752] ». Tout en se déclarant incapable d'accepter la proposition selon laquelle le droit en matière de territoire terrestre et celui concernant la délimitation maritime sont différents et sans pertinence l'un par rapport à l'autre, le Tribunal déclare : « There can be no question of even "prefiguring", much less drawing, any maritime boundary line, whether median or indeed a line based on equitable principles, in this first stage of the arbitration[753] ».

Concernant les prétentions basées sur les titres historiques, notamment par le Yémen qui allègue le traité de Lausanne de 1923 par lequel l'Empire ottoman a renoncé aux îles, le Tribunal déclare avoir examiné ces prétentions avec attention, mais ne pas avoir été convaincu. Ainsi, précise-t-il :

> Yemen certainly existed before the region came to be under the domination of the Ottomans. But there must be some question whether the Imam, who at that period dwelt in and governed a mountain fortress, had had sway over "the islands". Further, there is the problem of the sheer anachronism of attempting to

[752] *Sentence de 1998*, par. 102.
[753] *Idem*, par. 113.

attribute to such a tribal, mountain and Muslim medieval society the modern Western concept of a sovereignty title, particularly with respect to uninhabited and barren islands used only occasionally by local, traditional fishermen[754].

Le Tribunal rappelle à ce sujet les affaires du *Groenland oriental*[755] de 1933 et de l'*Île de Palmas*[756] de 1928, de même que celle des *Minquiers et Ecréhous*[757] de 1953 entre la France et le Royaume-Uni dans laquelle il a été décidé que l'usage et la possession doivent être appréciés dans l'histoire relativement récente. D'ailleurs, observe le Tribunal, ni le Yémen ni l'Éthiopie n'ont eu, avant le départ des Britanniques en 1967, beaucoup d'occasions de faire valoir leurs ambitions sur les îles, alors que ces derniers veillaient à perpétuer les incertitudes du traité de Lausanne quant au statut juridique de ces îles.

5.1.3. Les notions de proximité et d'unité naturelle

Parmi les autres facteurs susceptibles d'éclairer ces incertitudes, le Tribunal est amené à considérer la situation géographique de ces ensembles archipélagiques se trouvant dans une mer relativement étroite entre des côtes opposées. Les arbitres estiment qu'il existe une présomption selon laquelle une île à proximité d'une côte appartient à l'État côtier, à moins que l'autre État ne soit en mesure de prouver clairement un meilleur titre. C'est ainsi que le Tribunal est amené à examiner ce que le Yémen appelle le principe de l'unité naturelle ou géophysique, concept dont le Tribunal ne conteste pas l'existence mais qu'il interprète dans les termes suivants :

> Thus, the authorities speak of "entity" or "natural unity" in terms of a presumption or of probability and moreover couple it with proximity, contiguity, continuity, and such notions, well known in international law as not in themselves creative of title, but rather of a possibility or presumption for extending to the area in question an existing title already established in another, but proximate or contiguous, part of the same "unity"[758].

Pourtant, et nonobstant ces théories relatives à l'unité naturelle, le Tribunal, en ce qui concerne sa tâche première qui est de décider de la souveraineté, examine tour à tour cinq sous-groupes, puisque le poids de la preuve et l'argumentation des Parties conduisent à des résultats différents selon les sous-groupes d'îles et même selon certaines des îles. C'est ainsi que le Tribunal considère en premier lieu les Mohabbakahs, les Haycocks et les Zuqar-Hanish, puis deux autres sous-groupes situés plus au nord, les Jabal al-Tayr et les Zubayr.

---

[754] *Idem*, par. 446.
[755] *Statut juridique du Groenland oriental*, arrêt, C.P.J.I., Série A/B, numéro 53.
[756] *Island of Palmas case*, award, R.S.A., vol. 2.
[757] *Minquiers et Ecréhous*, arrêt, C.I.J. Recueil 1953.
[758] Sentence de 1998, par. 462.

5.1.4. Des sous-groupes insulaires à distinguer

En ce qui concerne les deux premiers sous-groupes, le Tribunal, après avoir examiné les facteurs historiques et juridiques, en arrive à la conclusion qu'ils relèvent de la souveraineté de l'Érythrée. Dans le cas du troisième sous-groupe, celui des Zuqar-Hanish, le Tribunal estime que le Yémen a fait une démonstration plus convaincante de sa présence et de son autorité sur les îles, notamment par l'expédition Ardoukoba menée sous l'égide du gouvernement, par la construction en 1993 d'une piste d'atterrissage pour assurer des activités récréatives aux employés de la société pétrolière Total, de même que par l'émission en 1995 à une compagnie yéménite d'un permis d'aménagement touristique sur la Grande Hanish aux fins de la plongée sous-marine. Le Tribunal déclare être conforté dans sa décision par la preuve révélant que les îles se trouvaient sous la juridiction de la côte arabe durant la période de l'Empire ottoman, outre des documents du Foreign Office démontrant une expectative persistante selon laquelle les îles retourneraient ultimement sous le contrôle arabe.

Quant aux deux derniers sous-groupes, qui non seulement se trouvent au nord à une distance considérable, mais aussi éloignés entre eux, et tout à la fois loin des côtes, encore que plus rapprochés du Yémen, le Tribunal constate que les actes d'autorité sont plus rares sur ces ensembles isolés. Pourtant, le Tribunal les attribue au Yémen, principalement pour deux raisons : ce dernier, invité à Londres à l'occasion d'une conférence tenue en 1989 concernant les îles munies de phares, a accepté les responsabilités relatives à ces phares, sans pour autant en revendiquer alors formellement la souveraineté. Le Tribunal rappelle la grande importance que ces phares ont jouée au XIXe siècle et même au XXe, et il précise que cette acceptation de l'offre yéménite constitue une preuve de confiance et la présomption que cette offre donnera lieu à une présence continue. Et le Tribunal ajoute : « Repute is also an important ingredient for the consolidation of title[759] ».

5.1.5. Les accords pétroliers

L'autre raison concerne deux accords pétroliers, sans opposition de l'Éthiopie, conclus par le Yémen respectivement en 1973 avec Shell et en 1985 avec Hunt. S'agissant d'activités pétrolières dans l'ensemble de la région, le Tribunal a eu l'occasion de constater que l'Éthiopie et l'Érythrée avaient également conclu des accords avec certaines sociétés, mais contrairement au Yémen qui juge important ce type d'activités pour établir sa souveraineté, l'Érythrée considère ces accords comme peu pertinents. Le Tribunal estime que ces contrats, bien que d'importantes quantités d'hydrocarbures n'aient pas été découvertes dans la région, méritent la

[759] *Idem*, par. 516.

considération des arbitres dans la mesure où ils peuvent révéler certaines effectivités :

> The offshore petroleum contracts entered into by Yemen, and by Ethiopia and Eritrea, fail to establish or significantly strengthen the claims of either party to sovereignty over the disputed islands.
>
> Those contracts however lend a measure of support to a median line between the opposite coasts of Eritrea and Yemen, drawn without regard to the islands, dividing the respective jurisdiction of the parties[760].

5.1.6. La décision concernant la souveraineté territoriale

En rendant cette décision relative à la souveraineté territoriale, le Tribunal ne perd pas de vue qu'il existe dans la région un régime traditionnel en matière de pêche, et que la sentence doit être rendue en conformité avec le vœu exprimé par les Parties dans leur communiqué conjoint du 21 mai 1996, lorsqu'elles souhaitaient une sentence de nature à établir à nouveau et à développer une coopération bilatérale durable et fondée sur la confiance. Le Tribunal rappelle l'importance de tenir compte des traditions juridiques dans la région, compte tenu du fait que les idées occidentales sur la souveraineté territoriale sont étrangères à ces peuples : « In making this award on sovereignty, the Tribunal has been aware that Western ideas of territorial sovereignty are strange to peoples brought up in the Islamic tradition and familiar with notions of territory very different from those recognized in contemporary international law[761] ».

À l'unanimité, le Tribunal en arrive à la conclusion générale que la souveraineté territoriale appartient à l'Érythrée sur les îles, îlots, rochers et hauts-fonds découvrants formant les Mohabbakah, de même que les Haycock et les South West Rocks, tandis que le Yémen détient la souveraineté sur l'ensemble des Zuqar-Hanish, ainsi que sur l'île de Jabal al-Tayr et l'ensemble des Zubayr. Les deux États concluent, quelques jours à peine après la première sentence, un accord établissant un comité conjoint pour une coopération bilatérale[762].

5.1.7. Le régime traditionnel de pêche

Lors de la deuxième phase portant sur la délimitation[763], le Tribunal rappelle d'abord qu'il lui a été demandé, aux termes de l'accord relatif à

---

[760] *Idem*, par. 436-437.

[761] *Idem*, par. 526.

[762] Treaty Establishing the Joint Yemeni-Eritrean Committee for Bilateral Cooperation between the Government of the Republic of Yemen and the Government of the State of Eritrea.

[763] *Eritrea-Yemen Arbitration. Award. Phase II : Maritime Delimitation*, award, R.S.A., vol. 22. Ci-après citée Sentence de 1999. Pour une analyse de cette décision dans sa seconde

l'arbitrage, de trancher en tenant compte de la Convention des Nations Unies sur le droit de la mer et de tout autre facteur pertinent, tout en considérant sa propre opinion sur les questions concernant la souveraineté territoriale. Celui-ci rappelle aussi que l'Érythrée et le Yémen proposent tous deux des lignes basées sur la médiane, mais ces lignes, loin de coïncider, divergent beaucoup, notamment dans le secteur nord, alors qu'elles sont rapprochées dans le secteur sud, là où la mer accuse une moins grande largeur. L'Érythrée propose une médiane qui se trouve à équidistance des deux côtes sans tenir compte des îles, ainsi qu'une autre ligne, appelée médiane historique, qui prend en compte les îles de l'Érythrée mais non celles du Yémen qui se trouvent au milieu de la mer. Quant à la ligne proposée par ce dernier, elle est à équidistance entre la côte continentale de l'Érythrée (y inclus certains points sur les îles Dahlak) et les côtes de toutes les îles du Yémen.

Avant d'examiner les méthodes de délimitation qu'il décide d'appliquer, le Tribunal a l'occasion de considérer les prétentions des Parties en ce qui concerne la valeur des cartes géographiques, de même que l'importance économique à l'égard des pêches en tant que circonstance pertinente à la délimitation.

5.1.8. Le dossier cartographique

Comme dans bien d'autres affaires soumises devant les tribunaux, les deux Parties ont produit un important dossier cartographique, en se livrant une véritable guerre sur l'interprétation de ces cartes et se reprochant mutuellement d'avoir mené des campagnes systématiques pour indiquer les îles comme leur appartenant.

Le Tribunal estime que les cartes doivent être considérées et qu'elles sont, à titres divers, pertinentes dans la présente affaire, encore que, ajoute-t-il, elles doivent être utilisées avec circonspection : « Although the Tribunal must be wary of this evidence in the sense that it cannot be used as indicative of legal title, it is nonetheless "important evidence of general opinion or repute" in the sense advanced by Yemen. (...) The evidence is, as in all cases of maps, to be handle with great delicacy[764] ».

5.1.9. L'économie des pêches

Comme pour la preuve cartographique, le Tribunal a l'occasion de constater une confusion sinon une contradiction dans la preuve relative à l'économie des pêches. Par ailleurs, les arbitres font observer que les

---

phase, consulter Yoshifumi, Tanaka (2001) Reflections on the Eritrea/Yemen Arbitration of 17 December 1999 (Second Phase : Maritime Delimitation), *NILR*, vol. 47, n° 2, p. 197-225.

[764] Sentence de 1999, par. 388.

arguments avancés de part et d'autre par chacune des Parties visent directement à établir que la délimitation doit respecter les pratiques historiques, qu'elle doit éviter d'avoir un effet catastrophique sur l'économie locale ou la santé de la population. Le Tribunal déclare ne pas avoir la possibilité ni éprouver la nécessité de parvenir à la conclusion que le Yémen ou l'Érythrée accuse une dépendance telle qu'une ligne de délimitation particulière devrait être suggérée. Et le Tribunal de conclure : « For the above reasons, the evidence and arguments advanced by the Parties in the matter of fishing and fisheries could have no significant effect on the Tribunal's determination of the delimitation that would be appropriate under international law in order to produce an equitable solution between the Parties[765] ».

En ce qui concerne le régime traditionnel de pêche, le Tribunal a l'occasion d'apporter certaines précisions quant à l'application de ce régime, non sans avoir d'abord rappelé que l'islam consacre un droit inhérent aux besoins nutritionnels assurés par la pêche d'une côte à l'autre avec un libre accès de chaque côté, et que ce droit à l'égalité entre les pêcheurs vaut également pour les États dans leurs relations mutuelles. Ce régime traditionnel de pêche inclut la collecte des perles et des coquillages, mais ne concerne que les activités artisanales des pêcheurs qui peuvent utiliser les îles pour s'abriter temporairement et faire sécher les produits de leur pêche et les vendre, sans discrimination, dans les ports de l'un ou l'autre des deux pays. Il va sans dire que ce régime ne bénéficie pas aux nationaux d'États tiers.

5.1.10. La méthode appropriée de délimitation

Passant ensuite à la délimitation maritime, le Tribunal réitère une observation faite maintes fois par les tribunaux et les commentateurs à l'effet que la méthode de l'équidistance convient mieux *a priori* et aboutit à des résultats équitables lorsqu'elle est tracée entre des côtes qui sont opposées. Le Tribunal décide donc de retenir cette méthode de la médiane entre les côtes continentales des deux États, d'autant que les contrats en matière pétrolière favorisent cette solution, comme le Tribunal a déjà eu l'occasion de l'observer lors de la première phase. Il décrit ensuite ce tracé de façon plus précise, en distinguant, du nord au sud, les différents secteurs.

5.1.11. La délimitation dans le secteur nord

Le Tribunal identifie, dans ce secteur, trois problèmes principaux : la présence des îles Dahlak du côté de l'Érythrée ; l'existence de l'île isolée de Jabal al-Tayr au milieu de la mer ; enfin, la multitude d'îles et de rochers le long des côtes du Yémen. En ce qui concerne les Dahlak, le Tribunal

[765] *Idem*, par. 74.

constate que ce tapis d'îles, pour utiliser une expression de l'Érythrée, est très peuplé et forme une partie intégrante de la configuration côtière, si bien que les eaux entre ces îles constituent des eaux intérieures et que la ligne de base de la mer territoriale se trouve à la frange externe de ce système insulaire[766]. Le Tribunal note que le Yémen semble convenir que les Dahlak constituent une formation appropriée pour l'établissement de lignes de base, et il décide que les points de base seront sur la ligne des basses eaux de certaines de ces îles, côté large.

Quant aux îles Jabal al-Tayr et Zubayr, le Tribunal estime qu'elles ne doivent pas être prises en compte, isolées et inhospitalières qu'elles sont, loin des côtes du Yémen. Comme ces formations ne peuvent être utilisées pour le tracé de la médiane, le Tribunal se demande alors quels points retenir sur la côte du Yémen. Il note alors la présence de nombreuses îles côtières et de récifs, ainsi que de l'île de Kamaran, de dimensions relativement importantes et habitée, laquelle forme une baie. À n'en pas douter, explique le Tribunal, voilà des formations qui font partie intégrante de la côte et qui doivent donc avoir un effet sur le tracé de la médiane. Quant aux îles au nord de Kamaran, dont celle de Tiqfash, elles semblent constituer un chapelet d'îles le long de la côte, ce qui est visé par les dispositions de la Convention des Nations Unies sur le droit de la mer, et donc avoir, elles aussi, un effet sur la médiane.

5.1.12. La délimitation dans le secteur intermédiaire

Le Tribunal examine la situation dans ce secteur en commençant par la zone étroite qui se trouve entre l'extrémité sud-ouest des îles Hanish sous souveraineté yéménite et les îles érythréennes (Mohabbakahs, High Island, Haycocks et South West Rocks), là où se pose le problème du chevauchement des mers territoriales. Le Tribunal rejette la proposition yéménite d'enclaver les îles érythréennes se trouvant à plus de 12 milles marins de ses côtes continentales, tout en faisant observer les difficultés pratiques d'une telle méthode dans l'environnement immédiat d'une voie importante de navigation maritime internationale.

Le Tribunal songe aussi à des considérations économiques et stratégiques, en citant ici un passage de la sentence arbitrale rendue dans l'affaire *Guinée/Guinée-Bissau* de 1985 : « As stated in the award, our principal concern has been to avoid, by one means or another, one of the Parties finding itself faced with the exercise of rights, opposite to and in the immediate vicinity of its coast, which might interfere with its right to development or put its security at risk[767] ».

Le Tribunal retient donc la méthode de l'équidistance stricte, telle qu'elle est prévue à l'article 15 de la Convention de 1982 pour la délimitation des

---

766 *Idem*, par. 139.
767 *Idem*, par. 157.

mers territoriales, sauf le cas de titre historique ou autres circonstances spéciales. Or, ajoute-t-il, non seulement il n'y en a pas qui justifierait un ajustement, mais aussi la méthode retenue aboutit à un résultat équitable.

Aux fins de la connexion entre la ligne délimitant les mers territoriales et la première qui a été tracée (entre les plateaux et les zones économiques exclusives), le Tribunal choisit de délimiter selon deux segments de lignes géodésiques, pour éviter d'amputer la mer territoriale générée par le groupe Zuqar-Hanish, ce qui donne un tracé, dit le Tribunal, très rapproché de la limite extérieure de la mer territoriale de ces îles.

5.1.13. La délimitation dans le secteur méridional

Quant au secteur sud, là où les mers territoriales cessent de chevaucher, la méthode retenue par le Tribunal consiste dans une médiane stricte entre les deux côtes continentales, sauf en ce qui concerne la baie d'Assab, où la ligne de base droite fermant cette baie a été utilisée, puisqu'on est en présence d'eaux intérieures. Le point terminal sud de cette frontière, de même que le point nord, sont très rapprochés des points triples avec les États tiers respectifs, en l'occurrence Djibouti et l'Arabie Saoudite, cette dernière délimitant sa frontière avec le Yémen, six mois après la sentence, par voie d'accord bilatéral.

Le Tribunal examine enfin le principe de proportionnalité et rappelle à ce sujet certains passages de la jurisprudence, notamment dans les affaires de la *Mer du Nord* de 1969 et du *Plateau continental franco-britannique* de 1977. Dans ce calcul des ratios de la longueur des côtes respectives mesurée selon leur direction générale et des superficies maritimes dévolues, le Tribunal estime que cette longueur inclut le contour extérieur de l'archipel des Dahlak. Selon les calculs des experts consultés, ajoute-t-il, le ratio des côtes du Yémen et de l'Érythrée est de 1 : 1.31 ; celui des zones maritimes étant de 1 : 1.09. Le Tribunal en arrive donc à la conclusion que la frontière tracée par ses soins ne comporte pas de disproportion.

5.2. Soudan/Arabie Saoudite

À la suite de la découverte, dans les années 1960, de fosses riches en nodules polymétalliques, le Soudan et l'Arabie Saoudite concluent, le 16 mars 1974, un accord[768] tout à fait exceptionnel, sinon unique, en ce qu'il s'agit d'une *frontière-zone* exclusivement, laquelle est définie selon le critère de la bathymétrie. Les deux États ont choisi en effet d'établir une zone

[768] Accord entre le gouvernement de la République démocratique du Soudan et le gouvernement du Royaume d'Arabie Saoudite relatif à l'exploitation conjointe de ressources naturelles du fond et du sous-sol de la mer Rouge dans la zone commune.

d'exploitation conjointe des ressources, laquelle est délimitée par la ligne des 1000 mètres de profondeur.

Pourtant, les promesses d'une exploitation commerciale rentable semblent lointaines[769], outre le fait que les coordonnées de la zone n'ont pas été précisées et que l'accord n'a pas été vraiment appliqué[770]. Autre difficulté : les limites latérales de la zone ne pourront être établies avec précision qu'en tenant compte de la délimitation des frontières maritimes entre le Soudan et ses deux voisins, l'Égypte et l'Érythrée. Or, les limites nord-ouest de la zone demeureront compliquées tant et aussi longtemps que subsistera le litige frontalier terrestre soudano-égyptien. Il faut rappeler ici qu'un accord anglo-égyptien, en 1899, avait fixé la frontière suivant le 22e parallèle N, mais en 1902, un arrêté en conseil établissait une frontière administrative de part et d'autre de laquelle l'Égypte pouvait exercer sa souveraineté sur des tribus au sud de ce parallèle, tandis que le Soudan contrôlait des tribus côtières au nord. Or, les points terminaux de ces deux lignes sur la côte sont à plus de 100 milles marins, outre le fait que se pose le problème de la souveraineté sur certaines îles côtières dans la région disputée.

5.3. ÉGYPTE/ARABIE SAOUDITE

Un accord est conclu le 8 avril 2016[771], les deux chefs d'État « désirant consolider ces liens fraternels exceptionnels entre les deux pays frères, et souhaitant réaliser et pérenniser leurs intérêts communs afin de renforcer les relations de bon voisinage entre leurs deux pays », ainsi qu'il est mentionné dans le préambule[772].

Entré en vigueur le 2 juillet 2017, l'accord décrit le tracé frontalier comme une ligne constituée de coordonnées géographiques de 61 points et débutant dans le golfe d'Aqaba au point de convergence des frontières maritimes saoudienne, égyptienne et jordanienne, point qui « fera l'objet ultérieurement d'une convention entre ces trois pays » (art. 1). L'accord ne précise pas s'il s'agit ou non d'une frontière délimitant aussi bien la zone économique exclusive que le plateau continental. La frontière suit généralement une ligne d'équidistance et va du fond du golfe d'Aqaba jusqu'en mer Rouge au 22e degré parallèle, lequel délimite la frontière terrestre avec le Soudan, au sud du triangle de Halayeb[773]. Pourtant, le Soudan, dans une lettre envoyée aux Nations Unies en 2017, s'objecte à

[769] Prescott, J.R.V. (1985) *op. cit.*, p. 173-174.
[770] Ortolland, Didier et Pirat, Jean-Pierre (2010) *op. cit.*, p. 130.
[771] Accord de délimitation maritime entre le Royaume d'Arabie Saoudite et la République arabe égyptienne.
[772] Lathrop, Coalter G., ed. (2018), Report Number 6-32 Egypt-Saudi Arabia, in *op. cit.*
[773] International Mapping (2023) *op. cit.* : https://sovereignlimits.com/boundaries/egypt-saudi-arabia-maritime.

l'accord Égypte/Arabie Saoudite, plus spécifiquement à la partie de la frontière constituée des points 55 à 61, soit au large de ce triangle dont le Soudan revendique la souveraineté[774].

Quelques jours avant la date d'entrée en vigueur de l'accord, deux îles – Sanafir et Tiran – sont rétrocédées à l'Arabie Saoudite à la suite d'une décision prise déjà en 2016 par le gouvernement égyptien. Ces îles stratégiques, situées à l'entrée du golfe d'Aqaba, avaient été occupées par Israël au cours de la guerre de 1956, puis rendues à l'Égypte aux termes d'un traité de paix subséquent avec Israël. Pourtant l'accord de 2016 aura été annulé temporairement par la cour administrative du Caire pour avoir décidé que les deux îles étaient égyptiennes, puis l'accord sera approuvé par le Parlement au cours de juin 2017[775].

5.4. Conclusion

En mer Rouge, les frontières maritimes sont relativement peu nombreuses, compte tenu du fait que deux États – Égypte et Arabie Saoudite – occupent à eux seuls la majeure partie du littoral. C'est d'abord la frontière Érythrée/Yémen qui a été délimitée par un tribunal d'arbitrage qui a, dans un premier temps, décidé de la souveraineté sur des îles disputées, puis a tracé la frontière en tenant compte non seulement de cette souveraineté mais aussi des effets qu'il fallait reconnaître à ces îles sur tracé d'une équidistance stricte.

On a dit de la décision de délimitation maritime *Érythrée/Yémen* qu'elle comptait parmi les cas les plus importants de toute l'histoire juridictionnelle internationale de la délimitation maritime[776], notamment parce qu'elle confirme l'application de la méthode de la médiane entre États dont les côtes sont opposées et qu'elle règle un double différend, portant à la fois sur la souveraineté territoriale insulaire et la délimitation maritime.

Il est vrai, en effet, que le Tribunal a retenu cette méthode de délimitation par une médiane, à l'instar de ce qui avait été décidé dans la seule autre affaire africaine qui impliquait aussi des côtes opposées, l'affaire *Libye/Malte*. Par ailleurs, le Tribunal n'a pas été confronté à une application du critère de proportionnalité avec les mêmes difficultés que posait la première affaire, où la disproportion était considérable, même si le Tribunal avait à décider de la question de savoir si les archipels devaient être considérés ou non comme faisant partie intégrante des côtes pertinentes. Aussi, à l'instar notamment de l'affaire *Libye/Tunisie*, le Tribunal s'est

---

[774] https://www.un.org/depts/los/LEGISLATIONANDTREATIES/PDFFILES/SDN_15_12_2017_en.pdf.

[775] Chaumette, Patrick (2017) Tiran et Sanafir, îles entre Sinaï et péninsule Arabique, *Hypothèses*, 4 juillet 2017 : https://humansea.hypotheses.org/828.

[776] Kwiatkowska, Barbara (2000) Landmark Progress in the Acquisition of Territorial Sovereignty and Equitable Maritime Boundary Delimitation, *BSB*, vol. 8, n° 1, p. 66.

demandé quel était l'effet approprié à attribuer aux îles sur le tracé de la médiane, compte tenu de leur étendue, de leur proximité de la côte et, le cas échéant, de l'importance de leur population.

Quant aux circonstances, autres que géographiques, pertinentes à la délimitation, le Tribunal se trouve conforté dans le choix d'une médiane, laquelle, dit-il, respecte la répartition des contrats pétroliers, ce qui n'est pas sans rappeler l'affaire *Libye/Tunisie*. Les facteurs d'ordre économique, et plus précisément les allégations de forte dépendance économique à l'égard des ressources, ne sont pas retenus par le Tribunal – qui se conforme en cela à une jurisprudence bien établie – mais il acquiesce à la demande des Parties en entérinant le régime de pêche traditionnelle.

Contrairement à la frontière *Érythrée-Yémen* qui a nécessité l'intervention d'un tribunal pour régler d'abord un différend relatif à la souveraineté sur des îles, la longue frontière Égypte/Arabie Saoudite a été délimitée par accord bilatéral, mais cet accord n'a pu être conclu qu'à la faveur de longues négociations, lesquelles concernaient, comme dans le cas *Érythrée/Yémen*, un différend relatif à la souveraineté territoriale sur des îles – différend d'autant plus sérieux pour les États de la région que ces formations sont à l'entrée du golfe d'Aqaba, qui ouvre une voie à Israël et à la Jordanie sur la mer Rouge.

À l'exception de ces deux frontières en mer Rouge, et abstraction faite de l'accord Soudan/Arabie Saoudite qui ne constitue pas, à proprement parler, une question de délimitation maritime, les autres frontières maritimes demeurent virtuelles : Soudan/Égypte, les deux États se disputant la souveraineté territoriale sur le triangle de Halayeb ; Soudan/Érythrée, au large desquels l'existence d'îles à proximité d'une ligne d'équidistance constitue un imbroglio sur l'effet à leur accorder sur cette ligne ; Érythrée/Arabie Saoudite, qui ne pourront délimiter leur frontière maritime qu'à la faveur de meilleures relations diplomatiques.

Quant aux trois frontières de Djibouti avec l'Érythrée, le Yémen et la Somalie respectivement, elles devront être tracées dans une zone hautement stratégique qui exacerbe les difficultés. Et c'est sans compter la frontière inachevée Érythrée/Yémen, puisque son point terminal septentrional et celui de la frontière Yémen/Arabie Saoudite, loin de coïncider, laissent subsister un espace maritime à délimiter.

CONCLUSION GÉNÉRALE

Autant les États côtiers africains, désireux de bénéficier des ressources marines, avaient été actifs au cœur des négociations dans le cadre de la Troisième conférence des Nations Unies sur le droit de la mer – laquelle a abouti à la signature de la Convention de 1982 (CNUDM) –, autant ils ont été assez peu empressés, dans un premier temps, à conclure des accords de délimitation. Il faut mentionner par ailleurs que la situation a changé, par exemple dans le golfe de Guinée où aucune délimitation maritime, avant 1999, n'avait été établie, tandis qu'au cours des trois seules années suivantes, quatre frontières ont été délimitées, encore que l'Afrique continue de faire face à de nombreuses difficultés liées à l'exploitation des ressources en mer, notamment la présence de navires étrangers et la pêche illégale.

Pourtant, l'Afrique détient d'ores et déjà plusieurs records en matière de frontières maritimes : c'est dans l'affaire *Libye/Tunisie* qu'un tribunal international, pour la première fois, rendait une décision, en 1982, portant à la fois sur la délimitation de la mer territoriale et sur celle du plateau continental ; c'est dans l'affaire *Guinée/Guinée-Bissau* de 1985 qu'une décision concernait à la fois la mer territoriale, la zone économique exclusive et le plateau continental ; c'est encore en Afrique que la proportion de frontières délimitées est actuellement la plus élevée (modes bilatéral et juridictionnel confondus). Enfin, c'est en Afrique que la proportion de frontières délimitées par voie juridictionnelle est la plus importante. Le droit de la délimitation est fondé principalement sur la jurisprudence, laquelle a fait par ailleurs l'objet de nombreuses critiques formulées par certains juges dans leurs opinions dissidentes, de même que par de nombreux auteurs.

Le droit international de la délimitation est un droit largement jurisprudentiel

En Afrique comme ailleurs, les décisions judiciaires ou arbitrales, dans les relations internationales, ne constituent que des sources auxiliaires, ainsi que le mentionne le Statut de la Cour internationale de Justice (art. 38). Et s'il est vrai que la mission d'un tribunal est de dire le droit, non pas de le créer, il n'en demeure pas moins qu'on ne saurait nier l'importance du travail des tribunaux dans l'élaboration du droit international de la délimitation maritime – l'apport des conventions internationales étant fort modeste en la matière, notamment celui de la CNUDM, qui renvoie aux sources du droit international, tout en insistant sur l'importance d'en venir à un accord sur la délimitation de la ZÉE et du plateau continental « afin d'aboutir à une solution équitable » (art. 74 et 83).

Cette grande généralité de la règle conventionnelle est le résultat, on le sait, du débat entre partisans de l'équidistance et partisans de l'équité dans le cadre de la Troisième conférence des Nations Unies sur le droit de la mer. Ce silence sur la méthode de délimitation, sauf l'équidistance pour la mer territoriale, explique en bonne partie pourquoi les États ont choisi jusqu'à maintenant de délimiter leurs espaces maritimes par accord bilatéral beaucoup plus souvent que par recours à une instance juridictionnelle. Pourtant, il suffit de consulter la liste des affaires portées, au cours des dernières années, notamment en Afrique, devant les divers tribunaux – Cour internationale de Justice (C.I.J.), Tribunal international du droit de la mer (T.I.D.M.), tribunaux d'arbitrage – pour constater l'importance accordée au traitement par tierce partie pour la solution des différends en matière de délimitation maritime.

Une revue des décisions rendues récemment par ces diverses instances révèle que le droit de la délimitation maritime se développe considérablement à la faveur de solutions originales consistant dans l'adoption de méthodes de délimitation adaptées aux circonstances pertinentes et qui puisent souvent non seulement dans les précédents, encore peu nombreux, mais aussi dans une riche pratique des États en la matière[777].

En somme, bien des solutions sont ouvertes à la résolution des conflits frontaliers maritimes, ainsi que le prévoit la Charte des Nations Unies à l'article 33 (négociation, médiation, conciliation, enquête, arbitrage, recours judiciaire et d'autres), de même que la C.I.J. à l'article 287 (procédure devant les divers tribunaux). Puisque la négociation est nommée en tout premier lieu dans la liste des modes de règlement pacifique des conflits, on ne saurait trop insister sur son importance – étant donné que le recours juridictionnel « n'est qu'un succédané au règlement direct et amiable » entre les parties, ainsi que le rappelait la Cour permanente de Justice internationale dans une ancienne affaire[778]. Or, ce sont de bonnes relations politique et économiques qui favorisent la négociation pour la résolution des différends en matière de délimitation comme en toute autre matière.

---

[777] Dans un ouvrage publié à la fin de l'année 2004 et consacré à une classification des frontières maritimes, nous arrivions à la conclusion que sur les 171 frontières maritimes internationales formellement délimitées à ce jour, 156 l'avaient été par accord bilatéral et 15 seulement par voie juridictionnelle : Labrecque, Georges (2004) *Les frontières maritimes internationales,* 2e édition, p. 460.

[778] *Trafic ferroviaire entre la Lituanie et la Pologne*, C.P.J.I., avis consultatif du 15 octobre 1931, sérieA/B n° 42, p. 116.

Des critiques adressées à la délimitation maritime par voie juridictionnelle

Le droit de la délimitation maritime est certes un droit jurisprudentiel, et pour éminent que soit ce mode de règlement frontalier, il n'est pas à l'abri des critiques, qui commencent bien souvent, dans les affaires africaines comme ailleurs, par d'importantes opinions dissidentes jointes aux décisions judiciaires ou arbitrales, outre les ouvrages et articles de doctrine consacrés à la délimitation maritime.

Dans l'affaire *Libye/Tunisie* de 1982, qui regroupait 14 juges dont 4 dissidents, le juge Gros estime que la Cour a refait la géographie, particulièrement pour avoir tout simplement effacé la côte tunisienne : « Il ne suffit pas de dire que la méthode de l'équidistance n'eût pas abouti à la délimitation la plus équitable, alors que les conditions de son exclusion n'ont été ni réunies, ni même examinées comme il se doit et alors que la Cour n'a pas examiné les résultats extraordinaires, anormaux et déraisonnables de sa propre manière de procéder.(...) Tous les éléments géographiques de la situation ont été ignorés non seulement quant à leur pertinence pour la délimitation mais aussi pour le contrôle de l'équitable auquel on prétendait arriver par d'autres techniques. (...) C'est un exemple parfait de remise en cause de la géographie[779] ».

Dans l'affaire *Libye/Malte* de 1985, elle aussi marquée par 3 dissidents sur 17 juges, le juge Mosler rappelle que « (l)a règle d'équité exige l'égalité de traitement des parties » et que « (d)ans les différends intéressant les frontières territoriales, y compris les frontières sous-marines, cette égalité de traitement ne signifie pas nécessairement l'attribution de parts égales. Une délimitation par parts égales n'est conforme à la règle d'équité que si l'ensemble des critères et des circonstances pertinentes justifie un tel résultat[780] ».

Le juge Bedjaoui, unique dissident des trois juges dans l'affaire *Guinée-Bissau/Sénégal* de 1989, examine lui aussi la question de l'*uti possidetis* et estime qu'elle ne devrait pas s'appliquer aux frontières maritimes, étant donné que les différences de milieux sont à la fois patentes et irréductibles, si bien que la notion de souveraineté et ce qui en découle, notamment l'inviolabilité territoriale, « n'ont pas, ou pas encore, leur place dans les espaces maritimes », de telle sorte que l'État côtier n'est pas fondé à empêcher indistinctement, dans les zones qui relèvent de sa juridiction exclusive, toute activité légitime. Le juge rappelle ici une règle de bon sens selon laquelle on ne crée des règles, pour protéger un héritage, que si cet héritage existe. Or, dit-il, les pères fondateurs des institutions politiques africaines « pouvaient d'autant moins songer à légiférer sur la question de l'intangibilité des frontières maritimes que celles-ci n'existaient

---

779 (1978-1982) *Plateau continental (Libye/Tunisie),* opinion dissidente du juge Gros, par. 15.

780 (1982-1985) *Plateau continental (Libye/ Malte),* opinion dissidente du juge Mosler, p. 119, par. non numéroté.

pratiquement pas. En fait, il n'y avait tout simplement pas d'héritage colonial à préserver en matière de frontières maritimes ![781] »

Dans l'affaire *Cameroun c. Nigeria* de 2002, 2 des 16 juges ont joint leur dissidence, notamment le juge Koroma, qui s'exprime comme suit : « Les différends territoriaux et frontaliers entre États voisins, en tant qu'ils sont susceptibles de s'exacerber avec des conséquences tragiques pour les pays concernés, sont peut-être ceux qui, plus que tous autres, appellent impérativement un règlement pacifique » (par. 1), le juge ajoutant que la Cour, concernant le traité de 1884 conclu par la Grande-Bretagne et les rois et chefs du Vieux-Calabar relativement à la presqu'île de Bakassi, « a choisi de reconnaître la réalité politique plutôt que d'appliquer l'instrument et les principes juridiques pertinents » (par. 3)[782].

À l'exception d'une seule voix, celle du juge Robinson – en partie concordante et en partie dissidente –, la C.I.J. a rendu son arrêt à l'unanimité des 14 juges dans l'affaire *Somalie c. Kenya* de 2021. Le juge Robinson estime que la Cour « n'était pas en mesure de procéder » à une délimitation au-delà de 200 milles marins, car « le régime concernant le droit d'un État côtier à un plateau continental en-deçà de 200 milles marins se distingue de celui qui régit son droit à un plateau continental au-delà de cette limite, et c'est cette distinction qui rend contestable » la conclusion de la Cour[783].

Au total, et exception faite de l'affaire *Gabon/Guinée équatoriale* encore pendante en décembre 2023, aucune dissidence n'a été jointe dans 4 des 9 affaires africaines : *Guinée/Guinée-Bissau* (3 juges présents), *Ghana/Côte d'Ivoire* (5), *Maurice/Maldives* (5) et *Érythrée/Yémen* (5).

Bien sûr, on trouve aussi dans la doctrine de nombreuses critiques portant sur les décisions de justice, par exemple celle de Weckel concernant l'arrêt de la C.I.J. dans l'affaire *Cameroun c. Nigeria*. En effet, l'auteur, qui reconnaît par ailleurs l'importance de cet arrêt, n'en fait pas moins une critique quand il affirme qu'il y a « une part de la réalité relevant des sociétés africaines traditionnelles dont la Cour mondiale est restée un peu éloignée. À vrai dire cette dimension humaine relève de la responsabilité des nations africaines[784] », et l'auteur invite la commission mixte à tenir compte de cette réalité dans le processus de coopération mis en place par le secrétaire général de l'ONU après le prononcé de l'arrêt. Forteau et Thouvenin, quant à eux, reprennent une expression dans *Barbade c. Trinité et Tobago* et estiment que dans l'affaire *Tunisie/Libye*, « la C.I.J. continua

[781] (1985-1989) *Affaire de la délimitation de la frontière maritime entre la Guinée-Bissau et le Sénégal*, opinion dissidente du juge Bedjaoui, par. 29.

[782] (1994-2002) *Frontière terrestre et maritime entre le Cameroun et le Nigeria*, opinion dissidente du juge Koroma, par. 1 et 3.

[783] (2014-2021) *Délimitation maritime dans l'océan Indien (Somalie c. Kenya)*, opinion du juge Robinson, par. 3 et 4.

[784] Weckel, Philippe (2003) Chronique de jurisprudence internationale. Cour internationale de Justice. Arrêt du 10 octobre 2002 (Fond). Frontière terrestre et maritime (Cameroun c. Nigeria), *RGDIP*, vol. 107, n° 1, p. 173.

d'entretenir 'l'état de confusion' créé par son arrêt de 1969 en s'enfermant dans le cercle vicieux principes équitables/solution équitable. Cette affirmation totalement inopérationnelle fut réitérée (...) dans *Libye/Malte*[785] ».

Pancracio, plus mesuré, critique la notion de solution équitable dont la C.I.J. affirme le caractère juridique : « L'équité peut satisfaire l'idée de justice, mais elle peut aussi être génératrice d'ambiguïté dans la façon de juger. Elle évoque immanquablement l'idée de partage, même si elle ne signifie pas égalité. Or quand on délimite, on ne partage pas ! » Et plus loin, reconnaît l'auteur au sujet des affaires portées devant la C.I.J. et les tribunaux internationaux : « Ces contentieux ont tous plus ou moins apporté leur pierre à la construction du droit des délimitations. Mais certains ont donné lieu à des décisions plus marquantes, parce que le juge ou l'arbitre y ont énoncé des solutions juridiques et pratiques constituant des avancées en la matière, permettant de préciser des aspects demeurés jusque-là incertains dans un dispositif conventionnel et coutumier peu précis »[786].

Comparaisons entre les espaces maritimes de l'Afrique

En Méditerranée, des 17 frontières maritimes (incluant les frontières inter-régionales avec des États d'Europe et du Proche-Orient), 7 ont été délimitées dont 2 par voie juridictionnelle – toutes deux par la C.I.J.[787] ; dans l'Atlantique, des 29 frontières, 10 ont été délimitées dont 4 par voie juridictionnelle – 2 par un tribunal d'arbitrage[788], 1 par la C.I.J.[789] et 1 par le T.I.D.M.[790] –, et c'est sans compter l'affaire *Gabon/Guinée équatoriale*, introduite devant la C.I.J en 2021 et encore pendante en décembre 2023 ; dans l'océan Indien, des 14 frontières, 11 sont délimitées dont 2 par voie juridictionnelle – 1 par la C.I.J.[791] et 1 par le T.I.D.M.[792]; enfin, en mer Rouge, des 11 frontières (incluant les frontières inter-régionales avec des États d'Asie), 2 sont délimitées dont 1 par voie juridictionnelle par un tribunal d'arbitrage[793].

---

[785] Forteau, Mathias et Thouvenin, Jean-Marc, dir. (2017) *Traité de droit international de la mer*, p. 595.
[786] Pancracio, Jean-Paul (2010) *Droit de la mer*, p. 262 et 272.
[787] (1982-1985) *Plateau continental (Libye/ Malte) ;* (1978-1982) *Plateau continental (Libye/Tunisie).*
[788] (1985-1989) *Affaire de la délimitation de la frontière maritime entre la Guinée-Bissau et le Sénégal ;* (1983-1985) *Délimitation de la frontière maritime entre la Guinée et la Guinée-Bissau.*
[789] (1994-2002) *Frontière terrestre et maritime entre le Cameroun et le Nigeria.*
[790] (2014-2017) *Différend relatif à la délimitation de la frontière maritime entre le Ghana et la Côte d'Ivoire dans l'océan Atlantique.*
[791] (2014-2021) *Délimitation maritime dans l'océan Indien (Somalie c. Kenya).*
[792] (2019-2023) *Différend relatif à la délimitation de la frontière maritime entre Maurice et les Maldives.*
[793] (1996-1999) *Eritrea/Yemen - Sovereignty and Maritime Delimitation in the Red Sea.*

Au total, l'Afrique, de ses 71 frontières maritimes, en compte 30 qui sont délimitées (42%) dont 9 par voie juridictionnelle (30%), et si on incluait la frontière *Gabon /Guinée équatoriale* comme étant actuellement délimitée, on arriverait à 32%. De ces 30 frontières délimitées, 20 sont multifonctionnelles, 8 uni-fonctionnelles et 2 omni-fonctionnelles ; 10 sont entre des côtes adjacentes, 18 entre des côtes opposées et 2 en situation mixte ; 14 frontières sont tracées selon une ligne d'équidistance stricte, 5 selon une équidistance modifiée, 4 coïncident avec une ligne astronomique (azimut ou parallèle de latitude) et 7 selon des méthodes composites ; enfin, 5 des 30 lignes sont assorties d'une zone conjointe d'exploration et d'exploitation, par exemple la zone établie en 1993 entre la Guinée-Bissau et le Sénégal après la délimitation de leur frontière en 1989. À l'inverse, quelques zones ont été établies en l'absence d'accords de délimitation, comme celle convenue en 1974 entre le Soudan et l'Arabie saoudite ou celle conclue en 2001 entre le Nigeria et Sao Tomé et Principe.

Ajoutons que plusieurs des frontières actuellement délimitées sont par ailleurs *inachevées* pour diverses raisons : tripoints à établir avec des États tiers ; modifications dans les fonctions de certaines frontières qui, au départ, ne délimitaient que le seul plateau continental et qui seront établies de surcroît à la délimitation de la zone économique exclusive – notamment les frontières délimitées avant l'adoption de la Convention de 1982 sur le droit de la mer, frontières qui seront prolongées au-delà de la limite des 200 milles marins à la lumière des recommandations de la Commission des limites du plateau continental.

Par ailleurs, certains accords, par exemple Égypte/Grèce, ne concernent que la délimitation mais prévoient qu'un accord subséquent devra être négocié dans le cas de ressources transfrontalières. Dans l'affaire *Ghana/Côte d'Ivoire*, le Tribunal n'a décidé que de la ligne de délimitation, mais les Parties, peu de temps après la sentence, ont conclu un accord concernant l'exploitation conjointe des ressources. Il faut rappeler aussi que plusieurs États africains, à défaut d'accords de délimitation maritime, ont conclu des accords d'exploration et d'exploitation conjointe.

Comparaisons entre l'Afrique et les autres continents

On dénombre approximativement 475 frontières maritimes à travers le monde, dont 195 ont été jusqu'à présent délimitées en partie ou en totalité (41% de l'ensemble) – et c'est sans compter quelques-unes de ces frontières qui font l'objet d'affaires encore pendantes devant des tribunaux en décembre 2023, et d'autres encore au sujet desquelles des négociations se poursuivent. Au total, disions-nous, l'Afrique, de ses 71 frontières maritimes, en compte 30 qui sont délimitées (42%) dont 9 par voie juridictionnelle (30%). L'Amérique a délimité 55 de ses 102 frontières maritimes (54%) dont 9 par voie juridictionnelle[794] (16%), outre l'affaire *Guatemala/Belize*[795], introduite en 2019 et encore pendante en décembre 2023. L'Europe, qui dénombre approximativement 69 frontières maritimes, a conclu 57 délimitations (83%) dont 7 par voie juridictionnelle[796] (12%), mais ce pourcentage baisse à 9% si l'on retranche les frontières Allemagne/Pays-Bas et Allemagne/Danemark établies toutes deux par accord en 1971 à la suite d'arrêts de 1969 par la C.I.J. qui n'a pas tracé *stricto sensu* les frontières puisqu'elle n'a fait qu'indiquer aux Parties, conformément à leurs vœux, les principes devant être appliqués pour en arriver à une délimitation équitable. L'Asie, qui compte approximativement 68 frontières maritimes, en a délimité 41 (60%) dont 4 par voie juridictionnelle[797] (10%). Enfin, en Océanie, où l'on dénombre approximativement 38 frontières, 15 frontières ont été délimitées (39%), aucune ne l'ayant été par voie juridictionnelle (0%).

Aux 475 frontières maritimes à travers le monde, on pourrait y ajouter deux régions qui soulèvent des problèmes assez particuliers en droit de la mer et qui, d'ailleurs, ne sont pas répertoriées comme telles par les principales sources de documentation, notamment les Nations Unies[798] : l'Antarctique, où les frontières maritimes pourraient prolonger, à la suspension du moratoire en 2048, les limites terrestres tracées entre les États qui ont exprimé des revendications : Norvège, Nouvelle-Zélande, Australie, France, Royaume-Uni, Argentine et Chili – ces trois derniers se disputant même des zones de chevauchement ; enfin, la mer Caspienne – est-ce une mer ou un lac ? – où ses États côtiers font valoir des revendications : Russie, Azerbaïdjan, Iran, Turkménistan et Kazakhstan.

L'immobilisation et l'arraisonnement de navires étrangers en eaux africaines

L'Afrique, plus que tous les autres continents réunis, a été impliquée en défense devant le T.I.D.M. concernant des demandes de prompte mainlevée de l'immobilisation et de l'arraisonnement de navires étrangers, tous types confondus – chalutier, bâtiment de guerre, pétrolier. Dans la première de ces

[794] *Costa Rica c. Nicaragua*, arrêt de la C.I.J. en 2018 ; *Pérou c. Chili*, arrêt de la C.I.J. en 2014 ; *Nicaragua c. Colombie*, arrêt de la C.I.J. en 2012 ; *Nicaragua c. Honduras*, arrêt de la C.I.J. en 2007 ; *Guyana/Suriname*, sentence arbitrale en 2007 ; *Barbade c. Trinité et Tobago*, sentence en 2006 ; *Canada/France*, sentence en 1992 ; *Canada/États-Unis*, arrêt de la C.I.J. en 1984 ; *Argentine/Chili*, sentence en 1977.

[795] *Revendication territoriale, insulaire et maritime du Guatemala.*

[796] *Croatie/Slovénie*, sentence arbitrale en 2017 ; *Roumanie c. Ukraine*, arrêt de la C.I.J. en 2009 ; *Danemark c. Norvège*, arrêt de la C.I.J. en 1993 ; *Libye/ Malte*, arrêt de la C.I.J. en 1985 ; *Royaume-Uni/France*, sentence en 1978.

[797] *Bangladesh/Inde*, sentence arbitrale en 2014 ; *Bangladesh/Myanmar*, sentence en 2012.

[798] (2023) MSMZMD :
https://www.un.org/depts/los/LEGISLATIONANDTREATIES/index.htm.

affaires, *Saint-Vincent-et-les Grenadines c. Guinée,* l'État requérant fondait sa demande sur l'article 292 de la C.N.U.D.M.[799] et alléguait que le *Saiga*, pétrolier battant pavillon de cet État, avait été arraisonné le 28 octobre 1997 par des vedettes de surveillance des douanes guinéennes et immobilisé à Conakry. Dans son arrêt du 4 décembre de la même année, le Tribunal « ordonne que la Guinée procède à la prompte mainlevée de l'immobilisation du *Saiga* et à la prompte libération de son équipage ; (…) décide qu'il sera procédé à la mainlevée et la mise en liberté dès le dépôt d'une caution ou d'une garantie raisonnable… » (par. 86).

D'autres affaires similaires ont suivi : *Seychelles c. France*, dans laquelle il était demandé dans la requête que le navire de pêche *Monte Confurco* soit l'objet d'une mainlevée et que son capitaine soit mis en liberté, le Tribunal décidant, dans son arrêt du 18 décembre 2000, que la France était tenue de procéder à la prompte mainlevée de l'immobilisation du navire et à la prompte mise en liberté du capitaine « dès le dépôt d'une caution ou d'une autre garantie à déterminer par le Tribunal » (par. 96, al. 5). Dans l'affaire *Saint-Vincent-et-les Grenadines c. Guinée-Bissau,* le Tribunal décide, dans son arrêt du 18 décembre 2004, que l'équipage du *Juno Trader* devra être libre de quitter la Guinée-Bissau sans aucune condition » (par. 104, par. 4). Dans l'affaire *Argentine c. Ghana* concernant l'immobilisation du navire de guerre argentin *ARA Libertad*, le Tribunal dit, dans son ordonnance du 15 décembre 2012, que le Ghana doit faire en sorte que la frégate, son commandant et son équipage « puissent quitter le port de Tema et les zones maritimes sous juridiction ghanéenne ; et il doit veiller à ce que la frégate (…) soit ravitaillée à cette fin » (par. 198.1). Dans une sentence arbitrale du 5 septembre 2016, le tribunal dit, dans l'affaire, *Malte c. Sao Tomé et Príncipe*, que ce dernier a violé les conditions attachées à l'exercice de la souveraineté sur les eaux archipélagiques en vertu de l'article 49, par. 3, de la Convention, et qu'il est tenu au paiement de dommages-intérêts pour la détention du navire *Duzgit Integrity* et de son équipage (par. 342 c et d). Par ailleurs, dans l'affaire *Suisse/Nigeria*, le T.I.D.M. a ordonné, le 29 décembre 2021, la radiation de l'affaire après que le *San Padre Pio* eut quitté la ZÉE du Nigéria puis pénétré dans celle du Bénin.

Enfin, dans une dernière affaire, *Îles Marshall/Guinée équatoriale*, concernant le *Heroic Idun* et inscrite au rôle le 9 novembre 2022, le requérant allègue qu'« il existe un risque réel et imminent que le défendeur remette de manière forcée ou illicite, ou transfère de toute autre manière, le navire et son équipage sous la garde et le contrôle des autorités nigérianes » (par. I.6), « et compte tenu du risque élevé de piraterie dans la zone » (II.14).

---

[799] Lorsque les autorités d'un État Partie ont immobilisé un navire battant pavillon d'un autre État Partie et qu'il est allégué que l'État qui a immobilisé le navire n'a pas observé les dispositions de la Convention prévoyant la prompte mainlevée de l'immobilisation du navire ou la mise en liberté de son équipage dès le dépôt d'une caution raisonnable ou d'une autre garantie financière, la question de la mainlevée ou de la mise en liberté peut être portée devant une cour ou un tribunal … ».

Pourtant, le requérant se désiste et le Tribunal ordonne la radiation de l'affaire huit jours après son inscription. Mais le 18 avril 2023, les Parties conviennent de transférer l'instance arbitrale à une chambre spéciale du Tribunal.

De bonnes relations politiques et économiques favorisent la délimitation

Outre l'Union africaine – qui a lancé, en juillet 2019, la Zone de libre-échange continentale africaine –, l'Afrique a su mettre sur pieds de nombreuses organisations qui visent à établir des conditions de prospérité, de paix, de solidarité et de dynamisme international, parmi lesquelles on trouve les suivantes qui regroupent plusieurs États côtiers : la Communauté économique des États de l'Afrique de l'Ouest, 1975, 15 membres ; la Communauté économique des États de l'Afrique centrale, 1983, 11 membres ; la Commission de l'océan Indien, 1984, 5 membres ; l'Union du Maghreb arabe, 1989, 5 membres ; la Communauté de développement de l'Afrique australe, 1992, 16 membres ; le Marché commun de l'Afrique orientale et australe, 1994, 21 membres ; et la Communauté des États sahélo-sahariens, créée en 1998 et regroupant 25 membres.

De nombreux États africains, en plus de leurs activités dans le cadre d'organisations régionales, se sont regroupés pour saisir des tribunaux concernant des questions qui les touchent, notamment en matière de ressources halieutiques et de changement climatique. Par exemple, à la suite d'une demande soumise en 2013 par la Commission sous-régionale des pêches (la CSRP) – Cap-Vert, Gambie, Guinée, Guinée-Bissau, Mauritanie, Sénégal et Sierra Leone –, le T.I.D.M. a rendu en 2015 un avis consultatif affirmant que l'État du pavillon « a l'obligation de prendre les mesures nécessaires, y compris les mesures d'exécution, pour veiller à ce que les navires battant son pavillon se conforment aux lois et règlements adoptés par les États membres de la CSRP » (par. 219.1), le Tribunal ajoutant par ailleurs que ces États membres « ont l'obligation d'assurer la gestion durable des stocks partagés, lorsque ces stocks se trouvent dans leurs zones économiques exclusives respectives » (par. 219.6)[800].

Plus récemment, depuis 2022, dans une autre demande d'avis consultatif soumise au T.I.D.M. concernant les petits États insulaires et le changement climatique, plusieurs États côtiers africains – Mozambique, Maurice, Égypte, Sierra Leone, Djibouti –, outre l'Union africaine, ont participé à la procédure écrite. Le T.I.D.M. aura à se prononcer sur les obligations particulières des États Parties à la CNUDM de « prévenir, réduire et maîtriser la pollution du milieu marin eu égard aux effets nuisibles qu'a ou peut avoir le changement

---

[800] (2013-2015) *Demande d'avis consultatif soumise par la Commission sous-régionale des pêches (CSRP)*, avis consultatif, affaire n° 21.

climatique, notamment sous l'action du réchauffement des océans et de l'élévation du niveau de la mer, et de l'acidification des océans, qui sont causés par les émissions anthropiques de gaz à effet de serre dans l'atmosphère[801] ».

Bien sûr, de bonnes relations ne garantissent pas la conclusion d'accords de délimitation, pas plus qu'ils n'incitent les États voisins à saisir par compromis les tribunaux internationaux, le Canada et les États-Unis constituant à cet égard un exemple éloquent, eux qui n'ont délimité qu'une seule de leurs quatre frontières maritimes, alors qu'ils ont par ailleurs de très bonnes relations politiques et qu'ils partagent la plus longue frontière non défendue de la planète. À l'inverse, les États du golfe Arabo-Persique ont délimité depuis longtemps presque toutes leurs frontières maritimes, bien que leurs relations politiques soient plutôt médiocres. Le pétrole a sans doute été une considération primordiale, et elle pourrait jouer aussi en Afrique qui n'en manque pas, outre ses ressources halieutiques importantes.

Bref, de meilleures relations diplomatiques, une solidarité éprouvée et d'importantes ressources marines permettront à l'Afrique de poursuivre sa délimitation maritime par voie d'accords bilatéraux ou par voie juridictionnelle, comme elle a su le montrer avec de plus en plus d'évidence au cours des dernières années. Des frontières terrestres et maritimes, librement consenties entre États, facilitent l'exercice de leurs droits souverains respectifs et de leurs juridictions exclusives, outre que ces frontières contribuent, en Afrique comme ailleurs, à maintenir ou à rétablir la paix, la stabilité et la sécurité régionales dans un monde en profonde mutation.

---

[801] (2022-) *Demande d'avis consultatif soumise par la Commission des petits États insulaires sur le changement climatique et le droit international*, affaire n° 31.

CHRONOLOGIE

1885 Le 26 février, conclusion, par les principaux États d'Europe, les États-Unis d'Amérique et l'Empire ottoman, de l'Acte général de la Conférence de Berlin.

1886 Le 12 mai, traité franco-portugais sur la délimitation des possessions en Afrique occidentale.

1890 Le 1er juillet, traité anglo-allemand sur les sphères d'influence dans certaines régions d'Afrique, notamment le Sud-Ouest africain.

1893 Le 15 novembre, traité franco-allemand, concernant la frontière, de Yola au lac Tchad.

1894 Le 15 mars, traité franco-allemand sur la délimitation des colonies du Congo français et du Cameroun et les sphères d'influence dans la région du lac Tchad.

1898 Le 14 juin, traité franco-britannique concernant les sphères d'influence vers l'Égypte et la vallée du Nil.

1899 Le 21 mars, traité franco-britannique sur les sphères d'influence, notamment dans la région du Tibesti.

1900 Le 27 juin, traité franco-espagnol sur les possessions en Afrique occidentale.

1902 Le 1er novembre, échange de lettres franco-italien concernant les limites de la Tripolitaine.

1906 Le 29 mai, traité de délimitation franco-britannique sur les possessions à l'est du Niger ; le 19 mars, traité franco-allemand complétant celui de 1893, concernant la frontière, de Yola au lac Tchad.

1910 Le 19 février, protocole franco-britannique sur les possessions à l'est du Niger.

1913 Le 11 mars, traité germano-britannique concernant la frontière entre le Nigeria et le Cameroun.

1919 Le 25 janvier, résolution de la session plénière de la conférence de la paix prévoyant l'incorporation du Pacte de la Société des Nations dans les traités de paix ; le 28 avril, adoption du Pacte ; le 28 juin, renonciation, aux termes du traité de Versailles, par l'Allemagne de tous ses droits relatifs à ses possessions en Afrique ; le 10 juillet, déclaration franco-britannique concernant les limites des territoires sous mandats.

1920 Le 10 janvier, constitution de la Société des Nations ; le 17 décembre, confirmation, par le Conseil de la Société des Nations, du mandat à l'Union sud-africaine sur le territoire du Sud-Ouest africain.

1922 Le 31 décembre, arrêté français sur la réorganisation de la région de Tombouctou.

1927 Le 31 août, arrêté français sur les limites des colonies du Niger et de la Haute-Volta.

1929 Le 29 décembre, déclaration franco-britannique précisant celle du 10 juillet 1919.

1931 Le 9 janvier, échange de notes franco-britannique concernant la déclaration du 29 décembre 1929.

1932 Le 5 septembre, décret français abrogeant celui du 1er mars 1919 qui créait la colonie de la Haute-Volta.

1935 Le 19 février, lettre du gouverneur général de l'AOF sur la limite entre le Soudan français et le Niger.

1945 Le 26 juin, signature, à San Francisco, de la Charte des Nations Unies.

1946 Le 13 décembre, approbation par l'ONU de l'accord de tutelle pour le territoire du Cameroun sous administration britannique.

1947 Le 4 septembre, loi française sur le rétablissement du territoire de la Haute-Volta.

1949 Le 6 décembre, résolution de l'ONU demandant à la C.I.J. un avis consultatif dans l'affaire concernant le *Statut international du Sud-Ouest africain.*

1950 Le 11 juillet, avis consultatif de la C.I.J. dans l'affaire du *Statut international du Sud-Ouest africain.*

1955 Le 7 juin, avis consultatif de la C.I.J. dans l'affaire de la *Procédure de vote applicable aux questions touchant les rapports et pétitions relatifs au territoire du Sud-Ouest africain* ; le 10 août, traité franco-libyen concernant le bon voisinage et la sécurité des frontières.

1956 Le 1er juin, avis consultatif de la C.I.J. dans l'affaire de l'*Admissibilité de l'audition de pétitionnaires par le comité du Sud-Ouest africain.*

1959 Le 13 mars, résolution 1350 (XIII) de l'ONU concernant les plébiscites aux deux Cameroun.

1960 Le 26 avril, délimitation, par voie d'accord bilatéral, entre la France et le Portugal, de la première frontière maritime en Afrique, entre le Sénégal et la Guinée-Bissau ; le 4 novembre, requêtes introductives d'instance devant la C.I.J. par l'Éthiopie et le Liberia contre l'Afrique du Sud dans l'affaire du *Sud-Ouest africain* ; le 14 décembre, résolution 1514 (XV) de l'ONU concernant la Déclaration sur l'octroi de l'indépendance aux pays et aux peuples coloniaux.

1961 Le 30 mai, requête introductive d'instance devant la C.I.J. par le Cameroun contre le Royaume-Uni dans l'affaire du *Cameroun septentrional.*

1962 Le 21 décembre, arrêt de la C.I.J. rejetant les exceptions préliminaires de l'Afrique du Sud dans l'affaire du *Sud-Ouest africain.*

1963 Le 25 mai, adoption, à Addis-Abeba, de la Charte de l'Organisation de l'Unité Africaine ; le 2 décembre, arrêt de la C.I.J. accueillant les exceptions préliminaires du Royaume-Uni dans l'affaire du *Cameroun septentrional.*

1964 Le 22 mai, traité entre le Cameroun, le Tchad, le Niger et le Nigeria concernant la Commission du bassin du lac Tchad ; le 21 juillet, adoption par l'OUA de la résolution relative au respect des frontières existant au moment de l'accession à l'indépendance.

1966 Le 18 juillet, arrêt sur le fond de la C.I.J. dans l'affaire du *Sud-Ouest africain* ; le 27 octobre, résolution 2145 (XXI) de l'ONU sur la fin du mandat de l'Afrique du Sud dans le Sud-Ouest africain ; le 16 décembre, adoption par les Nations Unies du Pacte international relatif aux droits civils et politiques ; le 20 décembre, résolution 2229 (XXI) de l'ONU concernant Ifni le Sahara espagnol.

1967 Le 19 mai, adoption par l'ONU de la résolution créant le Conseil des Nations Unies pour le Sud-Ouest africain.

1969 Le 23 mai, adoption de la Convention de Vienne sur le droit des traités.

1970 Le 30 janvier, résolution 276 du Conseil de sécurité sur l'illégalité de la présence de l'Afrique du Sud en Namibie ; le 24 octobre, résolution 2625 (XXV) de l'ONU sur la Déclaration relative aux principes du droit international touchant les relations amicales et la coopération entre les États conformément à la Charte des Nations Unies.

1971 Le 21 juin, avis consultatif de la C.I.J. dans l'affaire des *Conséquences juridiques pour les États de la présence continue de l'Afrique du Sud en Namibie (Sud-Ouest africain) nonobstant la résolution 276 (1970) du Conseil de sécurité ;* le 20 août, accord de délimitation maritime Tunisie/Italie.

1973 Le 12 décembre, reconnaissance, par l'Assemblée générale de l'ONU, de la SWAPO comme représentant authentique du peuple namibien, avec statut d'observateur.

1974 Le 16 mai, accord d'exploitation conjointe Soudan/Arabie Saoudite ; le 27 septembre, décret du Conseil des Nations Unies pour le Sud-Ouest africain sur les ressources naturelles de la Namibie ; le 13 décembre, résolution 3292 (XXIX) de l'ONU demandant à la C.I.J. un avis consultatif dans l'affaire concernant le *Sahara occidental.*

1975 Le 1er juin, accord de délimitation de la mer territoriale entre le Nigeria et le Cameroun ; le 16 octobre, avis consultatif de la C.I.J. dans l'affaire du *Sahara occidental* ; le 4 juin, conclusion de l'accord de délimitation maritime Gambie/Sénégal ; le 14 novembre, accord entre le Maroc, l'Espagne et la Mauritanie sur la décolonisation du Sahara occidental.

1976 Le 27 février, proclamation d'indépendance de la République arabe sahraouie démocratique ; le 14 avril, conclusion de l'accord de délimitation maritime Maroc/Mauritanie ; le 9 juillet, accord de délimitation maritime Kenya/Tanzanie.

1978 Le 27 juillet, adoption par le Conseil de sécurité de la résolution 432 sur la réintégration à la Namibie de l'enclave de Walvis Bay ; le 25 septembre, adoption par le Conseil de sécurité de la résolution 435 approuvant le rapport du secrétaire général sur le plan de paix préparé par les Cinq.

1980 Le 2 avril, accord de délimitation maritime Maurice/France.

1981 Le 14 avril, arrêt de la C.I.J. rejetant la requête en intervention de Malte dans l'affaire du *Plateau continental (Tunisie/Jamahiriya arabe libyenne).*

1982 Le 24 février, arrêt de la C.I.J. dans l'affaire du *Plateau continental (Tunisie/Jamahiriya arabe libyenne)* ; le 10 décembre, signature de la Convention des Nations Unies sur le droit de la mer.

1983 Le 14 octobre, saisine de la C.I.J. par un compromis du Mali et du Burkina Faso dans l'affaire du *Différend frontalier.*

1984 Le 21 mars, arrêt de la C.I.J. rejetant la requête en intervention de l'Italie dans l'affaire du *Plateau continental (Jamahiriya arabe libyenne/Malte)* ; le 27 juillet, requête introductive d'instance de la Tunisie en révision de l'arrêt dans l'affaire de 1982.

1985 Le 14 février, sentence arbitrale dans l'affaire de la *Délimitation de la frontière maritime entre la Guinée et la Guinée-Bissau* ; le 12 mars, saisine d'un tribunal d'arbitrage par compromis du Sénégal et de la Guinée-Bissau dans l'affaire de la *Délimitation de la frontière maritime Guinée-Bissau et Sénégal* ; le 3 juin, arrêt sur le fond de la C.I.J. dans l'affaire du *Plateau continental (Jamahiriya arabe libyenne/Malte)* ; le 10 décembre, arrêt de la C.I.J. dans l'affaire de la *Demande en révision et en interprétation de l'arrêt du 24 février 1982.*

1986 Le 10 janvier, ordonnance de mesures conservatoires de la C.I.J. dans l'affaire du *Différend frontalier* entre le Burkina Faso et le Mali ; le 21 juillet, adoption par l'OUA d'une résolution concernant le règlement négocié des conflits frontaliers ; le 22 décembre, arrêt de la C.I.J. dans l'affaire du *Différend frontalier* entre le Burkina Faso et le Mali.

1988 Le 20 juillet, approbation, par l'Angola, Cuba et l'Afrique du Sud, des Principes d'un règlement pacifique dans le Sud-Ouest africain ; le 29 septembre, sentence arbitrale dans *Dispute concerning certain Boundary Pillars between the Arab Republic of Egypt and the State of Israel* ; le 22 décembre, conclusion d'un accord entre l'Angola, Cuba et l'Afrique du Sud, sur les conditions de l'accession de la Namibie à l'indépendance ; le même jour, conclusion d'un accord entre Cuba et l'Angola sur le retrait des forces cubaines de l'Angola ; le 28 décembre, accord de délimitation maritime Tanzanie/Mozambique.

1989 Le 9 avril, conclusion de l'accord du mont Edjo sur le retrait de Namibie des forces de la SWAPO ; le 31 juillet, sentence arbitrale dans l'affaire de la *Délimitation de la frontière maritime Guinée-Bissau c. Sénégal.*

1990 Le 2 mars, ordonnance de la C.I.J. rejetant la requête de mesures conservatoires de la Guinée-Bissau dans l'affaire de la *Sentence arbitrale du 31 juillet 1989 (Guinée-Bissau c. Sénégal)* ; le 21 mars, proclamation de l'indépendance de la Namibie ; le 23 avril, entrée de la Namibie aux Nations Unies ; le 3 septembre, requête introductive d'instance devant la C.I.J. par le Tchad dans l'affaire du *Différend territorial (Jamahiriya arabe libyenne c. Tchad).*

1991 Le 3 juin, adoption du Traité instituant la Communauté économique africaine ; le 6 septembre, premier cessez-le-feu au Sahara occidental ; le 12 novembre, arrêt de la C.I.J. dans l'affaire de la *Sentence arbitrale du 31 juillet 1989 (Guinée-Bissau c. Sénégal).*

1993 Le 17 février, conclusion de l'accord de délimitation maritime Cap-Vert/Sénégal ; le 14 octobre, accord d'exploitation maritime conjointe entre la Guinée-Bissau et le Sénégal.

1994 Le 28 février, conclusion d'un accord entre la Namibie et l'Afrique du Sud sur la réintégration de Walvis Bay dans la Namibie ; le 29 mars, requête introductive d'instance devant la C.I.J. par le Cameroun dans l'affaire de la *Frontière terrestre et maritime entre le Cameroun et le Nigeria* ; le 3 février, arrêt de la C.I.J. dans l'affaire du *Différend territorial (Jamahiriya arabe libyenne c. Tchad)* ; le 16 novembre, entrée en vigueur de la Convention des Nations Unies sur le droit de la mer.

1996 Le 29 mai, saisine de la C.I.J. par un compromis du Botswana et de la Namibie dans l'affaire de l'*Île de Kasikili/Sedudu.*

1997 Le 4 décembre, arrêt du T.I.D.M. dans l'*Affaire du navire « SAIGA » (No. 2) (Saint-Vincent-et-les Grenadines c. Guinée).*

1998 Le 11 juin, arrêt de la C.I.J. rejetant les exceptions préliminaires du Nigeria dans l'affaire de la *Frontière terrestre et maritime entre le Cameroun et le Nigeria* ; le 9 octobre, sentence arbitrale concernant la souveraineté territoriale sur certaines îles disputées dans l'affaire *Érythrée/Yémen* (première phase).

1999 Le 23 juin, requête introductive d'instance devant la C.I.J. par la République démocratique du Congo contre l'Ouganda, le Burundi et le Rwanda dans l'affaire des *Activités armées sur le territoire du Congo ;* le 26 juin, accord de délimitation maritime entre la Guinée Équatoriale et Sao Tomé et Principe ; le 1er juillet, ordonnance de mesures conservatoires de la C.I.J. dans l'affaire des *Activités armées sur le territoire du Congo* ; le 21 octobre, ordonnance de la C.I.J. autorisant l'intervention de la Guinée Équatoriale dans l'affaire de la *Frontière terrestre et maritime entre le Cameroun et le Nigeria* ; le 13 décembre, arrêt de la C.I.J. dans l'affaire de l'*Île de Kasikili/Sedudu (Botswana/Namibie)* ; le 17 décembre, sentence arbitrale concernant la délimitation maritime dans l'affaire *Érythrée/Yémen* (seconde phase).

2000 Le 11 juillet, adoption de l'Acte constitutif de l'Union africaine ; le 23 septembre, accord de délimitation maritime Nigeria/Guinée Équatoriale ; le 18 décembre, arrêt du T.I.D.M. dans l'*Affaire du « Monte Confurco » (Seychelles c. France).*

2001 Le 1er février, les affaires des *Activités armées sur le territoire du Congo* contre le Burundi et le Rwanda sont rayées du rôle à la demande de la RDC ; le 19 février, accord de délimitation maritime Seychelles/France ; le 21 février, accord d'exploitation maritime conjointe entre Sao Tomé et Principe et le Nigeria ; le 26 avril, accord de délimitation maritime entre le Gabon et la Guinée Équatoriale.

2002 Le 23 janvier, accord de délimitation maritime Seychelles/Tanzanie ; le 11 février, conclusion de l'accord de délimitation maritime Tunisie/Algérie ; le 3 avril, accord d'exploitation conjointe entre la Guinée Équatoriale et le Nigeria ; le 3 mai, saisine de la C.I.J. par un compromis du Bénin et du Niger dans l'affaire du *Différend frontalier* ; le 13 avril, sentence arbitrale concernant la délimitation et la démarcation de la frontière *Érythrée/Éthiopie* ; le 28 mai, nouvelle requête devant la C.I.J. par la RDC contre le Rwanda dans l'affaire des *Activités armées sur le territoire du Congo* ; le 4 juin, accord de délimitation maritime Angola/Namibie ; le 10 octobre, arrêt de la C.I.J. dans l'affaire de la *Frontière terrestre et maritime entre le Cameroun et le Nigeria* ; le 27 novembre, ordonnance de la C.I.J. autorisant la constitution d'une Chambre spéciale dans l'affaire *Bénin/Niger.*

2003 Le 17 février, conclusion de l'accord de délimitation maritime Égypte/Chypre ; le 31 juillet, adoption par le Conseil de sécurité de l'ONU du plan Baker concernant l'autodétermination du peuple du Sahara occidental ; en octobre, nomination par l'ONU de l'avocat montréalais Yves Fortier comme médiateur dans le différend entre le Gabon et la Guinée Équatoriale concernant la souveraineté territoriale sur certaines îles et la frontière maritime ; le 19 septembre, conclusion de l'accord de délimitation maritime Cap-Vert/Mauritanie ; le 7 novembre, libération par le POLISARIO, d'un groupe de 300 prisonniers militaires marocains.

2004 Le 30 janvier, résolution du Conseil de sécurité prorogeant le mandat de la MINURSO au Sahara occidental ; le 13 juillet, le président de la Chambre de la C.I.J., dans l'affaire *Bénin/Niger*, fixe au 17 décembre 2004 le dépôt des répliques ; le 18 décembre, arrêt du T.I.D.M. dans l'*Affaire du « Juno Trader » (Saint-Vincent-et-les Grenadines c. Guinée-Bissau).*

2005 Le 14 avril, accord de délimitation maritime Madagascar/France ; le 29 avril, la C.I.J. entame le délibéré dans l'affaire des *Activités armées sur le territoire du Congo (République démocratique du Congo c. Ouganda)* ; le 8 juillet, la C.I.J. entame le délibéré dans l'affaire des *Activités armées sur le territoire du Congo (nouvelle requête : 2002) (République démocratique du Congo c. Rwanda) ;* le 12 juillet, arrêt de la C.I.J. dans l'affaire du *Différend frontalier (Bénin / Niger).*

2007 Le 7 juin première Déclaration sur le Programme frontière de l'Union africaine.

2008 Le 29 juillet 2008, accord de délimitation maritime Maurice/Seychelles ; le 1er décembre, soumissions conjointes de Maurice et des Seychelles à la CLPC.

2009 Le 28 avril, le Ghana dépose une soumission à la CLPC ; le 5 mai, soumission de l'Afrique du Sud à la CLPC ; le 6 mai, soumissions conjointes de l'Afrique du Sud et de la France à la CLPC ; le 6 mai, soumissions du Kenya et de Maurice à la CLPC ; le 7 mai, soumissions des Seychelles et du Nigeria à la CLPC ; le 8 mai, soumissions de la Côte d'Ivoire et de la France au nom de la Réunion à la CLPC ; le 12 mai, soumission de la Namibie à la CLPC.

2010 Le 7 juillet, soumission du Mozambique à la CLPC ; le 26 juillet, soumission des Maldives à la CLPC.

2011 Le 30 mars, la CLPC formule ses recommandations aux soumissions conjointes de Maurice et des Seychelles ; le 29 avril, soumission de Madagascar à la CLPC ; le 5 décembre, accord de délimitation maritime Comores/Mozambique.

2012 Le 18 janvier, soumission de la Tanzanie à la CLPC ; le 17 février, accord de délimitation maritime Comores/Seychelles ; le 10 avril, soumission du Gabon à la CLPC ; le 20 novembre, ordonnance du T.I.D.M. dans l'*Affaire de l'« ARA Libertad » (Argentine c. Ghana), mesures conservatoires.*

2013 Le 16 avril, arrêt de la C.I.J. dans l'affaire du *Différend Frontalier (Burkina Faso/Niger)* ; le 6 décembre, soumission de l'Angola à la CLPC.

2014 Le 14 avril, arrêt du T.I.D.M. dans l'*Affaire du navire « Virginia G » (Panama/Guinée-Bissau) ;* le 5 mai, la CLPC formule ses recommandations à la soumission du Ghana ; le 27 juin, adoption de la Convention de l'Union africaine sur la coopération transfrontalière (Convention de Niamey) ; le 21 juillet, soumission de la Somalie à la CLPC ; le 25 septembre, soumissions conjointes du Cap-Vert, de la Gambie, de la Guinée, de la Guinée-Bissau, de la Mauritanie, du Sénégal et de la Sierra Leone à la CLPC.

2015 Le 18 mars, sentence arbitrale Maurice/Royaume-Uni concernant l'aire marine protégée des Chagos ; exposé écrit de la Somalie du 27 novembre 2013 déposé devant la C.I.J. concernant la *Demande d'Avis consultatif soumise par la commission sous-régionale des pêches (CSRP)* du 2 avril 2015.

2016 Le 8 avril, accord de délimitation maritime Égypte/Arabie Saoudite ; le 15 octobre, adoption de la Charte africaine sur la sûreté et la sécurité maritimes et le développement en Afrique (Charte de Lomé) ; le 15 novembre, compromis du Gabon et de la Guinée Équatoriale dans l'affaire de la *Délimitation terrestre et maritime et souveraineté sur des îles (Gabon/Guinée équatoriale).*

2017 Le 17 mars, la CLPC formule ses recommandations à la soumission de l'Afrique du Sud ; le 23 septembre, arrêt du T.I.D.M. dans l'affaire du *Différend relatif à la délimitation de la frontière maritime entre le Ghana et la Côte d'Ivoire dans l'océan Atlantique (Ghana/Côte d'Ivoire).*

2018 Le 27 août, la CLPC formule ses recommandations à la soumission des Seychelles ; le 21 septembre, soumissions conjointes du Bénin et du Togo à la CLPC ; le 23 octobre, soumission du Liberia à la CLPC.

2019 Le 25 février, avis consultatif de la C.I.J concernant *les Effets juridiques de la séparation de l'archipel des Chagos de Maurice en 1965* ; le 26 mars, soumission de Maurice à la CLPC ; le 6 juillet, ordonnance du T.I.D.M. dans l'*Affaire du navire « San Padre Pio » (Suisse c. Nigéria) ;* le 27 novembre, conclusion de l'accord de délimitation maritime Libye/Turquie.

2020 Le 5 février, la CLPC formule ses recommandations à la soumission de la Côte d'Ivoire ; le 4 mars, la CLPC formule ses recommandations à la soumission de la France au nom de la Réunion ; le 6 août, conclusion de l'accord de délimitation maritime Égypte/Grèce.

2021 Le 5 mars, notification à la C.I.J. du Compromis du Gabon et de la Guinée Équatoriale dans l'affaire de la *Délimitation terrestre et maritime et souveraineté sur des îles (Gabon/Guinée équatoriale) ;* le 16 mars, saisine de la C.I.J. par compromis dans l'affaire de la *Délimitation terrestre et maritime et souveraineté sur des îles (Gabon/Guinée équatoriale) ;* le 12 octobre, arrêt sur le fond de la C.I.J dans l'affaire de la *Délimitation maritime dans l'océan Indien (Somalie c. Kenya).*

2022 Le 12 avril, soumission de Maurice à la CLPC ; le 6 mai, ordonnance de la C.I.J. fixant les dates d'expiration des délais au 5 octobre 2023 pour la réplique de la Guinée Équatoriale et au 6 mars pour la duplique du Gabon dans l'affaire de la *Délimitation terrestre et maritime et souveraineté sur des îles (Gabon/Guinée Équatoriale).*

2023 Le 7 mars, la CLPC formule ses recommandations aux soumissions conjointes de l'Afrique du Sud et de la France, de même qu'à la soumission du Kenya ; le 27 avril, ordonnance du T.I.D.M. dans l'*Affaire du navire « Heroic Idun » (No. 2) (Îles Marshall/Guinée équatoriale)* ; le 28 avril, arrêt du T.I.D.M. dans l'affaire du *Différend relatif à la délimitation de la frontière maritime entre Maurice et les Maldives dans l'océan Indien (Maurice/Maldives)* ; le 19 juin, adoption de l'Accord se rapportant à la Convention des Nations Unies sur le droit de la mer et portant sur la conservation et l'utilisation durable de la diversité biologique marine des zones ne relevant pas de la juridiction nationale ; le 11 août, la CLPC formule ses recommandations à la soumission du Nigeria ; le 15 décembre, par ordonnance dans la procédure consultative sur les *Obligations des États en matière de changement climatique*, la C.I.J. a accordé une prorogation de délai à la suite des demandes soumises notamment par l'Organisation des États d'Afrique, des Caraïbes et du Pacifique.

BIBLIOGRAPHIE

Sites internet

CLPC : https://www.un.org/Depts/los/clcs_new/commission_submissions.htm.
Convention sur le droit de la mer :
https://www.un.org/Depts/los/convention_agreements/texts/unclos/unclos_f.pdf.
Cour internationale de Justice : www.icj-cij.org.
Cour permanente d'arbitrage : www.pca-cpa.org.
Cour permanente de Justice internationale : https://www.icj-cij.org/fr/cpji.
IBRU : https://www.durham.ac.uk/research/institutes-and-centres/ibru-borders-research/.
International Legal Materials :
https://www.asil.org/resources/international-legal materials.
International Maritime Boundaries :
https://referenceworks.brillonline.com/browse/international-maritime-boundaries.
Permanent Court of Arbitration : www.pca-cpa.org
Reports of International Arbitral Awards : https://legal.un.org/riaa/tables.shtml.
RIAA : https://legal.un.org/riaa/states/#m.
RSA : https://legal.un.org/riaa/cases/vol_XXX/491-542.pdf.
USDS (1970-2014) Limits in the Seas : https://www.state.gov/limits-in-the-seas/.
Marine Regions : https://www.marineregions.org/eezsearch.php.
Maritime Space : Maritime Zones and Maritime Delimitation :
https://www.un.org/depts/los/LEGISLATIONANDTREATIES/index.htm.
Organisation des Nations Unies : www.un.org.
Sovereign Limits : https://sovereignlimits.com/boundaries.
Tribunal international du droit de la mer : https://www.itlos.org/fr/main/affaires/.

Recueils de documents

AMERICAN SOCIETY OF INTERNATIONAL LAW (1962-) *International Legal Materials*, Washington.

ABASS, Ademola (2014) *International Law : Text, Cases and Materials*, 2nd edition, OUP, Oxford, 776 p.

BROWNLIE, Ian (2002) *Basic Documents in International Law*, 5th edition, Oxford, OUP, 341 p.

BROWNLIE, Ian (1971) *Basic Documents on African Affairs*, Oxford, Clarendon Press.

C.P.J.I. (1923-1931) *Série A* : *Recueil des arrêts*, Leiden, A.W. Sijthoff.

C.P.J.I. (1922-1931) *Série B* : *Recueil des avis consultatifs,* Leiden, A.W. Sijthoff.

C.P.J.I. (1931-1939) *Série A/B : Recueil des arrêts, ordonnances et avis consultatifs*, Leiden, A.W. Sijthoff.

De LAPRADELLE, A. et POLITIS, N. (1905-1954) *Recueil des arbitrages internationaux*, 3 vol., Paris, Pedone et Éditions internationales.

DIXON, Martin and McCORQUODALE, Robert (2011) *Cases and Materials on International Law*, 5th edition, Oxford, OUP.

DUPUY, P.M. et KERBRAT, Y. (2022) *Les Grands textes de droit international public*, 11e édition, Paris, Dalloz, 1200 p.

ESPALIU BERDUD, Carlos (2006) *Le passage inoffensif des navires de guerre étrangers dans la mer territoriale,* Bruxelles, Bruylant, 162 p.

EVANS, Malcolm (2021) *Blackstone's International Law Documents*, 15th edition, Oxford, OUP, 608 p.

GREENWOOD, Christopher and LEE, Karen, eds. (2023) *International Law Report,* Cambridge, CUP, 804 p.

HARRIS, David and SIVAKUMARAN, Sandesh (2020) *Cases and Materials on International Law*, 9th edition, London, Sweet & Maxwell, 944 p.

HERTSLET, E. (1967) *The Map of Africa by Treaty*, 3rd edition, 3 vol.

INTERNATIONAL SEABED AUTHORITY (2017) *The Law of the Sea : Compendium of Basic Documents,* 566 p.

NATIONS UNIES (2023) *Maritime Space* : *Maritime Zones and Maritime Delimitation. State Practice on the Internet. Delimitation Treaties Infobase*, New York.

NATIONS UNIES (1995) *Le droit de la mer. Évolution récente de la pratique des États*, n° 4, Division des affaires maritimes et du droit de la mer, New York.

NATIONS UNIES (1993) *Le droit de la mer. Évolution récente de la pratique des États*, n° 3, Division des affaires maritimes et du droit de la mer, New York.

NATIONS UNIES (1992) *Le droit de la mer. Les accords de délimitation des frontières maritimes (1942-1969),* Division des affaires maritimes et du droit de la mer, New York, 98 p.

NATIONS UNIES (1992) *Le droit de la mer. Les accords de délimitation des frontières maritimes (1985-1991)*, New York, 109 p.

NATIONS UNIES (1989) *Le droit de la mer. Législations nationales concernant le plateau continental*, New York, 314 p.

NATIONS UNIES (1989) *Le droit de la mer. Les accords de délimitation des frontières maritimes (1970-1984)*, New York, 299 p.

NATIONS UNIES (1985-) *The Law of the Sea* : *a select bibliography*, Office for Ocean Affairs and the Law of the Sea, New York.

NATIONS UNIES (1948-) *Recueil des sentences arbitrales*, New York.

NATIONS UNIES (1947-) *Recueil des arrêts, avis consultatifs et ordonnances*, Cour internationale de Justice, New York.

NATIONS UNIES (1946-) *Recueil des traités*, New York.

PATARAIA, David (2021) *International Law : Text, Cases and Materials*, Routledge, 1128 p.

UNITED NATIONS (2023) *CLCS.*

UNITED NATIONS (1983-) *Law of the Sea Bulletins*, Division for Ocean Affairs and the Law of the Sea, New York.

Dictionnaires et encyclopédies

BERNHARDT, R., dir. (1992-) *Encyclopedia of Public International Law*, 5 vol. (dans l'édition consolidée), sous les auspices du MPEPIL, Heidelberg.

FOX, James R. (2003) *Dictionary of International and Comparative Law*, 3rd edition, Dobbs Ferry, N.Y., Oceana Publications, 369 p.

FRANCALANCI, G. and SCOVAZZI, Tullio, eds. (1994) *Lines in the Sea*, The Hague, Kluwer Law International, 288 p.

KDIR, M. (1997) *Dictionnaire juridique de la Cour internationale de Justice*, Bruxelles, Bruylant, 235 p.

PARRY, Clive, GRANT, John P. and CRAIG BARKER, J. (2009) *Parry & Grant Encyclopaedic Dictionary of International Law*, Oxford, OUP, 691 p.

QUINDIMIL LOPEZ, Jorge Antonio (2017) *Maritime Delimitation, Oxford Bibliographies*, Oxford, OUP.

SALMON, J. dir. (2001) *Dictionnaire de droit international public*, Bruxelles, Bruylant, 1200 p.

Atlas et cartes

AGENCE FRANÇAISE DE DÉVELOPPEMENT (2020) *Atlas de l'Afrique*, Paris, Armand Colin, 128 p.

DUBRESSON, Alain, MAGRIN, Géraud et NINOT, Olivier (2022) *Atlas de l'Afrique : un continent émergent ?*, coll. : Atlas Monde, Paris, Autrement, 100 p.

COUPER, A.D. (1983) *Le grand atlas de la mer*, Paris, Ed. Albin Michel, 328 p.

FAUVELLE, François-Xavier et SURUN, Isabelle (2019) *Atlas historique de l'Afrique*, coll. : Atlas/Mémoires, Paris, Éditions Autrement, 95 p.

INTERNATIONAL MAPPING (2023) *Sovereign Limits. Atlas of International Maritime Boundaries*, Ellicott City (MD).

LE MONDE (2023) *L'atlas des Afriques*, Hors-série, 178 p.

LUGAN, Bernard (2001) *Atlas historique de l'Afrique des origines à nos jours*, Monaco, Éditions du Rocher, 268 p.

ORTOLLAND, Didier et PIRAT, Jean-Pierre (2010) *Atlas géopolitique des espaces maritimes*, 2e édition, Paris, Technip, 333 p.

PITTE, Jean-Robert et al. (2016) *Atlas de l'Afrique*, coll. : Atlas, Paris, Dujaguar.

SCOVAZZI, Tullio (1989) *Atlas of the Straight Baselines*, A. Giuffrè, 233 p.

UNITED NATIONS (1989) *The Law of the Sea. Baselines : National Legislation with Illustrative Maps*, Office for Ocean Affairs and the Law of the Sea, New York, 390 p.

USDS (1970-2022) *International Boundary Study Series A,* numbers 1-150, Office of the Geographer, Bureau of Intelligence and Research (Bureau of Oceans and International Environmental and Scientific Affairs), Washington.

USDS (2017) *International Boundary Study*, numbers 151-165, Office of the Geographer, Bureau of Intelligence and Research, Washington.

Ouvrages et articles généraux

ACIKGONUL, Yunus Emre and LUCAS, Edward R. (2020) Developments in Maritime Delimitation Law over the Last Decade: Emerging Principles in Modern Case Law, *ACDI*, vol. 57, p. 156-222.

ALLAND, Denis (2023) *Manuel de droit international public*, 10e éd., coll. : Droit fondamental, Paris, PUF, 372 p.

ANDERSON, David (2017) Some Aspects of the Regime of Islands in the Law of the Sea, *IJMCL*, vol. 32, issue 2, p. 316-331.

ANDO, Nisuke *et al.*, eds. (2002) *Liber Amicorum Judge Shigeru Oda*, Springer, vol. 2, 1675 p.

ANTUNES, Nuno (2003) *Towards the Conceptualization of Maritime Delimitation. Legal and Technical Aspects of Political Process*, coll. : Publications on Ocean Development, n° 42, Leiden and Boston, Martinus Nijhoff, 684 p.

ATTARD, David, FITZMAURICE, Malgosia and MARTINEZ, Norman, eds. (2014) *The IMLI Manual on International Maritime Law. The Law of the Sea,* OUP, Oxford, 752 p.

AUST, Anthony (2010) *Handbook of International Law*, 2nd edition, Cambridge, CUP, 592 p.

BARDONNET, Daniel (1989) Frontières terrestres et frontières maritimes, *AFDI*, vol. 35, p. 1-64.

BECKER-WEINBERG, Vasco (2020) Maritime Boundary-making and Improving Ocean Governance in Timor-Leste, *Ocean Yearbook*, vol. 34, issue 1, p. 113-135.

BLAKE, Gerald H., ed. (1994) *Maritime Boundaries*, London, Routledge, 177 p.

BONAFÉ Béatrice I. (2017) Maritime Delimitation in the Indian Ocean, *AJIL*, vol. 111, issue 3, p. 725-731.

BORÉ EVENO, Valérie (2020) Les impacts de l'élévation du niveau de la mer sur les limites maritimes : du flou juridique aux éclairages de la pratique, *ADM*, tome 24, p. 57-90.

BRISCHOUX, Maxence (2023) *Géopolitique des mers*, coll. : Géopolitiques, Paris, PUF, 168 p.

BROWNLIE, Ian (2008) *Principles of Public International Law*, 7th edition, Oxford, OUP, 794 p.

CAMINOS, Hugo, ed. (2001) *Law of the Sea,* Ashgate, Dartmouth, 570 p.

CARREAU, Dominique, HAMANN, Andrea et MARRELLA, Fabrizio (2022) *Droit international*, 13e édition, Paris, Pedone, 812 p.

CASSESE, Antonio (2005) *International Law*, 2nd edition, Oxford, OUP, 558 p.

CASTELLINO, Joshua and ALLEN, Steve (2003) *Title to territory. A Temporal Analysis*, Aldershot, Ashgate, 254 p.

CHARNEY, J.I., ALEXANDER, L.M. and SMITH, R.W., eds. (1993-2002) *International Maritime Boundaries*, 4 vol., Dordrecht, Boston and London, Martinus Nijhoff.

CHAUMETTE, Patrick (2017) Tiran et Sanafir, îles entre Sina et péninsule Arabique, *Hypothèses*, 4 juillet 2017 : https://humansea.hypotheses.org/828.

CHURCHILL, Robin, LOWE, Vaughan and SANDER, Amy (2022) *The law of the sea*, 4th ed., Manchester University Press, Manchester, 968 p.

COLLECTIF (1991) *Mélanges Michel Virally. Le droit international au service de la paix, de la justice et du développement*, Paris, Pedone, 511 p.

COLLIER, J. et LOWE, A.V. (2000) *The Settlement of Disputes in International Law – Institutions and Procedures*, Oxford, OUP, 424 p.

COMBACAU, Jean et SUR, Serge (2004) *Droit international public*, 6e édition, Paris, Montchrestien, 809 p. (13e édition en 2019).

CRAWFORD, James (2019) *Brownlie's Principles of Public International Law*, 9th edition, Oxford, OUP, 888 p.
CRAWFORD, James (2007) *The Creation of States in International Law*, 2nd edition, Oxford, OUP, 870 p.
DALLMEYER, D.G. and DE VORSEY, L., eds (1989) *Rights to Oceanic Resources. Deciding and Drawing Maritime Boundaries*, coll. : POD, vol. 13, Dordrecht, Martinus Nijhoff Publishers, 207 p.
DE HERDT, Sandrine W. (2020) Relationship Between the Delimitation of the Continental Shelf Beyond 200 nm and the Delineation of Its Outer Limits, *ODIL*, vol. 51, issue 3, p. 263-282.
DIPLA, H. (1984) *Le régime juridique des îles dans le droit international de la mer,* Paris, PUF, 248 p.
DISTEFANO, G. (2002) *L'ordre international entre légalité et effectivité. Le titre juridique dans le contentieux territorial*, Paris, Pedone, 590 p.
DISTEFANO, Giovanni (2000) La sentence arbitrale du 9 octobre 1998 dans l'affaire du différend insulaire entre le Yémen et l'Érythrée, *AFDI,* vol. 46, p. 851-889.
DUPUIS, J.R. et VIGNES, D. (1985) *Traité du nouveau droit de la mer*, Paris et Bruxelles, Economica et Bruylant, 1447 p.
DUPUY, Pierre-Marie (1998) *Droit international public*, 4e édition, Paris, Dalloz, 684 p.
EDWARDS, T.M. (2000) Corporate Nations : A New Sovereignty Emerges, *in* PRATT, Martin et ALLISON-BROWN, Janet, eds., *Borderlands Under Stress*, coll.: International Boundary Studies, vol. 4, The Hague, Kluwer Law International, 480 p.
EISEMANN, Pierre Michel (2020) Qu'est-ce qu'un rocher au sens de la Convention de Montego Bay de 1982 ? Observations sur la sentence arbitrale du 12 juillet 2016 relative à la mer de Chine méridionale, *RGDIP*, vol. 124, n° 3-4, p. 7-38.
EVANS, Malcolm D. (1989) *Relevant Circumstances and Maritime Delimitation.* Oxford, OUP., 253 p.
EVANS, Malcolm D. (2003) The Law of the Sea, *in* EVANS, Malcolm D., ed., *International Law*, Oxford, OUP, 894 p.
EVANS, M.D., ed. (2006) *International Law*, 2nd edition, Oxford, OUP, 898 p.
FOREST, Patrick, dir. (2009) *Géographie du droit*, collection : Dikè, Québec, Presses de l'Université Laval, 286 p.
FORTEAU, Mathias et THOUVENIN, Jean-Marc, dir. (2017) *Traité de droit international de la mer*, Paris, Pedone, 1321 p.
FORTEAU, Mathias, MIRON, Alina et PELLET, Alain (2022) *Droit international public*, 9e édition, Paris, LGDJ, 2048 p.
FOUCHER, Michel (1991) *Fronts et frontières. Un tour du monde géopolitique*, Paris, Fayard, 691 p.
FRANCKX, E. et GAUTIER, P. (2003) *La zone économique exclusive et la convention des Nations Unies sur le droit de la mer. Un premier bilan de la pratique des États*, Bruxelles, Bruylant, 250 p.
FRANCKX, Eric (2023) A single maritime boundary : From UNCLOS III to present-day developments, *MP*, vol. 148, February.
GAO, Jianjun (2020) The Delimitation Method for the Continental Shelf Beyond 200 Nautical Miles : A Reflection on the Judicial and Arbitral Decisions, *ODIL*, vol 51, issue 2, p. 116-142.

GOODMAN, Camille (2022) *Coastal State Jurisdiction over Living Resources in the Exclusive Economic Zone*, OUP, Oxford, 432 p.
GUILFOYLE, Douglas (2023) Litigation as Statecraft: Small States and the Law of the Sea, *BYIL* : https://doi.org/10.1093/bybil/brad009.
GUILLAUME, Gilbert (2019) Îles, rochers et hauts-fonds découvrants en droit de la mer, *AFDI*, vol. 65, p. 513-526.
HAMZEH TARCHICHI, Mariam (2021) *Le droit international de la délimitation des frontières*, coll. : Logiques Juridiques, Paris, L'Harmattan, 506 p.
IDA, Ryuichi (2002) The Role of Proportionality in Maritime Delimitation Revisited : The Origin and Meaning of the Principle from the Early Decisions of the Court, p. 1037-1053, *In* ANDO, Nisuke *et al.*, eds., *op. cit.*
IOANNIDES, Nicholas A. (2020) The "Predominant Interest" Concept in Maritime Boundary Delimitation, *ODIL,* vol. 51, issue 32, p. 217-240.
ISHII, Yurika (2020) Relevant Coasts and Relevant Area in the Maritime Delimitation of the EEZ and Continental Shelf, *ODIL*, vol. 51, issue 4, p. 307-329.
JAGOTA, S.P. (1985) *Maritime Boundary,* Dordrecht, Martinus Nijhoff, 388 p.
JAYEWARDENE, Hiran W. (1990) *The Regime of Islands in International Law*, Dordrecht, Boston and London, Martinus Nijhoff, 572 p.
JENNINGS, R.Y. (1963) *The Acquisition of Territory in International Law,* Manchester University Press,130 p.
JOHNSTON, D.M. (1988) *The Theory and History of Ocean Boundary-Making*, Montréal et Kingston, McGill-Queen's University Press, 445 p.
JOHNSTON, D.M. and SAUNDERS, P.M., eds. (1988) *Ocean Boundary Making : Regional Issues and Developments*, London and New York, Croom Helm, 356 p.
KITTICHAISAREE, Kriangsak (2021) *The International Tribunal for the Law of the Sea*, OUP, Oxford, 240 p.
KLABBERS, Jan (2021) *International Law*, 3rd edition, Cambridge, CUP, 412 p.
KLEIN, Nathalie, ed. (2022) *Unconventional Lawmaking in the Law of the Sea*, OUP, Oxford, 464 p.
KOHEN, M.G. (2004) La relation titres/effectivités dans le contentieux territorial à la lumière de la jurisprudence récente, *RGDIP*, vol. 108, n° 4, p. 561-593.
KOLB, Robert (2022) *Théorie du droit international*, 3e édition, coll. : Collection de droit international, Bruylant, Bruxelles, 728 p.
KOLB, Robert (2003) *Jurisprudence sur les délimitations maritimes selon l'équité*, La Haye, Kluwer Law International, 1184 p.
KUNOY, Bjorn (2022) The Delimitation of Outer Continental Shelf Areas : A Critical Analysis of Courts' and Tribunals' Heterogeneous Approaches, *ACDI*, vol. 59, p. 200-232.
KUNOY, Bjorn (2010) Disputed Areas and the 10-Year Time Frame : A Legal Lacuna ?, *ODIL*, vol. 41, issue 1, p. 112-130.
KWIATKOWSKA, B. (1997) Equitable Maritime Boundaries Delimitation, *ODIL*, vol. 91, issue 2.
KWIATKOWSKA, B. (2000) Landmark Progress in the Acquisition of Territorial Sovereignty and Equitable Maritime Boundary Delimitation, *BSB*, vol. 8, issue 1, p. 66.
KWIATKOWSKA, B. (2001) The Law of the Sea Related Cases in the International Court of Justice During the Presidency of Judge Stephen M. Schwebel (1997-2000) and Beyond, *IJMCL*, vol. 16, issue 1, p. 1-40.

KWIATKOWSKA, B. (2002) *Decisions of the World Court Relevant to the UN Convention on the Law of the Sea. A Reference Guide*, The Hague, Kluwer Law International, 288 p.

LABRECQUE, Georges (2004) *Les frontières maritimes internationales. Géopolitique de la délimitation en mer*, 2e édition, coll. : Raoul-Dandurand, Paris, L'Harmattan, 532 p.

LABRECQUE, Georges (2009) Le droit ne doit pas refaire la géographie, p. 269-281, *In* Patrick Forest, *Géographie du droit*, coll. : Dikè, Québec, Presses de l'Université Laval, 286 p.

LABRECQUE, Georges (2012) *À qui l'Arctique ? Droit international des frontières maritimes*, Montréal, Éditions Yvon Blais, 680 p.

LABRECQUE, Georges (2015) *International Law of the Sea,* Toronto, Carswell, 595 p.

LABRECQUE, Georges (2018) *Géopolitique. Comprendre les enjeux territoriaux interétatiques*, coll. : Administration et aménagement du territoire, Paris, L'Harmattan, 441 p.

LABRECQUE, Georges (2019) *Le recours à la force contre les États. Jurisprudence récente de la Cour internationale de Justice*, Montréal, Éditions Yvon Blais, 304 p.

LABRECQUE, Georges (2019) *Les cours d'eau internationaux. Étude jurisprudentielle*, coll. : Le droit aujourd'hui, Paris, L'Harmattan, 327 p.

LAGONI, Rainer et VIGNES, Daniel, éd. (2006) *Maritime Delimitation*, coll. : POD, vol. 53, Leiden, Brill, 241 p.

LALONDE, Suzanne (2002) *Determining Boundaries in a Conflicted World. The Role of* Uti possidetis, Montreal and Kingston, McGill-Queen's University Press, 347 p.

LANDO, Massimo (2019) *Maritime Delimitation as a Judicial Process*, Cambridge, CUP.

LATHROP, Coalter, ed. (2023) *International Maritime Boundaries Online*, Leiden, Brill.

LATHROP, Coalter G., ed. (2021) Report Number 8-25 Egypt-Greece, in *International Maritime Boundaries Online*, Leiden, Brill.

LATHROP, Coalter G., ed. (2018), Report Number 6-32 Egypt-Saudi Arabia, in *International Maritime Boundaries Online*, Leiden, Brill.

LATHROP, Coalter G., ed. (2017), Report Number 8-15(2) Cyprus-Egypt, in *International Maritime Boundaries Online*, Leiden, Brill.

LATHROP, Coalter, ed. (2016-2020) *International Maritime Boundaries*, vol. 7 and 8, Leiden, Brill/Nijhoff.

LAUTERPACHT, Hersch (2011) *The Function of Law in International Community,* Oxford, OUP, 512 p.

LEGAULT, L. and HANKEY, B. (1993) Method, Oppositeness and Adjacency, and Proportionality in Maritime Boundary Delimitation, p. 213-214, *in* J. I. Charney et L.M. Alexander, eds., *International Maritime Boundaries*, vol. 1.

LUCCHINI, Laurent (2006) La Délimitation des Frontières maritimes dans la Jurisprudence Internationale : Vue d'ensemble, p. 1-18, *In* Lagoni, Rainer et Vignes, Daniel, éd., *Maritime Delimitation.*

LUCCHINI, Laurent et VOELCKEL, Michel (1996) *Droit de la Mer,* tome 2, vol. 1 : Délimitation, navigation et pêche, Paris, Pedone, 717 p.

MACNAB, Ron (2008) Submarine Elevations and Ridges : Wild Cards in the Poker Game of UNCLOS Article 76, *ODIL*, vol. 39, issue 2, p. 223-234.

MACNAB, Ron (2004) The Case for Transparency in the Delimitation of the Outer Continental Shelf in Accordance with UNCLOS Article 76, *ODIL*, vol. 35, issue 1, p. 1-17.

MARFFY, A. de (2005) Les espaces marins au-delà des juridictions nationales : entre droit applicable et modernité, *ADM*, vol. 10.

McLAUGHLIN, Mitchell and OWSIAK, Andrew P. (2021) Judicialization of the Sea: Bargaining in the Shadow of UNCLOS, *AJIL*, vol. 115, issue 4, p. 579-621.

MCNAIR, Arnold (1961) *The Law of Treaties*, Clarendon Press, 789 p.

McRAE, D.M. (1998) La délimitation des espaces maritimes, *ADMO*, vol. 15, p. 266.

MEIER, Daniel (2023) *Les frontières au-delà des cartes*, Paris, Le cavalier bleu, 168 p.

MELEDJE, Djedjro (1996) L'équité dans les délimitations marines, *ERM*, n° 10, p. 162-189.

MERRILLS, J.G. (2003) The Means of Dispute Settlement, *in* EVANS, Malcolm D., ed., *International Law*, Oxford, OUP, 894 p.

MERRILLS, J.G. (2000) The International Court of Justice and the Adjudication of Territorial and Boundary Disputes, *LJIL*, vol. 13, p. 873-881.

MIYOSHI, Masahiro (2002) Considerations of Equity in Maritime Boundary Cases Before the International Court of Justice, p. 1087-1101, *In* ANDO, Nisuke *et al.*, eds., *Liber Amicorum Judge Shigeru Oda*, vol. 2.

MOLLER, L.E. (2003) The Outstanding Namibian Maritime Boundaries with Angola and South Africa, *IJMCL*, vol. 18, issue 2, p. 241-260.

MUHLENDAHL, Paul Von (2016) *L'équidistance dans la délimitation des frontières maritimes. Étude de la jurisprudence internationale*, coll. : Publications de la RGDIP, Paris, Pedone, 440 p.

NANDAN, Satya N. (2007) The International Seabed Authority and Its Promotion of Marine Scientific Research, p. 63-91, *In* Nordquist, Myron H. *et al.*, eds., *Law, Science & Ocean Management*.

NATIONS UNIES (2001) *Manuel sur la délimitation des frontières maritimes,* Bureau des affaires juridiques, New York, 187 pages.

NGUYEN, Lan Ngoc (2023) *The Development of the Law of the Sea by UNCLOS Dispute Settlement Bodies*, Cambridge, CUP, 328 p.

NORDQUIST, Myron H. *et al.*, eds. (2007) *Law, Science & Ocean Management*, Series : Center for Oceans Law and Policy, Leiden, Brill, 868 p.

OSTHAGEN, Andreas (2022) *Ocean Geopolitics. Marine Resources, Maritime Boundary Disputes and the Law of the Sea*, Edward Elgar, Cheltenham, 160 p.

OSTHAGEN, Andreas (2020) Maritime boundary disputes : What are they and why do they matter ? *MP*, vol. 120 : https://doi.org/10.1016/j.marpol.

PAGLIA, Morgan (2020) *Les bases de la puissance. Enjeux géopolitiques et stratégiques des bases militaires avancées*, Focus stratégique, n° 97, *IFRI*, 40 p.

PANCRACIO, Jean-Paul (2010) *Droit de la mer*, coll. : Précis Dalloz, Paris, Dalloz, 520 p.

PAULSON, Colter (1984) Compliance with Final Judgments of the International Court of Justice since 1987, *AJIL*, vol. 98, issue 3, p. 434-461.

PETIT-PRÉVOST-WEYGAND, Éloïse (2020) Les îles en voie de submersion : le cas des petits États insulaires en développement, *ADM*, tome 24, p. 37-56.

PHARAND, Donat (1989) *Droit international de la mer*, Ottawa, Presses de l'Université d'Ottawa.

PHARAND, D. (1988) *Canada's Arctic Waters in International Law*, Cambridge, CUP, 288 p.

PRADEAU, Christian (1996) *Jeux et enjeux des frontières*, Bordeaux, Presses universitaires de Bordeaux, 362 p.

PRATOMO, Eddy and KWIK, Jonathan (2020) Good agreements make good neighbours: Settlements on maritime boundary disputes in South East Asia, *MP*, vol. 120.

PRATT, Martin (1999) Boundaries and the Internet : A Surfer's Guide, *BSB*, vol. 7, n° 2, p. 94-101.

PRATT, Martin and ALLISON-BROWN, Janet, eds. (2000) *Borderlands Under Stress*, coll.: International Boundary Studies, vol. 4, The Hague, Kluwer Law International, 480 p.

PRESCOTT, J.R.V. (1975) *Political Geography of the Oceans*, London, David & Charles Newton Abbot, 247 p.

PRESCOTT, J.R.V. (1985) *The Maritime Political Boundaries of the World*, London and New York, Methuen, 377 p.

PURCELL, Kate (2020) *Geographical Change and the Law of the Sea*, OUP, Oxford, 336 p.

QI, Xu (2023) Reviving the *Monetary Gold* Principle ? A Case Note on the Judgment of Preliminary Objections in the *Mauritius/Maldives* Case, *ODIL,* vol. 54, issue 1, p. 1-25.

RATNER, Steven R. (1996) Drawing a Better Line : *Uti Possidetis* and the Borders of New States, *AJIL*, vol. 90, p. 590.

RENARD, Jean-Pierre, dir. (1997) *Le géographe et les frontières*, L'Harmattan, Paris et Montréal, 299 p.

RÉVEILLARD, Christophe et GRANDPIERRON, Matthieu, dir. (2023) *La frontière. Espace et limite*, Paris, L'Harmattan, 454 p.

RICARD, Pascale (2019) *La conservation de la biodiversité dans les espaces maritimes internationaux. Un défi pour le droit international*, coll. : Institut du Droit Économique de la Mer, Paris, Pedone, 658 p.

RIDINGS, Penelope Jane (2023) The Influence of Scholarship on the Shaping and Making of the Law of the Sea, *IJMCL*, vol. 38, p. 11-38.

RIVIER, Raphaele (2023) *Droit international public*, 4e édition, coll. : Thémis, Paris, PUF, 980 p.

ROACH, J. Ashley and SMITH, Robert W. (2000) Straight Baselines : The Need for a Universally Applied Norm, *ODIL*, vol. 31, issue 1, p. 47-80.

ROCHE, Jean-Jacques (2023) *Relations internationales*, 10e édition, coll. : Manuels, Paris, LGDJ, 408 p.

ROS, Nathalie (2021) Le droit international de la mer à l'épreuve en Méditerranée orientale, *ADMO*, tome 39, Université de Nantes.

ROSENNE, Shabtai (1996) Geography in International Maritime Boundary-Making, *PG*, vol. 15, issues 3-4, p. 389-396.

ROTHWELL, Donald R. and STEPHENS, Tim (2023) *The International Law of the Sea*, 3rd edition, New York, Bloomsbury Publishing, 656 p.

ROTHWELL, Donald R. (2022) *Islands and International Law*, New York, Bloomsbury Publishing, 328 p.

ROTHWELL, Donald R., ELFERINK Alex G. Oude, SCOTT, Karen N. and STEPHENS, Tim, eds. (2017) *The Oxford Handbook of the Law of the Sea*, OUP, Oxford, 1072 p.

ROUSSEAU, Charles (1970-1983) *Droit international public*, 5 vol., Paris, Sirey.

ROUSSEAU, Charles (1967) *Droit international public,* coll. : Précis Dalloz, Paris, Dalloz, 411 p.

RUSHWORTH, Dennis (1997-98) Mapping in Support of Frontier Arbitration : Maps as Evidence, *IBRU BSB*, Winter, p. 51-55.

SANCHES RODRIGUEZ (1997) L'*uti possidetis* et les effectivités dans les contentieux territoriaux et frontaliers, *RCADI*, vol. 263, p. 153-381.

SCHACHTER, Oscar (2002) Linking Equity and Law in Maritime Delimitation, p. 1163-1168, vol. 2, *In* ANDO, Nisuke *et al.,* eds., *op. cit.*

SCOVAZZI, T. (2000) The Evolution of International Law of the Sea : New Issues, New Challenges, *RCADI*, p. 39-243.

SHAW, Malcolm (1996) The Heritage of States : The Principle of "Uti Possidetis Juris" Today, *BYIL*, vol. 67, p. 75.

SHAW, Malcolm (1997) Peoples, Territorialism and Boundaries, *EJIL*, vol. 8, issue 53, p. 478-507.

SHAW, Malcolm N. (2021) *International Law*, 9th edition, Cambridge, CUP, 1308 p.

SLAGTER, Tracy H. and VAN DOORN, John D. (2023) *Fundamental Perspectives on International Law*, 7th edition, Cambridge, CUP, 722 p.

SMITH, Robert W. (1982) A geographical Primer to Maritime Boundary-Making, *ODIL*, vol. 12, issues 1-2, p. 1-22.

SMITH, Robert W. (1989) Geographic Considerations in Maritime Boundary Delimitations, *In* Dallmeyer, D.G. and De Vorsey, L., eds., *op. cit.*

SMITH, Robert W. and THOMAS, Bradford L. (1998) Island Disputes and the Law of the Sea : An Examination of Sovereignty and Delimitation Disputes, *Maritime Briefing*, vol. 2, n° 4, IBRU, Durham, University of Durham, 27 p.

SOHN, Louis *et al.* (2010) *The Law of the Sea in a Nutshell,* 2nd ed., West Academic Publishing, 613 p.

SOHN, Louis B. (1993) Baseline Considerations, p. 153-161, *In* Charney, J.I. *et al.*, eds., *International Maritime Boundaries*, vol. 1.

STOICA, Victor (2021) *Remedies before the International Court of Justice : A Systemic Analysis*, Cambridge, CUP, 288 p.

SUEDI, Yusra (2023) Self-*determination in territorial disputes before the International Court of Justice: From rhetoric to reality? LJIL*, vol. 36, issue 1, p. 161-177.

THAMSBORG, M. (1995) In Search of an Objective Approach to the Identification of Certain Geographical Parameters (Jan Mayen Case), *NJIL*, vol. 64, p. 647-681.

THIERRY, Hubert et *al.* (1986) *Droit international public,* 5e édition, coll. : Précis Domat, Paris, Montchrestien, 789 p.

THIRLWAY, Hugh (2006) The Sources of International Law, p. 129, *In* Evans, Malcolm D., ed., *International Law*, 2nd edition.

TSHIYEMBE, Mwayila (2022) *Droit international public. Théorie générale et étude de cas jurisprudentiels*, coll. : Géopolitique mondiale, Paris, L'Harmattan, 192 p.

USDS (2005) *LS : Maldives Maritime Claims and Boundaries*, n° 126, p. 1-15.

VAGTS, Detlev F. (2001) *Hegemonic International Law*, *AJIL*, vol. 95, issue 4, p. 843.

VASCIANNIE, Stephen C. (1990) *Land-Locked and Geographical Disadvantaged States in the International Law of the Sea*, Oxford, OUP, 244 p.

VERZIJL, J.H.W. (1968-1992*) International Law in Historical Perspective*, 11 vol., Leiden and Dordrecht, Sijhtoff and Nijhoff.

VIDAS, Davor and FREESTONE, David (2022) Legal Certainty and Stability in the Face of Sea Level Rise: Trends in the Development of State Practice and International Law Scholarship on Maritime Limits and Boundaries, *IJMCL*, vol. 37, issue 1, p. 1-53.

VINCENT, Philippe (2020) *Droit de la mer*, coll. : Droit international, Bruxelles, Bruylant, 414 p.

VUKAS, Budislav (2004) *The Law of the Sea*, coll.: Publications on Ocean Development, n° 45, Leiden and Boston, Martinus Nijhoff, 350 p.

WEIL, Prosper (1993) Geographic Considerations in Maritime Delimitation, p. 115-130, *In* Charney, J.I. *et al.*, eds., *International Maritime Boundaries*, vol. 1.

WEIL, Prosper (1988) *Perspectives du droit de la délimitation maritime*, Paris, Pedone, 319 p.

WESTERMAN, G.S. (1987) *The Juridical Bay,* New York, OUP, 290 p.

WRIGHT, Glen, CREMERS, Klaudija and ROCHETTE, Julien (2023) Commentary - A High Seas Treaty on the Horizon: Progress and Prospects for the Intergovernmental Conference, *Ocean Yearbook*, vol. 37, issue 1, p. 30-36.

YEE, Sienho (2023) Between the "Standard Methodology" in Delimitation Dispute Settlement and the UNCLOS : Some 40th Anniversary Reflections, *CJIL*, vol. 22, issue 1, p.1-9.

YOSHIFUMI, Tanaka (2023) *The International Law of the Sea*, 4th ed., Cambridge, CUP, 650 p.

Ouvrages et articles spécifiques à l'Afrique

ACHOUR, Y.B. (1983) L'affaire du plateau continental tuniso-libyen, *JDI*, vol. 110, p. 247.

AJIBOLA, B.A. (2000) Africa and the International Court of Justice, *in Liber Amicorum "In Memoriam" of Judge José María Ruda*, The Hague, Kluwer Law International, 672 p.

AKINJIDE, Richard and ELIAS, T.O. (1988) *Africa and the Development of International Law*, Leiden and Boston, Martinus Nijhoff, 316 p.

AKINTOBA, Tayo O. (1996) *African States and Contemporary International Law. A Case Study of the 1982 Law of the Sea Convention and the Exclusive Economic Zone*, The Hague, Kluwer Law International, 181 p.

ALLOTT, A. (1969) Boundaries and the Law in Africa, *in* WIDSTRAND, C.G., ed., *African Boundary Problems*, Uppsala, Almqvist.

ALLOTT, A. (1975) Boundaries in Africa : A Legal and Historical Survey, *in* MENSAH-BROWN, A.K., ed., *African International Legal History*, New York, UN Institute, p. 69-86.

ANTUNES, Nuno (2000) The Pending Maritime Delimitation in the Cameroon v Nigeria Case : A Piece in the Jigsaw Puzzle of the Gulf of Guinea, *IJMCL*, vol. 15, issue 2, p. 163-192.

ARGENT, Pierre d'(2002) Des frontières et des peuples : l'affaire de la frontière terrestre et maritime entre le Cameroun et le Nigeria (arrêt sur le fond), *AFDI*, vol. 48, p. 281-321.

ARYEETEY-ATTOH, Samuel, ed. (2003) *Geography of Sub-Saharan Africa*, 2nd edition, Upper Saddle River, Pearson Education, 460 p.

AQUARONE, M.C. (1995) The 1985 Guinea-Guinea-Bissau Maritime Boundary Case and its Implications, *ODIL*, vol. 26, issue 4, p. 413-431.

BARATI, H. (1999) Frontière terrestre et maritime (Cameroun c. Nigeria). Exceptions préliminaires, interprétation, intervention, *AFDI*, vol. 45, p. 371-412.

ASIWAJU, A.I. (1998) The Bakassi Peninsula Crisis : An Alternative to War and Litigation, *in* BLAKE, Gerald *et al.*, eds., *Boundaries and Energy* : *Problems and Prospects*, The Hague, Kluwer Law International, 592 p.

ASIWAJU, A.I. (2000) Fragmentation or Integration : What Future for African Boundaries ?, *in* PRATT, Martin and ALLISON-BROWN, Janet, eds., *Borderlands Under Stress*, coll.: International Boundary Studies, vol. 4, The Hague, Kluwer Law International, 480 p.

BECKER-WEINBERG, Vasco (2021) Two Key Ocean Governance Challenges for Sao Tome and Principe, *AfrJIL*, vol. 29, issue 3, p. 400-417.

BEDJAOUI, M. (1972) Le règlement pacifique des différends africains, *AFDI*, vol. 48, p. 85-89.

BEKKER, Peter H.F. (1998) Land and Maritime Boundary between Cameroon and Nigeria 11.06.1998, *AJIL*, vol. 92, issue 4, p. 751-755.

BEKKER, Peter H.F. (2003) Land and Maritime Boundary between Cameroon and Nigeria (Cameroon v. Nigeria : Equatorial Guinea Intervening), *AJIL*, vol. 97, issue 2, p. 387-397.

BEKONG, Njinkeng Julius (1997) International Dispute Settlement : Land and Maritime Boundary between Cameroon and Nigeria - Origin of the Dispute and Provisional Measures, *AfrJIL*, vol. 9, p. 287-310.

BENNEH MENSAH, George (2023) Maritime Law : International Treaties, UNCLOS Principles, and Ghanaian-Ivorian Petroleum Dispute, *IJFMR*, vol. 5, issue 6.

BERMEJO, R. (1988) Les principes équitables et les délimitations des zones maritimes : Analyse des Affaires Tunisie/Jamahiriya Arabe libyenne et du golfe du Maine, *ALHDI*, vol. 1, p. 59.

BOLLECKER, Brigitte (1971) L'avis consultatif du 21 juin 1971 dans l'affaire de la Namibie (Sud-Ouest africain), *AFDI*, vol. 17, p. 281-333.

BROWN, E.D. (1983) The Tunisia-Libya Case : A Missed Opportunity, *MP*, vol. 7, issue 3, p. 142-162.

BROWNLIE, Ian (1979) *African Boundaries. A Legal and Diplomatic Encyclopaedia*, London and Los Angeles, C. Hurst & Company et University of California Press.

CHIRCOP, A. and GAULT, I.T. (1985-86) Boundary Making in a Semi-Enclosed Sea : The Libya-Malta Continental Shelf Case, *OGLTR*, vol. 10, p. 225.

CHRISTIE, D.R. (1983) From the Shore of Ras Kaboudia to the Shores of Tripoli : The Tunisia-Libya Continental Shelf Boundary Delimitation, *GJICL*, vol. 13, p. 1.

COMMISSION DE L'UNION AFRICAINE (2013) *Délimitation et Démarcation des Frontières en Afrique. Considérations Générales et Études de Cas*, Addis-Abeba, 318 p.

CORMIER-SALEM, Marie-Christine et DAHOU, Tarik (2009) La politique des espaces maritimes en Afrique. Louvoyer entre local et global, *Politique africaine*, vol. 116, n° 4, p. 5-22.

DJIENA WEMBOU, Micbel-Cyr (1993) L'Afrique et le droit international de la mer, *AAfrDI*, vol. 1, issue 1, p. 147-149.

DANIEL, T. (2000) African Boundaries : New Order, Historic Tensions, *in* PRATT, Martin and ALLISON-BROWN, Janet, eds., *Borderlands Under Stress*, coll. : International Boundary Studies, vol. 4, The Hague, Kluwer Law International, 480 p.

DAVID, Éric (1985) La sentence arbitrale du 14 février 1985 sur la délimitation de la frontière maritime Guinée-Guinée-Bissau, *AFDI*, vol. 31, p. 350-389.

DECAUX, E. (1986) L'arrêt de la Chambre de la Cour Internationale de Justice dans l'affaire du différend frontalier (Burkina Faso/République du Mali) (arrêt du 22 décembre 1986), *AFDI*, vol. 32, p. 215-238.

DENG, F.M. and ZARTMAN, I.W. (1991) *Conflict Resolution in Africa*, Washington, The Brookings Institute.

DIAITÉ, Ibon (1995) Le règlement du contentieux entre la Guinée-Bissau et le Sénégal relatif à la délimitation de leur frontière maritime, *AFDI*, vol. 41, p. 700-710.

DJAZIRI, Scheyma (2018) La délimitation des fonds marins entre la Tunisie et l'Italie : point de vue tunisien, *ADM*, tome 23, p. 93-116.

DIRDEIRY, Ahmed (2019) Between Intangibility and *Uti Possidetis :* The Debate on Title to Territory in Africa, *AAfrDI*, vol. 24, issue 1, p. 173-217.

DZUREK, Daniel J. (1999) Gulf of Guinea Boundary Disputes, *BSB*, vol. 7, n° 1, p. 98-104.

EGEDE, Edwin (2023) UNCLOS 82: Africa's contributions to the development of modern law of the sea 40 years later, *MP*, vol. 148.

EGEDE, Edwin (2009) African States and Participation in Deep Seabed Mining : Problems and Prospects, *IJMCL*, vol. 24, issue 4, p. 683-712.

ELIAS, Olufemi, and LIM, Chin (1999) Casenote : The Right of Passage Doctrine Revisited : An Opportunity Missed 11.06.1998 (Cameroon / Nigeria), *LJIL*, vol. 12, p. 231-245.

ELIAS, T.O. (1989) The Role of the International Court of Justice in Africa, *RADIC*, vol. 1, p. 1-12.

EVANS, M.D. (1995) Case Concerning the Territorial Dispute (Libyan Arab Jamahiriya/Chad), *ICLQ*, vol. 44, p. 683-690.

FELDMAN, M.B. (1983) The Tunisia-Libya Continental Shelf Case : Geographic Justice or Judicial Compromise ?, *AJIL*, vol. 77, p. 219-238.

FISH, J. (1988) Africa as Terra Nullius : The Berlin Conference and International Law, *in* FORSTER, S. *et al.*, eds., *Bismark, Europe, and Africa*, Oxford, OUP, p. 347-375.

FLORY, Maurice (1975) L'avis de la Cour internationale de justice sur le Sahara occidental (16 octobre 1975), *AFDI*, vol. 21, p. 253.

FOUCHER, Michel (2021) L'Afrique et ses frontières, *Diplomatie*, numéro 109, p. 58-61.

FOUCHER, Michel (2014) *Frontières d'Afrique. Pour en finir avec un mythe*, Paris, Éditions CNRS, 64 p.

FRANCK, T.M. (1976) The Stealing of the Sahara, *AJIL*, vol. 70, issue 4, p. 694-721.

GALLEY, Kossi (1998) *Les règlements juridictionnels des différends territoriaux en Afrique*, thèse de doctorat déposée à l'Université Toulouse I.

GANN, L.H. and DUIGNAN, P., eds. (1978) *Colonialism in Africa 1870-1960*, Cambridge, CUP.

GAO, Jianjun (2023) Delimitation of the Extended Continental Shelf in *Somalia v. Kenya* in the ICJ : A Critique, *CJIL*, vol. 22, issue 1, p. 77-101.

GARCIA, Thierry (1996) Les mesures conservatoires rendues par la C.I.J. le 15 mars 1996 dans l'affaire du différend frontalier entre le Cameroun et le Nigeria, *AFDI*, vol. 42, p. 409-427.

GAVER, Craig D. (2021) Dispute Concerning Delimitation of the Maritime Boundary Between Mauritius and Maldives in the Indian Ocean (Mauritius/Maldives) *AJIL*, vol. 115, issue 3, p. 519-526.

GAYIM, E. (1995) The Eritrean Question : Self-determination and State Interests, *GYIL*, vol. 38, p. 439.

GESLIN, Jean-Dominique (2003) L'île de toutes les convoitises, *Jeune Afrique/L'Intelligent*, n°s 2222-2223, p. 98-99.

GHERARI, H. (1984) Un problème d'actualité : la délimitation du plateau continental tuniso-libyen, *Le Mois en Afrique*, p. 39-58.

GHERARI, H. (1985) Les frontières maritimes des États africains, *Le Mois en Afrique*, p. 32.

GLASSNER, Martin and FAHRER, Chuck (2004) *Political Geography*, 3rd edition, Hoboken, NJ, Wiley, 619 p.

GOY, Raymond (1991) L'indépendance de la Namibie, *AFDI*, vol. 37, p. 387-405.

GRIFFITHS, Ieuan (1986) The Scramble for Africa : Inherited Political Boundaries, *GJ*, vol. 152, n° 2, p. 204-216.

GRIGGS, R.A. (2000) Designing Boundaries for a Continent : the Geopolitics of an African Renaissance, *in* PRATT, Martin and ALLISON-BROWN, Janet, eds., *Borderlands Under Stress*, coll.: International Boundary Studies, vol. 4, The Hague, Kluwer Law International, 480 p.

GROVOGUI, S. (1996) *Sovereigns, Quasi-Sovereigns and Africans* : *Race and Self-determination in International Law*, Minneapolis, University of Minnesota Press, 282 p.

GUILHAUDIS, J.F. (1979) Remarques à propos des récents conflits territoriaux entre États africains, *AFDI*, vol. 57, p. 223-243.

HERMAN, L.L. (1984) The Court Giventh and the Court Taketh Away : An Analysis of the Tunisia-Libya Continental Shelf Case, *ICLQ*, vol. 33, issue 4, p. 825-858.

HODGSON, D.C. (1984) The Tuniso-Libyan Continental Shelf Case, *CWRJIL*, vol. 16, issue 1, p. 1-37.

IBRU (2021) *ICJ Rules on Kenya Somalia Maritime Dispute*, 15 October, Durham University : https://www.dur.ac.uk/research/institutes-and-centres/ibru-borders-research/news-and-events/boundary-news/kenya-somalia-maritime-dispute-icj-decision/.

JAMAL, Sarah (2019) L'analyse de la décolonisation de Maurice sous l'angle du droit à l'autodétermination : entre apports et insuffisances (*Cour internationale de Justice, Effets juridiques de la séparation de l'archipel des Chagos de Maurice en 1965, avis consultatif, 25 février 2019*), *AFDI*, vol. 65, p. 137-158.

JIA, Wang (2023) Nigeria-Sao Tome and Principe Joint Development of Petroleum and Other Resources, *CJIL*, vol. 22, issue 1, p. 133-140.

JOHNSON, Constance (2000) Current Legal Development : International Court of Justice. Case Concerning Kasikili/Sedudu Island (Botswana/Namibia), *IJMCL*, vol. 15, issue 4, p. 581-599.
KABRE, Rimdolmsom Jonathan (2022) La défense des intérêts étatiques africains dans le cadre de la procédure de prompte mainlevée, *ADMO*, tome 40, Université de Nantes.
KACZYNSKI, Vlad M. and FLUHARTY, David L. (2002) European policies in West Africa : who benefits from fisheries agreements ?, *MP*, vol. 26, issue 2, p. 75-93.
KAMGA, Maurice K. (2006) *Délimitation maritime sur la côte atlantique africaine*, coll. : Droit international, Bruxelles, Bruylant, 317 p.
KAMTO, Maurice (1990) L'accession de la Namibie à l'indépendance, *RGDIP*, vol. 94, n° 3, p. 577-634.
KAMTO, Maurice (1997) Le contentieux de la frontière maritime entre la Guinée-Bissau et le Sénégal, *RGDIP*, vol. 101, n° 3 p. 695-735.
KIM, Hyun Jung (2017) *Différend relatif à la délimitation de la frontière maritime entre le Ghana et la Côte d'Ivoire dans l'Océan atlantique* – Arrêt de la chambre spéciale du TIDM du 23 septembre 2017, *AFDI*, vol. 63, p. 217-235.
KINGUE, N. (1987) La sentence du 14 février 1985 du tribunal d'arbitrage dans l'affaire de la délimitation de la frontière maritime entre la Guinée et la Guinée-Bissau, *RGDIP*, vol. 91, p. 45.
KOHEN, M.G. (1995) Le règlement des différends territoriaux à la lumière de l'arrêt de la C.I.J. dans l'affaire Libye/Tchad, *RGDIP*, vol. 99, n° 2, p. 301-333.
KOHEN, M.G. (2000) *Uti possidetis*, prescription et pratique subséquente à un traité dans l'affaire de l'Île de Kasikili/Sedudu devant la Cour internationale de Justice, *GYIL*, vol. 43, p. 253-275
KONARÉ, Alpha Oumar (2004) La sécurité : priorité de l'Union africaine, *GA/AG*, n° 13, hiver 2004.
KORINMAN, Michel (1986) Le congrès de Berlin, exercices de géopolitique, *Hérodote*, n° 41, p. 76-90.
KOROMA, Abdul G. (2002) Provisional Measures in Disputes Between African States Before the International Court of Justice, *in* BOISSON DE CHAZOURNES, Laurence de, and GOWLLAND-DEBBAS, Vera, eds., *The International Legal System in Quest of Equity and Universality*, Kluwer, 864 p.
KOSKENNIEMI, M. (1994) L'affaire du différend territorial Tchad/Libye (arrêt de la Cour internationale de Justice du 3 février 1994), *AFDI*, vol. 40, p. 442-464.
KOUROUMA, Oumar et YAOSSEH AMEHOMEGNA, Parfait (2022) L'état de droit comme norme de civilité internationale : formulation historique et déploiement en Afrique, *RQDI*, vol. 35, numéro 1, p. 91-108.
KWIATKOWSKA, B. (1995) A Regional Approach Towards the Management of Marine Activities : Some Reflections on the African Perspectives, *ZA*, vol. 55, issue 2, p. 479-513.
KWIATKOWSKA, B. (1999) Cameroon v. Nigeria and Maritime Boundary (preliminary objections) : Judgment of 11 June 1998, *HYBIL*, p. 15-41.
LABRECQUE, Georges (1984) *Conditions d'existence et reconnaissance internationale d'un nouvel État : le cas de la République arabe sahraouie démocratique*, mémoire de baccalauréat déposé au Département de géographie de l'Université Laval, Québec, 99 p. (Non publié).

LABRECQUE, Georges (2005) *Les différends territoriaux en Afrique. Règlement juridictionnel*, coll. : Logiques juridiques, Paris, L'Harmattan, 482 p.

LACOSTE, Yves (2003) Géopolitique des tragédies africaines, *Hérodote*, n° 111, p. 3-9.

LATHROP, Coalter G., ed. (2021) Report Number 6-22(2) Mauritius-Seychelles, in *International Maritime Boundaries Online*, Leiden, Brill.

LATHROP, Coalter G., ed. (2020) Report Number 8-16 Algeria-Tunisia, in *International Maritime Boundaries Online*, Leiden, Brill.

LATHROP, Coalter G., ed. (2020) Report Number 8-24 Libya-Turkey, in *International Maritime Boundaries Online*, Leiden, Brill. LATHROP, Coalter G., ed. (2018) Report Number 4-18 Ghana-Ivory Coast, in *International Maritime Boundaries Online*, Leiden, Brill.

LATHROP, Coalter G., ed. (2015), Report Number 4-17 Kenya-Somalia, in *International Maritime Boundaries Online*, Leiden, Brill.

LATHROP, Coalter G., ed. (2015), Report Number 4-18 Ghana-Ivory Coast, in *International Maritime Boundaries Online*, Leiden, Brill.

LATHROP, Coalter G., ed. (2014), Report Number 4-5(2) Kenya-Tanzania, in *International Maritime Boundaries Online*, Leiden, Brill.

LATHROP, Coalter G., ed. (2013), Report Numbers 6-26 and 27 Comoros-Mozambique, in *International Maritime Boundaries Online*, Leiden, Brill.

LATHROP, Coalter G., ed. (2013), Report Numbers 6-28 and 29 Comoros-Seychelles, in *International Maritime Boundaries Online*, Leiden, Brill.

LATHROP, Coalter G., ed. (2013), Report Number 6-30 Comoros-Tanzania, in *International Maritime Boundaries Online*, Leiden, Brill.

LE GOURIELLEC, Sonia (2022) *Géopolitique de l'Afrique*, coll. : Que sais-je ?, Paris, PUF, 128 p.

MALUWA, Tiyanjana (1989) The Peaceful Settlement of Disputes among African States, 1963-1983 : Some Conceptual Issues and Practical Trends, *ICLQ*, vol. 38, p. 299-321.

MALUWA, Tiyanjana (1999) *International Law in Post-Colonial Africa*, Leiden and Boston, Martinus Nijhoff, 352 p.

MARGHÉLIS, Aris (2021) Les délimitations maritimes Turquie – Gouvernement d'entente nationale Libyen et Grèce-Égypte dans leur contexte régional, *ADMO,* tome 39, Université de Nantes.

MCCREATH, Millicent and SCANLON, Zoe (2019) The Dispute Concerning the Delimitation of the Maritime Boundary Between Ghana and Côte d'Ivoire : Implications for the Law of the Sea, *ODIL*, vol. 50, issue 1, p. 1-22.

McDORMAN, Ted L. (1987) The Libya-Malta Case : Opposite States Confront the Court, *CYIL*, vol. 24, p. 335-367.

McGINLEY, G.P. (1985) Intervention in the International Court : The Libya-Malta Continental Shelf Case, *ICLQ*, vol. 43, p. 671.

McLLARKY, K.A. (1987) Guinea-Guinea-Bissau : Dispute Concerning Delimitation of the Maritime Boundary, *MDJILT*, vol. 11, p. 93.

MERRILLS, J.G. (1997) The Land and Maritime Boundary Case, Order of 15 March 1996 Cameroon v. Nigeria, *ICLQ*, vol. 46, issue 3, p. 676-681.

MERRILLS, J.G. and EVANS, Malcolm D. (2000) The Land and Maritime Boundary Case - The Intervention by Equatorial Guinea 21.10.1999 (Cameroon/Nigeria*), ICLQ*, vol. 49, issue 3, p. 720-723.

MERRILLS, J.G. and EVANS, Malcolm D. (1999) The Land and Maritime Boundary Case 11.06.1998 (Cameroon/Nigeria), *ICLQ*, vol. 48, issue 3, p. 651-658.

MESSIGA, Kokougan (2022) Quelle gouvernance pour une exploitation durable des ressources marines en Afrique ?, *ADMO*, tome 40.

METOU, Miranda (2014) Faute d'accord, le Ghana et la Côte d'Ivoire décident de confier la délimitation de leurs frontières maritimes à un tribunal arbitral, *Sentinelle*, bulletin 406, 12 avril.

MORIN, Michel (2022) La gestion de la pêche en Afrique de l'Ouest : l'exemple des sardinelles, *ADMO,* tome 40.

MOUNDOUNGA MOUITY, Patrice, Étatisation, conflits frontaliers et délimitations des frontières maritimes : l'Afrique centrale comme espace de perturbation géopolitique, *Cahiers de science politique,* numéro 35, Université de Liège.

MOYA CARRERA, Pamela (2020) *Différend entre le Kenya et la Somalie : des frontières maritimes toujours problématiques*, Université de Sherbrooke, Sherbrooke.

MREMA, E. (1990) *Africa and its Maritime Boundaries : A Study of Maritime Boundary Delimitation Problems in Africa*, mémoire de maîtrise, Dalhousie University, Halifax.

MUBIALA, M. (1994) La contribution des États africains à la renaissance de la Cour internationale de justice, *AAfrDI*, vol. 2, p. 93.

MUBIALA, M. (1995*) L'évolution du droit des cours d'eau internationaux à la lumière de l'expérience africaine, notamment dans le bassin du Congo/Zaïre*, Paris, PUF, 176 p.

MUYAMBI DHENA (2021) *Relations internationales africaines à l'aune du droit international*, coll. : Géopolitique mondiale, Paris, L'Harmattan, 210 p.

NALDI, Gino J. (1987) The Case Concerning the Frontier Dispute (Burkina Faso/Republic of Mali) : *Uti Possidetis* in an African Perspective, *ICLQ*, vol. 36, p. 893-903.

NALDI, Gino J. (1995) Case concerning the Territorial Dispute Libyan Arab Jamahiriya / Chad, *ICLQ*, vol. 44, issue 3, p. 683-690.

NDJAMBOU, Léandre Edgard *et als* (2019) Gestion des espaces maritimes et enjeux halieutiques en Afrique centrale : le cas du Gabon, *L'Espace politique*, vol. 39, numéro 3 : https://doi.org/10.4000/espacepolitique.7668.

N'GOUAH-BEAUD Paul (2000) Les accords de délimitation des espaces maritimes africains, leur partage et leurs typologies : vers une reconnaissance internationale, *Présence africaine*, numéros 161-162, p. 104-142.

NOUDJENOUME, Philippe, dir. (2004) *Les frontières maritimes du Bénin*, Paris, L'Harmattan, 152 p.

NUGENT, P. and ASIWAJU, A.I., eds. (1996) *African Boundaries : Barriers, Conduits and Opportunities*, London, Pinter.

ODUNTAN, Gbenga (2015) *International Law and Boundary Disputes in Africa*, Routledge, London, 428 p.

OKAFOR-YARWOOD, Ifesinachi (2015) The Guinea-Bissau-Senegal maritime boundary dispute, *MP,* vol. 61, November, p. 284-290.

OKONKWO, Theodore (2017) Maritime Boundaries Delimitation and Dispute Resolution in Africa, *Beijing Law Review*, vol. 8, issue 1, p. 55-78.

OWONA MFEGUE, Koura Félicité (2019) *Le différend frontalier Cameroun-Nigeria. Apport de la décision de la Cour internationale de Justice à l'exécution de ses décisions,* coll. : Justice internationale, Paris, L'Harmattan, 534 p.

PALCHETTI, Paolo (2003) La protection des intérêts d'États tiers par la Cour internationale de justice : l'affaire de la Délimitation de la frontière terrestre et maritime entre le Cameroun et le Nigéria, *RGDIP*, vol. 107, n° 4, p. 865-884.

PEIRIS, Nuwan (2018) Ghana v. Ivory Coast, *AJIL*, vol. 112, issue 1, p. 88-93.

POURTIER, Roland (1986) Les géographes et le partage de l'Afrique, *Hérodote*, n° 41, p. 91-108.

POURTIER, Roland *et al.* (2022) *Géopolitique de l'Afrique et du Moyen-Orient*, Paris, Nathan, 479 p.

QUÉNEUDEC, J.P. (1970) Remarques sur le règlement des conflits frontaliers en Afrique, *RGDIP*, vol. 74, n° 1, p. 69-77.

QUÉNEUDEC, J.P. (1982) Note sur l'arrêt de la Cour internationale de Justice relatif à la délimitation du plateau continental entre la Tunisie et la Libye, *AFDI*, vol. 28, p. 202.

QUÉNEUDEC, J.P. (1989) L'arbitrage relatif à la détermination de la frontière maritime entre la Guinée-Bissau et le Sénégal, *AFDI*, vol. 35, p. 325-338.

RAMUTSINDELA, Maano (1999) African boundaries and their interpreters, *Geopolitics*, vol. 4, n° 2, p. 180-198.

RANJEVA, Raymond (2002) Nouveaux aspects du droit des frontières en Afrique à la lumière de la jurisprudence de la Cour internationale de Justice, *in* BOISSON DE CHAZOURNES, Laurence de, et GOWLLAND-DEBBAS, Vera, éds., *The International Legal System in Quest of Equity and Universality*, Kluwer, 864 p.

REMBE, N.S. (1980) *Africa and the International Law of the Sea. A Study of the Contribution of the African States to the Third United Nations Conference on the Law of the Sea*, Series : POD, vol. 6, Brill, 251 p.

ROBIN, Denys-Sacha (2019) La zone maritime disputée entre la France et Maurice autour du récif de Tromelin, *AFDI*, vol. 65, p. 579-600.

SALL, Alioune (1997) Actualité des conflits frontaliers en Afrique : l'ordonnance du 15 mars 1996 rendue par la Cour internationale de Justice dans le différend frontalier entre le Cameroun et le Nigéria, *AfrJIL,* vol. 9, p. 183.

SHAW, M. (1978) The *Western Sahara* Case, *BYIL*, vol. 49, p. 119.

SHAW, M. (1983) Dispute Settlement in Africa, *YWA*, p. 149.

SHAW, M. (1986) *Title to territory in Africa : International legal issues*, Oxford, Clarendon Press, 428 p.

SHAW, M. (2000) Case Concerning Kasikili/Sedudu Island (Botswana/Namibia), *ICLQ*, vol. 49, issue 4, p. 964.

SHAW, M. (2016) Self-determination, *Uti Possidetis* and Boundary Disputes in Africa, p. 99-126, in CHENG, Chia-Jui, ed., *A New International Legal Order,* Series : Collected Courses of the Xiamen Academy of International Law, vol. 8, Leiden, Brill.

SHOLANKE, O.O. (1993) Delimiting the Territorial Sea Between Nigeria and Cameroon ; A Rational Approach, *ICLQ*, vol. 42, p. 398.

SMITH, Jeffrey (2019) International Law and Western Sahara's Maritime Area, *ODIL*, vol. 50, issues 2-3, p. 117-140.

SOUDAN, F. et GHARBI, S. (2004) ONU : le gâchis saharien, *Jeune Afrique/L'Intelligent*, n° 2249, p. 75-77.

STOCK, Robert (2004) *Africa South of the Sahara : A Geographical Interpretation*, 2nd edition, New York, Guilford Press, 490 p.

SURBUN, Vishal (2021) *Le concept de zone maritime exclusive combinée de l'Afrique*, Institut d'études de sécurité, Dakar, 20 p.

TANJA, G.J. (1991) The Contribution of West African States to the Legal Development of Maritime Delimitation Law, *LJIL*, vol. 4, issue 1, p. 21-46.

THOMAS, L. (1986) Law of the Sea : Delimitation of the Libya-Malta Continental Shelf, *HILJ*, vol. 27, p. 304.

TIAN, Shichen (2023) The Joint Development Agreement between Senegal and Guinea-Bissau: A Summary and Brief Analysis, *CJIL*, vol. 22, issue 1, p. 141-148.

UERPMANN-WITTZACK, Robert (2023) *Armed Activities on the Territory of the Congo Cases*, MPEPIL, Heidelberg.

UNDERWOOD, Peter C. (1988) Ocean Boundaries and Resources Development in West Africa, p. 229-267 *in* JOHNSTON, Douglas M. and SAUNDERS, Phillip M., eds., *Ocean Boundary-Making : Regional Issues and Developments*, London and New York, Croom Helm, 356 p.

UNION AFRICAINE (2016) *Résolution des conflits frontaliers en Afrique. Guide de l'utilisateur*, Commission de l'Union africaine, Addis-Abeba, 87 p.

UNION AFRICAINE (2012) *Stratégie Africaine intégrée pour les mers et les océans – Horizon 2050 (Stratégie AIM 2050)*.

USDS (1961) *IBS* : *Morocco-Western Sahara (Spanish Sahara) Boundary,* n° 9, p. 1-4.

USDS (1972) *IBS* : *Tunisia-Libya Boundary*, n° 121, p. 1-6.

USDS (1973) *IBS* : *Benin-Niger Boundary*, n° 140, p. 1-2.

USCS (1974) *IBS* : *Guinea-Bissau-Senegal Boundary*, n° 141, p. 1-12.

USDS (1974) *IBS* : *Guinea-Guinea-Bissau Boundary,* n° 142, p. 1-10.

USDS (1974) *IBS* : *Nigeria-Cameroon Boundary*, n° 92 (revised), p. 1-22.

USDS (1976) *LS : Territorial Sea and Continental Shelf Boundary* : *Guinea-Bissau-Senegal*, n° 68, p. 1-6.

USDS (1978) *IBS* : *Chad-Libya Boundary*, n° 3 (revised), p. 1-6.

USDS (1983) *LS : Sao Tome and Principe Archipelagic Straight Baselines,* n° 98, p. 1-9.

USDS (2014) *LS : Seychelles' Maritime Claims and Boundaries* , n° 132, p. 1-29.

USDS (2014) *LS : Cabo Verde: Archipelagic and other Maritime Claims and Boundaries*, n° 129, p. 1-16.

USDS (2014) *LS : Comoros: Archipelagic and other Maritime Claims and Boundaries*, n° 134, p. 1-14.

USDS (2014) *LS* : *Mauritius: Archipelagic and other Maritime Claims and Boundaries*, n° 140, p. 1-27.

WECKEL, Philippe (2003) Chronique de jurisprudence internationale. Cour internationale de justice. Arrêt du 10 octobre 2002 (Fond). Frontière terrestre et maritime (Cameroun c. Nigeria), *RGDIP*, vol. 107, n° 1, p. 161-175.

WECKEL, Philippe, dir. (2000) Chronique de jurisprudence internationale. Cour permanente d'arbitrage. Sentence du 17 décembre 1999, *RGDIP*, vol. 104, n° 2, p. 511-514.

WECKEL, Philippe, dir. (2002-03) Chronique de jurisprudence internationale. Cour permanente d'arbitrage. Commission du tracé de la frontière Érythrée-Éthiopie.

Décision du 13 avril 2002 relative à la délimitation de la frontière, *RGDIP*, vol. 106, n° 3, p. 695-707.
WEMBOU, D. (1993) L'Afrique et le droit international de la mer, *AAfrDI*, vol. 1, p. 147-179.
YACOUBA, Cissé (2001) *Droit des espaces maritimes et enjeux africains*, Montréal, Wilson & Lafleur, 310 p.
YOSHIFUMI, Tanaka (2001) Reflections on the Eritrea/Yemen Arbitration of 17 December 1999 (Second Phase : Maritime Delimitation), *NILR*, vol. 47, issue 2, p. 197-225.

TEXTES INTERNATIONAUX BILATÉRAUX

Accords

Abu Dhabi/Qatar (20 mars 1969) Agreement between Qatar and Abu Dhabi on the settlement of maritime boundaries and ownership of islands. MSMZMD.
Algérie/Tunisie (11 février 2002) Accord portant arrangements provisoires relatifs à la délimitation de la frontière maritime entre la République tunisienne et la République algérienne démocratique et populaire. *RTNU*, vol. 2238.
Allemagne/Grande-Bretagne (11 mars 1913) Accord entre la Grande-Bretagne et l'Allemagne concernant la frontière entre le Nigeria et le Cameroun, de Yola à la mer. *Frontière terrestre et maritime entre le Cameroun et le Nigeria,* arrêt, C.I.J. Recueil 2002, p. 330-334.
Allemagne/Grande-Bretagne (12 avril 1913) Accord entre la Grande-Bretagne et l'Allemagne relatif à la démarcation de la frontière, entre Yola et la rivière Cross. *Idem.*
Allemagne/Grande-Bretagne (15 novembre 1893) Accord concernant la frontière entre la Grande-Bretagne et l'Allemagne. *Idem.*
Angola/Namibie (4 juin 2002) Accord on the delimitation of the maritime border between Angola and Namibia. MSMZMD.
Arabie Saoudite/Égypte (8 avril 2016) Accord de délimitation maritime entre le Royaume d'Arabie Saoudite et la République arabe égyptienne. *RTNU,* No. 54577.
Arabie Saoudite/Iran (24 octobre 1968) Agreement between Sudan and Saudi Arabia relating to the Joint Exploitation of the Natural Resources of the Sea-Bed and Sub-Soil of the Red Sea in the Common Zone. MSMZMD.
Arabie Saoudite/Iran (24 octobre 1968) Agreement concerning the sovereignty over the islands of Al-Arabiyah and Farsi and the delimitation of the boundary line separating submarine areas between the Kingdom of Saudi Arabia and Iran. *Idem.*
Arabie Saoudite/Soudan (16 mars 1974) Accord entre le gouvernement de la République démocratique du Soudan et le gouvernement du Royaume d'Arabie Saoudite relatif à l'exploitation conjointe de ressources naturelles du fond et du sous-sol de la mer Rouge dans la zone commune. *RTNU*, vol. 952,1.
Cameroun/Nigeria (1er juin 1975) Déclaration de Maroua. *Frontière terrestre et maritime entre le Cameroun et le Nigeria,* arrêt, C.I.J. Recueil 2002, p. 330-334, par. 31-38.
Canada/Danemark (17 décembre 1973) Accord entre le Gouvernement du Royaume du Danemark et le Gouvernement du Canada relatif à la délimitation du plateau

continental entre le Groenland et le Canada, Nations Unies (1989) *Le droit de la mer. Les accords de délimitation des frontières maritimes (1970-1984)*.
Chypre/Égypte (17 février 2003) Agreement between the Republic of Cyprus and the Arab Republic of Egypt on the Delimitation of the Exclusive Economic Zone. MSMZMD.
Comores/Mozambique (5 décembre 2011) Agreement on the Delimitation of the Maritime Boundary between the Republic of Mozambique and the Union of the Comoros. USDS (1970-2014) *LS*, issue 134, p. 4-6.
Danemark/Norvège (18 décembre 1995) Agreement between the Kingdom of Denmark and the Kingdom of Norway concerning the delimitation of the continental shelf in the area between Jan Mayen and Greenland and concerning the boundary between the fishery zones in the area. *LSB*, n° 31, p. 59-61.
Danemark/Norvège (20 février 2006) Agreement between the Government of the Kingdom of Norway on the one hand, and the Government of the Kingdom of Denmark together with the Home Rule Government of Greenland on the other hand concerning the delimitation of the continental shelf and the fisheries zones in the area between Greenland and Svalbard. *UNTS*, vol. 2378.
Dubai/Iran (31 août 1974) Offshore Boundary Agreement between Iran and Dubai. *LS*, issue 63, p. 1-4.
Égypte/Grèce (6 août 2020) Accord entre le Gouvernement de la République arabe d'Égypte et le Gouvernement de la République hellénique sur la délimitation de la zone économique exclusive entre les deux pays. Nations Unies (2022) *Droit de la mer*, bulletin numéro 105, p. 32-34.
Érythrée/Yémen (21 mai 1996) Agreement on Principles. https://pca-cpa.org/fr/cases/81/.
Estonie/Lettonie (12 juillet 1996) Agreement between the Republic of Estonia and the Republic of Latvia on the Maritime Delimitation in the Gulf of Riga, the Strait of Irbe and the Baltic Sea. (1997) *IJMCL*, vol. 12, issue 3, p. 372-374.
France/Grande-Bretagne (13 décembre 1946) Accords de tutelle des Nations Unies pour le Cameroun britannique et le Cameroun sous administration française. Université de Perpignan : https://mjp.univ-perp.fr/constit/cm1946.htm.
France/Madagascar (14 avril 2005) Agreement between the Government of the French Republic and the Government of the Republic of Madagascar on the Delimitation of Maritime Areas situated between La Réunion and Madagascar. MSMZMD.
France/Seychelles (17 février 2001) Agreement between the Government of the French Republic and the Government of the Republic of Seychelles concerning the Delimitation of the Maritime Boundary of the Exclusive Economic Zone and Continental Shelf of France and of Seychelles. United Nations. *Idem*.
Gabon/Sao Tomé et Principe (26 avril 2001) Agreement on the Delimitation of the Maritime Border between the Gabonese Republic and the Democratic Republic of Sao Tome and Principe. *Idem*.
Gambie/Sénégal (4 juin 1975) Frontières maritimes : Gambie/Sénégal. Nations Unies (1992) *Les accords de délimitation des frontières maritimes (1970-1984)*, p. 102-104.
Guinée-Bissau/Sénégal (14 octobre 1993) Management and cooperation agreement between the Government of the Republic of Senegal and the Government of the Republic of Guinea-Bissau. MSMZMD.

Italie/Tunisie (20 août 1971) Accord entre le Gouvernement de la République tunisienne et le Gouvernement de la République italienne relatif à la délimitation du plateau continental entre les deux pays. Nations Unies (1989) *Les accords de délimitation des frontières maritimes (1970-1984)*, p. 177-183.

Italie/Yougoslavie (8 janvier 1968) Agreement between Italy and Yugoslavia concerning the Delimitation of the Continental Shelf between the two Countries in the Adriatic Sea. MSMZMD.

Kenya/Tanzanie (23 juin 2009) Accord entre la République-Unie de Tanzanie et la République du Kenya sur la délimitation de la frontière maritime de la zone économique exclusive et du plateau continental. Nations Unies (2010) *Droit de la mer*, bulletin numéro 70, p. 53-57.

Libye/Malte (10 novembre 1986) Agreement between the Great Socialist People's Libyan Arab Jamahariya and the Republic of Malta implementing Article III of the Special Agreement and the Judgment of the International Court of Justice. MSMZMD.

Libye/Tunisie (8 août 1988) Agreement between the Libyan Arab Socialist People's Jamahiriya and the Republic of Tunisia to Implement the Judgment of the International Court of Justice in the Tunisia/Libya Continental Shelf Case. *Idem.*

Maurice/Seychelles (29 juillet 2008) Accord entre le Gouvernement de la République de Maurice et le Gouvernement de la République des Seychelles sur la délimitation de la zone économique exclusive entre les deux États. Nations Unies (2010) *Droit de la mer*, bulletin numéro 69, p. 91-94.

Mozambique/Tanzanie (28 décembre 1988) Agreement between the Government of the United Republic of Tanzania and the Government of the People's Republic of Mozambique Regarding the Tanzania/Mozambique Boundary. Charney, J.I. and Alexander, L.M., eds. (1993) *op. cit.*, vol. 1, p. 898-902.

Seychelles/Tanzanie (23 janvier 2002) Agreement between the Government of the United Republic of Tanzania and the Government of the Republic of Seychelles on the Delimitation of the Maritime Boundary of the Exclusive Economic Zone and Continental Shelf. MSMZMD.

Conventions

Algérie/Maroc (15 juin 1972) Convention relative au tracé de la frontière d'État établie entre le Royaume du Maroc et la République algérienne démocratique et populaire. *RTNU*, vol. 2189.

Allemagne/France (18 avril 1908) Convention entre la France et l'Allemagne aux fins de confirmer le protocole du 9 avril 1908 définissant les frontières entre le Congo français et le Cameroun. *Cameroun c. Nigeria,* arrêt, C.I.J. Recueil 2002, p. 330-334, par. 31-38.

Allemagne/France (15 mars 1894) Convention concernant la délimitation des colonies du Congo français et du Cameroun et des sphères d'influence française et allemande dans la région du lac Tchad. *Ibidem.*

Allemagne/France (22 mai 1964) Convention portant création de la Commission du bassin du lac Tchad. *Idem.*

Espagne/France (27 juin 1900) Convention spéciale sur la délimitation des possessions françaises et espagnoles dans l'Afrique Occidentale, sur la Côte du Sahara et sur la Côte du Golfe de Guinée. *Gabon/Guinée Équatoriale*, C.I.J. : https://www.icj-cij.org/fr/affaire/179.

France/Grande-Bretagne (14 juin 1898) Convention concernant la délimitation de la frontière entre les possessions françaises et les britanniques à l'est du Niger. *Gabon/Guinée Équatoriale,* C.I.J. : https://www.icj-cij.org/fr/affaire/179.

France/Maurice (2 avril 1980) Convention sur la délimitation des zones économiques française et mauricienne entre l'île de la Réunion et l'île Maurice. *RTNU*, vol. 1257.

France/Portugal (12 mai 1886) Convention relative à la délimitation des possessions françaises et portugaises dans l'Afrique occidentale. R.S.A., vol. 19, p. 45.

France/Seychelles (19 février 2001) Convention entre le Gouvernement de la République française et le Gouvernement de la République des Seychelles relative à la délimitation de la frontière maritime de la zone économique exclusive et du plateau continental de la France et des Seychelles. *RTNU*, vol. 2162.

Gabon/Guinée Équatoriale (12 septembre 1974) Convention délimitant les frontières terrestres et maritimes de la Guinée équatoriale et du Gabon. *RTNU*, vol. 2248.

Maroc/Mauritanie (14 avril 1976) Convention relative au tracé de la frontière d'État établie entre la République islamique de Mauritanie et le Royaume du Maroc. *RTNU*, vol. 1035.

Déclarations

Cameroun/Nigeria (14 août 1970) Déclaration de la Commission mixte sur les frontières (déclaration de Yaoundé I). *Frontière terrestre et maritime entre le Cameroun et le Nigeria,* arrêt, C.I.J. Recueil 2002, p. 330-334, par. 31-38.

Cameroun/Nigeria (4 avril 1971) Déclaration de Yaoundé II. *Idem.*

France-Grande-Bretagne (10 juillet 1919) Déclaration concernant les limites séparant les territoires sous mandats (Déclaration Milner-Simon). *Idem.*

France/Grande-Bretagne (31 janvier 1930) Déclaration Thompson-Marchand. *Idem.*

Échanges de données et de notes

Brésil/Uruguay (21 juillet 1972) Échange de notes constituant un accord entre l'Uruguay et le Brésil relatif à la démarcation définitive de l'embouchure de la rivière Chui et de la frontière maritime latérale. *RTNU*, vol. 1120.

France/Grande-Bretagne (9 janvier 1931) Échange de notes Henderson-Fleuriau. *Frontière terrestre et maritime entre le Cameroun et le Nigéria,* arrêt, C.I.J. Recueil 2002, p. 330-334, par. 31-38.

France/Portugal (26 avril 1960) Échange de notes entre la France et le Portugal concernant la frontière maritime entre le Sénégal et la Guinée portugaise. *Délimitation de la frontière maritime entre la Guinée-Bissau et le Sénégal,* sentence du 31 juillet 1989, R.S.A., vol. 20, p. 129, par. 20.

Kenya/Tanzanie (9 juillet 1976) Échange de données constituant un accord entre la République du Kenya et la République-Unie de Tanzanie relatif à la délimitation des eaux territoriales. *RTNU,* vol. 1039.

Mémorandums

Kenya/Somalie (7 avril 2009) Mémorandum d'accord entre le Gouvernement de la République du Kenya et le Gouvernement fédéral de transition de la République de Somalie visant à s'assurer mutuellement de l'absence d'objection au sujet des

demandes concernant les limites extérieures du plateau continental au-delà de 200 milles marins soumises à la Commission des limites du plateau continental. Nations Unies (2010) *Droit de la mer*, bulletin numéro 70, p. 54-55.
Libye/Turquie (27 novembre 2019) Mémorandum d'accord entre le Gouvernement de la République turque et le Gouvernement d'entente nationale de Libye sur la délimitation des zones de juridiction maritime en Méditerranée. Nations Unies (2022) *Droit de la mer*, bulletin numéro 104, p. 17-20.

Protocoles

Guinée Équatoriale/Nigeria (2 avril 2002) Protocol on implementation of article 6.2 of the Treaty between the Federal Republic of Nigeria and the Republic of Equatorial Guinea concerning their maritime boundary. MSMZMD.
Guinée-Bissau/Sénégal (1993) Protocol to the Agreement of 14 October 1993, concerning the organization and operation of the Management and Cooperation Agency. *Idem.*

Traités

Afrique du Sud/Namibie (28 février 1994) Treaty between the Government of the Republic of South Africa and the Government of the Republic of Namibia with respect to Walvis Bay and the off-shore Islands. MSMZMD.
Arabie Saoudite/Yemen (12 juin 2000) International Border Treaty between the Republic of Yemen and the Kingdom of Saudi Arabia. *Idem.*
Argentine/Uruguay (19 novembre 1973) Traité concernant le Rio de la Plata et la frontière maritime y afférente. Nations Unies (1992) *Les accords de délimitation des frontières maritimes (1970-1984)*, p. 108-127.
Cap-Vert/Mauritanie (19 septembre 2003) Treaty on the Delimitation of the Maritime Frontier between the Islamic Republic of Mauritania and the Republic of Cape Verde. United Nations (2004), *Law of the Sea*, bulletin no. 55, p. 32-35.
Cap-Vert/Sénégal (17 février 1993) Traité sur la délimitation de la frontière maritime entre la République du Cap-Vert et la République du Sénégal. Nations Unies (1995) *Évolution récente de la pratique des États*, n° IV, p. 179-183.
Érythrée/Yemen (16 Octobre 1998) Treaty Establishing the Joint Yemeni-Eritrean Committee for Bilateral Cooperation between the Government of the Republic of Yemen and the Government of the State of Eritrea. MSMZMD.
Guinée équatoriale/Nigeria (23 septembre 2000) Treaty between Equatorial Guinea and Nigeria on joint exploration of crude oil, especially at the Zafiro-Ekanga Oil Field located at the maritime boundary of both countries. *Idem.*
Guinée équatoriale/Sao Tomé et Principe (26 juin 1999) Treaty Regarding the Delimitation of the Maritime Boundary between the Republic of Equatorial Guinea and the Democratic Republic of Sao Tome and Principe. IBRU (1999) *BSB*, Summer, p. 63-64.
Maroc/France (30 mars 1912) Traité *pour l'organisation du protectorat français dans l'Empire chérifien* (Traité de Fez). Université de Perpignan : https://mjp.univ-perp.fr/constit/ma1912.htm.
Maurice/Seychelles (13 mars 2012) Traité relatif à l'exercice conjoint des droits souverains sur le plateau continental de la région du plateau des Mascareignes entre le Gouvernement de la République de Maurice et le Gouvernement de la

République des Seychelles. Nations Unies (2013) *Droit de la mer*, bulletin numéro 79, p. 28-41.

Maurice/Seychelles (13 mars 2012) Traité relatif à la gestion conjointe du plateau continental dans la région du plateau des Mascareignes entre le Gouvernement de la République de Maurice et le Gouvernement de la République des Seychelles. Nations Unies (2013) *Idem.*

Nigeria/Sao Tomé et Principe (21 février 2001) Treaty between the Federal Republic of Nigeria and the Democratic Republic of Sao Tome and Principe on the Joint Development of Petroleum and other Resources, in respect of Areas of the Exclusive Economic Zone of the Two States. MSMZMD.

TEXTES INTERNATIONAUX MULTILATÉRAUX

Acte

(26 février 1885) Acte général de la conférence de Berlin pour régler la liberté du commerce dans les bassins du Congo et du Niger ainsi que les occupations nouvelles de territoires sur la côte occidentale d'Afrique. *Jus Mundi.*

Charte

(26 juin 1945) Charte des Nations Unies. C.I.J. (2021) *Actes et documents no 7*, p. 2.

Pactes

(28 juin 1919) Pacte de la Société des Nations. Nations Unies : https://www.ungeneva.org/fr/about/league-of-nations/covenant.

(16 décembre 1966) Pacte international relatif aux droits civils et politiques. *RTNU*, vol. 999.

(16 décembre 1966) Pacte international relatif aux droits économiques, sociaux et culturels. *RTNU*, vol. 993.

Résolutions de l'Assemblée générale des Nations Unies

(13 mars 1959) Résolution 1350 (XIII). *Avenir du Territoire sous tutelle du Cameroun sous administration du Royaume-Uni.*

(14 décembre 1960) Résolution 1514 (XV). *Déclaration sur l'octroi de l'indépendance aux pays et aux peuples coloniaux.*

(21 avril 1961) Résolution 1608 (XV). *Avenir du Territoire sous tutelle du Cameroun sous administration du Royaume-Uni.*

(20 décembre 1966) Résolution 2229 (XXI). *Question d'Ifni et du Sahara espagnol.*

(24 octobre 1970) Résolution 2625 (XXV). *Déclaration relative aux principes du droit international touchant les relations amicales et la coopération entre les États.*

(14 décembre 1973) Résolution 3162 (XXVIII). *Question du Sahara espagnol.*

(13 décembre 1974) Résolution 3292 (XXIX). *Idem.*

Statut et Règlement de la C.I.J.

(24 octobre 1945) Statut de la Cour internationale de Justice. C.I.J. (2021) *Actes et documents no 7*, p. 58.

(14 avril 1978) Règlement de la Cour internationale de Justice. C.I.J. (2021) *Idem*, p. 8.

Textes de l'OUA et de l'Union africaine

(25 mai 1963) Charte de l'Organisation de l'Unité africaine. *RTNU*, vol. 479.

(17-21 juillet 1964) Litiges entre États africains au sujet des frontières. OUA, AHG/Rés.6 (I).

(21-26 juillet 1986) Résolution sur la paix et la sécurité en Afrique à travers le règlement négocié des conflits frontaliers en Afrique. OUA, CM/Res. 1069 (CXLIV).

(3 juin 1991) Traité instituant la Communauté économique africaine. OUA.

(11 juillet 2000) Acte constitutif de l'Union africaine. Union africaine.

(7 juin 2007, 25 mars 2010 et 17 mai 2012) Déclarations sur le Programme frontière de l'Union africaine. *Idem.*

(27 juin 2014) Convention de l'Union africaine sur la coopération transfrontalière (Convention de Niamey). *Idem.*

(15 octobre 2016) Charte africaine sur la sûreté et la sécurité maritimes et le développement en Afrique (Charte de Lomé). *Idem.*

Traité et Conventions

(28 juin 1919) Traité de Versailles. https://www.herodote.net/Textes/tVersailles1919.pdf.

(29 avril 1958) Convention sur la mer territoriale et la zone contiguë. *RTNU*, vol. 516.

(29 avril 1958) Convention sur le plateau continental. *RTNU*, vol. 499.

(23 mai 1969) Convention de Vienne sur le droit des traités. *RTNU*, vol. 1155.

(23 août 1978) Convention de Vienne sur la succession d'États en matière de traités. *RTNU,* vol. 1946.

(10 décembre 1982) Convention sur le droit de la mer. *RTNU*, vol. 1834.

(19 juin 2023) Accord se rapportant à la Convention des Nations Unies sur le droit de la mer et portant sur la conservation et l'utilisation durable de la diversité biologique marine des zones ne relevant pas de la juridiction nationale. *A/CONF.232/2023/4*.

JURISPRUDENCE INTERNATIONALE

Cour internationale de Justice (C.I.J.)

(2023) *Instance introduite par l'Afrique du Sud contre l'État d'Israël le 29 décembre 2023 (Afrique du Sud c. Israël).*

(2023-) *Incident aérien du 8 janvier 2020 (Canada, Royaume-Uni, Suède et Ukraine c. Iran).*

(2023-) *Violations alléguées des immunités de l'État (Iran c. Canada).*

(2023-) *Application de la convention contre la torture et autres peines ou traitements cruels, inhumains ou dégradants (Canada et Pays-Bas c. Syrie).*

(2023-) *Obligations des États en matière de changement climatique,* demande d'avis consultatif.

(2023-) *Conséquences juridiques découlant des politiques et pratiques d'Israël dans le Territoire palestinien occupé, y compris Jérusalem-Est*, demande d'avis consultatif.

(2022-) *Questions relatives aux immunités juridictionnelles de l'État et aux mesures de contrainte contre des biens appartenant à l'État (Allemagne c. Italie).*

(2022-) *Demande concernant la restitution de biens confisqués dans le cadre de procédures pénales (Guinée équatoriale c. France).*

(2022-) *Souveraineté sur les cayes de Sapodilla (Belize c. Honduras).*

(2022-) *Allégations de génocide au titre de la convention pour la prévention et la répression du crime de génocide (Ukraine c. Fédération de Russie).*

(2021-) *Application de la convention internationale sur l'élimination de toutes les formes de discrimination raciale (Arménie c. Azerbaïdjan).*

(2021-) *Délimitation terrestre et maritime et souveraineté sur des îles (Gabon/Guinée équatoriale).*

(2019-) *Revendication territoriale, insulaire et maritime du Guatemala (Guatemala/Belize).*

(2019-) *Application de la convention pour la prévention et la répression du crime de génocide (Gambie c. Myanmar).*

(2018-) *Sentence arbitrale du 3 octobre 1899 (Guyana c. Venezuela).*

(2018-) *Violations alléguées du traité d'amitié, de commerce et de droits consulaires de 1955 (Iran c. États-Unis).*

(2018-) *Transfert de l'ambassade des États-Unis à Jérusalem (Palestine c. États-Unis).*

(2017-) *Application de la convention internationale pour la répression du financement du terrorisme et de la convention internationale sur l'élimination de toutes les formes de discrimination raciale (Ukraine c. États-Unis).*

(2016-) *Certains actifs iraniens (Iran c. États-Unis).*

(1993-) *Projet Gabčíkovo-Nagymaros (Hongrie c. Slovaquie).*

(2013-2023) *Question de la délimitation du plateau continental entre le Nicaragua et la Colombie au-delà de 200 milles marins de la côte nicaraguayenne,* arrêt.

(2016-2222) *Différend concernant le statut et l'utilisation des eaux du Silala (Chili c. Bolivie).*

(1999-2022) *Activités armées sur le territoire du Congo, (République démocratique du Congo c. Ouganda),* arrêt.

(2019-2021) *Application de la convention internationale sur l'élimination de toutes les formes de discrimination raciale (Qatar c. Émirats arabes unis)*, arrêt.

(2014-2021) *Délimitation maritime dans l'océan Indien (Somalie c. Kenya)*, arrêt.

(2018-2020) *Appel concernant la compétence du Conseil de l'OACI en vertu de l'article II, section 2, de l'accord de 1944 relatif au transit des services aériens internationaux (Bahreïn, Égypte et Émirats arabes unis c. Qatar)*, arrêt.

(2018-2020) *Appel concernant la compétence du Conseil de l'OACI en vertu de l'article 84 de la convention relative à l'aviation civile internationale (Arabie Saoudite, Bahreïn, Égypte et Émirats arabes unis c. Qatar)*, arrêt.

(2016-2020) *Immunités et procédures pénales (Guinée équatoriale c. France)*, arrêt.

(2017-2019) *Effets juridiques de la séparation de l'archipel des Chagos de Maurice en 1965,* avis consultatif.

(2017-2019) *Jadhav (Inde c. Pakistan)*, arrêt.

(2017-2018) *Demande en revision de l'arrêt du 23 mai 2008 en l'affaire relative à la* Souveraineté sur Pedra Branca/Pulau Batu Puteh, Middle Rocks et South Ledge *(Malaisie c. Singapour),* désistement.

(2017-2018) *Frontière terrestre dans la partie septentrionale d'Isla Portillos (Costa Rica c. Nicaragua)*, arrêt.

(2014-2018) *Délimitation maritime dans la mer des Caraïbes et l'océan Pacifique (Costa Rica c. Nicaragua)*, arrêt.

(2013-2018) *Obligation de négocier un accès à l'océan Pacifique (Bolivie c. Chili)*, arrêt.

(2010-2018) *Certaines activités menées par le Nicaragua dans la région frontalière (Costa Rica c. Nicaragua)*, arrêt.

(2014-2016) *Obligations relatives à des négociations concernant la cessation de la course aux armes nucléaires et le désarmement nucléaire (Îles Marshall c. Pakistan, Royaume-Uni et Inde)*, arrêts.

(2013-2015) *Questions concernant la saisie et la détention de certains documents et données (Timor-Leste c. Australie)*, désistement.

(2010-2015) *Construction d'une route au Costa Rica le long du fleuve San Juan (Nicaragua c. Costa Rica)*, arrêt.

(2010-2012) *Jugement N° 2867 du Tribunal administratif de l'Organisation internationale du Travail sur requête contre le Fonds international de développement agricole*, avis consultatif.

(1999-2015) *Application de la convention pour la prévention et la répression du crime de génocide (Croatie c. Serbie*), arrêt.

(2010-2014) *Chasse à la baleine dans l'Antarctique (Australie c. Japon)*, arrêt.

(2008-2014 *Différend maritime (Pérou c. Chili)*, arrêt.

(2010-2013) *Différend Frontalier (Burkina Faso/Niger)*, arrêt.

(2011-2013) *Demande en interprétation de l'arrêt du 15 juin 1962 en l'affaire du Temple de Préah Vihéar (Cambodge c. Thaïlande)*, arrêt.

(2008-2013) *Épandages aériens d'herbicides (Équateur c. Colombie)*, désistement.

(2009-2012) *Questions concernant l'obligation de poursuivre ou d'extrader (Belgique c. Sénégal)*, arrêt.

(2001-2012) *Différend territorial et maritime (Nicaragua c. Colombie)*, arrêt.

(1998-2012) *Ahmadou Sadio Diallo (Guinée c. République démocratique du Congo)*, arrêt.

(2009-2011) *Compétence judiciaire et exécution des décisions en matière civile et commerciale (Belgique c. Suisse)*, désistement.

(2008-2011) *Application de l'Accord Intérimaire du 13 septembre 1995 (ex-République yougoslave de Macédoine c. Grèce)*, arrêt.

(2008-2011) *Application de la convention internationale sur l'élimination de toutes les formes de discrimination raciale (Géorgie c. Fédération de Russie)*, arrêt.

(2009-2010) *Certaines questions en matière de relations diplomatiques (Honduras c. Brésil)*, désistement.

(2008-2010) *Conformité au droit international de la déclaration unilatérale d'indépendance relative au Kosovo,* avis consultatif.

(2006-2010) *Usines de pâte à papier sur le fleuve Uruguay (Argentine c. Uruguay)*, arrêt.

(2002-2010) *Certaines procédures pénales engagées en France (Congo c. France*), désistement.

(2008-2009) *Demande en interprétation de l'arrêt du 31 mars 2004 en l'affaire Avena et autres ressortissants mexicains (Mexique c. Etats-Unis)*, arrêt.

(2005-2009) *Différend relatif à des droits de navigation et des droits connexes (Costa Rica c. Nicaragua)*, arrêt.

(2004-2009) *Délimitation maritime en mer Noire (Roumanie c. Ukraine)*, arrêt.

(2006-2008) *Certaines questions concernant l'entraide judiciaire en matière pénale (Djibouti c. France),* arrêt.

(2003-2008) *Souveraineté sur Pedra Branca/Pulau Batu Puteh, Middle Rocks et South Ledge (Malaisie/Singapour)*, arrêt.

(1999-2007) *Différend territorial et maritime entre le Nicaragua et le Honduras dans la mer des Caraïbes (Nicaragua c. Honduras)*, arrêt.

(1993-2007) *Application de la convention pour la prévention et la répression du crime de génocide (Bosnie-Herzégovine c. Serbie-et-Monténégro)*, arrêt.

(2006) *Statut vis-à-vis de l'État hôte d'un envoyé diplomatique auprès de l'Organisation des Nations Unies (Dominique c. Suisse)*, désistement.

(2002-2006) *Activités armées sur le territoire du Congo (nouvelle requête: 2002) (République démocratique du Congo c. Rwanda)*, arrêt.

(2002-2005) *Différend frontalier (Bénin/Niger)*, arrêt.

(2002-2005) *Certains biens (Liechtenstein c. Allemagne)*, arrêt.

(2003-2004) *Avena et autres ressortissants mexicains (Mexique c. États-Unis)*, arrêt.

(2003-2004) *Conséquences juridiques de l'édification d'un mur dans le Territoire palestinien occupé*, avis consultatif.

(1999-2004) *Licéité de l'emploi de la force (Serbie-et-Monténégro c. Belgique, Portugal, Allemagne, France, Italie, Royaume-Uni, Pays-Bas* et *Canada)*, arrêts.

(2002-2003) *Demande en revision de l'arrêt du 11 septembre 1992 en l'affaire du* Différend frontalier terrestre, insulaire et maritime *(El Salvador c. Honduras)*, arrêt.

(1992-2003) *Questions d'interprétation et d'application de la convention de Montréal de 1971 résultant de l'incident aérien de Lockerbie (Libye c. Royaume-Uni* et *États-Unis)*, désistements.

(2002-2003) *Affaire de la Demande en révision de l'arrêt du 11 septembre 1992 en l'affaire du* Différend frontalier terrestre, insulaire et maritime *(El Salvador c. Honduras)*, arrêt.

(2001-2003) *Demande en revision de l'arrêt du 11 juillet 1996 en l'affaire relative à l'*Application de la convention pour la prévention et la répression du crime de génocide *(Yougoslavie c. Bosnie-Herzégovine)*, arrêt.

(1992-2003) *Plates-formes pétrolières (Iran c. États-Unis)*, arrêt.

(2000-2002) *Mandat d'arrêt du 11 avril 2000 (République démocratique du Congo c. Belgique)*, arrêt.

(1998-2002) *Souveraineté sur Pulau Ligitan et Pulau Sipadan (Indonésie/Malaisie),* arrêt.

(1994-2002) *Frontière terrestre et maritime entre le Cameroun et le Nigeria,* arrêt.

(1999-2001) *Activités armées sur le territoire du* Congo *(République démocratique du Congo c. Burundi* et *Rwanda),* désistements.

(1999-2001) *LaGrand (Allemagne c. États-Unis)*, arrêt.

(1991-2001) *Délimitation maritime et questions territoriales entre Qatar et Bahreïn,* arrêt.

(1999-2000) *Incident du 10 août 1999 (Pakistan c. Inde)*, arrêt.

(1998-1999) *Différend relatif à l'immunité de juridiction d'un rapporteur spécial de la Commission des droits de l'homme*, avis consultatif.

(1998-1999) *Demande en interprétation de l'arrêt du 11 juin 1998 en l'affaire de la* Frontière terrestre et maritime entre le Cameroun et le Nigéria, arrêt.

(1996-1999) *Île de Kasikili/Sedudu (Botswana/Namibie),* arrêt.

(1998) *Convention de Vienne sur les relations consulaires (Paraguay c. États-Unis,* désistement.

(1995-1998) *Compétence en matière de pêcheries (Espagne c. Canada)*, arrêt.

(1995-1996) *Licéité de l'utilisation des armes nucléaires par un État dans un conflit armé,* avis consultatif.

(1993-1996) *Licéité de la menace ou de l'emploi d'armes nucléaires*, avis consultatif.

(1989-1996) *Incident aérien du 3 juillet 1988 (Iran c. États-Unis)*, désistement.

(1995) *Timor oriental (Portugal c. Australie),* arrêt.

(1991-1995) *Délimitation maritime entre la Guinée-Bissau et le Sénégal,* désistement.

(1990-1994) *Différend territorial (Libye c. Tchad),* arrêt.

(1989-1993) *Certaines terres à phosphates à Nauru (Nauru c. Australie),* désistement.

(1988-1993) *Délimitation maritime dans la région située entre le Groenland et Jan Mayen (Danemark c. Norvège)*, arrêt.

(1991-1992) *Passage par le Grand-Belt (Finlande c. Danemark)*, désistement.

(1986-1992) *Actions armées frontalières et transfrontalières (Nicaragua c. Honduras)*, désistements.

(1986-1992) *Différend frontalier terrestre, maritime et insulaire (El Salvador/ Honduras),* arrêt.

(1989-1991) *Sentence arbitrale du 31 juillet 1989 (Guinée-Bissau c. Sénégal),* arrêt.

(1984-1991) *Activités militaires et paramilitaires au Nicaragua et contre celui-ci (Nicaragua c. États-Unis)*, désistement.

(1989) *Applicabilité de la section 22 de l'article VI de la convention sur les privilèges et immunités des Nations Unies*, avis consultatif.

(1987-1989) *Elettronica Sicula S.p.A. (ELSI) (États-Unis c. Italie)*, arrêt.

(1988) *Applicabilité de l'obligation d'arbitrage en vertu de la section 21 de l'accord du 26 juin 1947 relatif au siège de l'Organisation des Nations Unies*, avis consultatif.

(1987) *Demande de réformation du jugement no 333 du Tribunal administratif des Nations Unies*, avis consultatif.

(1983-1986) *Différend frontalier (Burkina Faso/Mali),* arrêt.

(1984-1985) *Demande en révision et en interprétation de l'arrêt du 24 février 1982 en l'affaire du Plateau continental (Tunisie c. Libye),* arrêt.

(1982-1985) *Plateau continental (Libye/ Malte),* arrêt.

(1981-1984) *Délimitation de la frontière maritime dans la région du golfe du Maine (Canada/États-Unis),* arrêt.

(1981-1982) *Demande de réformation du jugement n° 273 du Tribunal administratif des Nations Unies,* avis consultatif.

(1978-1982) *Plateau continental (Libye/Tunisie),* arrêt.

(1979-1981) *Personnel diplomatique et consulaire des Etats-Unis à Téhéran (États-Unis c. Iran)*, désistement.

(1980) *Interprétation de l'accord du 25 mars 1951 entre l'OMS et l'Égypte,* avis consultatif.
(1976-1978) *Plateau continental de la mer Égée (Grèce c. Turquie),* arrêt.
(1974-1975) *Sahara occidental*, avis consultatif.
(1973-1974) *Essais nucléaires (Nouvelle-Zélande* et *Australie c. France),* arrêts.
(1972-1974) *Compétence en matière de pêcheries (Allemagne* et *Royaume-Uni c. Islande*, arrêts.
(1973) *Procès de prisonniers de guerre pakistanais (Pakistan c. Inde)*, désistement.
(1972-1973) *Demande de réformation du jugement no 158 du Tribunal administratif des Nations Unies*, avis consultatif.
(1971-1972) *Appel concernant la compétence du Conseil de l'OACI (Inde c. Pakistan)*, arrêt.
(1970-1971) *Conséquences juridiques pour les États de la présence continue de l'Afrique du Sud en Namibie (Sud-Ouest africain) nonobstant la résolution 276 (1970) du Conseil de sécurité,* avis consultatif.
(1962-1970) *Barcelona Traction, Light and Power Company, Limited (Belgique c. Espagne),* arrêt.
(1967-1969) *Plateau continental de la mer du Nord (Allemagne* et *Pays-Bas/Danemark),* arrêts.
(1960-1966) *Sud-Ouest africain (Éthiopie* et *Liberia c. Afrique du Sud),* arrêts.
(1961-1963) *Cameroun septentrional (Cameroun c. Royaume-Uni),* arrêt.
(1961-1962) *Certaines dépenses des Nations Unies (Article 17, paragraphe 2, de la Charte)*, avis consultatif.
(1959-1962) *Temple de Préah Vihéar (Cambodge c. Thailande),* arrêt.
(1959-1960) *Compagnie du port, des quais et des entrepôts de Beyrouth et Société Radio-Orient (France c. Liban)*, désistement.
(1959-1960) *Composition du Comité de la sécurité maritime de l'Organisation intergouvernementale consultative de la navigation maritime*, avis consultatif.
(1958-1960) *Sentence arbitrale rendue par le roi d'Espagne le 23 décembre 1906 (Honduras c. Nicaragua)*, arrêt.
(1957-1960) *Incident aérien du 27 juillet 1955 (États-Unis c. Bulgarie)*, désistement.
(1955-1960) *Droit de passage sur territoire indien (Portugal c. Inde),* arrêt.
(1959) *Incident aérien du 7 novembre 1954 (États-Unis c. U.R.S.S.)*, radiation du rôle.
(1957-1959) *Souveraineté sur certaines parcelles frontalières (Belgique/Pays-Bas),* arrêt.
(1957-1959) *Incident aérien du 27 juillet 1955 (Israël c. Bulgarie)*, arrêt.(1957-1959) *Incident aérien du 27 juillet 1955 (Royaume-Uni c. Bulgarie)*, arrêt.
(1957-1959) *Interhandel (Suisse c. États-Unis)*, arrêt.
(1958) *Incident aérien du 4 septembre 1954*, radiation du rôle.
(1957-1958) *Application de la convention de 1902 pour régler la tutelle des mineurs (Pays-Bas c. Suède)*, arrêt.
(1955-1957) *Certains emprunts norvégiens (France c. Norvège)*, arrêt.
(1955-1956) *Incident aérien du 7 octobre 1952 (États-Unis c. U.R.S.S.)*, radiation du rôle.
(1955-1956) *Antarctique (Royaume-Uni c. Chili* et *Argentine)*, radiations du rôle.
(1955-1956) *Incident aérien du 10 mars 1953 (États-Unis c. Tchécoslovaquie)*, radiation du rôle.

(1955-1956) *Admissibilité de l'audition de pétitionnaires par le comité du Sud-Ouest africain*, avis consultatif.
(1955-1956) *Jugements du Tribunal administratif de l'OIT sur requêtes contre l'UNESCO*, avis consultatif.
(1954-1955) *Procédure de vote applicable aux questions touchant les rapports et pétitions relatifs au territoire du Sud-Ouest africain*, avis consultatif.
(1951-1955) *Nottebohm (Liechtenstein c. Guatemala)*, arrêt.
(1953-1954 *Traitement en Hongrie d'un avion des Etats-Unis d'Amérique et de son équipage (États-Unis c. U.R.S.S.* et *Hongrie)*, radiations du rôle.
(1953-1954) *Or monétaire pris à Rome en 1943 (Italie c. France, Royaume-Uni* et *États-Unis)*, arrêt.
(1953-1954) *Effet de jugements du Tribunal administratif des Nations Unies accordant indemnité*, avis consultatif.
(1953-1954) *Société Électricité de Beyrouth (France c. Liban)*, désistement.
(1951-1953) *Ambatielos (Grèce c. Royaume-Uni)*, arrêt.
(1951-1953) *Minquiers et Ecréhous (France/Royaume-Uni)*, arrêt.
(1951-1952) *Anglo-Iranian Oil Co. (Royaume-Uni c. Iran)*, arrêt.
(1950-1952) *Droits des ressortissants des États-Unis d'Amérique au Maroc (France c. États-Unis)*, arrêt.
(1950-1951) *Haya de la Torre (Colombie c. Pérou)*, arrêt.
(1950-1951) *Réserves à la convention pour la prévention et la répression du crime de génocide*, avis consultatif.
(1949-1951) *Pêcheries (Royaume-Uni c. Norvège)*, arrêt.
(1950) *Demande d'interprétation de l'arrêt du 20 novembre 1950 en l'affaire du droit d'asile (Colombie c. Pérou)*, arrêt.
(1949-1950) *Protection des ressortissants et protégés français en Égypte (France c. Égypte)*, désistement.
(1949-1950) *Droit d'asile (Colombie/Pérou)*, arrêt.
(1949-1950) *Compétence de l'Assemblée générale pour l'admission d'un État aux Nations Unies*, avis consultatif.
(1949-1950) *Statut international du Sud-Ouest africain*, avis consultatif.
(1949-1950) *Interprétation des traités de paix conclus avec la Bulgarie, la Hongrie et la Roumanie*, avis consultatif.
(1948-1949) *Réparation des dommages subis au service des Nations Unies*, avis consultatif.
(1947-1949) *Détroit de Corfou (Royaume-Uni c. Albanie)*, arrêts.
(1947-1948) *Conditions de l'admission d'un État comme Membre des Nations Unies (article 4 de la Charte)*, avis consultatif.

Cour permanente de Justice internationale (C.P.J.I.)

(1936-1938) *Phosphates du Maroc (Italie c. France)*, arrêt.
(1931-1933) *Délimitation des eaux territoriales entre l'île de Castellorizo et les Côtes d'Anatolie (Italie/Turquie)*, radiation du rôle.
1931-1933) *Statut juridique du Groenland oriental (Danemark c. Norvège)*, arrêt.
(1928-1932) *Zones franches de Haute-Savoie et du Pays de* Gex (France / Suisse), arrêt.
(1932) *Interprétation du statut du territoire de Memel (Royaume-Uni, France, Italie* et *Japon/Lituanie)*, arrêt.

(1931) *Trafic ferroviaire entre la Lituanie et la Pologne*, C.P.J.I., avis consultatif.
(1928-1929) *Juridiction territoriale de la Commission internationale de l'Oder (Empire allemand* et al.*/Pologne)*, arrêt.
(1927) *Lotus (France/Turquie)*, arrêt.
(1925) *Article 3, paragraphe 2, du traité de Lausanne (Frontière entre la Turquie et l'Irak)*, avis consultatif.
(1924) *Monastère de Saint Naoum (Frontière albanaise),* avis consultatif.
(1924) *Concessions Mavrommatis en Palestine (Grèce c. Royaume-Uni),* arrêt.
(1923) *Vapeur Wimbledon (Royaume-Uni* et al. *c. Empire allemand)*, arrêt.
(1923) *Jaworzina (Frontière polono-tchécoslovaque),* avis consultatif.
(1922-1923) *Décrets de nationalité promulgués en Tunisie et au Maroc*, avis consultatif.
(1909-1910) *The North Atlantic Coast Fisheries Case*, sentence.

Tribunaux internationaux d'arbitrage (C.P.A., P.C.A. et autres)

(2019-) *Dispute Concerning the Detention of Ukrainian Naval Vessels and Servicemen (Ukraine v. the Russian Federation),* P.C.A.
(2016-) *Indus Waters Treaty Arbitration (Pakistan v. India)*, P.C.A.
(2016-) *Dispute Concerning Coastal State Rights in the Black Sea, Sea of Azov, and Kerch Strait (Ukraine v. the Russian Federation),* P.C.A.
(2013-2019) *The Duzgit Integrity Arbitration (Malta v. São Tomé and Príncipe)*, award, PCA.
(2013-2016) *The South China Sea Arbitration (The Republic of Philippines v. The People's Republic of China)*, award, PCA.
(2012-2013) *The ARA Libertad Arbitration (Argentina v. Ghana)*, award, PCA.
(2010-2015) *Chagos Marine Protected Area Arbitration (Mauritius v. United Kingdom)*, award, PCA.
(2009-2017) *In the matter of an arbitration under the arbitration agreement between the Government of the Republic of Croatia and the Government of the Republic of Slovenia*, award, PCA.
(2009-2014) *Bay of Bengal Maritime Boundary Arbitration between Bangladesh and India*, award, PCA.
(2010-2013) *Indus Waters Kishenganga Arbitration (Pakistan v. India),* award, PCA.
(2004-2007) *Guyana/Suriname*, award, PCA.
(2004-2006) *Barbados v. Trinidad and Tobago*, award, PCA.
(2003-2005) *Land Reclamation by Singapore in and around the Straits of Johor (Malaysia v. Singapore)*, award, PCA.
(2000-2009) *Decision Regarding Delimitation of the Border between the State of Eritrea and the Federal Democratic Republic of Ethiopia,* Eritrea-Ethiopia Boundary Commission award.
(1996-1999) *Eritrea/Yemen - Sovereignty and Maritime Delimitation in the Red Sea*, awards, PCA.
(1991-1994) *Laguna del desierto (Argentina/Chile),* award, R.S.A., vol. 22, p. 3-152.
(1989-1992) *Délimitation des espaces maritimes entre le Canada et la République française*, sentence, R.S.A., vol. 21, p. 265-341.

(1985-1989) *Affaire de la délimitation de la frontière maritime entre la Guinée-Bissau et le Sénégal,* sentence, R.S.A., vol. 20, p. 4-96.

(1986-1988) *Arbitral Award in the Dispute concerning certain Boundary Pillars between the Arab Republic of Egypt and the State of Israel*, award, *I.L.R.*, vol. 80, p. 224-364.

(1983-1985) *Délimitation de la frontière maritime entre la Guinée et la Guinée-Bissau, Sentence du 14 février 1985*, sentence, R.S.A., vol. 19, p. 149-196.

(1975-1978) *Délimitation du plateau continental entre le Royaume-Uni de Grande-Bretagne et d'Irlande du Nord et la République française*, sentence, R.S.A., vol. 18, p. 3-413 (y compris la décision du 14 mars 1978).

(1971-1977) *Affaire concernant un litige entre la République argentine et la République du Chili relatif au canal de Beagle*, sentence, R.S.A., vol. 21, p. 53-264.

(1968) *Case Concerning the Indo-Pakistan Western Boundary (Rann of Kutch) Between India and Pakistan*, award, R.S.A., vol. 17, p. 1-576.

(1965-1966) *Rio Palena. Argentina/Chile Frontier Case*, award, R.S.A, vol. 16, p. 109-182.

(1931) *Affaire de l'île de Clipperton (Mexique c. France)*, sentence, R.S.A., vol. 2, p. 1105-1111.

(1925-1928) *Island of Palmas case (Netherlands/USA)*, award, R.S.A., vol. 2, p. 829-871.

(1913-1914) *Boundaries in the Island of Timor (The Netherlands v. Portugal)*, P.C.A., award.

(1908-1909) *Affaire des Grisbadarna. Délimitation d'une certaine partie de la frontière maritime entre la Norvège et la Suède*, sentence, R.S.A., vol. 11, p. 147-166.

Tribunal international du droit de la mer (T.I.D.M.)

(2023-) A*ffaire du navire « Heroic Idun » (No. 2) (Îles Marshall/Guinée équatoriale)*, ordonnances, affaire n° 32.

(2022-) *Demande d'avis consultatif soumise par la Commission des petits États insulaires sur le changement climatique et le droit international*, ordonnances, affaire n° 31.

(2019-2023) *Différend relatif à la délimitation de la frontière maritime entre Maurice et les Maldives dans l'océan Indien*, arrêt, affaire n° 28.

(2022) *Affaire du navire « Heroic Idun » (Îles Marshall c. Guinée équatoriale),* prompte mainlevée, rayée du rôle, affaire n° 30.

(2019-2021) *Affaire du navire « San Padre Pio » (No. 2) (Suisse/Nigéria)*, rayée du rôle, affaire n° 29.

(2019) *Affaire du navire « San Padre Pio » (Suisse c. Nigéria), mesures conservatoires*, affaire n° 27.

(2014-2017) *Différend relatif à la délimitation de la frontière maritime entre le Ghana et la Côte d'Ivoire dans l'océan Atlantique*, arrêt, affaire n° 23.

(2013-2015) *Demande d'avis consultatif soumise par la Commission sous-régionale des pêches (CSRP)*, avis consultatif, affaire n° 21.

(2012) *Affaire de l'« ARA Libertad » (Argentine c. Ghana), mesures conservatoires*, affaire n° 20.

(2011-2014) *Affaire du navire « Virginia G » (Panama/Guinée-Bissau)*, arrêt, affaire n° 19.

(2009-2012) *Différend relatif à la délimitation de la frontière maritime entre le Bangladesh et le Myanmar dans le golfe du Bengale,* arrêt, affaire n° 16.

(2004) *Affaire du « Juno Trader » (Saint-Vincent-et-les Grenadines c. Guinée-Bissau), prompte mainlevée*, arrêt, affaire n° 13.

(2000) *Affaire du « Monte Confurco » (Seychelles c. France), prompte mainlevée*, arrêt, affaire n° 6.

(1997) *Affaire du navire « SAIGA » (No. 2) (Saint-Vincent-et-les Grenadines c. Guinée)*, arrêt, affaire n° 2.

TABLE DES FIGURES

TABLE DES MATIÈRES

Structures éditoriales du groupe L'Harmattan

L'Harmattan Italie
Via degli Artisti, 15
10124 Torino
harmattan.italia@gmail.com

L'Harmattan Hongrie
Kossuth l. u. 14-16.
1053 Budapest
harmattan@harmattan.hu

L'Harmattan Sénégal
10 VDN en face Mermoz
BP 45034 Dakar-Fann
senharmattan@gmail.com

L'Harmattan Cameroun
TSINGA/FECAFOOT
BP 11486 Yaoundé
inkoukam@gmail.com

L'Harmattan Burkina Faso
Achille Somé – tengnule@hotmail.fr

L'Harmattan Guinée
Almamya, rue KA 028 OKB Agency
BP 3470 Conakry
harmattanguinee@yahoo.fr

L'Harmattan RDC
185, avenue Nyangwe
Commune de Lingwala – Kinshasa
matangilamusadila@yahoo.fr

L'Harmattan Congo
67, boulevard Denis-Sassou-N'Guesso
BP 2874 Brazzaville
harmattan.congo@yahoo.fr

L'Harmattan Mali
ACI 2000 - Immeuble Mgr Jean Marie Cisse
Bureau 10
BP 145 Bamako-Mali
mali@harmattan.fr

L'Harmattan Togo
Djidjole – Lomé
Maison Amela
face EPP BATOME
ddamela@aol.com

L'Harmattan Côte d'Ivoire
Résidence Karl – Cité des Arts
Abidjan-Cocody
03 BP 1588 Abidjan
espace_harmattan.ci@hotmail.fr

Nos librairies en France

Librairie internationale
16, rue des Écoles
75005 Paris
librairie.internationale@harmattan.fr
01 40 46 79 11
www.librairieharmattan.com

Librairie des savoirs
21, rue des Écoles
75005 Paris
librairie.sh@harmattan.fr
01 46 34 13 71
www.librairieharmattansh.com

Librairie Le Lucernaire
53, rue Notre-Dame-des-Champs
75006 Paris
librairie@lucernaire.fr
01 42 22 67 13

www.ingramcontent.com/pod-product-compliance
Lightning Source LLC
LaVergne TN
LVHW011454061026
849535LV00004BA/1080